# Computer

## Der verständliche Einstieg

von

Mareile Heiting

Vierfarben

# Liebe Leserin, lieber Leser,

Sie dürfen sich auf das Kommende freuen! Denn auch wenn Sie dieses Buch noch mit gemischten Gefühlen in Händen halten und Neugierde und freudige Erwartung mit ein wenig Nervosität oder Skepsis gepaart sein sollten – Ihr Entschluss, etwas Neues zu erlernen, wird mit Sicherheit belohnt, denn der Computer wird Ihr Leben in vielerlei Hinsicht verändern und bereichern. Zudem sind Sie in den allerbesten Händen.

Unsere Autorin Mareile Heiting ist seit Jahren mit den Nöten und Fragen vor allem auch von Späteinsteigern bestens vertraut und weiß aus ihrer Schulungspraxis, worauf es ihnen ankommt. Von ihr erfahren Sie, was Sie selbst tun können, damit der Computer rund und sicher läuft. Und wenn's mal wirklich haken sollte: Mit zunehmender Gelassenheit und Erfahrung wissen Sie auch dann, was zu tun ist. Häufig ist es ja bloß eine verstellte Taste, und mit einem einfachen Druck darauf ist das Problem auch schon wieder aus der Welt.

So probieren Sie in aller Ruhe und immer hübsch der Reihe nach alle Möglichkeiten praktisch aus: Ob Sie nun im Internet eine Reise buchen möchten, den Wetterbericht abrufen, ein Videotelefonat führen, eine Grußkarte gestalten, Ihre Fotos von der Digitalkamera auf den Computer befördern oder Ihr Haushaltsbudget berechnen. All das und noch viel mehr werden Sie hier von der Pike auf erlernen.

Dieses Buch wurde mit größter Sorgfalt geschrieben und hergestellt. Sollten Sie dennoch einmal einen Fehler finden oder inhaltliche Anregungen haben, freue ich mich, wenn Sie mit mir in Kontakt treten. Für Kritik bin ich dabei ebenso offen wie für lobende Worte. Doch nun wünsche ich Ihnen eine spannende wie sorglose Zeit beim Ausprobieren Ihres neuen PCs, Notebooks oder auch Tablet-Computers!

**Ihre Isabella Bleissem**
Lektorat Vierfarben

isabella.bleissem@vierfarben.de
www.facebook.de/vierfarben

# Auf einen Blick

1    Den Computer kennenlernen ........................................................ 11

2    Erste Schritte mit dem Computer ............................................. 29

3    Dateien und Ordner – Ihre Ablage auf dem Computer ........... 59

4    Im Internet surfen ..................................................................... 83

5    E-Mails schreiben und lesen ..................................................... 115

6    Fotos organisieren und bearbeiten ......................................... 145

7    Texte und Briefe schreiben mit Word ..................................... 185

8    Rechnen und Verwalten mit Excel ........................................... 229

9    Unterhaltung und Information ................................................. 255

10   So passen Sie Ihren Computer individuell an ......................... 275

11   So ist Ihr Computer gut geschützt .......................................... 289

12   Hilfe bei Problemen .................................................................. 313

Sie haben Fragen, Wünsche oder Anregungen zum Buch?
Gerne sind wir für Sie da:

Anmerkungen zum Inhalt des Buches: isabella.bleissem@vierfarben.de
Bestellungen und Reklamationen: service@vierfarben.de
Rezensions- und Schulungsexemplare: sophie.herzberg@vierfarben.de

An diesem Buch haben viele mitgewirkt, insbesondere:

**Lektorat**  Isabella Bleissem
**Korrektorat**  Marita Böhm, München
**Herstellung**  Denis Schaal
**Typografie und Layout**  Vera Brauner, Maxi Beithe
**Einbandgestaltung**  Eva Schmücker
**Coverbilder**  Fotolia: 52026506 © AndreusK; 15263907 © Alina Isakovich; iStockphoto: 16146668 © CountryStyle Photography
**Bildnachweis**  Mareile Heiting, iStockphoto 20922245 © s-cphoto
**Satz**  SatzPro, Krefeld
**Druck und Bindung**  Media-Print Informationstechnologie GmbH, Paderborn

Gesetzt wurde dieses Buch aus der ITC Charter (10,5 pt/15 pt) in Adobe InDesign CS6.
Und gedruckt wurde es auf mattgestrichenem Bilderdruckpapier (115 g/m²).
Hergestellt in Deutschland.

Bibliografische Information der Deutschen Nationalbibliothek
Die Deutsche Nationalbibliothek verzeichnet diese Publikation in der Deutschen Nationalbibliografie; detaillierte bibliografische Daten sind im Internet über http://dnb.d-nb.de abrufbar.

**ISBN 978-3-8421-0184-5**

© Vierfarben, Bonn 2016
1. Auflage 2016

Vierfarben ist eine Marke der Rheinwerk Verlag GmbH
Rheinwerkallee 4, 53227 Bonn
www.vierfarben.de

Der Verlagsname Vierfarben spielt an auf den Vierfarbdruck, eine Technik zur Erstellung farbiger Bücher. Der Name steht für die Kunst, die Dinge einfach zu machen, um aus dem Einfachen das Ganze lebendig zur Anschauung zu bringen.

# Inhalt

Vorwort ................................................................. 9

## Kapitel 1: Den Computer kennenlernen ......................... 11

Was ist eigentlich Hardware, was ist Software? ........................ 11

Wichtige Geräte an den Computer anschließen ........................ 17

Computermaus und Touchpad bedienen ........................... 21

Fingergesten – die Bedienung auf einem Touchdisplay ........... 24

Die Tastatur benutzen ........................................... 25

## Kapitel 2: Erste Schritte mit dem Computer ............... 29

Den Computer das erste Mal starten ............................ 30

So melden Sie sich am Computer an ............................ 36

Ihr Schreibtisch, der Desktop – wo finden Sie was? .............. 38

Programme und Apps starten und beenden ..................... 41

Programme installieren oder entfernen ......................... 52

Den Computer ausschalten ..................................... 57

## Kapitel 3: Dateien und Ordner –
## Ihre Ablage auf dem Computer ....................... 59

Den Explorer öffnen ........................................... 60

Eine erste Übersicht über Laufwerke, Ordner und Dateien ....... 61

Ordner anlegen, umbenennen und organisieren ................. 65

Dateien und Ordner verschieben ................................ 72

Daten auf externen Speichermedien sichern .................... 74

Dateien und Ordner löschen und wiederherstellen .............. 78

Ordner

## Kapitel 4: Im Internet surfen ........................... 83

Das brauchen Sie für die Verbindung ins Internet ....................... 83

Die Internetverbindung via Kabel
oder drahtlos einrichten ...................... 86

Mit dem Browser Microsoft Edge im Internet unterwegs ................ 88

Mit Google und Bing das Internet durchsuchen ....................... 98

Programme aus dem Internet herunterladen ........................ 105

## Kapitel 5: E-Mails schreiben und lesen ........................ 115

Eine kostenlose E-Mail-Adresse anlegen ........................ 115

Ein erster Blick auf die Mail-App ........................ 119

Eigene E-Mails versenden ........................ 124

E-Mails lesen, beantworten, löschen und mehr ........................ 130

Ein Adressbuch pflegen ........................ 135

Termine mit der Kalender-App verwalten ........................ 141

## Kapitel 6: Fotos organisieren und bearbeiten ............ 145

So kommen die Fotos auf den Computer ........................ 146

Bilder und Videos betrachten mit der Fotos-App ........................ 150

Die Bildqualität verbessern mit der Fotos-App ........................ 154

Bilder zuschneiden mit der Fotos-App ........................ 159

Rote Augen mit der Fotos-App entfernen ........................ 161

Fotos mit Effekten versehen ........................ 163

Fotos sortieren und drucken mit dem Explorer ........................ 167

Fotos auf DVD brennen ........................ 175

Fotos in der Cloud OneDrive veröffentlichen ........................ 180

## Kapitel 7: Texte und Briefe schreiben mit Word ........ 185

Microsoft Word 2016 aufrufen und kennenlernen ........................ 186

Dokumente speichern und öffnen ........................ 191

Text eingeben am Beispiel eines Briefs ........................ 202

Text formatieren am Beispiel eines Briefs ........................................ 204

Aufzählungen und Nummerierungen einfügen ............................................ 210

Grafiken einfügen ........................................................................................ 214

Die Seite einrichten am Beispiel einer Grußkarte ..................................... 218

Text korrigieren und ausdrucken ................................................................ 223

## Kapitel 8: Rechnen und Verwalten mit Excel ............... 229

Excel 2016 kennenlernen ......................................................... 229

Eine erste kleine Übung: eine Adressliste anlegen ...................... 233

Das richtige Format für Excel-Zellen einstellen .......................... 240

Excel – das Rechengenie ......................................................... 244

Zellen automatisch ausfüllen ................................................... 247

Weitere Tabellen anlegen, umbenennen und löschen ................ 250

Tabellen ausdrucken ............................................................. 252

## Kapitel 9: Unterhaltung und Information ...................... 255

Musik hören mit dem Windows Media Player ............................ 255

Mit dieser App sind Sie gut informiert ..................................... 261

Mit Skype über Video telefonieren .......................................... 264

Kostenlose Apps aus dem Windows Store installieren ............... 268

## Kapitel 10: So passen Sie Ihren Computer individuell an ............................................................. 275

Ein neuer Hintergrund für die Desktop-Oberfläche .................... 275

Sperrbildschirm und Benachrichtigungen anpassen .................. 279

So passen Sie Textgröße und Mauszeiger an ............................ 283

## Kapitel 11: So ist Ihr Computer gut geschützt ........... 289

Ein weiteres Benutzerkonto anlegen ....................................... 289

Wichtige Datenschutzeinstellungen vornehmen ....................... 295

Das Info-Center hat die Sicherheit im Blick .............................. 300

Datenschutz
Standort, Kamera

Mit dem Windows Update auf dem
neuesten Stand bleiben .............................................................. 302

Der Windows Defender ................................................................ 304

Die Windows-Firewall ................................................................. 308

Kostenpflichtige Sicherheitsprogramme ...................................... 311

## Kapitel 12: Hilfe bei Problemen 

Kapitel 12: Hilfe bei Problemen ................................................. 313

Probleme aufspüren und beheben .............................................. 313

So bekommen Sie Hilfe über das Internet .................................... 316


Glossar ..................................................................................... 319

Stichwortverzeichnis .................................................................. 333

# Vorwort

Vor etwa 25 Jahren kaufte ich mir meinen ersten Computer. Mein damals bereits über 90-jähriger Großvater war einer der Ersten, der sich dieses sonderbare Gerät aus der Nähe ansah und mir darüber Löcher in den Bauch fragte. »Denn schließlich ist man nie zu alt, Neues zu lernen«, so lautete sein Motto. Alleine der Bildschirm nahm damals die Hälfte des Schreibtischs ein. Das Einschalten des analogen Modems, über das die Verbindung ins Internet hergestellt wurde, brachte Opa Fritz lauthals zum Lachen. Es klang aber auch wirklich so, als würde eine Horde Außerirdischer unser Haus stürmen.

In den letzten 25 Jahren hat sich im Computermarkt natürlich viel getan. Nicht nur, dass die Verbindung ins Internet ganz leise und blitzschnell vonstattengeht. Die mittlerweile weitaus kleineren Computer bringen vor allem eine riesige Funktionsvielfalt mit. Egal, ob man nur einen Brief schreiben, seine Fotosammlung bearbeiten oder in der großen Welt des Internets einkaufen möchte: Der Computer macht all dies und noch viel mehr möglich. Doch genau diese Vielzahl von Möglichkeiten flößt vielen Menschen auch gehörigen Respekt ein, sodass sie vor der Nutzung eines Computers zurückschrecken. Ganz häufig höre ich Sätze wie: »Dafür bin ich zu alt« oder »Von dieser Technik lasse ich lieber die Finger«. Mit diesem Buch möchte ich Ihnen gerne zeigen, dass diese Angst ganz unbegründet ist. Betreten Sie gemeinsam mit mir die Computerwelt, und lernen Sie Schritt für Schritt anhand von Praxisbeispielen den Umgang mit einem Computer kennen.

Um etwas die Scheu vor dem unbekannten Objekt zu verlieren, haben Sie im ersten Kapitel die Gelegenheit, einen Blick in das Innere eines Computers zu werfen. Dabei erfahren Sie auch, wie Sie z. B. einen Drucker oder Lautsprecher an den Computer anschließen und Tastatur und Maus richtig nutzen. Nach dieser kurzen theoretischen Einführung können Sie in Kapitel 2 selbst aktiv werden. So lernen Sie unter anderem, wie Sie den Computer einschalten, Programme starten und wieder beenden. Ab dem dritten Kapitel stelle ich Ihnen einige dieser Programme genauer vor. So zeige ich Ihnen z. B., wie Sie eine Verbindung ins Internet herstellen, E-Mails – also elektronische Nachrichten – versenden, Ihre mit der Digitalkamera aufgenommenen Fotos am Computer bearbeiten, Musik hören, Videos ansehen, Briefe und fröhliche Grußkarten entwerfen oder Adresslisten erstellen. Auch das beliebte Programm Skype, mit dem Sie über das Internet telefonieren und dabei Ihren Gesprächspartner sehen können, kommt nicht zu kurz.

Manch einer scheut sich aus Gründen der Sicherheit, einen Computer zu nutzen. »Was ist, wenn ich mir einen Virus einfange? Sind meine persönlichen Daten geschützt?« sind meist die größten Sorgen. Solche Gefahren lauern leider tatsächlich überall, doch gibt es einige gute Schutzmechanismen, auf die ich im Verlauf des Buchs eingehen werde.

Auf rund 350 Seiten kann ich Ihnen die große Vielfalt des Computers leider nicht bis ins letzte Detail vorstellen. Ich würde mich aber freuen, wenn ich Ihnen am Ende Geschmack auf mehr gemacht habe und Sie sich selbst auf Entdeckungsreise begeben.

An dieser Stelle möchte ich mich ganz herzlich bei allen bedanken, die mich bei diesem Buch unterstützt haben. Das beginnt bei Familienmitgliedern und Freunden sowie Lesern und Computerkursteilnehmern, die mich durch ihre Fragen inspiriert haben, und endet noch lange nicht beim gesamten Team des Vierfarben Verlags, das mir bei der Umsetzung des Buchs geholfen hat. Ein ganz besonderer Dank gilt zwei Menschen: meiner Lektorin Isabella Bleissem und meinem Mann Carsten, die mir beide während der letzten Wochen mit Rat und Tat zur Seite standen. Was wäre ich nur ohne Euch zwei!

Doch nun wünsche ich Ihnen viel Spaß beim Lesen und eine spannende Reise in die Computerwelt!

**Ihre Mareile Heiting**

# Kapitel 1

# Den Computer kennenlernen

Sätze wie die folgenden hat sicherlich jeder von uns schon zu hören bekommen: »Google das doch einfach mal, dann findest du bestimmt Informationen dazu.« »Gerade habe ich mit meinem Sohn in Neuseeland geskypt.« Oder auch: »Das habe ich schnell mit dem Computer erledigt, ging ganz einfach.«

Doch was ist das eigentlich, dieses »Googeln«? Was verbirgt sich hinter dem Begriff »Skypen«? Und was hat dieses Wunderwerk »Computer« an sich, dass so viele Menschen mittlerweile gar nicht mehr darauf verzichten wollen? Wer sich all diese Fragen schon einmal selbst gestellt hat und endlich Antworten darauf erhalten möchte, für den ist dieses Buch goldrichtig. Eine kleine Anmerkung aber vorweg: In diesem Einstieg geht es keineswegs um trockene Theorie, auch wenn diese zum Verständnis mancher Schritte natürlich nötig ist. Stattdessen dürfen Sie selbst aktiv werden und die Möglichkeiten des Computers für sich entdecken. Wenn Sie sich durch die fast 350 Seiten durchgearbeitet haben, können Sie selbst googeln und mit Ihrer Familie skypen. Einen kleinen Eindruck von der Vielseitigkeit eines Computers haben Sie dann ebenfalls gewonnen. Versprochen! Begleiten Sie mich nun auf eine Schnuppertour in die faszinierende Welt des Computers. Los geht es mit einem kleinen Blick in das Innenleben eines Computers.

## Was ist eigentlich Hardware, was ist Software?

Bevor man sich auf den Weg in eine unbekannte Region macht, ist es immer interessant, sich mit den Gepflogenheiten vor Ort vertraut zu machen. Auf den Computer übertragen heißt dies ganz einfach: Bevor Sie selbst aktiv werden, werde ich Ihnen kurz die wichtigsten Bestandteile eines Computers vorstellen.

Der Begriff *Computer* leitet sich vom Englischen »to compute« bzw. dem lateinischen »computare« ab, zu Deutsch: »rechnen«. Als Synonym für Computer hat sich deshalb auch der Begriff »Rechner« eingebürgert. Und genau das ist es auch, was ein Computer macht, nämlich rechnen bzw. ganz allgemein Daten verarbeiten. Für die Datenverarbeitung benötigt ein Computer (übrigens auch kurz PC für *Personal Computer* genannt) sowohl *Hardware* als auch *Software*.

Unter Hardware versteht man alles, was Sie anfassen können, während die Software die quasi unsichtbaren Bestandteile des Computers sind, die ihm sagen, was er zu tun hat. Zur Hardware zählen z. B. der Bildschirm, die Tastatur, die Computermaus sowie das Computergehäuse. In diesem verbergen sich wiederum so wichtige Elemente wie der *Prozessor*, die *Grafikkarte*, die *Festplatte*, der *Arbeitsspeicher* oder die *Netzwerkkarte*. Die wichtigsten dieser Elemente werde ich Ihnen kurz vorstellen, da sie auch häufig in Werbeanzeigen von Computern auftauchen.

> *Blick in das Innere eines Computergehäuses (Quelle: iStockphoto: s-cphoto)*

Die gerade erwähnten Rechenoperationen werden durch den *Prozessor* (auch *Central Processing Unit* genannt, kurz *CPU*) ausgeführt. Je höher die Geschwindigkeit des Prozessors ist, desto schneller arbeitet der Computer. Die Geschwindigkeit wird in Gigahertz (kurz GHz) angegeben. Bekannte Hersteller von Prozessoren sind Intel sowie AMD.

Die Geschwindigkeit bzw. Rechenleistung eines Computers wird außerdem von der Größe des *Arbeitsspeichers* beeinflusst (kurz auch *RAM* genannt, Abkürzung von *Random-Access Memory*). Ganz einfach formuliert werden im Arbeitsspeicher die Daten gespeichert, die der Prozessor verarbeiten soll. Je größer ein Arbeitsspeicher, desto schneller ist auch der Computer. Die Größe, sprich Speicherkapazität, wird in Byte gemessen, genauer gesagt Gigabyte. Die Abkürzung für Gigabyte lautet GB. Lesen Sie hierzu auch den Kasten »Vom Bit über das Byte bis hin zum Terabyte« auf dieser Seite. Bestimmte Aufgaben am Computer erfordern einen großen Arbeitsspeicher. Wenn Sie z. B. Ihre Urlaubsvideos am Computer bearbeiten und eindrucksvolle Filme daraus zaubern möchten, benötigt Ihr Computer mehr Gigabyte (auch GByte geschrieben) Speicherplatz, als wenn Sie nur einen Brief schreiben wollen.

> ℹ **Vom Bit über das Byte bis hin zum Terabyte**
>
> Die Größe eines Speichers wird bei einem Computer in *Byte* angegeben. Ein Byte besteht wiederum aus acht *Bits*. Ein Bit ist die kleinste Informationseinheit eines Computers und kann zwei Zustände annehmen. Ganz simpel gesagt: Es fließt Strom, oder es fließt kein Strom. Diese beiden Zustände werden durch die Ziffern 1 (für »es fließt Strom«) und 0 (»es fließt kein Strom«) symbolisiert. Aus diesem Binärsystem ergeben sich dann die nächsten Einheiten: 8 Bits sind 1 Byte, 1024 Bytes sind 1 KByte (sprich »Kilobyte«), 1024 KBytes sind 1 GByte (ausgesprochen »Gigabyte«), und 1024 GBytes sind ein TByte (sprich »Terabyte«). Unter diesen Zahlen kann man sich meist recht wenig vorstellen. Etwas plastischer wird es, wenn man hört, dass ein einfacher Brief, der nur Text enthält, ca. 10 KBytes Speicherplatz benötigt, während es bei einem durchschnittlichen Foto auch 2 MBytes und mehr sein können.

Der Arbeitsspeicher ist sehr schnell, er hat aber einen Nachteil: Sobald Sie den Computer ausschalten, werden alle Daten im Arbeitsspeicher gelöscht. All Ihre Fotos, Videos und Briefe, aber auch die Programme, die Sie zum Bearbeiten dieser Daten benötigen (dazu gleich noch mehr), müssen also auf einem anderen Speicher gesichert werden, damit sie auch beim nächsten Einschalten des Computers wieder verfügbar sind. Für diese Art der Sicherung ist die sogenannte *Festplatte* zuständig. Ihre Größe wird ebenfalls in Byte angegeben. Im Gegensatz zum sehr teuren Arbeitsspeicher, bei dem Größen um die 8 GBytes üblich sind, liegt die Speicherkapazität von Festplatten durchaus zwischen 500 GBytes und 1 TByte oder mehr. Bei den Festplatten unterscheidet man außerdem zwischen internen und externen Festplatten. Die interne Festplatte befindet sich im Computergehäuse, während eine externe Festplatte von außen an den Computer angeschlossen wird. Wie dies funktioniert, erfahren Sie im Verlauf dieses Buchs. In einem Computer kann auch mehr als eine Festplatte eingebaut bzw. angeschlossen sein.

> **ⓘ Weitere Speichermedien**
>
> Die Festplatte ist nicht das einzig mögliche Speichermedium. Daten lassen sich auch auf *CDs*, *DVDs* oder gar *Blu-rays* sichern. Die meisten Computer verfügen über ein entsprechendes CD-/DVD-/Blu-ray-Laufwerk, das in der Lage ist, einen solchen Datenträger zu lesen bzw. umgekehrt auch Daten auf eine CD, DVD bzw. Blu-ray zu schreiben. Im Zusammenhang mit dem Schreiben spricht man auch von Brennen, das entsprechende Laufwerk wird kurz als *Brenner* bezeichnet. Vorsicht ist bei den Datenträgern allerdings im Zusammenhang mit der sogenannten *Kompatibilität* geboten. Denn Sie können zwar mit einem Blu-ray-Laufwerk eine CD oder auch DVD lesen, umgekehrt ist ein CD-/DVD-Laufwerk aber nicht in der Lage, eine Blu-ray zu lesen. Eine weitere Möglichkeit, Daten zu sichern, bieten sogenannte *USB-Sticks*. Ein solcher Stick hat die Größe eines Feuerzeugs und bietet z. B. ausreichend Platz für einige Fotos. Aus diesem Grund ist er auch so beliebt, wenn es darum geht, gegenseitig Bilder vom letzten Ausflug oder der Familienfeier auszutauschen. Wie die Datensicherung auf einem USB-Stick oder auch einer externen Festplatte erfolgt, erfahren Sie im Abschnitt »Daten auf externe Speichermedien sichern« ab Seite 74.

Fotos, Briefe und mehr, die Sie mit Ihrem Computer bearbeiten möchten, sollen natürlich auf dem Bildschirm angezeigt werden. Hierfür ist die *Grafikkarte* verantwortlich. Sie wandelt die Daten, die der Prozessor bearbeitet, so um, dass sie auf dem Bildschirm wiedergegeben werden können. Eine Grafikkarte besitzt einen eigenen Prozessor, den sogenannten *Grafikprozessor*, sowie einen eigenen RAM, entsprechend *Grafikspeicher* genannt. Beide unterstützen den Hauptprozessor sowie den Arbeitsspeicher Ihres Computers bei der Arbeit. Für diejenigen, die aufwendige Spiele am Computer spielen möchten, ist eine hohe Leistungsfähigkeit der Grafikkarte von Bedeutung. Denn wenn das Bild auf dem Bildschirm ruckelt, macht kein Spiel mehr Spaß. Bekannte Hersteller von Grafikkarten sind AMD und Nvidia.

Während die Grafikkarte dafür sorgt, dass Sie etwas auf dem Bildschirm sehen, ist die *Soundkarte* dafür zuständig, dass Sie auch etwas hören. Denn verfügt Ihr Computer zusätzlich über einen Lautsprecher, können Sie mit ihm Ihre Lieblingsmusik hören (siehe den Abschnitt »Musik hören mit dem Windows Media Player« ab Seite 255) oder sich auch verpasste Fernsehsendungen über das Internet ansehen. Damit Ihr Computer eine Verbindung mit dem Internet herstellen kann, sollte er z. B. über eine *Netzwerkkarte* verfügen. Auf dieses Thema gehe ich noch ausführlicher in Kapitel 4, »Im Internet surfen«, ein.

Damit schließe ich die Vorstellung der wichtigsten Hardware-Komponenten ab. Die Liste ließe sich natürlich noch fortsetzen und detaillierter beschreiben, doch haben Sie nun genügend Anhaltspunkte erhalten, um besser entscheiden zu können, welches Gerät sich für Ihre Bedürfnisse eignet und welche zusätzlichen Komponenten sinnvoll sein könnten.

Ganz zu Beginn dieses Abschnitts habe ich die beiden Begriffe Hardware und Software erwähnt. Ohne Software nützen Ihnen all die Hardware-Komponenten, die Sie gerade kennengelernt haben, gar nichts. Denn es ist die Software, die den Komponenten Anweisungen erteilt. Statt Software ist auch die Bezeichnung *Programm* üblich. Software lässt sich grob in die beiden Kategorien *Systemprogramme* und *Anwendungsprogramme* unterteilen. Zu den Anwendungsprogrammen zählen z. B. Bildbearbeitungsprogramme, mit denen Sie Ihre Fotos aufbereiten können, aber auch Computerspiele oder Textverarbeitungsprogramme zum Schreiben von Briefen. Einige Anwendungsprogramme werden Sie im Verlauf dieses Buchs noch kennenlernen.

Das wichtigste Systemprogramm, ohne das ein Computer nicht funktioniert, ist das sogenannte *Betriebssystem*. Es stellt quasi die Verbindung zwischen Ihnen bzw. den Anwendungsprogrammen, die Sie nutzen, sowie der Hardware des Computers her. Das Betriebssystem sorgt dafür, dass Ihre Anweisungen korrekt weitergereicht und ausgeführt werden. Beispiele für Betriebssysteme sind UNIX, Linux, OS X (von Apple) sowie Android (aus dem Hause Google). Das wohl bekannteste und am häufigsten eingesetzte Betriebssystem ist aber *Windows* von Microsoft. Die erste Windows-Version erschien bereits 1985 unter der Bezeichnung Windows 1.0. In den letzten 30 Jahren gab es dann immer wieder Aktualisierungen mit Bezeichnungen wie Windows XP, Windows Vista, Windows 7 oder auch Windows 8.1, um nur einige zu nennen. Die aktuelle Version, die im Juli 2015 veröffentlicht wurde, trägt den Namen Windows 10.

Wenn Sie sich heute einen Computer kaufen, ist auf diesem normalerweise bereits ein Betriebssystem installiert. Speziell die letzten veröffentlichten Windows-Versionen unterscheiden sich teilweise gravierend voneinander. Viele Anwendungsprogramme benötigen eine bestimmte Windows-Version, um zu funktionieren. Es ist daher sehr wichtig zu wissen, welche Windows-Version auf dem Computer installiert ist. Die Beschreibungen in diesem Buch basieren auf Windows 10. Sollten Sie noch einen Rechner mit Windows 7 oder Windows 8/8.1 nutzen, werden Sie die meisten der hier beschriebenen Anleitungen leider nicht an Ihrem Gerät nachvollziehen können. Im folgenden Kasten »Basisinformationen über den PC in Erfahrung bringen« lesen Sie, wie Sie herausfinden können, welche Windows-Version auf Ihrem Rechner installiert ist.

### ➕ Basisinformationen über den PC in Erfahrung bringen

Welche Windows-Version ist auf Ihrem Computer installiert? Über wie viel GByte verfügt der Arbeitsspeicher, und welche Leistung bringt der Prozessor? Wenn Sie diese Fragen nicht aus dem Stegreif beantworten können, ist das gar nicht schlimm. Denn mit einem kleinen Trick können Sie schnell die wichtigsten Basisinformationen in Erfahrung bringen. Die folgende Anleitung mag Ihnen gerade noch fremd vorkommen, doch spätestens nach Kapitel 2, »Erste Schritte mit dem Computer«, setzen Sie sie schnell um. Und so gehen Sie vor: Positionieren Sie den Mauszeiger unten rechts auf dem Windows-Logo ⊞, und drücken Sie die rechte Maustaste. Es klappt ein Menü auf, in dem Sie auf **System** klicken. In dem Fenster, das nun eingeblendet wird, können Sie alle wichtigen Basisinformationen über Ihren Computer ablesen.

# Wichtige Geräte an den Computer anschließen

Bei Computern kann man heutzutage grob drei Kategorien unterscheiden: die *Desktop-PCs*, *Notebooks* und *Tablets*. Ein Desktop-PC ist ein stationäres Gerät, das aus mehreren Teilen besteht, nämlich dem Bildschirm ❶, der Tastatur ❷, der Computermaus ❸ sowie dem sogenannten *Tower* ❹. Letzterer enthält die im vorherigen Abschnitt erwähnten Hardware-Komponenten wie Prozessor, Arbeitsspeicher, Festplatte oder auch Grafikkarte.

∧ *Ein klassischer Desktop-PC mit Tower, Bildschirm, Tastatur und Maus (Quelle: iStockphoto: pagadesign)*

In einem Notebook (auch *Laptop* genannt) sind der Bildschirm, die Tastatur und – als Alternative für die Computermaus – ein *Touchpad* nicht separat, sondern bereits fest eingebaut. Wie Sie ein solches Touchpad ❺ (dahinter verbirgt sich eine berührungsempfindliche Fläche) bedienen, werde ich Ihnen im nächsten Abschnitt zeigen. Der Bildschirm eines Notebooks lässt sich auf- und wieder zuklappen. Damit eignet sich ein Notebook wunderbar für Reisen, aber auch für daheim, wenn der Computer möglichst wenig Platz wegnehmen soll. Denn in puncto Leistungsfähigkeit müssen sich heutzutage die wenigsten Notebooks hinter einem Desktop-PC verstecken. Das sieht bei der dritten Kategorie, den Tablets, etwas anders aus.

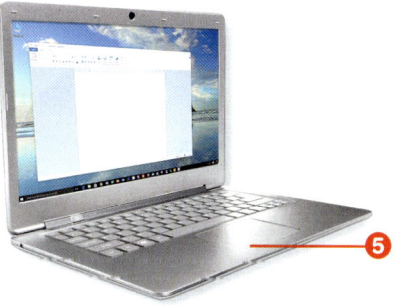

∧ *Beispiel für ein Notebook (Quelle: iStockphoto: Acer)*

Tablets (siehe die Abbildung auf der nächsten Seite) sind noch kleiner und handlicher als Notebooks. Tastatur und Computermaus bzw. Touchpad suchen Sie hier vergeblich. Alle Ihre Eingaben können Sie stattdessen direkt über den berührungsempfindlichen Bildschirm durchführen. Dieser Bildschirm wird auch *Touchscreen* oder *Touchdisplay* genannt. Genau diese Bedienung per Fingergesten (auch diese werden Sie noch innerhalb dieses Kapitels kennenlernen) sowie die meist geringe Leistungsfähigkeit schränken den Einsatzbereich eines Tablets stark ein. Um unterwegs Musik zu hören, Ihre elektronischen Nachrichten abzufragen (siehe Kapitel 5, »E-Mails schreiben und lesen«) oder wichtige Informationen im Internet zu recherchieren, sind Tablets gut geeignet. Wer dagegen in Fotos Schönheitsfehler korrigieren oder andere aufwendige Arbeiten erledigen möchte, ist mit einem Desktop-PC oder Notebook besser bedient.

Bevor Sie mit einem Desktop-PC arbeiten können, müssen Sie den Bildschirm, die Tastatur und die Computermaus an den Tower anschließen.

Die entsprechenden Anschlussstellen, auch *Schnittstellen* genannt, befinden sich meist auf der Rückseite des Towers. Damit der Computer mit Strom versorgt wird, sollten Sie zunächst das Netzkabel in die entsprechende Buchse am Tower sowie in die Steckdose stecken. Auch der Bildschirm benötigt Strom, hier gilt also das Gleiche. Anschließend verbinden Sie den Bildschirm mithilfe des Monitorkabels mit dem Tower. Für den Anschluss steht entweder eine DVI-Buchse oder eine VGA-Buchse ❻ zur Verfügung. Letztere ist gut an der blauen Farbe erkennbar. Mithilfe zweier kleiner Schrauben stellen Sie sicher, dass sich das Kabel nicht vom Tower löst.

∧ *Die kleinste der drei Varianten: das Tablet, das mit Fingergesten bedient wird (Quelle: iStockphoto: Asus)*

Als Nächstes kümmern Sie sich um die Eingabegeräte Ihres Computers, sprich Tastatur und Computermaus (meist auch nur kurz Maus genannt). Früher waren für diese beiden Geräte noch sogenannte PS/2-Anschlüsse ❼ üblich (lesen Sie hierzu auch den Kasten »Alte Geräte weiterhin nutzen« auf Seite 19). Moderne Tastaturen und Computermäuse besitzen stattdessen ein USB-Kabel. Dieses stecken Sie in den USB-Anschluss des Towers ❽. Sollte dies nicht sofort funktionieren, drehen Sie den Stecker einfach um 180 Grad. Dieser Tipp gilt übrigens für alle Stecker, denn sie lassen sich immer nur in einer bestimmten Position in die Buchse am Computergehäuse stecken.

∢ *Fast jeder PC hat mehr als einen USB-Anschluss (Quelle: iStockphoto: Krzysztof_Kwiatkowski).*

Haben Sie sich bei der Tastatur und der Maus für eine kabellose Variante entschieden (also eine Funktastatur oder auch Funkmaus), stecken Sie die Basisstation des Eingabegeräts in den USB-Anschluss.

> ### ✚ Alte Geräte weiterhin nutzen
>
> Sie haben in Ihrem Fundus noch eine alte Tastatur gefunden, die Sie gerne verwenden möchten. Nur besitzt diese leider ein PS/2-Kabel, und genau dieser Anschluss ist an Ihrem Computer nicht mehr vorhanden? Mithilfe sogenannter *Adapter* können Sie solche Geräte weiterhin nutzen. Ein entsprechender Adapter hilft Ihnen auch weiter, wenn Sie an einem Tablet mit einer Mini-USB-Buchse ein normales USB-Kabel, das etwas größer als der Mini-USB-Stecker ist, anschließen möchten.

USB-Anschlüsse zählen zu den am häufigsten genutzten Anschlüssen eines Computers. Denn sie werden nicht nur für Maus und Tastatur verwendet, auch Drucker, Digitalkameras, externe Festplatten, USB-Sticks und vieles mehr lassen sich mithilfe eines USB-Kabels ganz einfach und schnell an einen Computer anschließen. Aus diesem Grund werden Sie bei Ihrem Computer – und zwar sowohl bei einem Desktop-PC, einem Notebook als auch einem Tablet – meist mehr als einen USB-Anschluss finden. Der größte Vorteil eines USB-Anschlusses: Das entsprechende Gerät, also etwa der Drucker, kann auch bei einem eingeschalteten Computer angeschlossen werden. Dies gilt beim Bildschirm z. B. nicht. Um den Monitor anschließen zu können, muss der PC noch ausgeschaltet sein.

Sowohl in Notebooks als auch in Tablets sind bereits Lautsprecher und Mikrofone integriert. Wer mit seinem Desktop-PC Musik hören oder über das Internet telefonieren möchte (siehe den Abschnitt »Mit Skype über Video telefonieren« ab Seite 264), muss die entsprechenden Geräte erst mit dem Tower verbinden. Die Zuordnung von Klinkenstecker und Buchse am Computer ist aber aufgrund der identischen Farben sehr einfach: Hellgrün (❶ auf Seite 20) steht für den Lautsprecher, Rosa ❷ kennzeichnet wiederum die Anschlussstelle des Mikrofons. Sollten die Buchsen bei Ihrem Gerät nicht farbig sein, finden Sie stattdessen ein kleines Lautsprecher- bzw. Mikrofon-Symbol. Diese Buchsen finden Sie übrigens auch meist bei einem Notebook, nur für den Fall, dass der integrierte Lautsprecher Sie nicht zufriedenstellt.

∧ *Die Anschlüsse für Lautsprecher und Mikrofon sind meist gut an ihrer Farbe zu erkennen (Quelle: Laura Schleicher).*

### ℹ Geräte per USB-Kabel an den Computer anschließen

Viele Geräte lassen sich heutzutage ganz bequem per USB-Kabel an den Computer anschließen. Das Prozedere hierbei ist denkbar einfach: Verbinden Sie zunächst beide Geräte, also etwa Drucker und Computer, mithilfe des USB-Kabels. Schalten Sie nun den Drucker und, falls noch nicht geschehen, den Computer ein (wie dies funktioniert, erfahren Sie im Abschnitt »Den Computer das erste Mal starten« ab Seite 30). In den meisten Fällen erkennt Ihr Computer nun automatisch, welches Gerät gerade angeschlossen wurde, und installiert entsprechend eine Software (in diesem Fall auch *Treiber* bzw. *Gerätetreiber-Software* genannt). Diese Software steuert die Kommunikation zwischen dem Gerät – hier also dem Drucker – und dem Computer. Manchen Geräten liegt in der Verpackung auch eine DVD bei, auf der Sie diese Gerätetreiber-Software finden und selbst auf dem Computer installieren können. Hinweise zur Installation von Software erhalten Sie im Abschnitt »Programme installieren oder entfernen« ab Seite 52.

Der Vollständigkeit halber sei an dieser Stelle noch der Netzwerkanschluss ❸ erwähnt: Hier stecken Sie das Netzwerkkabel ein. Die andere Seite des Kabels kommt in den *Router*. Dies ist ein Gerät, das Ihren Computer mit der Welt des Internets verbindet. Auf dieses Thema werde ich aber ausführlicher in Kapitel 4, »Im Internet surfen«, eingehen.

Neuere Desktop-PCs und Notebooks besitzen zusätzlich zu den erwähnten Anschlüssen häufig noch eine oder mehrere HDMI-Buchsen ❹, über die Sie z. B. HD-Fernseher als auch zusätzliche Monitore anschließen können.

Haben Sie alle wichtigen Geräte an Ihren Computer angeschlossen, können Sie im Grunde genommen loslegen und den PC einschalten. Bevor ich Ihnen aber zeige, wie Sie sich am Computer anmelden, werde ich Ihnen noch ein paar wichtige Informationen zum Umgang mit der Computermaus, dem Touchpad, der Tastatur und dem Touchdisplay mit auf den Weg geben.

## Computermaus und Touchpad bedienen

Ein Computer macht im Grunde genommen nichts anderes, als Ihren Anweisungen zu folgen. Die Eingaben nehmen Sie mithilfe der Tastatur und der Computermaus bzw. im Falle eines Notebooks auch mit einem Touchpad vor. Sehen wir uns die Computermaus und das Touchpad einmal genauer an.

Bei einem Touchpad handelt es sich um eine kleine berührungsempfindliche Fläche. Wenn Sie mit dem Finger über diese Fläche fahren, wird der *Mauszeiger* auf dem Bildschirm bewegt. Nutzen Sie eine Computermaus, verschieben Sie einfach die Maus auf Ihrem Schreibtisch bzw. der Unterlage für die Maus. Während des Verschiebens können Sie auf dem Bildschirm beobachten, wie sich die Position des Mauszeigers verändert. Der Mauszeiger hat meistens die Form eines Pfeils (⌖). Je nach Aktion, die Sie ausführen, kann er seine Form aber auch ändern. Ein paar Beispiele hierfür werden Sie im Verlauf dieses Buchs noch kennenlernen. Sollten Sie den Mauszeiger auf dem Bildschirm übrigens nur schwer erkennen können, erfahren Sie im Abschnitt »So passen Sie Textgröße und Mauszeiger an« ab Seite 283, wie Sie ihn vergrößern können.

Die exakte Positionierung des Mauszeigers auf einem bestimmten Element auf dem Bildschirm ist sehr wichtig. So bestimmen Sie damit z. B. die Stelle, an der der Text, den Sie eingeben, erscheinen soll. Aber auch wichtige Befehle werden auf diese Weise ausgewählt. Das Positionieren des Mauszeigers allein reicht allerdings noch nicht aus. Anschließend kommt eine der zwei Tasten zum Einsatz, die Sie auf der Computermaus bzw. dem Touchpad finden. Meist müssen Sie mit diesen Tasten nun klicken, doppelklicken oder auch einen sogenannten Rechtsklick ausführen. Was sich hinter diesen zunächst vielleicht etwas kurios klingenden Befehlen verbirgt, erfahren Sie in der folgenden Tabelle.

| | |
|---|---|
| 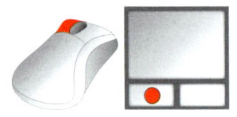 | Eine der häufigsten Anweisungen, die Sie per Maus bzw. Touchpad ausführen müssen, lautet »Klicken Sie« oder auch »per Mausklick«. In diesem Fall positionieren Sie den Mauszeiger auf dem entsprechenden Element (beispielsweise auf einem bestimmten Symbol) und drücken dann die linke Maustaste bzw. die linke Taste auf dem Touchpad. |
| 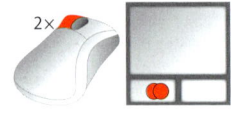 | Lautet die Anweisung »Doppelklicken Sie«, zeigen Sie ebenfalls auf das Element und drücken dann zweimal schnell hintereinander die linke Maus- oder Touchpad-Taste. Der Doppelklick fällt vielen Anwendern anfangs schwer. Mal ist man zu langsam, mal zu schnell. Im Abschnitt »So passen Sie Textgröße und Mauszeiger an« ab Seite 283 zeige ich Ihnen, wie Sie die für Sie perfekte Klickgeschwindigkeit einstellen. |
| 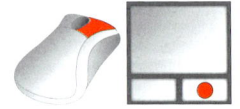 | Soll statt der linken die rechte (Maus- oder Touchpad-)Taste gedrückt werden, weise ich Sie extra darauf hin. In diesem Fall erscheint also die Anweisung »Klicken Sie mit der rechten Maustaste« oder auch »nach einem Rechtsklick«. Mit diesem Mausklick wird ein *Kontextmenü* auf dem Bildschirm eingeblendet, das spezielle Befehle zum ausgewählten Element bereithält (also zu dem Element, auf dem sich der Mauszeiger gerade befindet). |

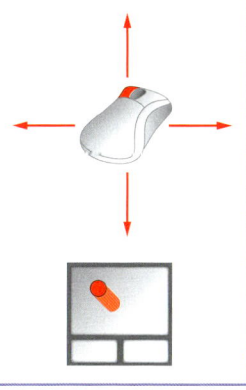

Manchmal müssen Sie ein Element auf dem Bildschirm verschieben. In der Anleitung lautet der entsprechende Hinweis »Ziehen Sie« oder »Verschieben Sie«. Halten Sie in diesem Fall die linke Taste gedrückt, während Sie den Mauszeiger auf dem Bildschirm neu positionieren.

∧ *Die Maus- und Touchpad-Bedienung im Überblick*

**i** **Computermäuse mit Scrollrad**

Die meisten Computermäuse besitzen zwischen der linken und der rechten Maustaste noch ein sogenanntes *Scrollrad* ❶, ein kleines Rädchen, das sich vorwärts und rückwärts drehen lässt. Es kommt z. B. beim Lesen von Internetseiten oder längeren Texten zum Einsatz und dient zum Blättern im entsprechenden Dokument. Hat Ihre Maus kein Scrollrad, ist dies aber auch kein Problem. Wann immer das *Scrollen* (zu Deutsch: Blättern) nötig ist, finden Sie am Seitenrand eine sogenannte *Bildlaufleiste*. Positionieren Sie den Mauszeiger auf dieser Leiste ❷, können Sie sie mit gedrückter linker Maustaste verschieben und auf diese Weise z. B. auf der Internetseite blättern. Im Laufe des Buchs werden Sie immer wieder Beispiele hierfür kennenlernen.

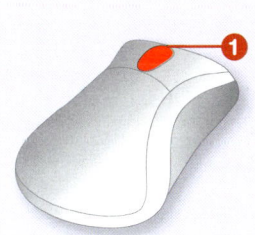

Grumpy Cat ist nun bei Madame Tussauds

∧ *Durch längere Texte bewegen Sie sich entweder mithilfe des Scrollrades der Maus oder der Bildlaufleiste.*

## Fingergesten – die Bedienung auf einem Touchdisplay

Bei einem Tablet finden Sie, wie bereits erwähnt, weder eine Computermaus noch ein Touchpad. Ihre Anweisungen und Eingaben erfolgen stattdessen per Fingergesten, die Sie auf dem berührungsempfindlichen Bildschirm, dem sogenannten Touchdisplay, vornehmen. Statt geklickt wird hier nun getippt und gewischt. Da Sie alle Elemente wie z. B. Symbole oder Schaltflächen direkt mit dem Finger anwählen können, ist beim Tablet auch kein Mauszeiger mehr auf dem Bildschirm zu sehen.

In der folgenden Übersicht habe ich die wichtigsten Fingergesten für Sie zusammengestellt.

| | |
|---|---|
| 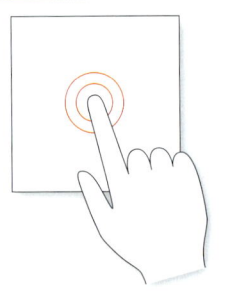 | »Tippen« bedeutet – wie der Name bereits sagt –, einfach nur mit dem Finger kurz auf das gewünschte Element zu tippen. |
| 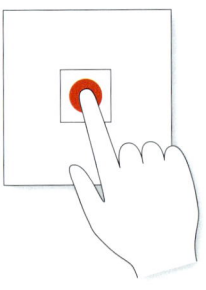 | Soll auf einem Touchscreen ein Kontextmenü eingeblendet werden (siehe auch die Tabelle auf Seite 22 zum Thema Rechtsklick), stehen unter Windows 10 zwei Varianten zur Auswahl: Sie halten den Finger etwas länger (zwei bis drei Sekunden) auf dem Element gedrückt, bis ein Quadrat eingeblendet wird und anschließend das Menü aufklappt. |
|  | Manchmal ist es aber auch nötig, das Element ein paar Millimeter mit dem Finger nach unten zu ziehen. Welche Variante Sie einsetzen sollten, werde ich Ihnen bei der jeweiligen Gelegenheit sagen. Das längere Drücken wird meist auf der Desktop-Oberfläche eingesetzt, das Verschieben dagegen im Startmenü. |

| | |
|---|---|
| 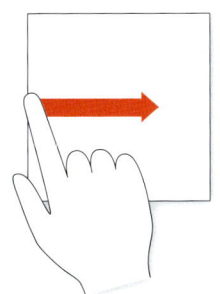 | Wenn Sie »wischen« sollen, streichen Sie einfach mit dem Finger in der angegebenen Richtung über den Bildschirm, beispielsweise vom linken Bildschirmrand in Richtung Bildschirmmitte. |
|  | Eine tolle Fingergeste ist das *Zoomen*. Dabei drücken Sie zwei Finger leicht auf den Bildschirm und ziehen beide gleichzeitig entweder nach außen oder nach innen. Das Ergebnis auf dem Bildschirm: Durch das Auseinanderziehen lässt sich der Bildschirminhalt – beispielsweise der Text einer Internetseite – vergrößern und durch das Zusammenziehen wieder verkleinern. |

## Die Tastatur benutzen

Mit der Maus, dem Touchpad oder – im Fall eines Touchdisplays – auch per Fingergesten führen Sie wichtige Anweisungen aus. Für die Texteingabe geht es aber nicht ohne Tastatur. Die meisten Tasten, die Sie auf einer Tastatur finden, sind sicherlich selbsterklärend. Ein paar Besonderheiten im Vergleich mit einer Schreibmaschine gibt es aber doch, und genau die werde ich Ihnen nun kurz vorstellen.

In der Fachliteratur haben sich mittlerweile unterschiedliche Begriffe für ein und dieselben Tasten eingeschlichen. So spricht der eine etwa von einer *Umschalt-Taste*, bei einem anderen nennt sie sich *Shift-Taste*. Damit es keine Verwirrung gibt, habe ich für Sie zunächst eine Übersicht über

*▼ Eine klassische Tastatur im Überblick*

die wichtigsten Tastennamen, wie ich sie verwende, zusammengestellt. In der rechten Spalte der Übersicht finden Sie ein paar Beispiele, wann die jeweilige Taste zum Einsatz kommt.

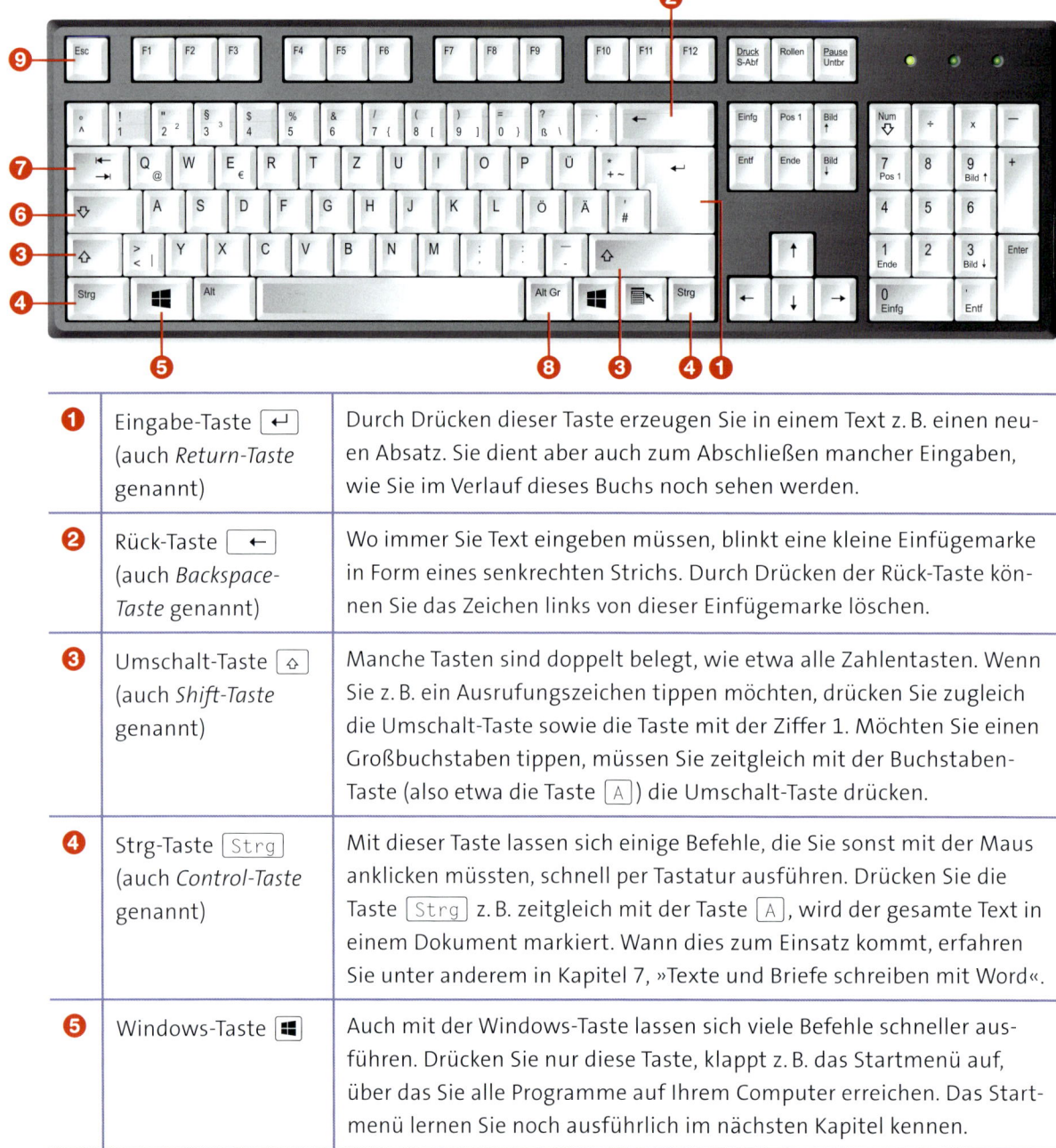

| | | |
|---|---|---|
| ❶ | Eingabe-Taste ↵ (auch *Return-Taste* genannt) | Durch Drücken dieser Taste erzeugen Sie in einem Text z. B. einen neuen Absatz. Sie dient aber auch zum Abschließen mancher Eingaben, wie Sie im Verlauf dieses Buchs noch sehen werden. |
| ❷ | Rück-Taste ← (auch *Backspace-Taste* genannt) | Wo immer Sie Text eingeben müssen, blinkt eine kleine Einfügemarke in Form eines senkrechten Strichs. Durch Drücken der Rück-Taste können Sie das Zeichen links von dieser Einfügemarke löschen. |
| ❸ | Umschalt-Taste ⇧ (auch *Shift-Taste* genannt) | Manche Tasten sind doppelt belegt, wie etwa alle Zahlentasten. Wenn Sie z. B. ein Ausrufungszeichen tippen möchten, drücken Sie zugleich die Umschalt-Taste sowie die Taste mit der Ziffer 1. Möchten Sie einen Großbuchstaben tippen, müssen Sie zeitgleich mit der Buchstaben-Taste (also etwa die Taste A ) die Umschalt-Taste drücken. |
| ❹ | Strg-Taste Strg (auch *Control-Taste* genannt) | Mit dieser Taste lassen sich einige Befehle, die Sie sonst mit der Maus anklicken müssten, schnell per Tastatur ausführen. Drücken Sie die Taste Strg z. B. zeitgleich mit der Taste A , wird der gesamte Text in einem Dokument markiert. Wann dies zum Einsatz kommt, erfahren Sie unter anderem in Kapitel 7, »Texte und Briefe schreiben mit Word«. |
| ❺ | Windows-Taste ⊞ | Auch mit der Windows-Taste lassen sich viele Befehle schneller ausführen. Drücken Sie nur diese Taste, klappt z. B. das Startmenü auf, über das Sie alle Programme auf Ihrem Computer erreichen. Das Startmenü lernen Sie noch ausführlich im nächsten Kapitel kennen. |

| | | |
|---|---|---|
| ❻ | Feststell-Taste ⇧ (auch *Capslock-Taste* genannt) | Wenn Sie diese Taste drücken, werden alle Buchstaben, die Sie im Folgenden eingeben, nur noch als Großbuchstaben angezeigt. Erst durch ein erneutes Drücken wird die Funktion wieder aufgehoben. |
| ❼ | Tabulator-Taste ⇥ (kurz *Tab-Taste*) | Die Tabulator-Taste kommt z. B. zum Einsatz, wenn Sie in einem Brief den Text etwas einrücken, also nach rechts verschieben möchten. |
| ❽ | Alt Gr-Taste AltGr | Auf manchen Tasten finden Sie unten rechts ein weiteres Zeichen. Ein Beispiel hierfür ist die Taste E, in der unten rechts das Eurozeichen zu sehen ist. Um genau dieses Zeichen, im Beispiel also €, zu tippen, müssen Sie AltGr zeitgleich mit der Taste E drücken. |
| ❾ | Escape-Taste Esc | Mit dieser Taste lassen sich manche Aktionen abbrechen, wie etwa das Abspielen einer Diashow (siehe den Kasten »Diashow der Fotos und Videos ansehen« auf Seite 154). |

Die Tastatur, wie sie auf Seite 26 zu sehen ist, finden Sie nur bei Desktop-PCs und Notebooks. Bei Tablets kommt dagegen eine *Bildschirmtastatur*, auch *virtuelle Tastatur* genannt, zum Einsatz.

Diese Tastatur wird automatisch eingeblendet, sobald Sie in ein Feld tippen, das eine Texteingabe erfordert. Die Bildschirmtastatur enthält natürlich – wie klassische Tastaturen auch – Tasten mit Buchstaben, die Sie einfach nur antippen müssen. Wenn Sie einen Großbuchstaben eingeben möchten, tippen Sie zuvor auf die Umschalt-Taste ❶. Sollten Sie sich vertippt haben, löschen Sie das zuletzt eingetippte Zeichen über die Rück-Taste ❷. Über die beiden Pfeiltasten ❸ verschieben Sie die Einfügemarke in Texten. Mit der Eingabe-Taste ❹ erzeugen Sie einen neuen Absatz.

Etwas trickreicher wird es, wenn Sie Zahlen oder Sonderzeichen eingeben möchten, denn diese werden zunächst nicht auf der Bildschirmtastatur eingeblendet. Dies geschieht erst, wenn Sie auf die Taste &123

(**❺** auf Seite 27) tippen. Das Aussehen der Bildschirmtastatur ändert sich nun etwas. Ist das gewünschte Zeichen in der nächsten Tastaturdarstellung noch nicht dabei, blenden Sie per Fingertipp auf den Pfeil im Kreis **❻** weitere Sonderzeichen ein.

Mit der meist farbig hervorgehobenen Taste &123 **❼** kehren Sie wieder zu den Buchstaben zurück. Niedlich sind auch die Emoticons, die Sie über die Taste mit dem sogenannten *Smiley* **❽** erreichen. Mithilfe dieser kleinen lachenden oder auch weinenden Gesichter können Sie beispielsweise in E-Mails, den elektronischen Nachrichten, Ihre aktuelle Gemütslage verdeutlichen. Solche fröhliche Zeichen finden Sie auf einer normalen Tastatur eines Desktop-PCs oder Notebooks nicht.

Mit diesen Informationen rund um das Innenleben eines Computers sowie den Umgang mit Tastatur, Maus oder Touchdisplay sei es nun auch genug der Theorie. Im nächsten Kapitel dürfen Sie selbst aktiv werden. Endlich wird der Computer eingeschaltet, und wir werfen gemeinsam einen Blick auf das, was Sie dort zu sehen bekommen.

# Kapitel 2

# Erste Schritte mit dem Computer

Der Computer ist ausgepackt, alle wichtigen Komponenten sind, wie im vorherigen Kapitel beschrieben, angeschlossen? Dann steht der magische Moment bevor, in dem Sie den PC das erste Mal einschalten. Hierzu drücken Sie einfach den Hauptschalter ⏻ am Gerät selbst. Bei einem Notebook finden Sie diesen meist oberhalb der Tastatur, bei einem Tablet wiederum am oberen Seitenrand. Arbeiten Sie mit einem Desktop-PC, müssen Sie sowohl den Hauptschalter am Tower drücken (meist befindet er sich an der Vorder- oder Oberseite des Gehäuses) als auch den Bildschirm einschalten. Nun können Sie sich einen Moment gemütlich zurücklehnen, denn der Computer oder, genauer gesagt, das Betriebssystem Windows muss zunächst alle wichtigen Programme für Sie bereitstellen. Man spricht in diesem Fall auch von *Hochfahren*. Je älter ein Computer ist, desto länger dauert dieser Vorgang übrigens.

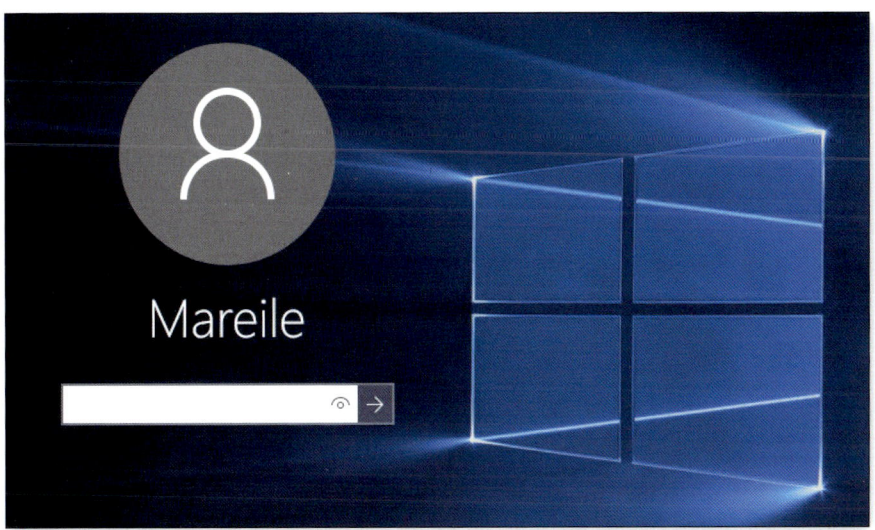

∧ *Ein Beispiel für einen Anmeldedialog – hier für die Benutzerin Mareile*

Sobald der PC betriebsbereit ist, werden Sie aufgefordert, sich anzumelden. Wenn Sie den Computer das erste Mal starten, sind zuvor allerdings noch ein paar Einstellungen erforderlich. Die Schritte, die Sie in diesem Fall vornehmen müssen, sind aber nicht schwierig, wie ich Ihnen im nächsten Abschnitt zeigen werde. Hat bereits eine andere Person den Computer für Sie vorbereitet und die entsprechenden Einstellungen vorgenommen, gelangen Sie direkt zum *Anmeldedialog*, wie Sie ihn in der Abbildung auf Seite 29 sehen. In diesem Fall können Sie den nächsten Abschnitt quasi überspringen und beim Abschnitt »So melden Sie sich am Computer an« auf Seite 36 fortfahren. Den Kasten »Die zwei Kontenarten von Windows 10« auf Seite 33 sollten Sie bitte trotzdem lesen.

### ➕ Dialogfenster, Schaltflächen und Felder

Sowohl beim Einrichten als auch später beim Arbeiten mit dem Computer werden Sie immer wieder mit sogenannten *Dialogfenstern*, kurz auch *Dialog* genannt, konfrontiert. Dies sind mal kleine, mal auch etwas größere Fenster, die auf Ihrem Bildschirm erscheinen. In diesen Fenstern müssen Sie bestimmte Eingaben bzw. Einstellungen vornehmen. Welche dies sind, werde ich Ihnen selbstverständlich Schritt für Schritt zeigen. Manchmal werde ich Sie z. B. auffordern, eine *Schaltfläche* anzuklicken oder anzutippen. Bei einer Schaltfläche handelt es sich um ein beschriftetes Rechteck. Die Beschriftung kann ein Text sein (z. B. ganz simpel OK ) oder auch ein Symbol wie etwa ⚙ oder ✕ . Wo immer eine Texteingabe erforderlich ist, finden Sie wiederum ein leeres, meist weißes Rechteck, in diesem Fall auch als *Feld* bezeichnet. Um in einem solchen Feld Text eingeben zu können, müssen Sie meist einmal in das Feld klicken oder tippen. Damit Sie wichtige Elemente, die Sie z. B. anklicken oder -tippen sollen, sofort auf Ihrem Bildschirm wiederfinden, werden diese in meinen Anleitungen fett hervorgehoben.

## Den Computer das erste Mal starten

Sie sind stolzer Besitzer eines neuen Computers. Nach dem Einschalten des Geräts ist Ihr PC recht neugierig und möchte ein paar Dinge über Sie in Erfahrung bringen. Die gewünschten Angaben sind schnell gemacht.

Die Reihenfolge der nächsten Schritte kann bei Ihnen etwas anders erfolgen, sollte aber so ähnlich vonstattengehen.

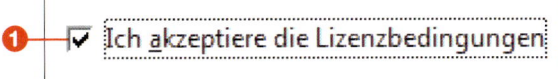

**1.** Im ersten Schritt werden Sie meistens aufgefordert, die *Lizenzbestimmungen* zu bestätigen. Sollte diese Aufforderung auch bei Ihnen erscheinen, positionieren Sie den Mauszeiger auf dem Kästchen links von **Ich akzeptiere die Lizenzbedingungen**. Drücken Sie nun die linke Maustaste, wird das Kästchen mit einem Häkchen ❶ versehen. Man sagt in diesem Fall auch: Sie haben das Kästchen aktiviert. Wenn Sie mit einem Touchdisplay arbeiten, tippen Sie einfach auf das Kästchen, um das Häkchen zu setzen. Um zum nächsten Schritt zu gelangen, positionieren Sie den Mauszeiger auf der Schaltfläche **Akzeptieren** und drücken die linke Maustaste. Bei einem Tablet tippen Sie auf die Schaltfläche. Das nächste Dialogfenster wird nun eingeblendet.

**2.** Damit Ihr Computer und Sie die gleiche Sprache sprechen, legen Sie als Nächstes das Land respektive die Region und Sprache sowie die richtige Tastaturbelegung fest. Die Voreinstellung lautet hier **Deutsch** bzw. **Deutschland**. Bestätigen Sie dies mit einem Klick oder Tipp auf **Weiter** ❷.

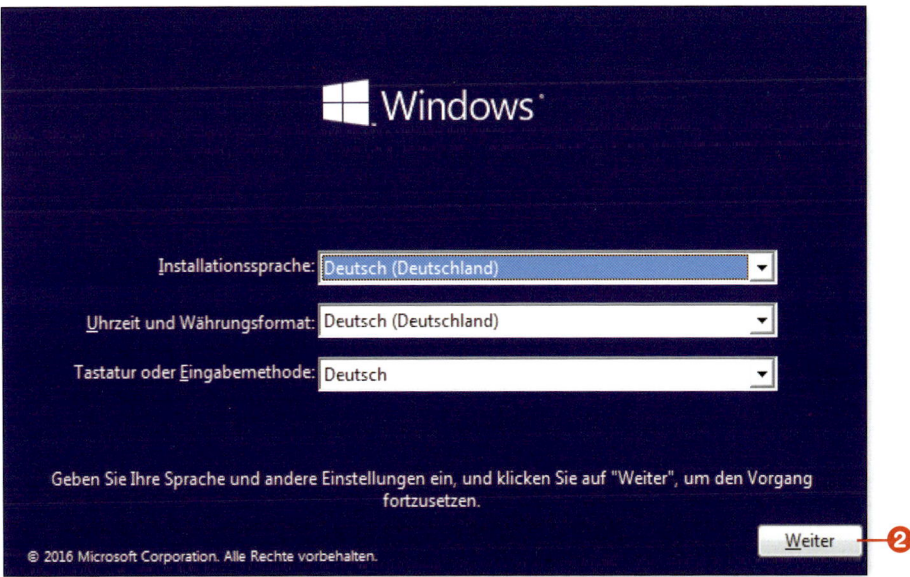

**3.** Ihr Computer möchte nun ein paar Einstellungen für Sie vornehmen. Welche dies sind, erfahren Sie im nächsten Dialog **Schnell einsteigen**. In erster Linie geht es hier um das Thema Datenschutz. Alle Einstellungen, die der Computer, genauer gesagt, Windows 10, an dieser Stelle für Sie vornehmen möchte, können Sie auch später ändern. Dieses Thema ist natürlich sehr wichtig. Deshalb gehe ich im Abschnitt »Wichtige Datenschutzeinstellungen vornehmen« ab Seite 295 genauer darauf ein. Im Dialog **Schnell einsteigen** können Sie deshalb auf die Schaltfläche **Express-Einstellungen verwenden** ❸ klicken oder tippen.

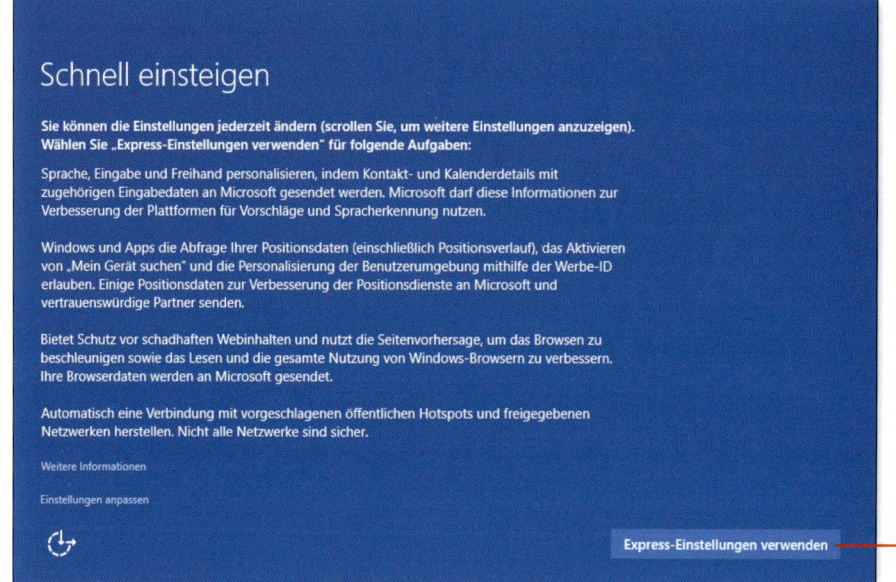

**4.** Im nächsten Dialog **Wem gehört dieser PC?** möchte Windows gerne erfahren, ob es sich bei dem Computer um einen Firmen-PC oder Ihren eigenen handelt. Ich gehe davon aus, dass Sie gerade keinen Firmen-Computer vorbereiten, sondern Ihren eigenen Privat-PC. Somit klicken oder tippen Sie also auf **Mir** ❹. Damit der nächste Dialog angezeigt wird, ist ein Klick oder Tipp auf **Weiter** ❺ nötig.

Der nächste Schritt ist ganz wichtig. Denn nun geht es daran, ein Benutzerkonto anzulegen. Auch wenn Sie vielleicht nun sagen: »Den Computer verwende doch nur ich« – zumindest ein Benutzerkonto ist Pflicht, da kommen Sie nicht drum herum. Wenn mehrere Personen den PC nutzen werden, sollten Sie später für jeden dieser Nutzer ein eigenes Konto einrichten. Wie dies funktioniert, zeige ich Ihnen im Abschnitt »Ein weiteres Benutzerkonto anlegen« ab Seite 289.

---

ℹ️ **Die zwei Kontenarten von Windows 10**

Auf Ihrem Computer können Sie zwei verschiedene Arten von Benutzerkonten einrichten: ein *Microsoft-Konto* oder ein *lokales Konto*. Ein Microsoft-Konto besteht aus einer E-Mail-Adresse (wie Sie eine solche anlegen, erfahren Sie im Abschnitt »Eine kostenlose E-Mail-Adresse anlegen« ab Seite 115) sowie einem Kennwort. Die Anmeldung am Computer kann nur erfolgen, wenn dieser mit dem Internet verbunden ist. Dies ist bei einem lokalen Konto nicht nötig. Es besteht lediglich aus einem Benutzernamen, z. B. Ihrem Vornamen, und einem Kennwort. Das lokale Konto reicht für die meisten Arbeiten am Computer vollkommen aus. Nur wenn Sie z. B. im *Windows Store* einkaufen (siehe den Abschnitt »Kostenlose Apps aus dem Windows Store installieren« ab Seite 268) oder Ihre Fotos im Online-Speicher *OneDrive* speichern möchten (siehe den Abschnitt »Fotos in der Cloud OneDrive veröffentlichen« ab Seite 180), benötigen Sie das Microsoft-Konto. Die Anmeldung mit diesem Konto kann aber jeweils im Programm selbst erfolgen, wie ich Ihnen in den entsprechenden Abschnitten zeigen werde. Für die Anmeldung am Computer selbst empfehle ich Ihnen aber ein lokales Konto.

Es gibt Situationen, in denen Sie selbst ebenfalls zwei Konten benötigen. Lesen Sie hierzu bitte auch den Kasten »Die zwei Kontenarten von Windows 10« auf Seite 33. Denn dort erfahren Sie, was es mit dem ominösen Microsoft-Konto auf sich hat, auf das der Computer Sie im Dialog **Ganz Ihrs!** hinweist. Dieser Dialog wird allerdings nur angezeigt, wenn Ihr Computer bereits mit dem Internet verbunden ist. Ist dies nicht der Fall, gelangen Sie sofort zum Dialog **Konto für diesen PC erstellen** und können gleich mit Schritt 2 der folgenden Anleitung fortfahren. Ich empfehle Ihnen unbedingt, zunächst ein lokales Konto einzurichten. Hierzu gehen Sie folgendermaßen vor:

**1.** Ist bei Ihnen der Dialog **Ganz Ihrs!** zu sehen, klicken oder tippen Sie dort auf **Diesen Schritt überspringen** ❶.

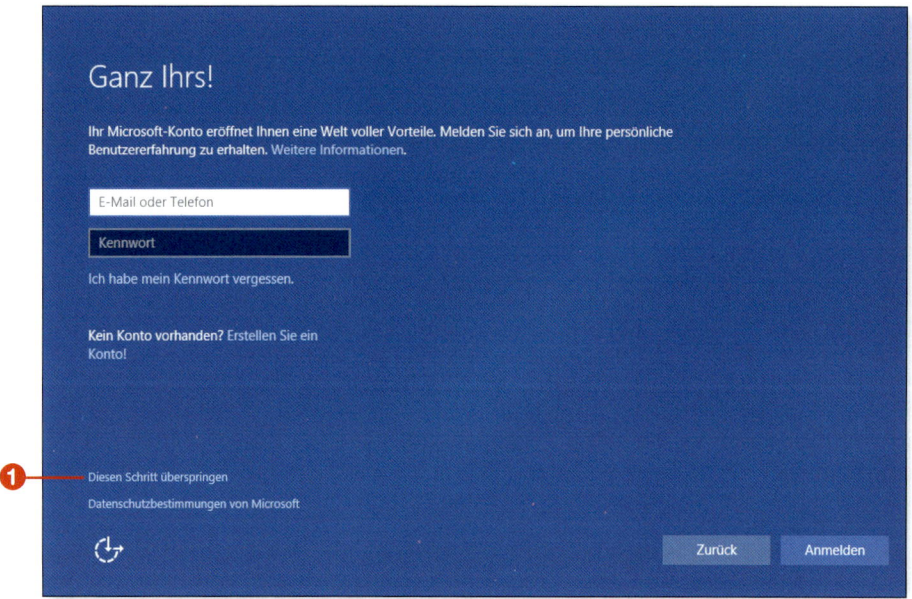

Sie gelangen nun zum Dialog **Konto für diesen PC erstellen**, der auch direkt angezeigt wird, wenn der Computer noch nicht mit dem Internet verbunden ist.

**2.** Positionieren Sie den Mauszeiger über dem Feld **Von wem wird dieser PC genutzt?** ❷, und drücken Sie die linke Maustaste. Damit blinkt nun die Einfügemarke – also der senkrechte Strich – in diesem Feld. Wenn Sie mit einem Tablet arbeiten, tippen Sie einfach direkt in das Feld. In diesem Fall wird automatisch die Bildschirmtastatur eingeblendet. Geben Sie nun über die Tastatur einen Namen für das Benutzerkonto ein. Das kann z. B. Ihr Vorname sein.

**3.** Denken Sie sich nun ein Passwort für das Benutzerkonto aus. Dieses sollte am besten aus einer Kombination aus Buchstaben und Ziffern bestehen. Positionieren Sie dann den Mauszeiger über dem Feld **Kennwort** ❸, und drücken Sie die linke Maustaste. Bei einem Tablet reicht wieder das Antippen des Feldes. Damit können Sie in dieses Feld den nächsten Text eingeben, in diesem Fall also das Passwort für das Benutzerkonto. Anstelle der Buchstaben und Ziffern werden auf dem Bildschirm während der Kennworteingabe nur Punkte angezeigt. Dies dient der Sicherheit, damit niemand über Ihre Schulter hinweg das Passwort lesen kann. Möchten Sie dennoch prüfen, ob Sie es korrekt eingegeben haben, klicken Sie auf das Augen-Symbol am rechten Rand des Feldes. Solange Sie die linke Maustaste gedrückt halten, wird das Kennwort im Klartext eingeblendet.

**4.** Klicken oder tippen Sie nun in das Feld **Kennwort erneut eingeben** ❹, und wiederholen Sie das Kennwort. Damit ist sichergestellt, dass Ihnen kein Tippfehler unterlaufen ist.

**5.** Ihr Kennwort sollte natürlich für andere Personen möglichst nicht leicht zu erraten sein. Je komplexer ein Kennwort ist, desto schwerer kann man es sich aber meist auch selbst merken. Mein Tipp: Hinterlegen Sie im Feld **Kennworthinweis** ❺ eine Art Eselsbrücke. Sollten Sie Ihr Kennwort einmal vergessen und bei der Anmeldung ein falsches eingeben, erscheint dieser Hinweis, und das korrekte Kennwort fällt Ihnen – hoffentlich – wieder ein.

**6.** Nun haben Sie es auch schon fast geschafft. Sie müssen nur noch auf die übliche Schaltfläche **Weiter** klicken oder tippen, und der Computer richtet das Benutzerkonto für Sie ein.

Das Einrichten des Benutzerkontos dauert einen kleinen Moment. Ist alles erledigt, bekommen Sie endlich die sogenannte *Desktop-Oberfläche* von Windows 10 zu sehen. Im Abschnitt »Ihr Schreibtisch, der Desktop – wo finden Sie was?« ab Seite 38 lernen Sie die wichtigsten Elemente der Oberfläche kennen. Doch zuvor zeige ich Ihnen, wie Sie sich zukünftig mit Ihrem soeben angelegten Benutzerkonto bei Ihrem Computer anmelden. Dies wird immer dann nötig sein, wenn Sie den Computer gerade eingeschaltet haben.

## So melden Sie sich am Computer an

Wenn Sie Ihren Computer durch Drücken des Hauptschalters einschalten, bekommen Sie zunächst ein schönes Foto zu sehen. Dies ist der sogenannte *Sperrbildschirm*. Der Sperrbildschirm erscheint auch immer dann, wenn Sie längere Zeit keine Eingaben am Computer vorgenommen und weder die Computermaus bewegt noch das Touchpad noch den Touchscreen berührt haben. Das Foto muss keineswegs so aussehen wie in der Abbildung oben auf der nächsten Seite. Im Abschnitt »Sperrbildschirm und Benachrichtigungen anpassen« ab Seite 279 zeige ich Ihnen, wie Sie das Bild sogar durch Ihr Lieblingsfoto ersetzen können. Um den Sperrbildschirm verschwinden zu lassen und zur eigentlichen Desktop-Oberfläche zu gelangen, gehen Sie folgendermaßen vor:

**1.** Drücken Sie die linke Maustaste oder eine beliebige Taste auf der Tastatur. Falls Sie mit einem Touchscreen arbeiten, wischen Sie mit dem Finger vom unteren Bildschirmrand nach oben.

**2.** Es wird nun der Anmeldedialog eingeblendet. Wenn auf Ihrem Computer bereits mehrere Benutzerkonten eingerichtet wurden, werden die Kontonamen unten links eingeblendet. Wählen Sie in diesem Fall Ihr Konto per Mausklick aus, oder tippen Sie das Konto mit dem Finger an. In der Abbildung unten ist lediglich ein Konto vorhanden.

**3.** Der Name Ihres Kontos erscheint nun in der Mitte des Bildschirms. Nach einem Klick oder Tippen in das Feld unterhalb des Namens geben Sie das Kennwort Ihres Kontos ein. Klicken oder tippen Sie dann auf die Pfeiltaste rechts vom Feld. Alternativ können Sie auch die Taste ⏎ auf Ihrer Tastatur drücken.

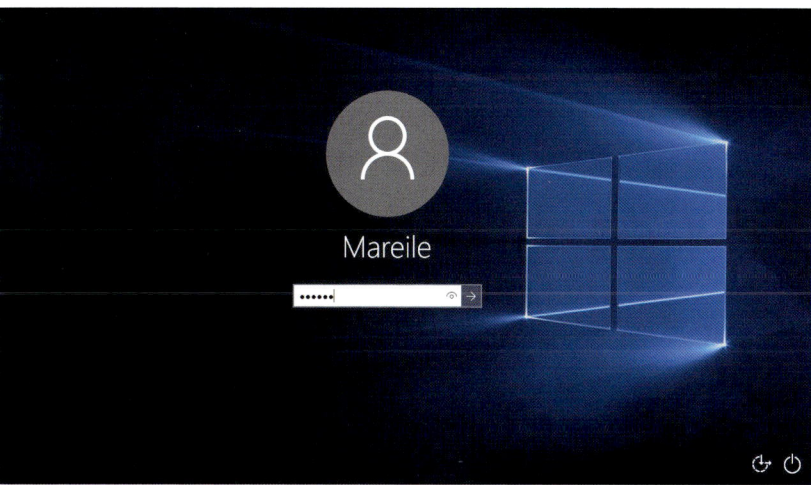

Damit sind Sie am Computer angemeldet und bekommen nun endlich auch Ihre Arbeitsoberfläche, die Desktop-Oberfläche, zu sehen. Nun können Sie so richtig loslegen. Damit Ihnen die Orientierung auf dem Bildschirm leichter fällt, werde ich Ihnen im nächsten Abschnitt zunächst die wichtigsten Elemente der Oberfläche vorstellen.

## Ihr Schreibtisch, der Desktop – wo finden Sie was?

Nach der erfolgreichen Anmeldung am Computer bekommen Sie die sogenannte *Desktop-Oberfläche* zu sehen. Desktop ist die englische Bezeichnung für Schreibtisch, und nichts anderes stellt im Grunde genommen die Oberfläche dar. Denn wie auf einem richtigen Schreibtisch legen Sie hier Ihre Unterlagen ab, schreiben Ihre Briefe, sortieren Fotos und vieles mehr. Sogar einen Papierkorb gibt es, wie Sie gleich sehen werden.

▲ *Die Desktop-Ober-*
*fläche im Überblick*

Als Erstes fällt das große Hintergrundbild ins Auge, das sich über den gesamten Bildschirm erstreckt. Wenn Sie mit einem Tablet arbeiten, werden Sie von diesem Bild nicht viel zu sehen bekommen, da der Vordergrund von vielen Kacheln bedeckt wird. Doch dazu gleich noch mehr.

Das Standardhintergrundbild von Windows (ein stilisiertes Fenster, durch das Sonnenstrahlen scheinen) sieht aus wie in der Abbildung oben. Sie können es aber auch beliebig durch ein eigenes Foto ersetzen, wie Sie im Abschnitt »Ein neuer Hintergrund für die Desktop-Oberfläche« ab Seite 275 erfahren werden.

Im oberen Bereich der Desktop-Oberfläche finden Sie bei einem Desktop-PC und Notebook meist einige Symbole. Immer vorhanden ist z. B. der *Papierkorb* ❶. Wie im realen Leben auch enthält er alles, was Sie weggeworfen haben. Auf einen Computer übertragen bedeutet dies: Hier werden die Dateien oder auch Ordner abgelegt, die Sie gelöscht haben. Was sich genau dahinter verbirgt, zeige ich Ihnen im Abschnitt »Dateien und Ordner löschen und wiederherstellen« ab Seite 78.

In der Abbildung auf Seite 38 ist außerdem noch ein Programmsymbol ❷ zu sehen. Ob dies auch bei Ihnen der Fall ist, hängt davon ab, ob bereits eine Software, wie etwa ein Bildbearbeitungsprogramm oder auch ein Textverarbeitungsprogramm, auf Ihrem Computer installiert wurde. Mit einem Doppelklick auf solch ein Symbol wird das damit verknüpfte Programm gestartet. Man spricht in diesem Fall auch von einem *Desktop-Symbol*, da es sich auf der Desktop-Oberfläche befindet.

Werfen Sie nun einen Blick auf den unteren Bildschirmrand. Hier sehen Sie eine Leiste, die von der linken unteren Bildschirmecke bis zur rechten unteren Ecke reicht. Ihr Name lautet *Taskleiste* (*Task* ist die englische Bezeichnung für »Aufgabe«) ❸. Am rechten Rand der Leiste werden einige interessante Informationen eingeblendet. Dieser Abschnitt der Taskleiste wird deshalb auch *Infobereich* ❹ genannt. Ganz rechts erfahren Sie z. B. die Uhrzeit sowie das Datum. Links davon finden Sie ein paar Symbole, wie etwa einen Lautsprecher oder, falls Sie mit einem Notebook arbeiten, eine kleine Batterie. Nach einem Klick auf das Lautsprecher-Symbol ❺ können Sie z. B. die Lautstärke einstellen, wenn Sie Musik hören möchten (siehe auch den Abschnitt »Musik hören mit dem Windows Media Player« ab Seite 255). Positionieren Sie den Mauszeiger auf dem Batterie-Symbol ❻, erfahren Sie, wie es um den Ladezustand des Notebook-Akkus bestellt ist. Einige der Symbole des Infobereichs werden Sie im Verlauf der folgenden Kapitel noch näher kennenlernen.

Auch am linken Rand der Taskleiste sehen Sie einige Symbole. Diese ermöglichen den schnellen Zugriff auf einige Programme, wie etwa *Microsoft Edge*, mit dem Sie im Internet surfen können. An dieser Stelle möchte ich aber nur das Symbol in der äußersten linken Ecke herausgreifen, denn es ist das wichtigste Symbol überhaupt. Dieses kleine, fast schon unscheinbare Windows-Logo ⊞ ❼ eröffnet Ihnen den Zugang zu allen

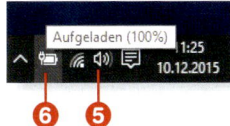

︿ *Der Akku dieses Notebooks ist vollständig geladen.*

Programmen und Funktionen, die Ihr Computer zu bieten hat. Wie dies funktioniert, zeige ich Ihnen selbstverständlich ausführlich im nächsten Abschnitt »Programme und Apps starten und beenden« ab Seite 41. Einen kurzen Blick gönnen wir uns aber jetzt schon.

**1.** Positionieren Sie den Mauszeiger auf dem Windows-Logo in der linken Ecke der Taskleiste.

**2.** Drücken Sie die linke Maustaste.

Mit diesen beiden kleinen Schritten öffnen Sie das sogenannte *Startmenü*. Wenn Sie ein Tablet nutzen, müssen Sie die beiden Schritte nicht ausführen, denn hier wird das Startmenü bereits angezeigt, wie Sie in der Abbildung auf Seite 41 sehen können.

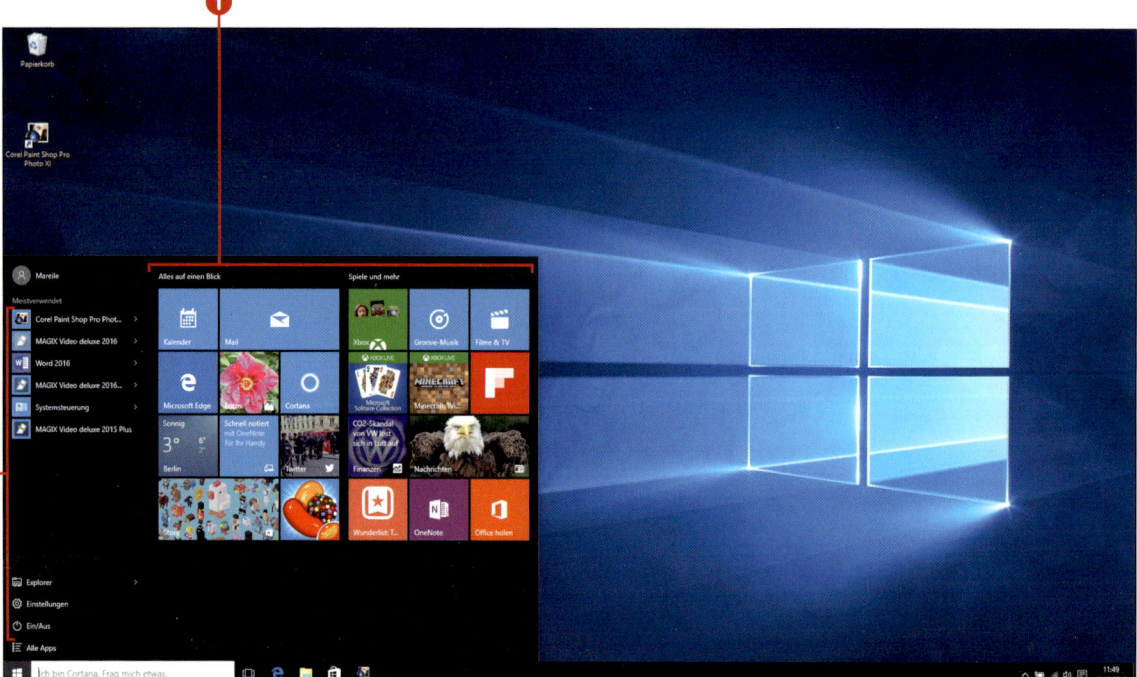

∧ *Das geöffnete Startmenü eines Desktop-PCs oder Notebooks*

Bei einem Desktop-PC oder Notebook ist das Startmenü in zwei Bereiche aufgeteilt: Auf der rechten Seite sehen Sie eine Vielzahl an sogenannten *Kacheln* ❶, die Einträge in der linken Spalte sind in Listenform angeordnet ❷. Wenn Sie ein Tablet nutzen, ist zunächst nur der Kachelbereich des Startmenüs sichtbar. Die linke Spalte bekommen Sie dagegen noch nicht zu sehen. Erst wenn Sie auf die Schaltfläche ☰ ❸ oben links tippen, wird sie eingeblendet.

Sowohl über die Kacheln rechts als auch über die Listeneinträge links gelangen Sie unter anderem zu Ihren Anwendungsprogrammen. Hierauf gehe ich im nächsten Abschnitt ausführlich ein.

∧ *Bei einem Tablet muss die linke Spalte erst eingeblendet werden.*

Wenn Sie mit einem Desktop-PC oder Notebook arbeiten, blenden Sie zunächst aber das Startmenü wieder aus. Hierzu reicht ein erneuter Klick auf das Windows-Logo. Alternativ können Sie das Startmenü übrigens auch über die Taste ⊞ direkt auf Ihrer Tastatur ein- bzw. ausblenden. Bei einem Tablet lässt sich das Startmenü nicht ausblenden.

## Programme und Apps starten und beenden

Für jede Aufgabe, die Sie mit Ihrem Computer erledigen möchten, benötigen Sie eine spezielle Anwendungssoftware. Wollen Sie einen Brief schreiben, ist dies z. B. ein Textverarbeitungsprogramm. Schönheitsfehler an Fotos lassen sich wiederum mit einer Bildbearbeitungssoftware ausbessern. Auf Ihrem Computer sind bereits einige Programme installiert, sodass Sie sofort mit der Arbeit loslegen können. Für manche dieser Programme hat sich eine besondere Bezeichnung eingebürgert. Man nennt sie auch *Apps* (Abkürzung für *Application*, zu Deutsch: Anwendung). Diese Anwendungen wurden speziell für Tablets entwickelt. Die Schaltflächen in diesen Apps sind besonders groß, sodass sie sich gut mit dem Finger bedienen lassen. Bei Programmen, die speziell für Desktop-PCs und Notebooks entwickelt wurden (man nennt sie daher auch Windows-Anwendungen oder Desktop-Apps), fällt dies dagegen schwer. Ihre kleinen Schaltflächen lassen sich besser mit der Maus auswählen.

Anhand von drei Anwendungsprogrammen zeige ich Ihnen nun, wie Sie diese öffnen. Jedes dieser drei Programme lässt sich auf eine andere Art und Weise öffnen, sodass Sie gleich verschiedene Verfahren kennenlernen werden:

- Die *Nachrichten*-App, die Sie über eine eigene Kachel im Startmenü öffnen, informiert Sie über aktuelle weltweite Ereignisse.

- Mit dem Textverarbeitungsprogramm *WordPad* können Sie einfache Briefe schreiben. Der Aufruf erfolgt ebenfalls über das Startmenü, der Weg zum Programm ist allerdings etwas versteckt.

- Das Dateiverwaltungsprogramm *Explorer*, mit dem Sie all Ihre Dateien und Ordner im Blick behalten, lässt sich wieder schneller aufrufen: Hier finden Sie sowohl in der Taskleiste als auch in der linken Spalte des Startmenüs einen extra Eintrag.

Bei den folgenden Schritten geht es zunächst nur um den Aufruf der Programme. Auf die Bedienung der Nachrichten-App gehe ich ausführlich im Abschnitt »Mit dieser App sind Sie gut informiert« ab Seite 261 ein. Den Explorer werden Sie bereits in Kapitel 3, »Dateien und Ordner – Ihre Ablage auf dem Computer«, kennenlernen. Bei dem Textverarbeitungsprogramm WordPad handelt es sich quasi um den kleinen Bruder von *Microsoft Word*, das ich Ihnen in Kapitel 7, »Texte und Briefe schreiben mit Word«, vorstellen werde. WordPad verfügt über nicht ganz so viele Funktionen wie Microsoft Word, aber die Bedienung ist ähnlich.

Doch zurück zum Aufruf der drei Programme. Als Erstes öffnen Sie die Nachrichten-App.

> **i** **Abwechslungsreiche Live-Kacheln**
>
> Sehen Sie sich das geöffnete Startmenü einen Moment an, werden Sie feststellen, dass sich der Inhalt bei einigen Kacheln in kurzen Abständen ändert. Diese Kacheln werden auch als *Live-Kacheln* bezeichnet. Ist der Computer mit dem Internet verbunden, können Sie auf der Kachel der Nachrichten-App z. B. die neuesten Schlagzeilen ablesen. Wenn Sie bereits eigene Fotos auf dem Computer gespeichert haben, zeigt die Fotos-App eine Auswahl Ihrer Foto-Sammlung an. Nähere Informationen zur Fotos-App erhalten Sie in Kapitel 6, »Fotos organisieren und bearbeiten«.

**1.** Klicken Sie auf das Windows-Logo ⊞ am linken Rand der Taskleiste, um das Startmenü einzublenden. Im Falle eines Tablets ist das Startmenü bereits geöffnet.

∧ *Der Name der App, hier »Nachrichten«, wird in der linken unteren Ecke der Kachel eingeblendet.*

**2.** Für die Nachrichten-App finden Sie im rechten Bereich des Startmenüs eine eigene Kachel. Dabei handelt es sich um eine Live-Kachel, sie ändert also immer wieder ihr Aussehen (siehe auch den Kasten »Abwechslungsreiche Live-Kacheln« auf dieser Seite). Positionieren Sie den Mauszeiger auf der **Nachrichten**-Kachel, und drücken Sie die linke Maustaste. Bei einem Tablet tippen Sie die Kachel einfach mit dem Finger an. Es wird das Programmfenster der Anwendung Nachrichten geöffnet.

Die neuesten Meldungen zum Tagesgeschehen bezieht die App aus dem Internet. Sollten Sie noch keine Internetverbindung eingerichtet haben, ist dies für unser Beispiel nicht weiter schlimm. Sie können zwar keine Nachrichten sehen, das Programmfenster ist aber trotzdem da. Und das ist die Grundlage für die weiteren Schritte. (Wie Sie eine Internetverbindung einrichten, erfahren Sie in Kapitel 4, »Im Internet surfen«.) Beim ersten Aufruf der Nachrichten-App erscheint der Hinweis **Benachrichtigungen bei wichtigen Nachrichten**. Um nicht immer wieder durch neue Meldungen gestört zu werden, klicken oder tippen Sie auf die Schaltfläche **Deaktivieren** (❶ auf Seite 44).

Wenn Sie mit einem Desktop-PC oder einem Notebook arbeiten, bedeckt das Fenster der Nachrichten-App nur einen Teil des Bildschirms. Bei einem Tablet werden alle Apps dagegen im *Vollbildmodus* geöffnet, das heißt, sie füllen den gesamten Bildschirm aus.

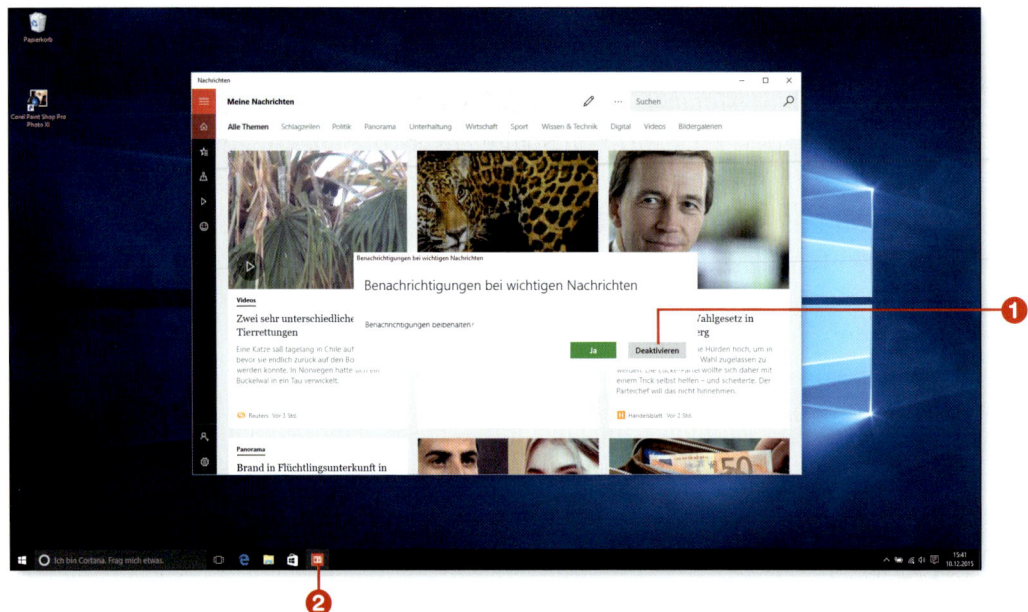

Werfen Sie einen Blick in die Taskleiste, können Sie hier ein Symbol für die gerade geöffnete Nachrichten-App entdecken ❷. Im Gegensatz zu den anderen bereits vorhandenen Symbolen ist es leicht grau hervorgehoben und mit einer zarten Linie unterstrichen. Die Symbole sehen Sie nur, wenn Sie mit einem Desktop-PC oder einem Notebook arbeiten. Wie Sie auch bei einem Tablet die App-Symbole in der Taskleiste einblenden, erfahren Sie im folgenden Kasten »Für Tablet-Nutzer: App-Symbole auf der Taskleiste einblenden«.

### ➕ Für Tablet-Nutzer: App-Symbole auf der Taskleiste einblenden

Arbeiten Sie mit einem Desktop-PC oder Notebook, wird für jede geöffnete Windows-Anwendung oder App in der Taskleiste ein Symbol für dieses Programm ergänzt. Bei einem Tablet ist dies nicht der Fall. Möchten Sie hierauf aber nicht verzichten, müssen Sie eine kleine Einstellung ändern: Drücken Sie hierzu mit dem Finger so lange auf eine freie Stelle auf der Taskleiste (also nicht auf ein bereits vorhandenes Symbol), bis rund um den Finger ein Quadrat sichtbar wird. Nehmen Sie den Finger vom Bildschirm, klappt ein Fenster auf. Man spricht hier auch von einem *Kontextmenü*. Tippen Sie in diesem auf **App-Symbole anzeigen**. Es werden sofort alle Symbole der geöffneten Apps in der Taskleiste eingeblendet. Die Schaltflächen, die zusätzlich am linken Rand der Taskleiste erscheinen, stellen Verknüpfungen zu Programmen dar.

Als Nächstes starten Sie das Textverarbeitungsprogramm *WordPad*. Für diese Windows-Anwendung steht im rechten Bereich des Startmenüs keine Kachel zur Verfügung. Zum Aufruf der App müssen Sie daher den etwas längeren Weg über die linke Spalte des Startmenüs nehmen.

**1.** Blenden Sie per Klick auf das Windows-Logo in der Taskleiste das Startmenü ein.

**2.** Wird weder rechts im Bereich der Kacheln noch in der linken Spalte eine Verknüpfung für das gewünschte Programm, im Beispiel also Word-Pad, angezeigt, klicken Sie in der linken Spalte unten auf **Alle Apps** ❶. Wenn Sie ein Touchdisplay nutzen, tippen Sie am linken Rand des Startmenüs auf das Symbol ▤.

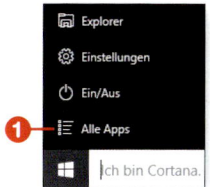

In der linken Spalte werden nun alle auf dem Computer installierten Apps und Windows-Anwendungen aufgelistet. Die Einträge sind alphabetisch sortiert. Da der Platz in der linken Spalte meist nicht ausreicht, um alle Einträge anzuzeigen, ist nun Blättern angesagt.

**3.** Bewegen Sie den Mauszeiger auf die linke Spalte des Startmenüs, wird an ihrem rechten Rand eine *Bildlaufleiste* ❷ sichtbar. Positionieren Sie den Mauszeiger auf diesem Balken, und ziehen Sie ihn mit gedrückter linker Maustaste nach unten, bis links die Einträge des Buchstabens **W** sichtbar werden.

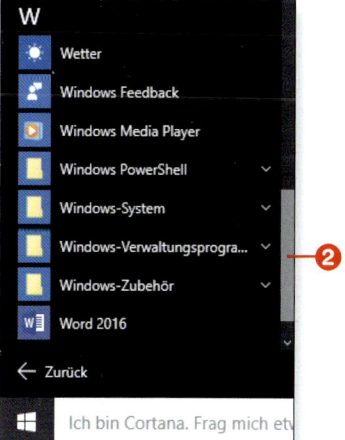

**4.** Wenn Sie mit einem Touchdisplay arbeiten, wischen Sie in der linken Spalte einfach mit dem Finger von unten nach oben, bis Sie zum Buchstaben **W** gelangen.

Manche Anwendungen werden im Startmenü nochmals in einem Ordner zusammengefasst. In diesem Fall finden Sie rechts von einem solchen Ordner einen kleinen Pfeil ❸. Dies gilt auch für unser Beispiel WordPad, das Sie über den Ordner **Windows-Zubehör** erreichen.

**5.** Klicken oder tippen Sie auf den Eintrag **Windows-Zubehör**. Es klappt eine Unterliste mit weiteren Elementen auf.

**6.** Nutzen Sie gegebenenfalls wieder die Bildlaufleiste ❹, um in der Liste zu blättern, oder wischen Sie entsprechend in der linken Spalte.

**7.** Wird der Eintrag **WordPad** ❺ angezeigt, klicken oder tippen Sie darauf. Das Textverarbeitungsprogramm WordPad wird nun geöffnet, und das Startmenü automatisch ausgeblendet.

Arbeiten Sie mit einem Tablet, erscheint das Fenster des Textverarbeitungsprogramms wieder über den vollen Bildschirm hinweg. Bei einem Desktop-PC oder Notebook ist dies zwar nicht der Fall, es überdeckt allerdings einen Teil des Fensters der bereits geöffneten Nachrichten-App. Auch für WordPad finden Sie in der Taskleiste nun eine Schaltfläche ❻. Wie beim Symbol der Nachrichten-App ist an ihrem unteren Rand eine Linie zu sehen. Das WordPad-Symbol ist außerdem grau hervorgehoben. Diese graue Hervorhebung finden Sie nur bei dem Programm, das sich auf dem Bildschirm im Vordergrund befindet.

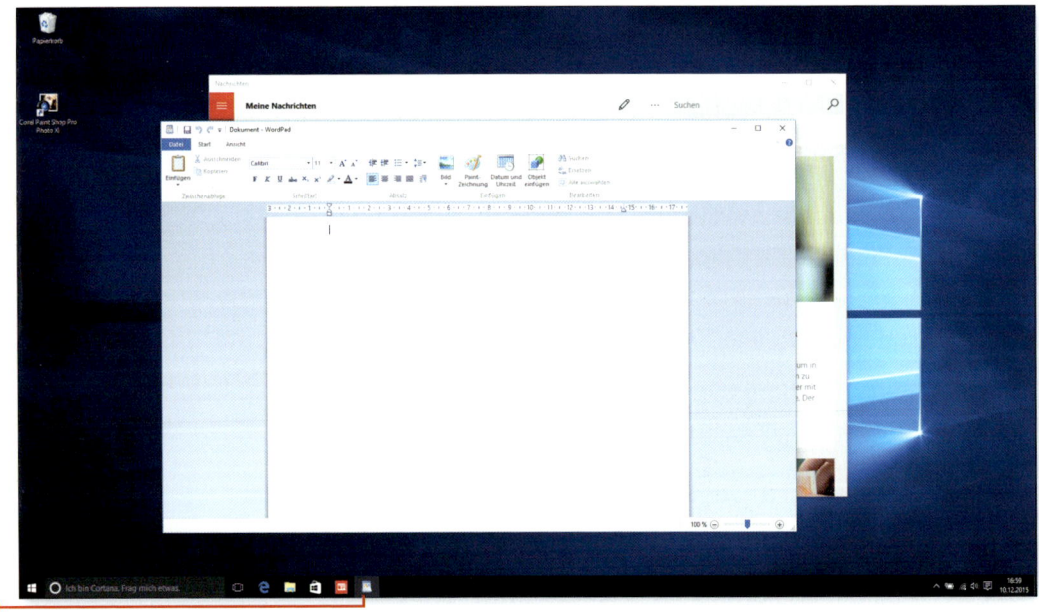

▲ *Die Symbole aller geöffneten Programme sind in der Taskleiste unterstrichen.*

### ➕ Kacheln im Startmenü ergänzen und löschen

Wenn Sie ein Programm häufiger nutzen, bietet es sich an, in der rechten Hälfte des Startmenüs eine eigene Kachel anzulegen. Das ist ganz einfach: Blenden Sie das gewünschte Programm zunächst, wie in den Schritten 1 bis 6 ab Seite 45 gezeigt, in der linken Spalte des Startmenüs ein. Klicken Sie dann mit der rechten Maustaste auf den Programmnamen. Arbeiten Sie mit einem Tablet, halten Sie den Finger einfach etwas länger auf dem Programmnamen gedrückt. Es klappt ein Kontextmenü auf. Klicken oder tippen Sie darin auf **An „Start" anheften**. Werfen Sie nun einen Blick auf die rechte Hälfte des Startmenüs, werden Sie unterhalb oder auch rechts von den bereits vorhandenen Kacheln eine Kachel für das gerade ausgewählte Programm finden. Reicht der Platz im Startmenü nicht mehr aus, um alle Kacheln zu zeigen, wird am rechten Rand des Startmenüs eine Bildlaufleiste eingeblendet, über die Sie in der Kachelübersicht blättern können. Arbeiten Sie mit einem Tablet, wischen Sie im Startmenü einfach mit dem Finger von oben nach unten und umgekehrt, um in der Übersicht zu blättern. Alle Kacheln können übrigens auch mit gedrückter linker Maustaste bzw. mit dem Finger im Startmenü verschoben werden. So können Sie die Kacheln nach Ihren Wünschen anordnen. Befinden sich in der rechten Hälfte des Startmenüs Kacheln von Programmen, die Sie nicht nutzen, können Sie diese auch entfernen. Klicken Sie die gewünschte Kachel einfach mit der rechten Maustaste an, oder halten Sie den Finger länger auf der Kachel gedrückt. Im Falle eines Desktop-PCs oder Notebooks wird in einem Kontextmenü nun der Befehl **Von „Start" lösen** ❼ angezeigt. Bei einem Tablet sehen Sie stattdessen in der rechten oberen Ecke ein kleines Pinnnadel-Symbol ❽. Ein Klick auf den Befehl oder ein Tipp auf das Symbol und die Kachel wird im Startmenü ausgeblendet. Wenn Sie das Programm doch einmal benötigen, erreichen Sie es im Startmenü nun doch noch über den Eintrag **Alle Apps**, wie gerade eben für das Programm WordPad beschrieben.

∧ *Kontextmenü-Befehl zum Entfernen einer Kachel*

∧ *Beim Tablet: Kachel entfernen per Pinnadel*

Zwei von den drei angekündigten Programmen sind nun bereits geöffnet. Für das dritte Programm, den Explorer, steht in der Taskleiste bereits ein eigenes Symbol bereit. Bevor Sie auch diese Anwendung öffnen, werde ich Ihnen noch kurz zeigen, wie Sie zwischen den Fenstern der bereits geöffneten Programme wechseln können.

**1.** Aktuell befindet sich das Programmfenster von WordPad im Vordergrund. Klicken oder tippen Sie in der rechten oberen Ecke des Fensters auf das Symbol **Minimieren** ❶. Das WordPad-Fenster verschwindet nun vom Bildschirm, dafür erhalten Sie wieder einen freien Blick auf das Fenster der Nachrichten-App.

**2.** Auch wenn das Programmfenster von WordPad nicht mehr in voller Schönheit zu sehen ist, ist das Programm immer noch geöffnet. In der Taskleiste finden Sie entsprechend das WordPad-Symbol ❷. Bewegen Sie den Mauszeiger auf das Symbol, sehen Sie eine kleine Miniaturvorschau des WordPad-Fensters ❸.

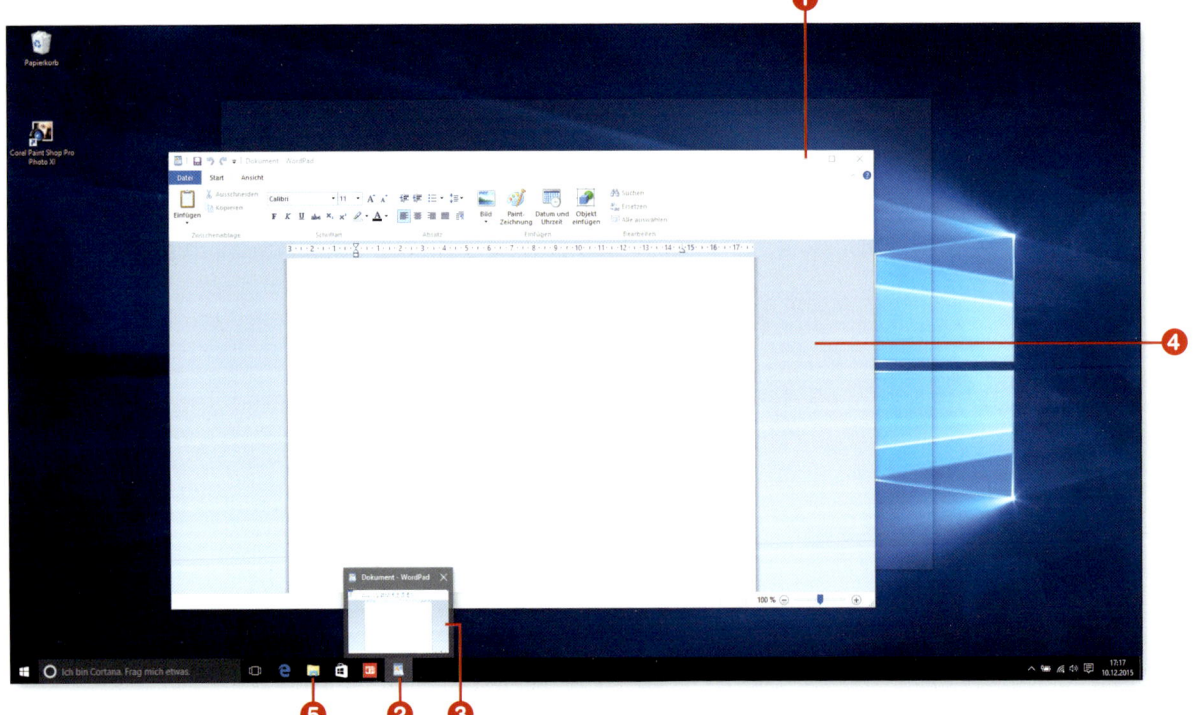

Wenn Sie den Mauszeiger auf dieser Miniaturvorschau positionieren, wird das Programmfenster von WordPad wieder in der ursprünglichen Größe angezeigt ❹. Sobald Sie den Mauszeiger allerdings auf das große WordPad-Fenster bewegen, verschwinden sowohl das Programmfenster als auch die Miniaturvorschau. Erst ein Mausklick direkt auf das Word-Pad-Symbol in der Taskleiste ❷ oder auf die Miniaturvorschau ❸ holt das WordPad-Programmfenster wieder so in den Vordergrund, dass Sie mit dem Programm weiterarbeiten können.

**3.** Positionieren Sie den Mauszeiger in der Taskleiste auf dem Symbol des Explorers ❺. Statt der Miniaturvorschau – wie es bei geöffneten Programmen der Fall ist – wird nun der Programmname in einer *QuickInfo* ❻ eingeblendet.

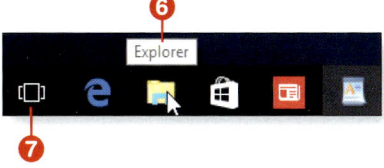

Sowohl die Miniaturvorschauen als auch die QuickInfos bekommen übrigens nur Nutzer von Desktop-PCs und Notebooks zu sehen. Auf einem Tablet, das mit dem Finger bedient wird, stehen diese praktischen Anzeigehilfen leider nicht zur Verfügung.

**4.** Mit einem Klick auf das Symbol des Explorers 🗀 öffnen Sie jetzt auch dieses Programm. Die Schaltfläche des Explorers wird nun ebenfalls unterstrichen und – da sich dieses Programm im Vordergrund befindet – hellgrau hinterlegt.

**5.** Per Mausklick bzw. Fingertipp auf die drei Schaltflächen von Nachrichten-App, WordPad und Explorer können Sie nun blitzschnell zwischen den geöffneten Anwendungen wechseln und jeweils das gewünschte Programmfenster in den Vordergrund holen.

Sollten Sie zwischendurch den Überblick verlieren, welche Programme Sie geöffnet haben, gibt es übrigens einen kleinen Trick: Klicken oder tippen Sie in der Taskleiste auf das Symbol 🔲 ❼. Auf dem Bildschirm erscheint nun eine Übersicht über alle geöffneten Programme, auch *Taskansicht* genannt (siehe die Abbildung auf Seite 50). Oberhalb der Vorschau wird jeweils der Name des Programms eingeblendet. Wenn Sie mit einem dieser Programme weiterarbeiten möchten, klicken oder tippen Sie einfach die entsprechende Vorschau an. Wenn Sie die Taskansicht beenden möchten, ohne ein Programm auszuwählen, klicken oder tippen Sie in der Taskleiste erneut auf das Symbol 🔲 .

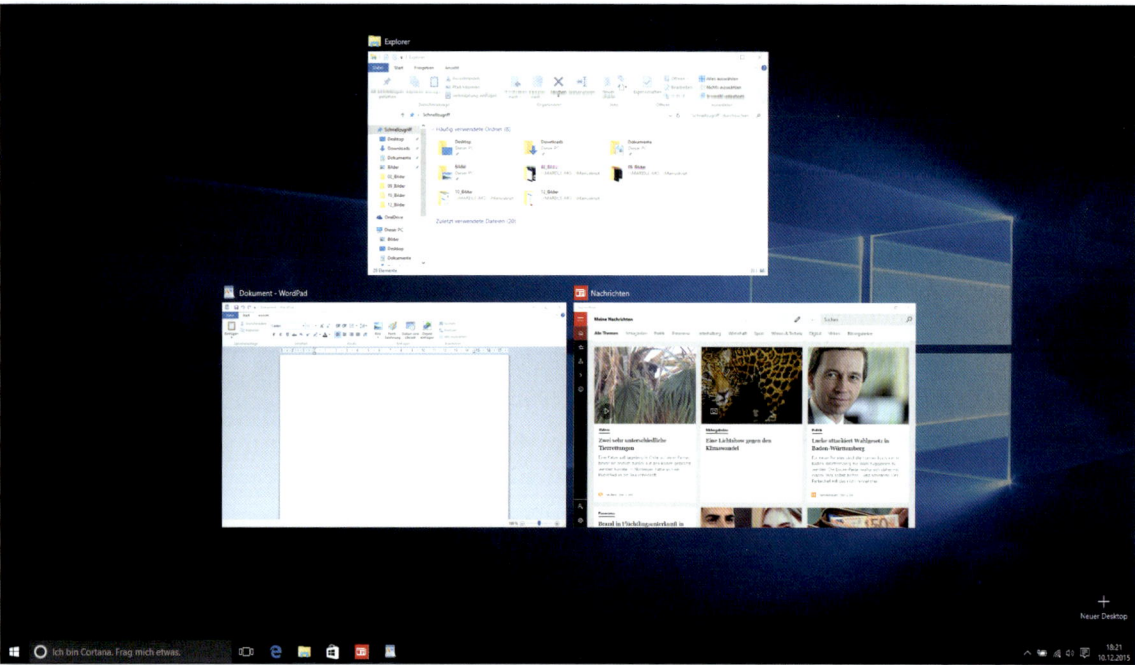

^ *In der Taskansicht werden alle geöffneten Programme übersichtlich sortiert eingeblendet.*

Am Beispiel der drei Programme Nachrichten-App, WordPad sowie Explorer haben Sie erfahren, wie Sie Programme öffnen und zwischen den Programmfenstern wechseln. Am Ende dieses Abschnitts zeige ich Ihnen noch, wie Sie die Programme wieder beenden. Auch hier stehen Ihnen wieder – wie schon beim Öffnen – verschiedene Möglichkeiten zur Auswahl.

- Befindet sich das Programmfenster, das Sie schließen möchten, im Vordergrund, gibt es einen ganz schnellen Weg: Klicken Sie in der rechten oberen Ecke des Fensters einfach auf das Symbol ☒ ❶.

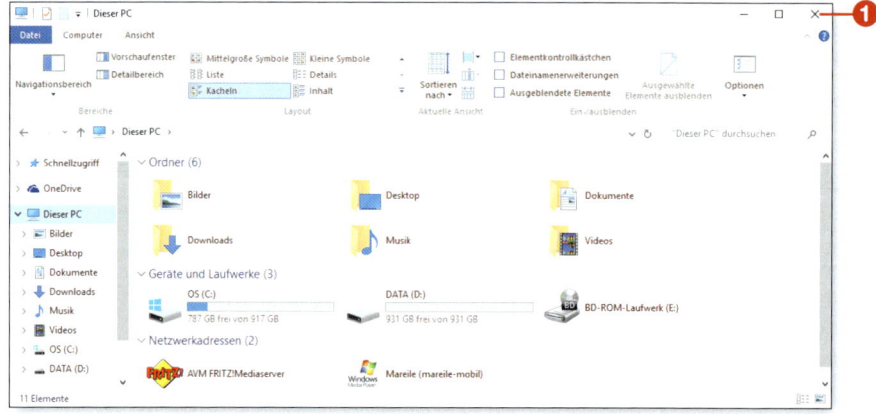

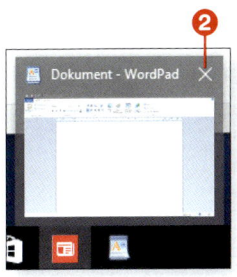

■ Die zweite Möglichkeit besteht darin, ein Programm über das Vorschaufenster zu schließen. Bewegen Sie hierzu den Mauszeiger auf das Symbol der geöffneten Anwendung in der Taskleiste. Sobald die Miniaturvorschau eingeblendet wird, ziehen Sie den Mauszeiger auf diese Vorschau. In der rechten oberen Ecke der Vorschau wird nun ein Kreuz-Symbol sichtbar ❷. Mit einem Klick auf dieses Symbol schließen Sie das Fenster der Anwendung.

■ Wenn Sie mit einem Tablet arbeiten, steht Ihnen die vorherige Möglichkeit nicht zur Verfügung. Hier gibt es aber eine andere pfiffige Variante. Um eine Anwendung zu schließen, positionieren Sie den Finger am oberen Bildschirmrand. Ziehen Sie ihn dann nach unten bis zum unteren Bildschirmrand. Ist das Programmfenster nur noch zur Hälfte sichtbar, nehmen Sie den Finger vom Bildschirm. Das Programm wird nun geschlossen.

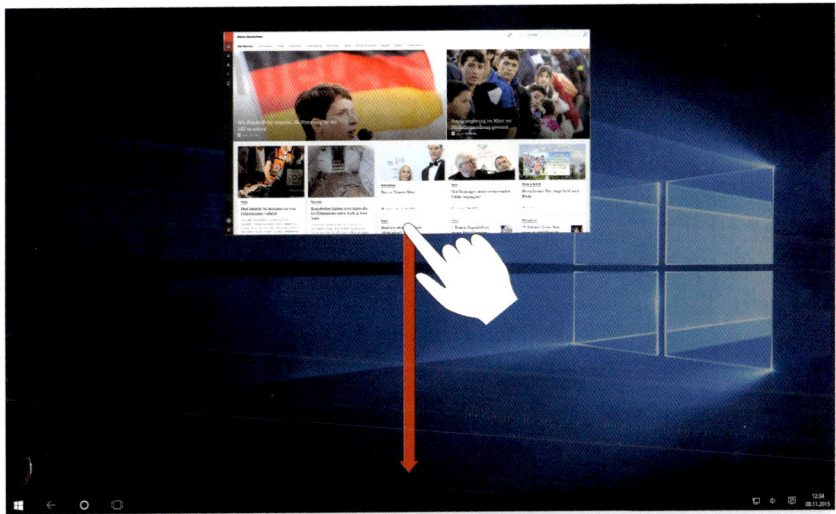

In diesem Abschnitt haben Sie erfahren, wie Sie Apps und Windows-Anwendungen starten, zwischen den Programmfenstern wechseln und die Programme dann wieder beenden. Die Programme, die ich als Beispiel gewählt habe, sind alle bereits auf Ihrem Computer installiert. Sicherlich werden Sie im Laufe der Zeit im Computerfachhandel die ein oder andere Software entdecken, die Sie interessiert und die Sie gerne auf Ihrem PC installieren möchten. Wie eine solche Installation funktioniert, zeige ich Ihnen im nächsten Abschnitt.

## Programme installieren oder entfernen

Auf Ihrem Computer sind bereits einige interessante Apps und Windows-Anwendungen installiert. Alle Aufgabenbereiche decken diese Programme aber nicht ab. So gibt es z. B. spezielle Programme, die Sie bei der Erstellung der Steuererklärung unterstützen. Oder filmen Sie gerne? Auch hierfür gibt es tolle sogenannte *Videoschnitt-Software*, mit der Sie Ihre selbst gedrehten Videos am Computer schneiden und mit eindrucksvollen Effekten versehen können. Stöbern Sie doch einmal in der Software-Abteilung eines Elektrofachhandels. Sie werden erstaunt sein, was Sie hier so alles finden.

> **ℹ Neue Apps installieren und deinstallieren**
>
> Wie im vorherigen Abschnitt erwähnt, unterscheidet man bei den Programmen zwischen Windows-Anwendungen und Apps. Das hier beschriebene Verfahren zum Installieren und Entfernen von Programmen gilt nur für Windows-Anwendungen. Apps dagegen können Sie ausschließlich über den *Windows Store* erwerben und installieren. Wie dies funktioniert, zeige ich Ihnen im Abschnitt »Kostenlose Apps aus dem Windows Store installieren« ab Seite 268. Dort erfahren Sie auch, wie Sie Apps deinstallieren, also wieder von Ihrem Computer entfernen.

Viele Software-Hersteller bieten ihre Programme mittlerweile über das Internet zum sogenannten *Download* (auf Deutsch: Herunterladen) an. Im Abschnitt »Programme aus dem Internet herunterladen« ab Seite 105 zeige ich Ihnen anhand des Programms *Microsoft Office*, wie Sie ein solches Programm im Internet erwerben und dann auf Ihrem Computer installieren.

Wenn Sie eine Software im Fachhandel erworben haben, finden Sie in der Produktverpackung meist eine CD oder DVD, auf der sich das Programm befindet. Die Installation eines solchen Programms auf Ihrem Computer ist meist sehr einfach. Da sie bei jedem Programm allerdings etwas anders erfolgt, kann ich Ihnen den Weg hier nur im Groben beschreiben.

**1.** Öffnen Sie das CD-/DVD-Laufwerk Ihres Computers. Legen Sie die Produkt-CD oder -DVD in das entsprechende Laufwerk Ihres Computers ein, und schließen Sie die Schublade.

**2.** In der rechten unteren Bildschirmecke erscheint nach einem kurzen Moment ein Hinweis auf die DVD ❶. Klicken Sie auf diesen Hinweis. Sollte er zu schnell wieder verschwunden sein, lesen Sie im Kasten »Software-Installation manuell starten« auf Seite 54 nach, wie Sie die Installation trotzdem beginnen können.

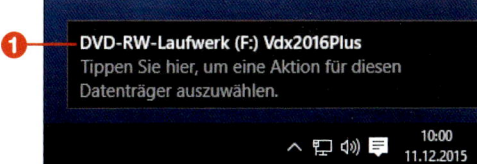

**3.** Nach einem Klick auf den DVD-Hinweis wird in der rechten oberen Ecke des Bildschirms ein Dialog eingeblendet, in dem Sie eine Aktion für das DVD-Laufwerk auswählen sollen. Meist finden Sie hier einen Eintrag wie **Programm von Medium installieren ...** oder Ähnliches. Mit einem Klick auf die Anweisung direkt unterhalb dieser Überschrift ❷ starten Sie die Installation.

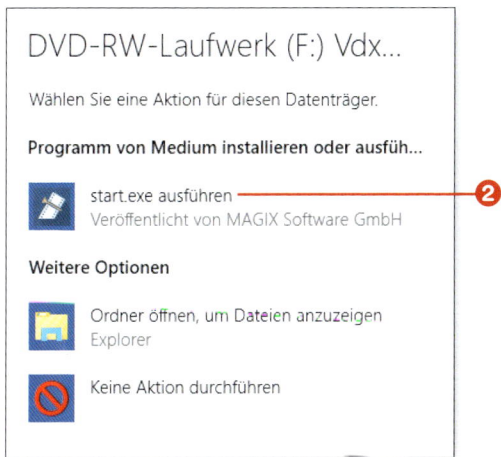

**4.** Nun müssen Sie lediglich den Anweisungen auf dem Bildschirm folgen. Dabei müssen Sie meist einige Schritte mit einem Klick auf die Schaltfläche **Weiter** oder auch **Installieren** bestätigen. Erscheint dabei ein Hinweis der sogenannten *Benutzerkontensteuerung*, in der Sie gefragt werden, ob das Programm Änderungen am Computer durchführen darf, bestätigen Sie den Hinweis mit einem Klick auf **Ja**. Eventuell werden Sie zuvor noch aufgefordert, das Kennwort Ihres Benutzerkontos anzugeben.

> ### ℹ️ Software-Installation manuell starten
>
> Wird die automatische Wiedergabe der CD oder DVD nicht gestartet, klicken oder tippen Sie in der Taskleiste auf das Ordnersymbol des Explorers 📁. Markieren Sie in der linken Spalte das CD-/DVD-Laufwerk (siehe dazu auch Kapitel 3, »Dateien und Ordner – Ihre Ablage auf dem Computer«). In der rechten Spalte werden nun alle auf dem Datenträger befindlichen Dateien und Ordner angezeigt. Die Installationsdatei – auch *Set-up-Datei* genannt – trägt meist den Namen *Setup.exe* oder auch *Install.exe*. Doppelklicken oder -tippen Sie auf den entsprechenden Dateinamen, beginnt die Installation des Programms, und Sie müssen nur noch den weiteren Anweisungen folgen.

*⌄ Das gerade installierte Programm wird im Startmenü unter »Zuletzt hinzugefügt« aufgeführt.*

Nach der Installation können Sie das Programm über das Startmenü aufrufen. Meist erscheint die gerade installierte Software in der linken Spalte des Startmenüs im Bereich **Zuletzt hinzugefügt** ❶. Sollte dies bei Ihnen nicht der Fall sein, klicken oder tippen Sie auf den Eintrag **Alle Apps** ❷. Sie erinnern sich: Die Programme sind in der Übersicht, die Sie nun in der linken Spalte des Startmenüs zu Gesicht bekommen, alphabetisch sortiert. Manche Windows-Anwendungen werden hier allerdings nicht mit dem Programmnamen eingefügt, sondern erscheinen z. B. unter dem Namen des Herstellers. Doch keine Sorge, falls Sie das Programm nicht sofort finden sollten. Windows bringt eine sehr gute Suchfunktion mit, mit der Sie nicht nur nach Programmen, sondern auch nach Dateien, Ordnern oder sogar Funktionen suchen können.

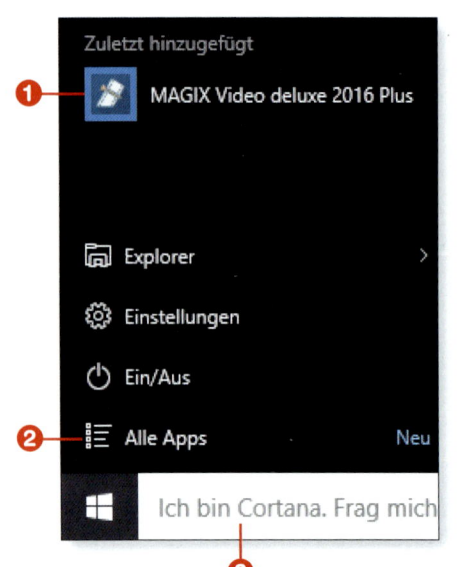

**1.** Das Feld, über das Sie die Suchanfrage starten, finden Sie in der Taskleiste direkt rechts vom Windows-Logo. Wenn Sie mit einem Tablet arbeiten, müssen Sie zuvor auf das Symbol ⬛ tippen, damit das Suchfeld erscheint.

**2.** Klicken oder tippen Sie in das Suchfeld ❸. Lassen Sie sich von dem aufklappenden Dialog zu Cortana nicht irritieren (lesen Sie hierzu auch den Kasten »Die Sprachassistentin Cortana« auf Seite 55). Geben Sie in das Suchfeld den Namen der Software ein, die Sie gerade installiert haben, und beenden Sie die Eingabe durch Drücken der Taste ⏎ .

Bereits während der Eingabe macht Ihnen der Computer einige Vorschläge. Doch Vorsicht: Über das Suchfeld können Sie nicht nur den eigenen Computer nach Programmen, Dateien oder auch Ordnern durchsuchen. Ist Ihr PC mit dem Internet verbunden, wird zugleich auch eine Internetrecherche gestartet. Entsprechende Fundstellen sind in der Ergebnisliste Ihrer Suche mit **Web** ❹ gekennzeichnet. In Kapitel 4, »Im Internet surfen«, stelle ich Ihnen die Suche im Internet noch genauer vor. An dieser Stelle geht es aber um das Programm, das Sie auf Ihrem Computer suchen. Der entsprechende Eintrag in den Suchergebnissen ist hier meist mit **Desktop-App** ❺ gekennzeichnet.

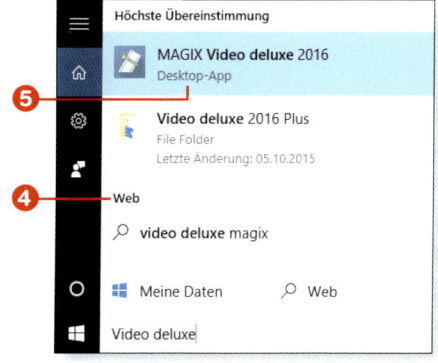

**3.** Mit einem Mausklick auf den Programmnamen innerhalb der Ergebnisliste starten Sie das Programm.

> ℹ️ **Die Sprachassistentin Cortana**
>
> Wenn Sie in das Suchfeld in der Taskleiste klicken oder tippen, klappt ein Dialog auf, in dem Sie die Sprachassistentin *Cortana* willkommen heißt. Um Cortana nutzen zu können, benötigen Sie ein Microsoft-Konto. Mit ihrer Hilfe können Sie den Computer mit Sprachkommandos steuern. Und nicht nur das: Cortana möchte Sie auch bei vielen Arbeiten unterstützen. Dabei ist sie allerdings sehr neugierig und liest Ihre Kalendereinträge oder auch E-Mails, um Sie z. B. an anstehende Termine erinnern zu können. Einige dieser Informationen, die die Sprachassistentin so über Sie in Erfahrung bringt, reicht sie sogar an Microsoft weiter. Sie können zwar selbst bestimmen, welche Daten weitergeleitet werden dürfen, die nötigen Einstellungen hierzu sind allerdings sehr umfangreich und können im Rahmen dieser Computer-Schnupperreise nicht in dem Maße aufgeführt werden, wie es nötig wäre.

Wenn Sie eine Software nicht mehr benötigen, können Sie sie selbstverständlich auch wieder entfernen. Manchmal finden sich auf dem PC auch Programme, die vom Computerhersteller installiert wurden und die man selbst nicht verwendet. Um ein Programm zu deinstallieren, gehen Sie folgendermaßen vor.

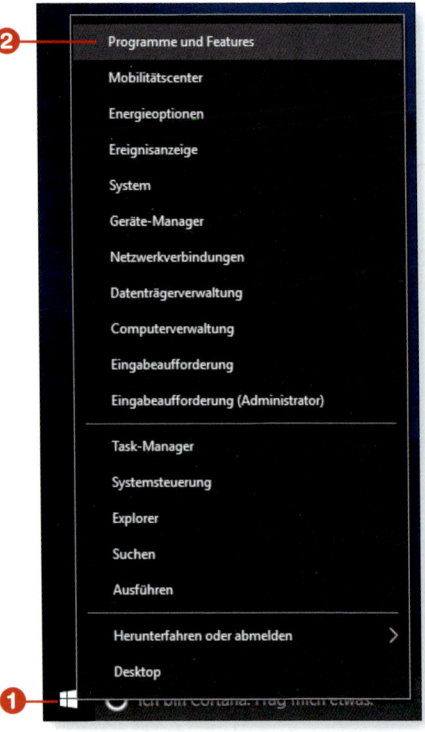

**1.** Klicken Sie mit der rechten Maustaste auf das Windows-Logo ▪ ❶ in der Taskleiste.

**2.** Es klappt ein Kontextmenü auf, in dem Sie den Eintrag **Programme und Features** ❷ anklicken.

**3.** Das Dialogfenster **Programme und Features** öffnet sich. Nach einem kurzen Moment werden hier alle auf Ihrem Computer installierten Windows-Anwendungen aufgelistet. Bewegen Sie sich, wenn nötig, mithilfe der Bildlaufleiste rechts durch diese Liste, und markieren Sie das Programm, das Sie entfernen möchten ❸.

**4.** Oberhalb der Liste erscheint jetzt der Befehl **Deinstallieren** ❹, auf den Sie klicken.

Wie auch bei der Installation eines Programms sind die nächsten Schritte von Anwendung zu Anwendung verschieden, sodass ich sie nicht detailliert beschreiben werde. Das Vorgehen ist aber auch hier nicht weiter schwierig. Sie müssen lediglich den weiteren Anweisungen auf dem Bildschirm folgen. Ab und an wird sich auch hier eventuell die Benutzerkontensteuerung melden und eine Bestätigung durch einen Klick auf **Ja** fordern. Bei einigen Programmen ist nach der erfolgreichen Deinstallation ein Neustart des Computers erforderlich. Sollte dieser nicht automatisch von Windows vorgenommen werden, erfahren Sie im Kasten »Neustart und Energie sparen« auf Seite 57, wie Sie den Computer selbst neu starten können.

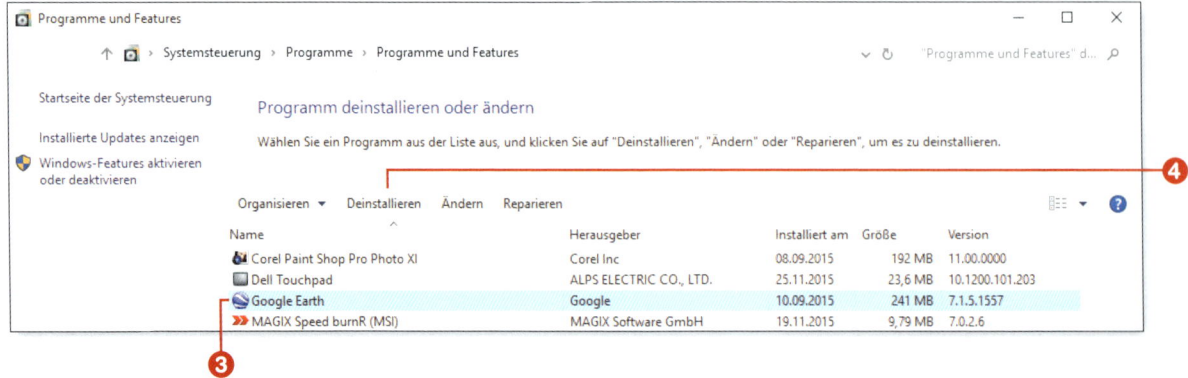

# Den Computer ausschalten

Sie haben alle Arbeiten am Computer beendet, die Programme entsprechend geschlossen und möchten den PC nun gerne ausschalten. Bitte drücken Sie hierfür keineswegs den Hauptschalter am Gerät selbst! Auch wenn der Computer über diesen Schalter eingeschaltet wird – für das *Herunterfahren* des PCs, wie das Ausschalten auch genannt wird, gibt es eine besondere Funktion. Diese stellt sicher, dass alle Programme korrekt beendet werden und somit keine Daten verloren gehen. Um den Computer auszuschalten, gehen Sie folgendermaßen vor:

**1.** Blenden Sie das Startmenü mit einem Klick auf das Windows-Logo am linken Rand der Taskleiste ein. Alternativ können Sie auch die Taste ⊞ auf der Tastatur drücken. Wenn Sie mit einem Touchdisplay arbeiten, ist dieser Schritt nicht nötig, da das Startmenü bereits geöffnet ist.

**2.** Am unteren Rand der linken Spalte des Startmenüs finden Sie den Eintrag ⏻ **Ein/Aus** ❶. Klicken oder tippen Sie auf den Eintrag, klappt ein kleiner Dialog mit den drei Befehlen **Energie sparen**, **Herunterfahren** und **Neu starten** auf. Mit einem Klick oder Tipp auf den Befehl **Herunterfahren** ❷ wird der Computer ordnungsgemäß ausgeschaltet.

---

ℹ️ **Neustart und Energie sparen**

Nach der Installation mancher Programme ist ein Neustart des Computers erforderlich. Der hierfür nötige Befehl **Neu starten** ❸ wird ebenfalls im Startmenü nach einem Klick oder Tipp auf ⏻ **Ein/Aus** eingeblendet. Sobald Sie ihn ausgewählt haben, wird der Computer zunächst vollständig heruntergefahren und anschließend sofort wieder gestartet. Sie müssen also nicht selbst den Hauptschalter des Geräts zum Einschalten des PCs drücken.

Über den Befehl **Energie sparen** ❹ wird der Computer in einen speziellen Energiesparmodus versetzt, in dem er nur wenig Strom verbraucht. Dies ist vor allem für Notebooks und Tablets interessant, um den Akku zu schonen.

Mithilfe der kleinen Beispiele in diesem Kapitel haben Sie bereits alle wichtigen Grundlagen zur Bedienung eines Computers kennengelernt. In den nächsten Kapiteln werde ich Ihnen nun einige interessante Programme näher vorstellen. Los geht es mit dem Dateiverwaltungsprogramm Explorer, auf das Sie bereits im Abschnitt »Programme und Apps starten und beenden« ab Seite 41 einen kurzen Blick geworfen haben.

# Kapitel 3

# Dateien und Ordner – Ihre Ablage auf dem Computer

Auf Ihrem Computer sammeln sich im Laufe der Zeit immer mehr Daten an: die Fotos und Videos Ihrer Urlaubsreisen, Ihre Lieblingsmusik und natürlich nicht zu vergessen all der Briefverkehr. Alle diese Dateien werden in Ordnern abgelegt. Das lässt sich in etwa mit den Aktenordnern vergleichen, in denen Sie wichtige Unterlagen abheften. Das Programm, das Ihnen dabei hilft, den Überblick über die Datenflut zu bewahren, nennt sich *Explorer* – in älteren Windows-Versionen noch *Windows-Explorer* genannt. In diesem Kapitel erfahren Sie, wie Sie mit seiner Hilfe all Ihre Daten organisieren. So lernen Sie unter anderem, wie Sie eigene Ordner anlegen und Dateien umbenennen, verschieben oder auch löschen. Sollten Sie einmal versehentlich eine Datei gelöscht haben, die Sie eigentlich noch benötigen: Keine Sorge, der Papierkorb von Windows 10 spuckt so einige vermeintlich verlorene Daten wieder aus. Ein ganz wichtiger Aspekt hierbei ist natürlich auch die Datensicherung. Deshalb zeige ich Ihnen, wie Sie Ihre Dateien auf einer externen Festplatte speichern.

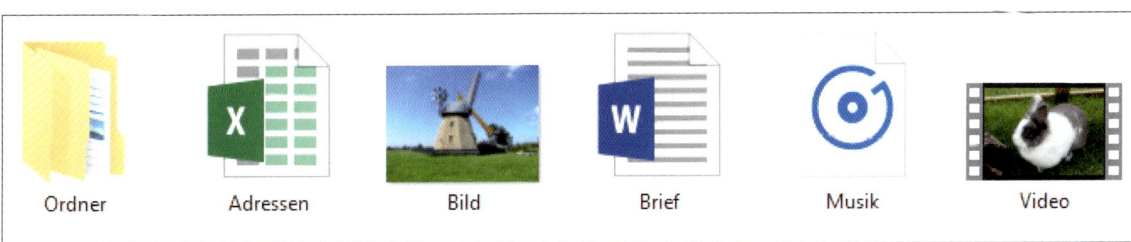

| Ordner | Adressen | Bild | Brief | Musik | Video |

∧ *Bilder, Videos, Briefe – auf dem Computer sammeln sich viele Dateien an.*

## Den Explorer öffnen

Wenn es um das Organisieren Ihrer Dateien geht, kommen Sie um ein Programm nicht herum: den Explorer. Sie haben verschiedene Möglichkeiten, ihn aufzurufen.

- Wenn Sie einen Desktop-PC oder ein Notebook nutzen, wird in der Taskleiste am unteren Bildschirmrand bereits das Symbol des Explorers  angezeigt. Ein Klick hierauf und das Programmfenster des Explorers öffnet sich.

> *Der Explorer wird über die Taskleiste geöffnet* ❶ ...

- Noch schneller lässt sich der Explorer über die Tastenkombination Strg + E starten. *Tastenkombination* bedeutet, dass Sie beide Tasten gleichzeitig drücken.

> *... oder über das Startmenü* ❷.

- Arbeiten Sie mit einem Tablet, tippen Sie im Startmenü oben links auf das Symbol ☰. Am unteren Rand der nun sichtbaren linken Spalte wird der Explorer aufgeführt. Ein Antippen des Eintrags reicht, und auch auf dem Tablet wird der Explorer gestartet. Eine Anmerkung hierzu aber gleich zu Beginn: Der Explorer ist seit vielen Versionen fester Bestandteil des Windows-Betriebssystems. Er wurde in erster Linie für die Nutzung per Maus und Tastatur geschaffen. Eine Bedienung per Finger ist aufgrund der kleinen Symbole somit nicht sehr komfortabel.

Im Falle eines Tablets wird das Programmfenster des Explorers über den gesamten Bildschirm hinweg angezeigt. Bei einem Desktop-PC oder Notebook nimmt es meist nur einen Teil der Desktop-Oberfläche ein. Im nächsten Abschnitt lernen Sie die einzelnen Elemente des Programmfensters genauer kennen.

# Eine erste Übersicht über Laufwerke, Ordner und Dateien

Bevor ich Ihnen zeige, wie Sie Ordner anlegen oder auch Dateien verschieben, lassen Sie uns gemeinsam einen Blick auf das Programmfenster des Explorers werfen.

Los geht es am oberen Rand des Programmfensters. Hier befindet sich die sogenannte *Titelleiste* ❶. Wenn Sie den Mauszeiger langsam über die drei kleinen Schaltflächen rechts bewegen, wird nach einem kurzen Moment jeweils eine *QuickInfo*, also ein kleines Fenster eingeblendet. Dieser QuickInfo können Sie die Bedeutung der jeweiligen Schaltfläche entnehmen. Diese kleine Hilfestellung in Form der QuickInfos finden Sie übrigens nicht nur im Explorer, sondern in vielen anderen Programmen auch.

Klicken Sie oben rechts auf die Schaltfläche **Maximieren** ❷, wird das Programmfenster über die gesamte Bildschirmgröße hinweg angezeigt. Ein erneuter Klick auf das mittlere Symbol verkleinert das Fenster wieder auf die vorherige Größe. Wenn Sie das Programmfenster ganz ausblenden möchten, um einen freien Blick auf die Desktop-Oberfläche zu erhalten, klicken Sie auf das linke der drei Symbole mit der Bezeichnung **Minimieren** ❸. Um das Programmfenster wieder einzublenden, reicht ein Klick auf das Explorer-Symbol in der Taskleiste. Die Schaltfläche **Schließen** ❹ ganz rechts benötigen Sie immer dann, wenn Sie den Explorer beenden möchten.

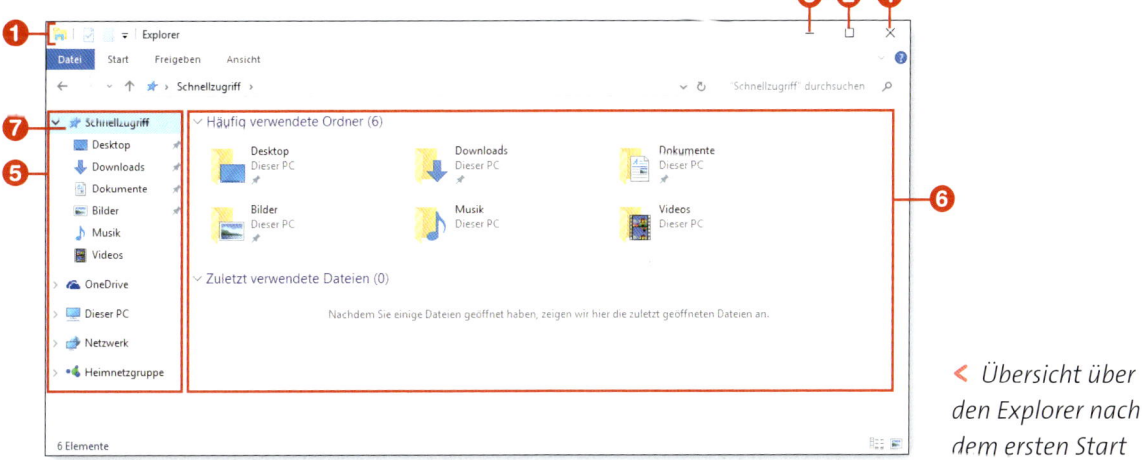

< *Übersicht über den Explorer nach dem ersten Start*

61

Ein ganz wichtiges Element des Explorers ist der *Navigationsbereich* ❺ am linken Fensterrand. Denn hier wählen Sie die Ordner oder auch Laufwerke aus, deren Inhalt im sogenannten *Inhaltsbereich* ❻ in der rechten Fensterhälfte angezeigt werden soll. Nach dem Start des Explorers ist im Navigationsbereich zunächst der **Schnellzugriff** ❼ markiert. Damit sehen Sie rechts alle häufig verwendeten Ordner sowie die zuletzt von Ihnen genutzten Dateien. Wie die Bezeichnung *Schnellzugriff* bereits sagt, können Sie somit besonders schnell auf diese Dateien und Ordner zugreifen.

➕ **So öffnen Sie Dateien und Ordner aus dem Explorer heraus**

Ein Doppelklick auf einen Ordner reicht, um seinen Inhalt anzuzeigen. Klicken Sie zweimal schnell hintereinander auf eine Datei, öffnet sich neben der Datei auch automatisch das ihr zugeordnete Programm. Handelt es sich bei der Datei um ein Foto, wird automatisch die *Fotos-App* geöffnet. Bei einem mit Microsoft Word verfassten Brief startet nach dem Doppelklick auf den Dateinamen automatisch das Textverarbeitungsprogramm *Word*. Die Fotos-App lernen Sie ausführlich in Kapitel 6, »Fotos organisieren und bearbeiten«, kennen, mit Microsoft Word beschäftigen wir uns in Kapitel 7, »Texte und Briefe schreiben mit Word«.

Welches das richtige Programm ist, erkennt Ihr Computer übrigens anhand der sogenannten *Dateiendung*. Dies ist der letzte Teil eines Dateinamens, der durch einen Punkt (.) vom eigentlichen Namen abgetrennt wird. Die Dateiendung für einen mit Microsoft Word erstellten Brief lautet z. B. *docx*, die mit der Digitalkamera aufgenommenen Fotos wiederum besitzen meist die Dateiendung *jpg*. Die Dateiendungen sind im Explorer zunächst nicht sichtbar. Um sie einzublenden, versehen Sie im Register **Ansicht** im Bereich **Ein-/ausblenden** das Kästchen vor **Dateinamenerweiterungen** mit einem Häkchen (siehe ❾ auf Seite 64).

Das wohl wichtigste Element im Navigationsbereich ist nicht der Schnellzugriff, sondern *Dieser PC*. Denn wenn Sie den Eintrag **Dieser PC** ❶ per Mausklick oder Antippen markieren, erhalten Sie in der rechten Fensterhälfte eine Übersicht über alle auf Ihrem Computer verfügbaren *Laufwerke* ❷. Dazu zählen sowohl die internen als auch extern angeschlossenen Festplatten, das CD-/DVD-Laufwerk sowie USB-Sticks. Letztere sind kleine Speichermedien, die über die USB-Schnittstelle (siehe den Abschnitt »Wichtige Geräte an den Computer anschließen« ab Seite 17) mit dem Computer verbunden werden. Neben diesen Laufwerken werden im Inhaltsbereich aber auch einige wichtige Ordner ❸, wie etwa **Bilder**, **Dokumente**, **Musik** und **Videos**, eingeblendet.

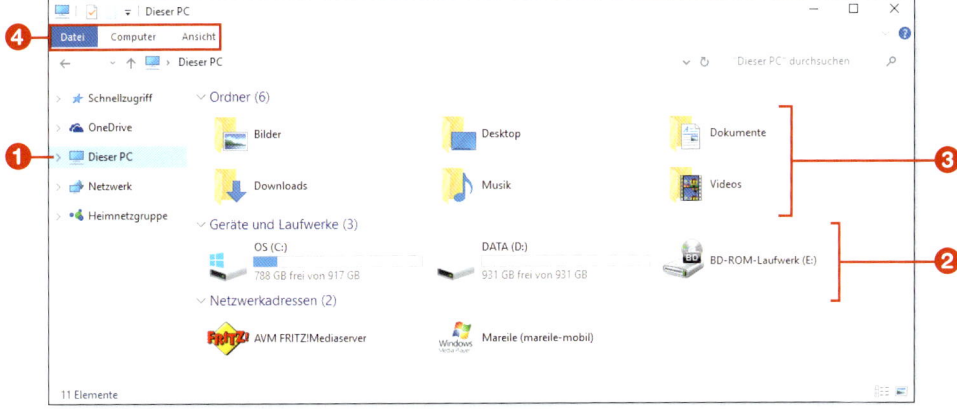

*‹ »Dieser PC« bietet eine Übersicht über wichtige Ordner und alle am Computer angeschlossenen Laufwerke.*

Der Explorer ist das Programm schlechthin, wenn es an das Organisieren Ihrer Dateien und Ordner geht. So können Sie mit ihm neue Ordner anlegen, umbenennen, löschen, Dateien kopieren, verschieben und vieles mehr. Die hierfür nötigen Funktionen rufen Sie über das Menüband auf, das sich am oberen Bildschirmrand direkt unterhalb der Titelleiste befindet. Ganz zu Beginn sehen Sie vom Menüband allerdings nur die Registerreiter. Welche dies sind, hängt immer vom ausgewählten Ordner ab. Wenn Sie zuvor im Navigationsbereich den Eintrag **Dieser PC** markiert haben, werden am linken Rand des Menübands die Register **Datei**, **Computer** und **Ansicht** eingeblendet ❹. Haben Sie einen anderen Eintrag ausgewählt, sind eventuell andere Registerreiter zu sehen. Ein paar Beispiele hierfür werden Sie im Verlauf dieses Buchs noch kennenlernen.

Von den zuvor erwähnten Funktionen ist im Menüband zunächst wie gesagt nichts zu sehen. Sie werden erst nach einem Mausklick oder Antippen eines Reiters eingeblendet. Probieren Sie es gleich einmal aus:

**1.** Stellen Sie sicher, dass im Navigationsbereich **Dieser PC** ❺ markiert ist. Der ausgewählte Eintrag ist gut am hellblauen Hintergrund (siehe die Abbildung auf Seite 64) zu erkennen.

**2.** Klicken oder tippen Sie anschließend im Menüband auf den Registerreiter **Ansicht** ❻. Es klappt nun die Registerkarte mit all ihren Funktionen auf. Der ausgewählte Registerreiter, hier also **Ansicht**, wird hellgrau hervorgehoben. Im Register **Ansicht** wählen Sie aus, wie die Dateien im Inhaltsbereich dargestellt werden sollen (hier sehen Sie übrigens die Ansicht **Kacheln**). Auf dieses Thema werde ich ausführlich im Abschnitt »Fotos sortieren und drucken mit dem Explorer« ab Seite 167 eingehen.

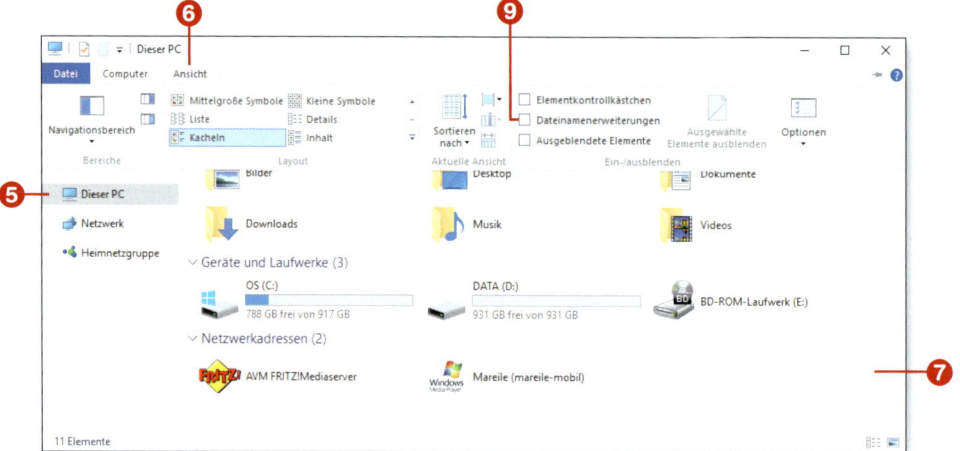

**3.** Wenn Sie in einen Bereich außerhalb der Registerkarte klicken oder tippen, z. B. auf eine beliebige weiße Fläche innerhalb des Inhaltsbereichs ❼, verschwindet die Registerkarte auch schon wieder.

Dieses Aus- und Einblenden wirkt zwar sehr übersichtlich, ist beim Arbeiten mit dem Explorer aber ausgesprochen unpraktisch. Hinzu kommt, dass die ausgeklappte Registerkarte einen Teil des Navigations- und Inhaltsbereichs überdeckt. Mit einem kleinen Trick sorgen Sie dafür, dass die Registerkarten immer sichtbar bleiben, ohne dabei wichtige Bereiche zu überlagern.

**4.** In der rechten oberen Ecke des Menübands wird ein kleiner nach unten weisender Pfeil angezeigt ❽. Ein Mausklick oder Tippen auf dieses Symbol reicht, und das Menüband mit seinen Registerkarten bleibt dauerhaft aufgeklappt, auch wenn Sie anschließend z. B. in den Inhaltsbereich klicken oder tippen.

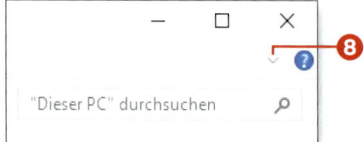

Möchten Sie das Menüband irgendwann einmal doch wieder auf die Anzeige der Registerreiter reduzieren, reicht ein Klick oben rechts auf den nun nach oben weisenden Pfeil.

Einen ersten kleinen Eindruck vom Aufbau des Explorer-Programmfensters haben Sie nun gewonnen. Als Nächstes zeige ich Ihnen, wie Sie eigene Ordner anlegen und zwischen den Ordnern navigieren.

## Ordner anlegen, umbenennen und organisieren

Die Zahl der Dateien auf Ihrem Computer nimmt im Laufe der Zeit immer stärker zu: So sammeln sich immer mehr Fotos und Videos von Ausflügen oder Familienfeiern, diverse Briefe und vieles mehr auf Ihrem PC. Würden all diese Daten in einem einzigen Verzeichnis abgelegt werden, wäre es schnell vorbei mit der Übersichtlichkeit. Für eine gewisse Ordnung sorgt bereits Ihr Windows-10-Computer mit seinen Standardordnern **Bilder**, **Desktop**, **Dokumente**, **Downloads**, **Musik** und **Videos**. Klicken oder tippen Sie im Navigationsbereich auf **Dieser PC**, werden die Ordner rechts angezeigt.

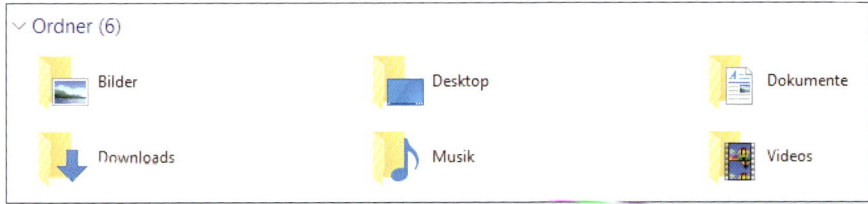

< *Die Standard-
ordner des Windows-
10-Computers*

Die Standardordner werden von vielen Programmen zum Ablegen von Dateien genutzt. Bildbearbeitungsprogramme wie etwa die Fotos-App schlagen z. B. automatisch den Ordner **Bilder** vor, wenn Sie ein bearbeitetes Foto speichern möchten. Nutzen Sie zum Schreiben Ihrer Briefe das Textverarbeitungsprogramm Word, wird beim Sichern der Dokumente automatisch der Ordner **Dokumente** angezeigt. Laden Sie sich Dateien oder Programme aus dem Internet auf Ihren Computer herunter, landen die wiederum im Ordner **Downloads**. Alle drei Beispiele lernen Sie im Laufe dieses Buchs übrigens noch kennen.

Die Standardordner allein reichen häufig nicht aus, um im Laufe eines Computerlebens ein Datendurcheinander zu vermeiden. Mein Tipp: Legen Sie weitere Unterordner an, in denen Sie Ihre Dateien organisieren. Dies lässt sich in etwa vergleichen mit den Trennblättern, die in Aktenordnern wichtige Rubriken voneinander trennen. Für den Ordner **Dokumente** bieten sich z. B. Unterordner zu den Themen Privatkorrespondenz, Versicherungen oder auch Steuerunterlagen an. Letzteres lässt sich wiederum noch nach Jahreszahlen unterteilen, also etwa »2015« und »2016«.

> ℹ **Ein Explorer mit unterschiedlichem Aussehen**
>
> Jede Registerkarte ist in verschiedene Bereiche, sogenannte *Gruppen*, aufgeteilt. Im Register **Start**, der nach Aufruf des Ordners **Dokumente** zu sehen ist, finden Sie z. B. die Gruppen **Zwischenablage**, **Organisieren**, **Neu**, **Öffnen** und **Auswählen**. Jede Gruppe enthält diverse Befehle in Form von Symbolen und Beschriftungen. Ob bei Ihnen lediglich die Symbole oder zusätzlich auch die Beschriftungen zu sehen sind, hängt von der Größe des Programmfensters ab. Ist das Fenster zu klein, um alle Elemente im Menüband zu zeigen, werden lediglich die Symbole eingeblendet. In manchen Fällen kann es sogar so weit kommen, dass nur noch die Gruppenbezeichnungen zu sehen sind. Drei Beispiele hierfür sehen Sie in den Abbildungen unten. Wird lediglich die Gruppenbezeichnung angezeigt, klicken Sie auf den Pfeil unterhalb oder seitlich des Gruppennamens. Anschließend klappt eine Liste mit allen zur Gruppe gehörenden Symbolen auf. In dieser Liste markieren Sie dann den gewünschten Befehl.
>
>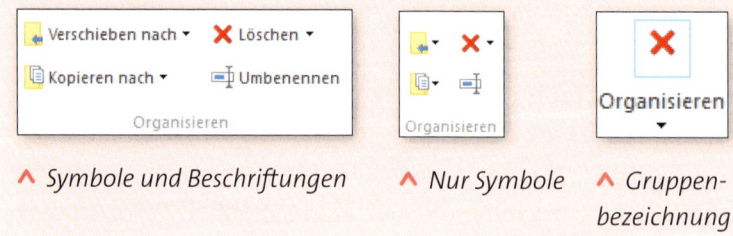
>
> ⌃ *Symbole und Beschriftungen*　　⌃ *Nur Symbole*　　⌃ *Gruppenbezeichnung*

Am Beispiel der Steuerunterlagen zeige ich Ihnen nun, wie Sie neue Ordner anlegen.

**1.** Markieren Sie im Navigationsbereich des Explorers den Eintrag **Dieser PC**. Doppelklicken Sie dann im Inhaltsbereich auf den Ordner **Doku-**

mente. Der Inhalt des Ordners wird nun eingeblendet. Sollten Sie noch keine Word-Dokumente oder Ähnliches auf Ihrem Computer gespeichert haben, ist der Ordner leer.

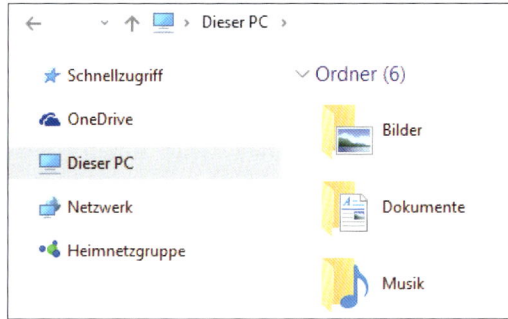

**2.** Rufen Sie im Menüband per Mausklick oder Antippen das Register **Start** ❶ auf.

**3.** Klicken Sie in der Gruppe **Neu** auf das Symbol **Neuer Ordner** ❷. Lesen Sie hierzu bitte auch den Kasten »Ein Explorer mit unterschiedlichem Aussehen« auf Seite 66.

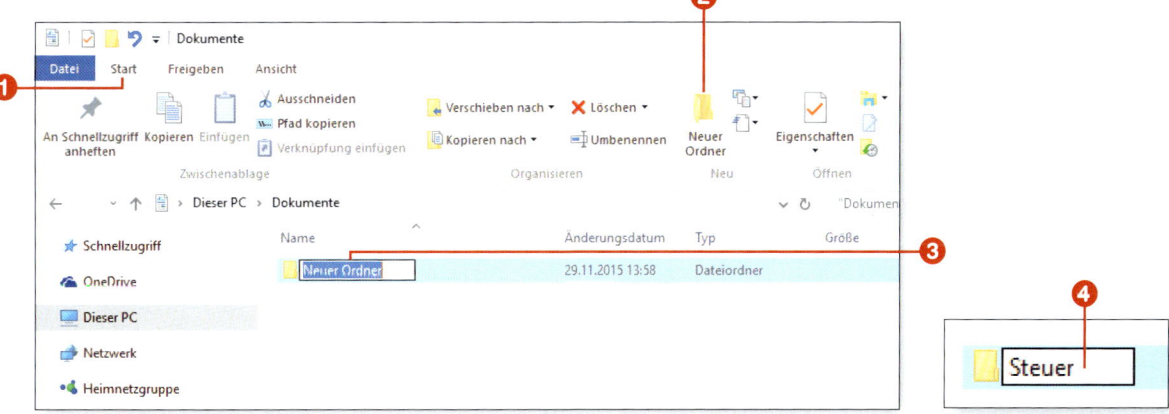

**4.** Im Inhaltsbereich wird nun ein Feld mit dem blau hinterlegten Text **Neuer Ordner** eingeblendet ❸. Tippen Sie den Namen für Ihren neuen Ordner ein, für unser Beispiel also »Steuer«. Der blau markierte Text wird hierdurch automatisch überschrieben ❹. Im Kasten »Tipps für optimale Datei- und Ordnernamen« auf Seite 198 erfahren Sie, was Sie bei der Vergabe von Ordnernamen beachten sollten. Durch Drücken der Taste ⏎ schließen Sie die Texteingabe ab.

*∧ Ordner und Datei-*
*en können jederzeit*
*umbenannt werden.*

Manchmal passiert es, dass man versehentlich noch vor der Eingabe des Ordnernamens auf einen Bereich außerhalb des Feldes klickt oder tippt. In einem solchen Fall wird die Bezeichnung **Neuer Ordner** übernommen. Oder ist Ihnen bei der Eingabe des Ordnernamens ein Tippfehler unterlaufen? Ein falscher Name lässt sich schnell korrigieren, indem Sie den Ordner einfach umbenennen. Für diese Aktion finden Sie im Register **Start** in der Gruppe **Organisieren** einen entsprechenden Befehl **Umbenennen** ❺. Bevor Sie ihn auswählen, sollten Sie sicherstellen, dass das umzubenennende Element markiert ist. Klicken Sie nun auf den Befehl **Umbenennen**, wird der Ordnername wieder blau hinterlegt, und Sie können den eigentlich gewünschten Ordnernamen eintragen. Auf die beschriebene Weise können Sie nicht nur Ordner, sondern auch Dateien umbenennen.

### ✚ Wichtige Befehle über das Kontextmenü erreichen

Der Weg über das Menüband ist bei manchen Befehlen doch recht umständlich. So muss erst das Element markiert und dann das Register ausgewählt werden, bevor der gewünschte Befehl verfügbar ist. Für einige Funktionen gibt es einen viel schnelleren Weg, nämlich über das sogenannte *Kontextmenü*. Ein Kontextmenü wird immer dann angezeigt, wenn Sie nicht mit der linken, sondern mit der rechten Maustaste auf ein Element klicken. Die Befehle, die im Kontextmenü angezeigt werden, hängen jeweils von dem Element ab, das angeklickt wurde. Klicken Sie im Inhaltsbereich des Explorers mit der rechten Maustaste auf einen Ordner oder eine Datei, finden Sie im Kontextmenü z. B. den Be-

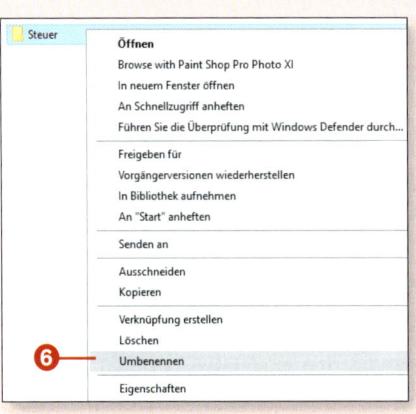

fehl **Umbenennen** ❻. Wählen Sie ihn per linken Mausklick aus, wird der Name des Elements blau hinterlegt, und Sie können, wie in Schritt 4 auf Seite 67 gezeigt, fortfahren und den markierten Namen mit einer neuen Bezeichnung überschreiben.

*< Viele Befehle erreichen Sie*
*schneller über das Kontextmenü.*

Weitere Unterordner innerhalb des neuen Ordners **Steuer** sind schnell angelegt. Wechseln Sie hierzu einfach per Doppelklick auf den Ordnernamen **Steuer** in das gleichnamige Verzeichnis. Wiederholen Sie dann die Schritte 3 und 4 auf Seite 67, um einen neuen Ordner anzulegen. Als Ordnerbezeichnung bieten sich im Fall der Steuerunterlagen z. B. Jahreszahlen an, also »2015« und »2016«. Auf die beschriebene Weise können Sie immer weitere Unterordner erzeugen.

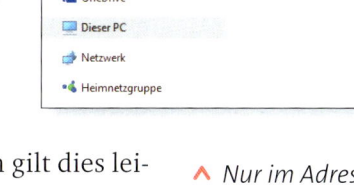

Wie Sie zu einem Ordner wechseln, haben Sie bereits erfahren: Markieren Sie im Navigationsbereich den Eintrag **Dieser PC**. Doppelklicken Sie dann rechts nacheinander auf die gewünschten Ordnernamen, im Steuerbeispiel also etwa **Dokumente ▸ Steuer ▸ 2015**. Dem Adressfeld unterhalb des Menübands können Sie entnehmen, in welchem Ordner Sie sich gerade befinden ❶. Für den Navigationsbereich gilt dies leider nicht. Denn hier wird nur der Eintrag **Dieser PC** aufgeführt. Für das Kopieren und Verschieben von Dateien und Ordnern ist es aber weitaus praktischer, wenn auch hier die Unterordner aufgelistet würden. Mit einem kleinen Trick lässt sich das auch arrangieren:

∧ *Nur im Adressfeld wird angezeigt, in welchem Ordner Sie sich befinden.*

**1.** Rufen Sie im Menüband das Register **Ansicht** ❷ auf.

**2.** Klicken Sie in der Gruppe **Bereiche** auf die Schaltfläche **Navigationsbereich** ❸. Es klappt nun eine Liste auf. Der Eintrag **Navigationsbereich** ist bereits mit einem Häkchen versehen ❹. Nur wenn dies der Fall ist, sehen Sie im Explorer auch die entsprechende linke Spalte, also den Navigationsbereich.

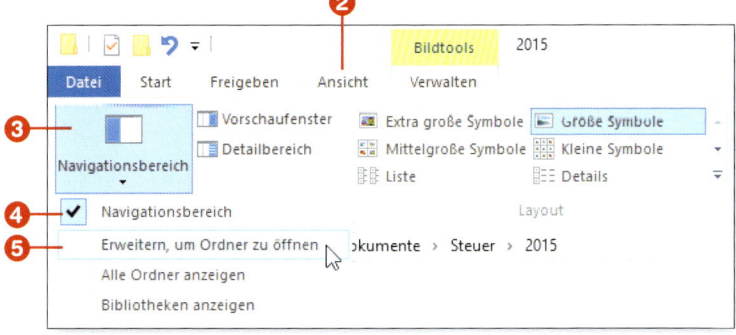

**3.** Versehen Sie den Eintrag **Erweitern, um Ordner zu öffnen** durch einen Mausklick oder Antippen ebenfalls mit einem Häkchen (❺ auf Seite 69).

Das Ergebnis lässt sich gleich im Navigationsbereich überprüfen: Auch hier werden die Unterordner des Ordners **Dokumente** eingeblendet, in unserem Beispiel also **Steuer** sowie **2015** und **2016**. Damit können Sie nun nicht nur den Eintrag **Dieser PC** und all seine Ordner und Laufwerke über den Navigationsbereich aufrufen, sondern auch die jeweiligen Unterordner.

Positionieren Sie den Mauszeiger in der linken Spalte, entdecken Sie jeweils links der Elemente kleine Dreiecke ❻. Klicken Sie ein solches Dreieck an, klappt unterhalb des Elements eine Liste mit den Unterordnern auf. Im Fall des Eintrags **Dieser PC** werden also die Ordner **Bilder**, **Desktop**, **Dokumente**, **Downloads**, **Musik** und **Videos** aufgelistet. Darunter folgen die auf Ihrem Computer verfügbaren Laufwerke. Enthält einer der Ordner wiederum Unterordner, finden Sie links davon ebenfalls ein kleines Dreieck. Auch hier reicht wieder ein Klick darauf, und die Unterordner werden im Navigationsbereich aufgeführt. Ein erneuter Klick auf das Dreieck lässt die Unterordner im Navigationsbereich wieder verschwinden. Wenn Sie mit einem Touchscreen arbeiten, sind die kleinen Dreiecke zunächst nicht zu sehen. Hier müssen Sie jeweils direkt links neben eines der Elemente tippen, damit die Unterordner im Navigationsbereich eingeblendet werden.

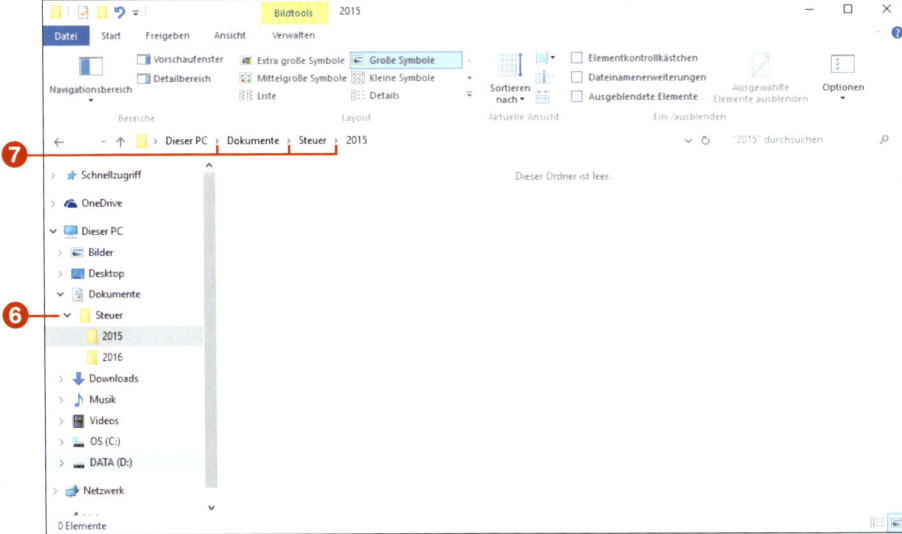

> *Über die kleinen Dreiecke können Sie Unterordner ein- und wieder ausblenden.*

Die kleinen Dreiecke finden Sie auch im Adressfeld unterhalb des Menü-bands ❼. Klicken oder tippen Sie auf ein Dreieck rechts von einem Ord-nernamen, klappt eine Liste mit seinen Unterordnern auf. Ein Klick oder Tippen auf das Dreieck links von einem Ordner blendet wiederum eine Liste mit den übergeordneten Verzeichnissen ein. Indem Sie auf einen dieser Einträge klicken oder tippen, gelangen Sie ebenfalls direkt zum entsprechenden Verzeichnis.

> **ℹ Die Pfadangaben im Adressfeld**
>
> Dem Adressfeld unterhalb des Menübands können Sie entnehmen, welcher Ordner gerade im Inhaltsbereich angezeigt wird. Klicken oder tippen Sie in den weißen Bereich des Adressfelds, sieht die Pfadangabe allerdings plötzlich ganz anders aus. Was Sie nun zu sehen bekommen, ist die exakte Angabe des Speicherorts, unter dem das im Navigations-bereich markierte Verzeichnis auf Ihrem Computer zu finden ist. Ha-ben Sie z. B. den Ordner **Steuer** markiert, erscheint im Adressfeld eine Angabe wie *C:\Users\Maria\Documents\Steuer*. *C:* ist die Bezeichnung der Festplatte des Computers. *Users* steht für Benutzer. Um welchen Benutzer es sich handelt, erfahren Sie anschließend (hier: *Maria*). *Docu-ments* steht für den Ordner *Dokumente*, gefolgt vom zuvor selbst ange-legten Ordner *Steuer*. Auf diese Form der Pfadangabe werden Sie immer wieder stoßen. Wenn Sie z. B. Ihre Fotos von der Digitalkamera auf den Computer übertragen, schlägt Ihnen die Fotos-App das Verzeichnis *C:\Users\Benutzername\Pictures* vor, sprich den Standardordner *Bilder* (sie-he auch den Abschnitt »So kommen die Fotos auf den Computer« ab Seite 146). Damit im Adressfeld des Explorers wieder die ursprüngliche Darstellung mit den Dreiecken angezeigt wird, klicken oder tippen Sie einmal in den Inhaltsbereich des Programmfensters.
>
>
>
> ⌃ *Der Pfadangabe können Sie den eigentlichen Speicherort des Ordners »Steuer« entnehmen.*

Das Navigieren von einem Ordner zum anderen spielt gerade beim Ver-schieben und Kopieren von Dateien eine wichtige Rolle. Wie Sie hierzu vorgehen, zeige ich Ihnen in den nächsten beiden Abschnitten.

## Dateien und Ordner verschieben

Haben Sie versehentlich eine Datei in einem falschen Verzeichnis gespeichert? Oder möchten Sie Ihre Dateien und Ordner einfach nur neu strukturieren? Wie Sie hierfür neue über- oder auch untergeordnete Ordner anlegen, haben Sie bereits im vorherigen Abschnitt gelernt. Einzelne Dateien, aber auch ganze Ordner sind schnell an einen neuen Ort verschoben. Zuvor müssen Sie die entsprechenden Daten nur im Inhaltsbereich des Explorers markieren.

**1.** Stellen Sie zunächst sicher, dass die gewünschten Dateien oder Ordner in der rechten Fensterhälfte des Explorers zu sehen sind.

**2.** Wenn Sie nur eine einzelne Datei verschieben möchten, reicht ein Mausklick oder Antippen der Datei. Wenn Sie mehrere Dateien oder Ordner auswählen möchten, halten Sie die Taste `Strg` gedrückt, während Sie nacheinander die gewünschten Elemente anklicken oder -tippen. Sollten Sie dabei versehentlich ein falsches Element erwischt haben, klicken oder tippen Sie es einfach erneut an. Die Taste `Strg` müssen Sie dabei gedrückt halten, da Sie sonst die Markierung aller zuvor ausgewählten Elemente aufheben. Alle markierten Dateien und Ordner sind gut am hellblauen Hintergrund zu erkennen.

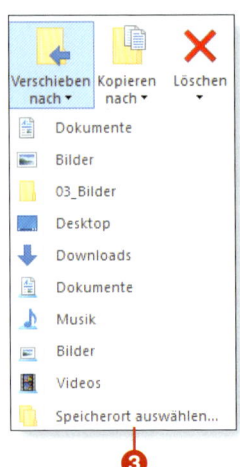

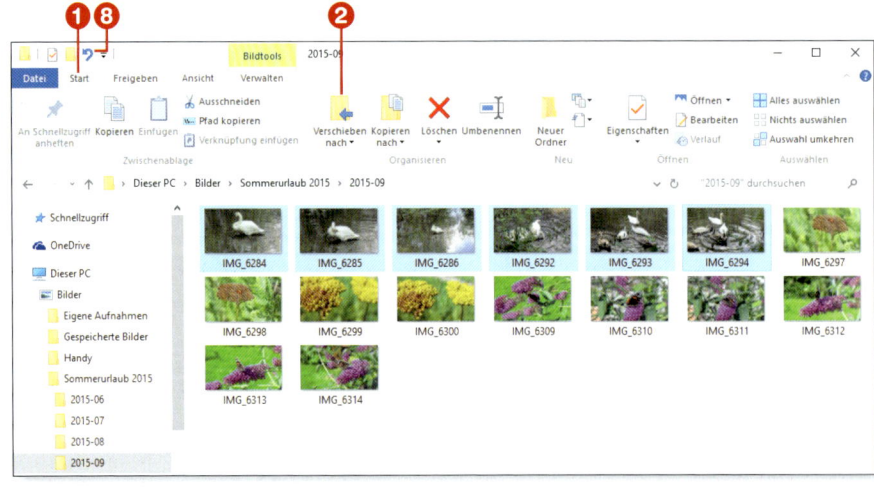

**3.** Sobald Sie alle gewünschten Elemente gekennzeichnet haben, wechseln Sie im Menüband des Explorers in das Register **Start** ❶. Klicken oder tippen Sie anschließend in der Gruppe **Organisieren** auf die Schaltfläche **Verschieben nach** ❷.

**4.** Es klappt eine Liste mit den Ordnern auf, die Sie in letzter Zeit besonders häufig aufgesucht haben. Ist der gewünschte neue Speicherort für die zuvor markierten Elemente bereits dabei, wählen Sie ihn einfach per Mausklick oder Antippen aus. Die Dateien werden sofort in das gewählte Verzeichnis verschoben.

**5.** Falls der gewünschte Speicherort nicht in der Liste aufgeführt wird, wählen Sie **Speicherort auswählen** ❸. Der Dialog **Elemente verschieben** wird geöffnet.

**6.** Wählen Sie den gewünschten Speicherort aus. Mit einem Klick oder Tippen auf das kleine Dreieck links von einem Ordnernamen lassen sich die Unterordner eines Verzeichnisses einblenden ❹.

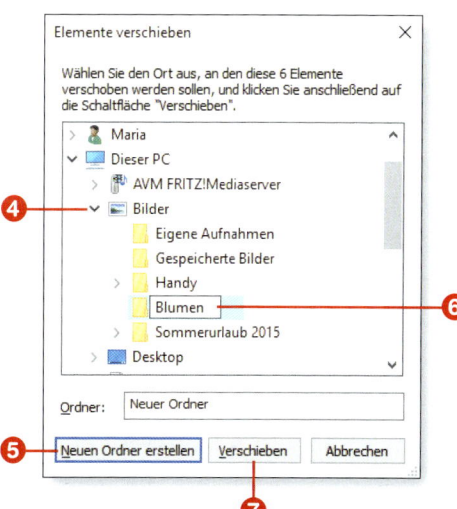

**7.** Wenn Sie innerhalb eines gerade markierten Ordners noch ein neues Unterverzeichnis anlegen möchten, können Sie dies direkt im Dialog **Elemente verschieben** erledigen. Klicken Sie hierzu einfach auf die Schaltfläche **Neuen Ordner erstellen** ❺. Das bereits bekannte Feld **Neuer Ordner** wird eingeblendet, in das Sie nun den Namen für das neue Verzeichnis eingeben ❻.

**8.** Wenn der gewünschte Speicherort markiert ist, klicken oder tippen Sie auf **Verschieben** ❼. Die Dateien werden nun in den ausgewählten Ordner verschoben.

➕ **Letzte Schritte rückgängig machen**

Sie haben ein Element versehentlich verschoben? Kein Problem! Denn alle im Explorer vorgenommenen Schritte lassen sich sofort wieder rückgängig machen. Die hierfür notwendige Schaltfläche (❽ auf Seite 72) finden Sie in der *Symbolleiste für den Schnellzugriff* am linken Rand der Titelleiste. Wird das Rückgängig-Symbol ⤺ hier nicht direkt angezeigt, klicken Sie zunächst auf die Schaltfläche ▾ und markieren in der aufklappenden Liste den Eintrag **Rückgängig**. Er wird nun in der Symbolleiste angezeigt. Ein Klick auf das Symbol reicht, und der letzte Schritt, den Sie im Explorer vorgenommen haben, wird rückgängig gemacht.

So einfach, wie das Verschieben von Elementen ist, ist auch das Kopieren erledigt. Es spielt vor allem beim Erstellen einer Datensicherung eine große Rolle, wie Sie im folgenden Abschnitt erfahren werden.

## Daten auf externen Speichermedien sichern

Angenommen, ein Freund gibt Ihnen einen *USB-Stick* mit der Bitte, ein paar Bilder vom letzten Ausflug darauf zu speichern. In diesem Fall kopieren Sie die entsprechenden Dateien einfach auf den Speicherstick. Die Dateien werden dabei zwar auf dem USB-Stick gesichert, bleiben im Gegensatz zum Verschieben aber trotzdem auch auf Ihrem Computer gespeichert. Noch wichtiger ist das Kopieren von Daten allerdings im Zusammenhang mit der Datensicherung. Denn wie jedes Elektrogerät geht auch ein Computer irgendwann kaputt. Passiert Ihnen dies mit der Waschmaschine oder dem Toaster, gehen Sie einfach zum nächsten Elektrogeschäft und kaufen sich ein neues Gerät. Einen neuen Computer können Sie sich zwar auch kaufen, an die auf dem alten Computer gespeicherten Daten gelangen Sie in einem Schadensfall aber nur noch selten. Bilder, Videos oder auch andere Dateien wären damit unwiederbringlich verschwunden. Damit Ihnen genau dies gar nicht erst passiert, sollten Sie wichtige Daten unbedingt regelmäßig auf einer externen Festplatte sichern. Der Vorteil einer solchen Festplatte verglichen mit einem USB-Stick oder einer DVD ist ganz einfach: Eine Festplatte bietet weitaus mehr Speicherkapazität für einen meist durchaus akzeptablen Preis.

> *Für eine Datensicherung ist eine externe Festplatte am besten geeignet. (Quelle: Verbatim)*

**ℹ Wechseldatenträger und ihre Laufwerksbuchstaben**

Alle Speichermedien, die nicht fest in Ihrem Computer eingebaut sind, werden auch als *Wechseldatenträger* bezeichnet. Dazu zählen z. B. externe Festplatten, USB-Sticks, aber auch DVDs, CDs und Blu-ray-Discs. Um die diversen Speichermedien auch im Explorer voneinander unterscheiden zu können, erhalten alle – egal ob interner oder externer Datenträger – einen Laufwerksbuchstaben zugeordnet. Die interne Festplatte trägt z. B. meist die Bezeichnung *C:*, ist eine weitere Festplatte im PC eingebaut, erhält diese den Buchstaben *D:*. Dem CD-/DVD-Laufwerk wird der Buchstabe *E:* zugeordnet. Angenommen, in Ihrem Computer sind keine weiteren internen Speichermedien vorhanden und Sie schließen nun eine externe Festplatte an den Computer an, erhält diese den Buchstaben *F:*. Bleibt die Festplatte angeschlossen und Sie fügen noch einen USB-Stick hinzu, trägt dieser die Bezeichnung *G:*. Entfernen Sie beide Speichermedien wieder vom PC und verbinden das nächste Mal als Erstes den USB-Stick mit dem Computer, kann es sein, dass dieser nun mit dem Buchstaben *F:* versehen wird. Manchmal merkt sich der Computer aber auch die alte Bezeichnung und versieht den USB-Stick wieder mit dem Buchstaben *G:*.

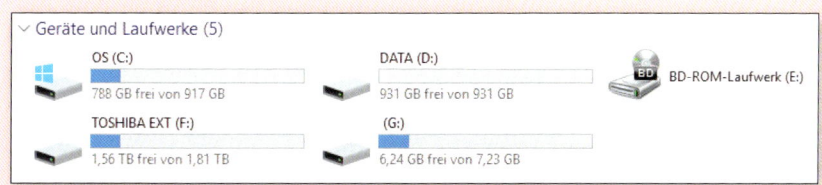

∧ *Jedem Datenträger wird ein eigener Laufwerksbuchstabe zugeordnet.*

Um Dateien auf eine externe Festplatte oder einen USB-Stick zu kopieren, gehen Sie folgendermaßen vor:

**1.** Stecken Sie das Kabel der Festplatte bzw. den USB-Stick in einen USB-Anschluss Ihres Computers. Beim ersten Mal installiert Ihr Computer automatisch die Treiber, die er für den Zugriff auf das Speichermedium benötigt. Dieser Vorgang ist schnell erledigt. Den folgenden Hinweis zur Auswahl einer Aktion für den Wechseldatenträger können Sie ignorieren. Er wird nach einem kurzen Moment auch ausgeblendet.

**2.** Markieren Sie im Explorer nun per Mausklick die Dateien bzw. Ordner, die auf das Speichermedium kopiert werden sollen ❶, wie in Schritt 2 auf Seite 72 für das Verschieben von Elementen gezeigt.

**3.** Klicken oder tippen Sie im Register **Start** ❷ im Bereich **Organisieren** auf **Kopieren nach** ❸. In der aufklappenden Liste wählen Sie **Speicherort auswählen** ❹.

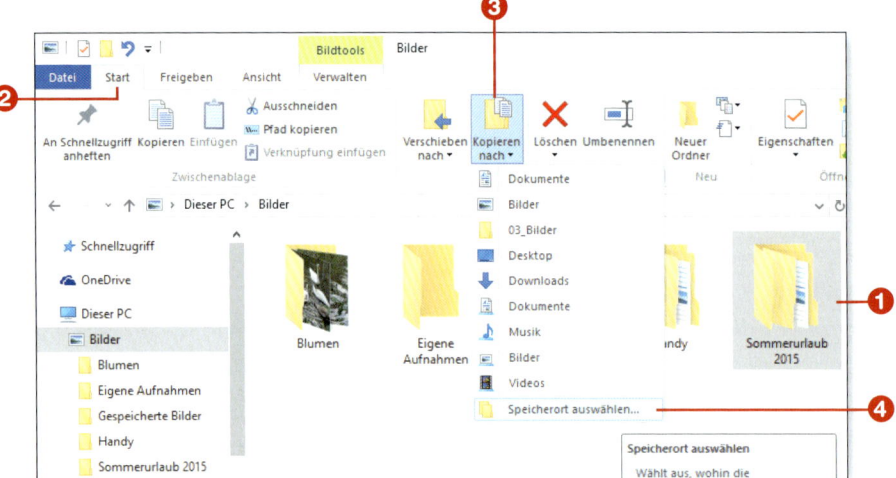

**4.** Im Dialog **Elemente kopieren** blenden Sie, falls noch nicht geschehen, per Klick oder Tipp auf den kleinen Pfeil ❺ die Elemente von **Dieser PC** ein. Blättern Sie gegebenenfalls etwas nach unten bis zum Laufwerksbuchstaben der externen Festplatte bzw. des USB-Sticks, und markieren Sie diesen ❻. Lesen Sie hierzu auch den Kasten »Wechseldatenträger und ihre Laufwerksbuchstaben« auf Seite 75.

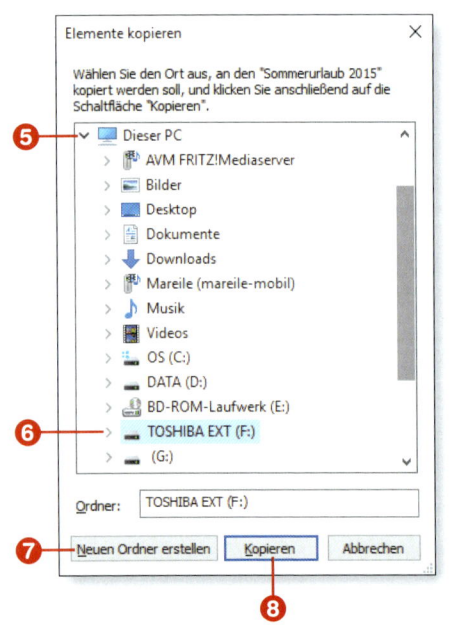

**5.** Wenn Sie möchten, können Sie über die Schaltfläche **Neuen Ordner erstellen** ❼ ein neues Verzeichnis für die Daten hinzufügen, die Sie gleich auf das Speichermedium kopieren werden. Auch dies funktioniert, wie zuvor für das Verschieben von Dateien und Ordnern gezeigt.

**6.** Klicken oder tippen Sie auf **Kopieren** ❽, wird der Kopiervorgang gestartet.

Wenn Sie nur ein paar Dateien verschieben oder kopieren, ist der Vorgang meist schnell erledigt. Bei größeren Datenmengen dauert es schon etwas länger. Während dieser Zeit können Sie in einem kleinen Dialogfenster den Fortschritt beobachten. Klicken oder tippen Sie im Dialog auf **Mehr Details**, erfahren Sie, wie lange das Kopieren voraussichtlich noch andauern wird. Das Kopieren großer Datenmengen kann durchaus eine Stunde oder auch mehr in Anspruch nehmen.

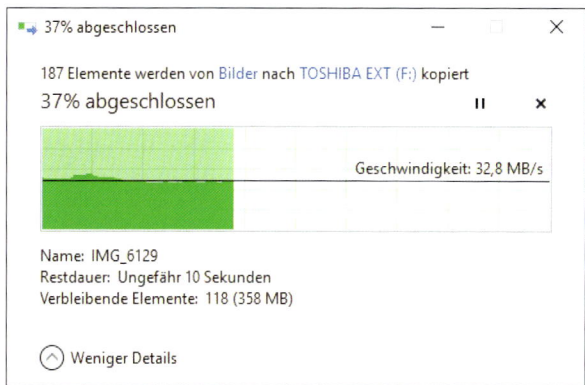

---

ℹ️ **Konflikte mit anderen Dateien beim Kopieren und Verschieben**

In dem Moment, in dem Sie versuchen, Dateien oder Ordner an einen Ort zu kopieren oder auch (wie im vorigen Abschnitt) zu verschieben, an dem bereits Daten mit gleichem Namen vorhanden sind, erhalten Sie von Windows 10 einen Warnhinweis. Ihnen stehen nun folgende Möglichkeiten zur Auswahl:

- ◼ **Datei im Ziel ersetzen**. In diesem Fall wird die Datei im Zielordner durch die kopierte oder verschobene Datei ersetzt.
- ◼ Soll die Datei im Zielordner dagegen behalten werden, wählen Sie **Diese Datei überspringen**. Das Element wird nicht kopiert bzw. verschoben und die alte Datei somit nicht überschrieben.
- ◼ Falls Sie sich nicht sicher sind, welches der beiden Elemente Sie behalten möchten, wählen Sie den dritten Befehl: **Info für beide Dateien vergleichen**. In diesem Fall blendet Windows ein kleines Fenster mit zusätzlichen Informationen zum Speicherdatum und zur Dateigröße ein. Versehen Sie das Kontrollkästchen vor der Datei, die Sie behalten möchten, mit einem Häkchen, und setzen Sie den Kopier- oder Verschiebevorgang dann mit **Weiter** fort.

---

Manchmal kann es sein, dass der Computer den Zugriff auf die Daten auf dem Speichermedium noch nicht beendet hat, obwohl der Dialog **Ele-**

mente kopieren bereits verschwunden ist. Würden Sie die externe Festplatte bzw. den USB-Stick nun einfach aus dem USB-Anschluss des Computers ziehen, könnte es zu einem Datenverlust auf dem Speichermedium kommen. Damit dies nicht passiert, gehen Sie folgendermaßen vor:

**1.** Klicken oder tippen Sie im Infobereich der Taskleiste rechts unten auf den kleinen nach oben weisenden Pfeil ❶.

**2.** In der aufklappenden Liste sehen Sie nun einen stilisierten USB-Stecker ❷. Klicken oder tippen Sie darauf, wird ein kleines Dialogfenster eingeblendet, in dem alle am Computer angeschlossenen Wechseldatenträger aufgeführt sind. Dabei kann es sich um eine externe Festplatte, einen USB-Stick oder auch eine Speicherkarte handeln.

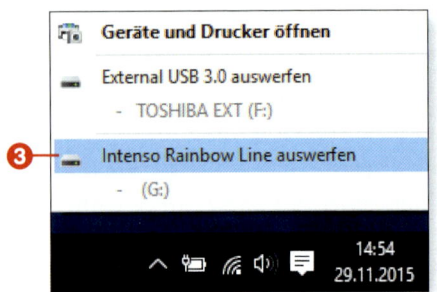

**3.** Wählen Sie per Mausklick oder Antippen den Datenträger aus, den Sie vom Computer entfernen möchten ❸.

Es dauert nun einen kurzen Moment, in dem das Betriebssystem Windows 10 prüft, ob noch ein Programm auf den Datenträger zugreift. Erst wenn der Hinweis **Hardware kann jetzt entfernt werden** erscheint, sollten Sie den Wechseldatenträger, in unserem Beispiel also die externe Festplatte bzw. den USB-Stick, vom Computer abziehen.

## Dateien und Ordner löschen und wiederherstellen

Es gibt Dateien und Ordner, die müssen nicht für die Ewigkeit auf dem Computer gespeichert werden. Im Gegenteil: Wenn Sie für mehr Platz auf der Festplatte sorgen möchten, sollten Sie regelmäßig nicht mehr benötigte Daten löschen. Im Explorer ist das Löschen schnell erledigt:

**1.** Öffnen Sie im Explorer den Ordner, in dem sich das zu löschende Element – also eine Datei oder auch ein Ordner – befindet. Markieren Sie das Element dann im Inhaltsbereich.

**2.** Rufen Sie im Menüband das Register **Start** ❶ auf.

**3.** Im Bereich **Organisieren** finden Sie die Schaltfläche **Löschen**. Wenn Sie direkt auf das Kreuz ✖ ❷ klicken oder tippen, wird die markierte Datei oder der Ordner am aktuellen Speicherort entfernt. Endgültig gelöscht wird das Element aber nicht, stattdessen landet es im Papierkorb, aus dem es sich auch wiederherstellen lässt (wie dies funktioniert, zeige ich Ihnen gleich).

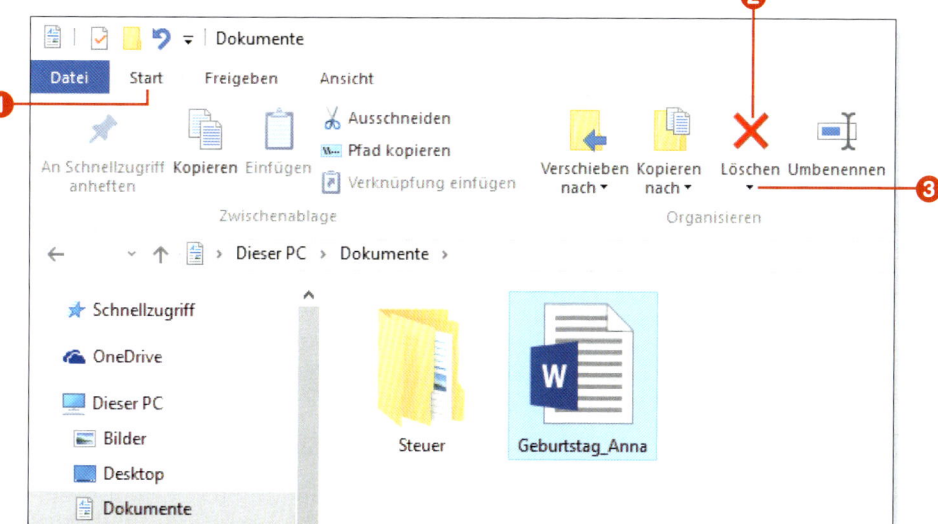

**4.** Wenn Sie sich ganz sicher sind, dass Sie die Datei oder den Ordner nicht mehr benötigen, klicken oder tippen Sie auf den kleinen Pfeil unterhalb oder rechts der Löschen-Schaltfläche ❸. Die Position des Pfeils hängt von der Größe des Programmfensters ab. In der aufklappenden Liste wählen Sie den Befehl **Endgültig löschen** ❹ aus.

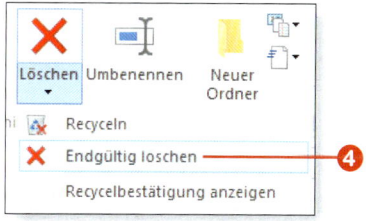

Wenn Sie sich für das endgültige Löschen entschieden haben, lässt sich die Datei bzw. der Ordner anschließend nicht mehr wiederherstellen. Beim sogenannten *Recyceln*, bei dem das gelöschte Element im Papierkorb landet, sieht das anders aus. Denn in diesem Fall können Sie es wieder an den ursprünglichen Speicherort zurückholen. Das ist vor allem praktisch, wenn Sie einmal versehentlich eine Datei oder einen Ordner gelöscht haben. Den Papierkorb erreichen Sie über das entsprechende Symbol auf der Desktop-Oberfläche.

**1.** Doppelklicken Sie auf das Papierkorb-Symbol auf dem Desktop. Es wird automatisch der Explorer gestartet. Im Inhaltsbereich sehen Sie alle gelöschten Dateien und Ordner.

**2.** Markieren Sie das Element, das Sie wiederherstellen möchten ❶.

**3.** Klicken oder tippen Sie im Register **Papierkorbtools|Verwalten**, das sich bereits im Vordergrund befindet, auf **Ausgewählte Elemente wiederherstellen** ❷. Wenn Sie dagegen den gesamten Inhalt des Papierkorbs zurückholen möchten, wählen Sie die Schaltfläche **Alle Elemente wiederherstellen** ❸.

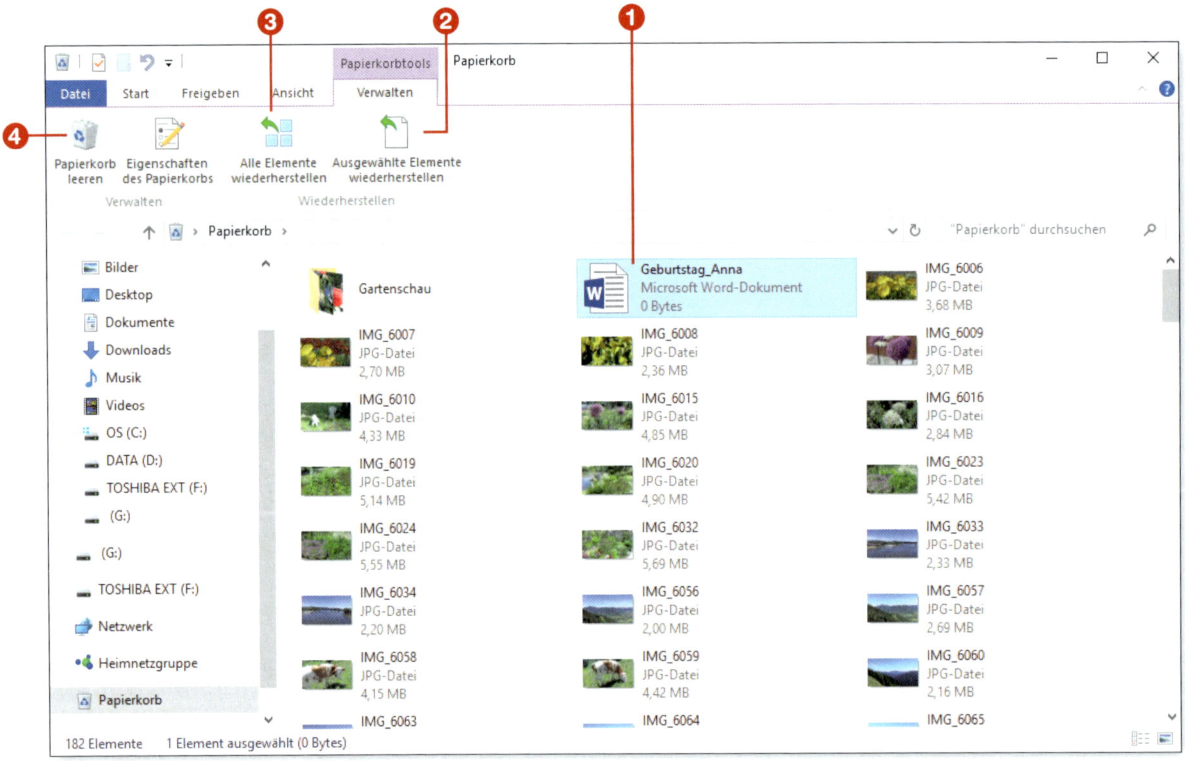

Die gelöschten Elemente werden aus dem Papierkorb entfernt und wieder an den Originalspeicherort geschoben. Wenn der Papierkorb nur noch Elemente enthält, die Sie nie mehr benötigen, sollten Sie den Papierkorb zwischendurch leeren. Dies sorgt für freien Speicherplatz auf der Festplatte.

**4.** Zum Leeren reicht ein Mausklick oder Tipp auf die Schaltfläche **Papierkorb leeren** ❹. Den aufklappenden Hinweis bestätigen Sie mit **Ja**.

### Den Papierkorb im Navigationsbereich einblenden

Der Zugriff auf den Papierkorb erfolgt über das entsprechende Symbol auf der Desktop-Oberfläche. Sie können aber auch einen Eintrag im Navigationsbereich des Explorers ergänzen. Rufen Sie hierzu im Explorer das Register **Ansicht** auf. In der Gruppe **Bereiche** klicken Sie auf die Schaltfläche **Navigationsbereich**. Versehen Sie in der aufklappenden Liste den Eintrag **Alle Ordner anzeigen** per Mausklick mit einem Häkchen (siehe auch die Abbildung auf Seite 69 unten). Im Navigationsbereich wird nun nicht nur der **Papierkorb** eingeblendet. Auch die **Systemsteuerung** sowie die **Bibliotheken** können Sie jetzt bequem über die linke Spalte erreichen. Bei den Bibliotheken handelt es sich um Verzeichnisse, in denen Dateien und Ordner zusammengefasst werden. Im Gegensatz zu den Standardordnern müssen sich diese Daten aber nicht am gleichen Speicherort befinden, sondern können z. B. über verschiedene Festplatten verstreut sein. Über die **Systemsteuerung** nahm man in früheren Windows-Versionen wichtige Einstellungen am Computer vor. Unter Windows 10 werden diese meistenteils in den **Einstellungen** vorgenommen. Diese lernen Sie unter anderem ab Seite 275 kennen, wenn es darum geht, Windows individuell anzupassen.

# Kapitel 4

# Im Internet surfen

Wichtige Informationen recherchieren, gemütlich von daheim aus einkaufen, mit Freunden kommunizieren oder die nächste Urlaubsreise buchen? All dies und noch viel mehr ist im Internet möglich. Doch was ist dieses Internet eigentlich? Ganz einfach gesagt, verbirgt sich dahinter nichts anderes als ein riesiges Netz von weltweit miteinander verbundenen Computern, die über Kabel, Funk oder auch Satellitenverbindung Daten miteinander austauschen. In diesem Kapitel lade ich Sie zu einer Schnuppertour durch das Internet ein. Bevor Sie selbst das erste Mal im Internet surfen werden, zeige ich Ihnen, was Sie alles benötigen, um eine Verbindung ins Internet herstellen zu können.

## Das brauchen Sie für die Verbindung ins Internet

Jeder Computer bringt heutzutage die nötigen Voraussetzungen mit, um mit ihm eine Verbindung ins Internet herzustellen. So finden Sie in Desktop-PCs und Notebooks z.B. meist eine *Netzwerkkarte* (auch *Ethernet-Karte* genannt). In Notebooks und Tablets ist wiederum ein *WLAN-Adapter* eingebaut, der für eine Funkverbindung nötig ist.

Für die Datenübertragung vom Computer in das Internet wird meistens die Telefonleitung genutzt. Eine hohe und damit schnelle Datenübertragungsrate ermöglicht ein *DSL-Anschluss*. DSL (Abkürzung für *Digital Subscribe Line*) wird in unterschiedlichen Geschwindigkeitsstufen angeboten. Die Datenübertragung wird dabei in Mbit/s angegeben. Je höher der Wert ist, also etwa 50 Mbit/s, desto schneller ist auch die Internetverbindung.

> **ℹ Internetverbindung via TV-Kabelnetz oder Mobilfunk**
>
> Statt der Telefonleitung können Sie die Internetverbindung auch über das TV-Kabelnetz herstellen. Voraussetzung hierfür ist allerdings, dass das Kabelnetz rückkanalfähig ist, sprich: nicht nur Daten zu Ihnen nach Hause gelangen, sondern umgekehrt auch versendet werden können. Die Multimedia-Dose, die hier zum Einsatz kommt, bietet neben den klassischen Anschlüssen für TV- und Radio-Empfangsgeräte eine Buchse mit der Bezeichnung »Data«. Diese stellt die Verbindung zum Internet her. Zusätzlich benötigen Sie ein spezielles *Modem* oder einen *Router*, der die Signale für das Internet entsprechend umwandelt. Einer der größten Anbieter von Internetverbindungen via Kabelnetz ist Kabel Deutschland.
>
> Wer mit seinem Tablet viel auf Reisen ist, für den bietet sich die Internetverbindung via Mobilfunk an. Die hierfür nötige SIM-Karte, die Sie sicherlich von Ihrem Handy oder Smartphone kennen, erhalten Sie z. B. bei Tchibo, Aldi und Lidl, aber auch bei Anbietern wie Vodafon, 1&1 und Congstar. Verfügt das Tablet nicht über den nötigen Steckplatz für die SIM-Karte, können Sie auch einen *Surfstick* nutzen. Nachdem Sie die SIM-Karte in den Surfstick gesteckt haben, wird dieser an die USB-Schnittstelle des Tablets angeschlossen.

Um die Telefonleitung für die Verbindung mit dem Internet nutzen zu können, benötigen Sie ein DSL-Modem. Bei älteren Telefonanschlüssen ist zusätzlich ein *Splitter* nötig, der zwischen die TAE-Dose und das DSL-Modem geschaltet wird. Der Splitter trennt die Datensignale (Internet), die über die Telefonleitung übertragen werden, von den Telefonsignalen (Sprache). Bei neueren Telefonleitungen ist ein Splitter überflüssig, denn hier übernimmt das Modem diese Funktion.

Wenn Sie daheim gleich mehrere Computer mit dem Internet verbinden möchten, bietet sich der Einsatz eines DSL-Routers an. In ihm ist nicht nur das DSL-Modem integriert, es bietet zugleich mehrere Netzwerkanschlüsse an, an die nicht nur PCs, sondern auch Drucker oder externe Festplatten angeschlossen werden können. Ein bekanntes Beispiel für einen DSL-Router ist die FRITZ!Box von AVM. Unterstützt ein Router auch die kabellose Verbindung über Funk, wird er auch WLAN-Router genannt.

< *An einen Router wie die FRITZ!Box von AVM lassen sich mehrere Computer anschließen. (Quelle: AVM)*

Die gerade aufgeführte Hardware, sprich den Router, erhalten Sie normalerweise vom *Internetdienstanbieter*. Der Internetdienstanbieter (auf Englisch: *Internet Service Provider*, kurz ISP oder auch nur *Provider*) stellt auch die Internetverbindung via Telefonnetz bereit. Zu den größten Anbietern in Deutschland zählen die Telekom, Vodafon sowie 1&1. Es gibt aber auch eine Vielzahl von Providern, die ihre Leistungen regional anbieten. Bei der Auswahl des Anbieters sollten Sie nicht nur auf die Verfügbarkeit in Ihrer Region achten, sondern auch auf den Preis und den Leistungsumfang. Je höher die *Bandbreite*, sprich die maximal mögliche Geschwindigkeit beim Datenaustausch, ist, desto teurer wird auch der Vertrag. Lesen Sie hierzu auch den folgenden Kasten »Der Unterschied zwischen Download und Upload«.

> ### ℹ Der Unterschied zwischen Download und Upload
>
> Provider werben gerne mit hohen Bandbreiten, wie etwa 50 Mbit/s oder mehr. Dabei handelt es sich um die maximal mögliche Geschwindigkeit, die aber keineswegs immer erreicht wird. Hinzu kommt, dass diese Angaben nur für den *Download* gelten, also das Herunterladen von Dateien aus dem Internet auf Ihren Computer. Wollen Sie umgekehrt Daten von Ihrem PC in das Internet hochladen, dauert dieser sogenannte *Upload* meist viel länger. Ein Beispiel für solch einen Upload lernen Sie im Abschnitt »Fotos in der Cloud OneDrive veröffentlichen« ab Seite 180 kennen.

## Die Internetverbindung via Kabel oder drahtlos einrichten

Haben Sie bei einem Internetdienstanbieter eincn Vertrag abgeschlossen, bekommen Sie bereits nach kurzer Zeit die notwendige Hardware wie etwa den Router zugeschickt. Dem Paket liegen normalerweise eine Dokumentation sowie eine Installations-DVD bei, die beim Anschluss der Geräte und dem Einrichten des Routers hilft. Die Schritte sind meist nicht schwer. Wenn Sie es sich nicht zutrauen, können Sie bei den meisten Providern gegen einen kleinen Aufpreis einen Techniker anfordern.

↑ *Wie das Netzwerk-Symbol* ❶ *zeigt: Die Verbindung zum Internet steht.*

Die Verbindung zwischen Computer und Router wird entweder per Netzwerkkabel oder per Funk hergestellt. Für die Verbindung per Kabel reicht es aus, das Netzwerkkabel an die beiden entsprechenden Buchsen am Computer und am Router anzuschließen. Warten Sie nun einen kurzen Moment ab, und schon steht die Internetverbindung. Wenn Sie einen Blick in den Infobereich der Taskleiste werfen, können Sie dies schnell prüfen. Das weiße × auf roter Fläche 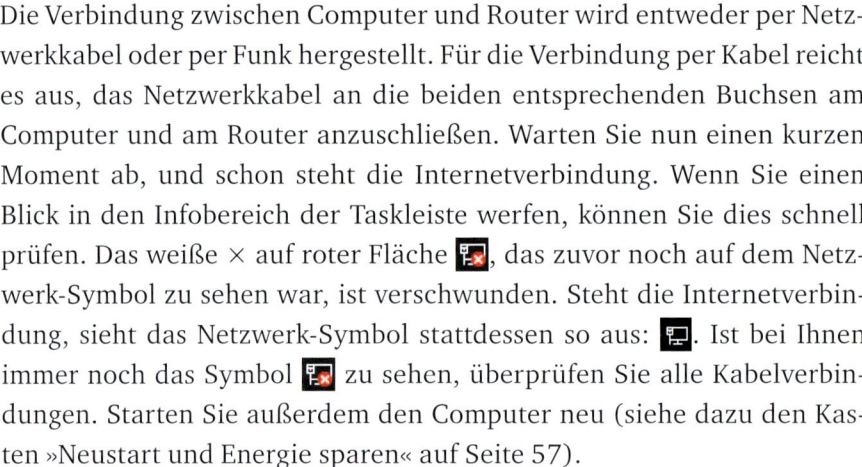, das zuvor noch auf dem Netzwerk-Symbol zu sehen war, ist verschwunden. Steht die Internetverbindung, sieht das Netzwerk-Symbol stattdessen so aus: . Ist bei Ihnen immer noch das Symbol  zu sehen, überprüfen Sie alle Kabelverbindungen. Starten Sie außerdem den Computer neu (siehe dazu den Kasten »Neustart und Energie sparen« auf Seite 57).

Die Verbindung von Computer und Router via Kabel ist dann sinnvoll, wenn sich beide Geräte im gleichen Raum befinden. Ist dies nicht der Fall oder möchten Sie Ihr Notebook oder Tablet auch einmal auf dem Balkon oder im Garten nutzen, bietet sich die Verbindung über ein drahtloses Netzwerk an. Man spricht in diesem Fall auch von einem *WLAN*. WLAN ist die Abkürzung für *Wireless Local Area Network*, also kabelloses lokales Netzwerk. Wie im vorherigen Abschnitt bereits erwähnt, sollte Ihr Computer hierfür mit einem WLAN-Adapter ausgestattet sein. Bei dem Router muss es sich außerdem um einen WLAN-Router handeln.

Der WLAN-Adapter des Computers erkennt automatisch alle verfügbaren Netzwerke in der näheren Umgebung. Dabei kann es sich um Ihr eigenes handeln, aber auch um eines in der Nachbarschaft. Sind Sie unterwegs auf Reisen, möchten Sie eventuell das vom Hotel zur Verfügung gestellte WLAN nutzen. Auch an öffentlichen Orten wie Flughäfen finden sich sogenannte *Hotspots*, die Zugang zu einem öffentlichen Funknetz bieten. Im Gegensatz zur kabelgebundenen Verbindung sind bei der Einrichtung eines WLANs ein paar Schritte nötig, die ich Ihnen nun zeigen werde:

**1.** Klicken oder tippen Sie im Infobereich der Taskleiste auf das kleine Netzwerk-Symbol  ➋. Sollte das Symbol bei Ihnen nicht zu sehen sein, klicken oder tippen Sie zuvor auf das kleine Dreieck-Symbol am linken Rand des Infobereichs ➌. In der aufklappenden Liste wird nun auch das Netzwerk-Symbol für die drahtlose Verbindung eingeblendet.

**2.** Nach einem Klick auf das Netzwerk-Symbol klappt ein Menü auf. Stellen Sie sicher, dass hier die Schaltfläche **WLAN** aktiviert ist ➍. Sie ist in diesem Fall farbig hervorgehoben. Ihr Computer listet Ihnen nun alle Drahtlosnetzwerke der Umgebung auf ➎. Die Anzahl der weiß markierten Wellen innerhalb des Netzwerk-Symbols zeigt die Stärke des jeweiligen Funksignals an.

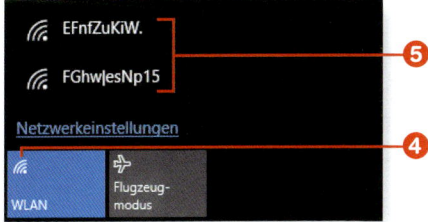

**3.** Wird unterhalb des Netzwerks, das Sie verwenden möchten, **Verbunden** angezeigt, besteht die Verbindung zum Internet bereits, und Sie können auf die weiteren Schritte verzichten. Steht die Verbindung noch nicht, klicken oder tippen Sie auf den Namen des gewünschten Netzwerks ➏. Den Namen für Ihr WLAN-Netzwerk vergeben Sie (oder ein freundlicher Fachmann) während der Einrichtung des WLAN-Routers.

**4.** Damit Sie die Verbindung nicht bei jedem Neustart des Computers erneut herstellen müssen, versehen Sie das Kontrollkästchen **Automatisch verbinden** per Mausklick oder Antippen mit einem Häkchen ➐. Klicken oder tippen Sie dann auf **Verbinden**.

Die Reichweite eines Funknetzwerks ist meist größer als die eigene Wohnung. Damit keine fremden Personen auf Ihr Netzwerk und damit auf Ihren PC Zugriff haben, sollte das WLAN mit einem Kennwort geschützt sein. Ist dies bei Ihnen der Fall, wird als Nächstes das Kennwort, der sogenannte *Netzwerksicherheitsschlüssel*, abgefragt.

**5.** Klicken oder tippen Sie in das Feld **Netzwerksicherheitsschlüssel ein-geben** ❽, und geben Sie das Kennwort des WLANs ein. Bestätigen Sie die Eingabe mit einem Klick oder Tipp auf **Weiter**.

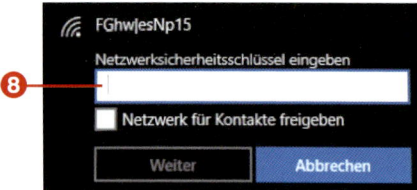

**6.** Eventuell werden Sie nun noch gefragt, ob Sie einen Datenaustausch zwischen den Geräten innerhalb des Netzwerks gestatten. Befinden Sie sich daheim, können Sie auf **Ja** klicken oder tippen. In einem öffentlichen Netzwerk, also etwa am Flughafen oder in einem Hotel, sollten Sie dagegen **Nein** wählen. Damit verhindern Sie, dass andere Geräte auf die Daten Ihres eigenen Computers zugreifen.

Es wird nun die Verbindung zum Drahtlosnetzwerk hergestellt. In der Übersicht über alle Funknetzwerke erscheint hinter dem Namen Ihres Netzwerks der Hinweis **Verbunden**. Wenn Sie das WLAN eines Hotels oder an einem Hotspot nutzen, müssen Sie eventuell weitere Zugangs-daten angeben, sobald Sie das Programm zum Betrachten von Webseiten öffnen. Ein solches Programm, nämlich *Microsoft Edge*, werde ich Ihnen als Nächstes vorstellen.

## Mit dem Browser Microsoft Edge im Internet unterwegs

Die Internetverbindung ist eingerichtet? Dann steht dem ersten Besuch des World Wide Webs, kurz WWW, nichts mehr im Wege. Dieses weltweite Netz besteht mittlerweile aus unzähligen, weltweit miteinander ver-knüpften Dokumenten, den sogenannten *Webseiten*. Als Alternative zum Begriff Webseite ist auch die Bezeichnung *Internetseite* gebräuchlich. Um solche Webseiten ansehen zu können, benötigen Sie ein spezielles Pro-gramm, den sogenannten *Browser*. Der Name leitet sich vom Englischen »to browse« ab, zu Deutsch: blättern. Das Blättern von Webseite zu Web-seite nennt man übrigens auch Surfen. Wenn jemand also »im Internet surft«, macht er nichts anderes, als sich Webseiten anzusehen.

Zu den bekanntesten Browsern zählen der *Internet Explorer* sowie *Mozilla Firefox*. Der Internet Explorer ist seit vielen Jahren Bestandteil eines Windows-Computers. Mit Windows 10 brachte Microsoft zusätzlich einen neuen Browser an den Start: *Microsoft Edge*. Und genau dieses Programm werde ich Ihnen nun genauer vorstellen. Bei unserer kleinen Tour durch das Programmfenster von Microsoft Edge werden Sie zugleich das erste Mal selbst im Internet surfen und ein paar interessante Internetauftritte von Unternehmen kennenlernen.

> **i** **Der Unterschied zwischen Webseite und Website**
>
> Viele Firmen verfügen heutzutage über einen eigenen Internetauftritt, auch als Internetpräsenz bezeichnet. Dieser besteht meist aus einer Vielzahl von Webseiten. Alle Seiten zusammengenommen, sprich der gesamte Internetauftritt des Unternehmens, werden auch Website genannt.

Zum Aufruf des Browsers finden Sie in der Taskleiste bereits ein eigenes Symbol **e** . Ein Klick hierauf und Microsoft Edge wird gestartet. Wenn Sie mit einem Tablet arbeiten, rufen Sie das Programm per Tipp auf die Kachel **Microsoft Edge** im Startmenü auf. In diesem Fall nimmt das Programmfenster des Browsers den gesamten Bildschirm ein. Bei einem Desktop-PC oder Notebook können Sie die Fenstergröße individuell einstellen. Klicken Sie z. B. oben rechts auf das Symbol ☐ (❶ auf Seite 90), wird das Fenster ebenfalls im Vollbildmodus angezeigt. Mit einem Klick auf das Symbol ☐ verkleinern Sie es wieder.

^ *Für Microsoft Edge gibt es ein Symbol in der Taskleiste ...*

^ *... und eine Kachel im Startmenü.*

Nach dem ersten Start des Browsers heißt Sie Microsoft Edge zunächst willkommen. Diese Seite können Sie mit einem Klick oder Tippen auf das Symbol ☒ rechts vom Titel **Willkommen bei ...** schließen ❷. Sie sehen nun die sogenannte *Startseite* des Browsers. Ihr Name rührt daher, dass diese Seite immer nach dem Start des Browsers angezeigt wird. Wenn Sie noch nichts anderes eingestellt haben, handelt es sich bei der Startseite von Microsoft Edge um das Informationsportal MSN von Microsoft. Das Portal bietet aktuelle Nachrichten rund um die Themen Politik, Wirtschaft, Sport, Unterhaltung und vieles mehr. Wie Sie selbst Ihre Lieblingswebseite als Startseite einrichten, erfahren Sie im Kasten »Eigene Startseite für Microsoft Edge einrichten« auf Seite 105.

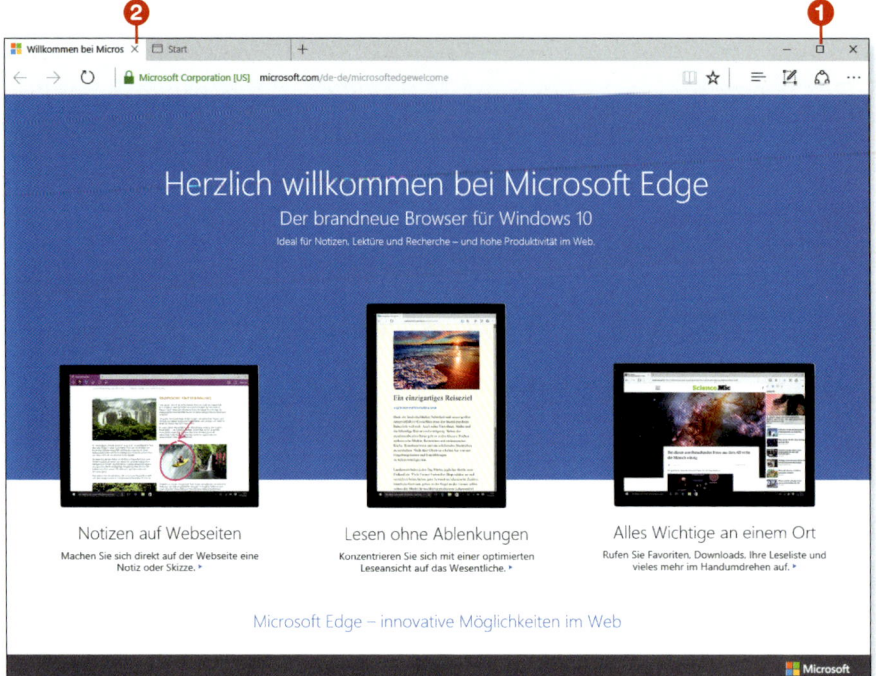

> *Die Willkommens-*
> *seite von Microsoft*
> *Edge können Sie*
> *schließen.*

### ℹ Aufbau einer Internetadresse

Das Internet ist ein Netz von weltweit miteinander verbundenen Computern. Jeder dieser Computer lässt sich anhand einer sogenannten *IP-Adresse* (Internetprotokoll-Adresse) eindeutig identifizieren. Diese Adresse besteht aktuell aus vier Zahlen zwischen 0 und 255, die durch einen Punkt voneinander getrennt werden, also etwa 192.97.173.8. Solch eine Adresse kann sich allerdings kaum einer merken. Deshalb führte man die Namensadressen ein. Die Internetadresse des Vierfarben Verlags lautet z. B. *http://www.vierfarben.de*. Der erste Teil der Adresse, *http* (Abkürzung für *Hypertext Transfer Protocol*), gibt an, wie die Daten ausgetauscht werden sollen. Werden die Daten verschlüsselt übertragen, finden Sie statt http auch häufig die Abkürzung *https* (*Hypertext Transfer Protocol Secure*), die eine sichere Verbindung kennzeichnet. Das *www* in der Internetadresse steht für den Dienst, hier das *World Wide Web*. Bei *vierfarben* handelt es sich um den sogenannten *Domain-Namen*, also den Namen des Computers, auf dem sich die Daten befinden. Die Abkürzung *de* gibt die *Top-Level-Domain* an, sprich das Land, in dem sich der Computer befindet. Die Abkürzung *de* steht also für Deutschland, *at* für Österreich und *ch* für die Schweiz. Statt von einer Internetadresse spricht man auch gerne von einer *URL*.

Am Beispiel des Internetauftritts der Nachrichtensendung Tagesschau zeige ich Ihnen nun, wie Sie selbst eine Webseite aufrufen. Lesen Sie hierzu, sofern noch nicht geschehen, bitte auch den Kasten »Aufbau einer Internetadresse« auf Seite 90.

**1.** Handelt es sich bei der Startseite Ihres Browsers um das Informationsportal MSN, finden Sie am oberen Rand der Seite das Feld **Webadresse suchen oder eingeben** ❶. Klicken oder tippen Sie in das Feld, und fahren Sie bei Schritt 3 fort.

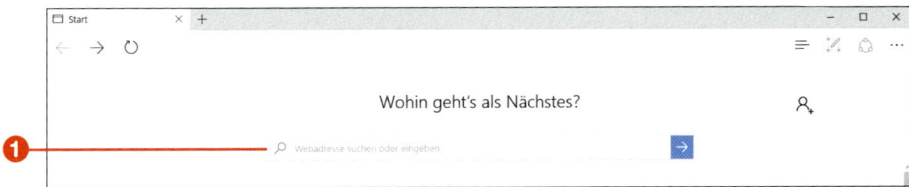

**2.** Wurde in Ihrem Browser bereits eine andere Startseite eingerichtet, wird die Internetadresse dieser Webseite am oberen Seitenrand eingeblendet. In diesem Fall klicken oder tippen Sie auf diese Adresse. Die aktuell angezeigte Adresse (in der folgenden Abbildung *https://www.google.de*) wird nun blau hinterlegt, das heißt, sie kann überschrieben werden ❷. Wenn Sie mit einem Touchscreen arbeiten, klappt zu diesem Zweck die Bildschirmtastatur auf.

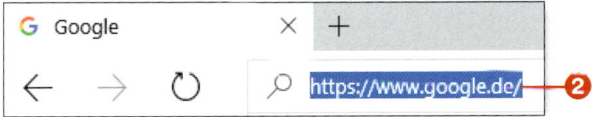

**3.** Geben Sie in das gerade ausgewählte Feld die gewünschte Internetadresse ein, in unserem Beispiel also »www.tagesschau.de«. Lesen Sie hierzu bitte auch den Kasten »Ein Feld, zwei Funktionen: das Adressfeld von Microsoft Edge« auf Seite 92. Die Angabe des Protokolls (also http://) können Sie übrigens weglassen, diese wird vom Browser automatisch ergänzt.

**4.** Bereits während der Eingabe blendet Ihnen der Browser eine Liste mit Adressvorschlägen ein, die mit der gleichen Buchstabenfolge beginnen. Wenn Sie in dieser Liste die gewünschte Internetadresse finden, müssen Sie mit der Eingabe nicht fortfahren. Klicken oder tippen Sie die Adresse einfach an.

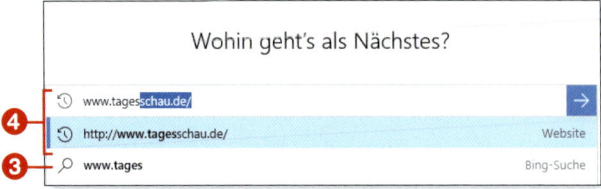

**5.** Wird die gewünschte Adresse nicht aufgeführt, setzen Sie die Eingabe selbst fort. Durch Drücken der Taste ↵ oder durch Tippen auf **Gehe zu** in der Bildschirmtastatur schließen Sie die Eingabe ab.

> ➕ **Ein Feld, zwei Funktionen: das Adressfeld von Microsoft Edge**
>
> Das Adressfeld des Browsers Microsoft Edge dient zum einen der Eingabe und damit dem Aufruf einer Internetadresse. Sie können es aber auch für Ihre Recherchen im Internet nutzen, denn es ist zugleich auch ein Suchfeld. Sind Sie z. B. auf der Suche nach Informationen zur Grippeimpfung, geben Sie einfach den Suchbegriff »Grippeimpfung« in das Feld ein. Auch hier erhalten Sie während der Eingabe bereits einige Vorschläge für mögliche Suchbegriffe. Suchvorschläge kennzeichnet der Browser mit dem Symbol 🔍 ❸, Internetadressen wird hingegen das Symbol 🕓 ❹ vorangestellt. Sobald Sie den Suchbegriff ausgewählt oder auch vollständig eingegeben und dann die Taste ↵ gedrückt haben, durchforstet die Suchmaschine Bing von Microsoft das Internet nach Webseiten, die Ihren Suchbegriff enthalten. Ausführliche Informationen rund um die Recherche im Internet erhalten Sie im Abschnitt »Mit Google und Bing das Internet durchsuchen« ab Seite 98.

Die gewünschte Webseite wird geladen. Die erste Seite einer Internetpräsenz, hier also die des Nachrichtenmagazins Tagesschau, wird ebenfalls als *Startseite* oder auch als *Homepage* bezeichnet. Im Adressfeld von Microsoft Edge wird übrigens nicht die gesamte Internetadresse angezeigt, sondern lediglich **tagesschau.de** ❺.

Wie die TV-Ausgabe der Nachrichtensendung Tagesschau informieren auch die Internetseiten der Tagesschau über das aktuelle Tagesgeschehen. Meist reicht die Größe des Programmfensters nicht aus, um den gesamten Inhalt einer Webseite anzuzeigen. Bewegen Sie den Mauszeiger etwas über den Bildschirm, wird am rechten Rand des Programmfensters eine Bildlaufleiste ❻ eingeblendet. Positionieren Sie den Mauszeiger auf diesem Balken, können Sie ihn mit gedrückter linker Maustaste nach unten oder auch wieder nach oben schieben und so auf der Webseite blättern. Verwenden Sie eine Maus mit Scrollrad, reicht es sogar, das Rädchen zu drehen. Wenn Sie mit einem Touchscreen arbeiten, wischen Sie zum Blättern mit dem Finger direkt auf der Seite von unten nach oben oder umgekehrt.

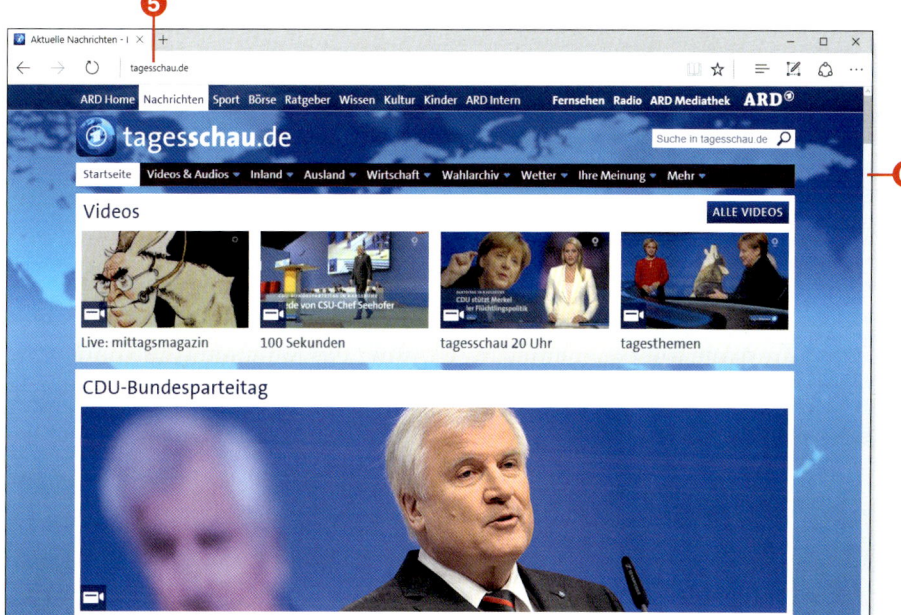

< *Die Startseite der Tagesschau*

Auf der Startseite der Tagesschau werden die wichtigsten Themen lediglich angerissen. Neben einem Bild und einem kurzen Text finden Sie hier häufig das fett hervorgehobene Wort **mehr**. Erst mit einem Klick oder Tipp auf dieses Wort gelangen Sie zur Webseite mit dem ausführlichen Beitrag. Solch eine Verknüpfung zu einer anderen Webseite wird auch *Hyperlink* oder nur kurz *Link* genannt. Bewegen Sie den Mauszeiger einmal probeweise über die verschiedenen Elemente der Webseite, und beobachten Sie dabei sein Aussehen. Normalerweise weist der Mauszeiger die Form eines Pfeils auf. Nimmt er die Form einer Hand ❶ (❶ auf Seite 94) an, verbirgt sich hinter dem Text oder auch dem Bild, über dem sich der Mauszeiger gerade befindet, eine Verknüpfung zu einer anderen Webseite oder manchmal auch zu einem Textabschnitt auf der gleichen Seite.

> *Nimmt der Maus-zeiger die Form einer Hand an, befindet er sich über einem Link.*

Sobald Sie auf einen Link klicken oder tippen, wird die damit verknüpfte Webseite angezeigt. Im Adressfeld des Browsers erscheint entsprechend die Internetadresse dieser Webseite ❷. Wenn Sie wieder zu der zuvor be-suchten Webseite zurückkehren möchten, klicken oder tippen Sie links vom Adressfeld auf das Symbol ← ❸. Über das Symbol → ❹ können Sie dann wieder vorwärts blättern. Wenn Sie auf das Symbol ↻ ❺ klicken oder tippen, wird die Webseite übrigens neu geladen. Dies ist gerade bei Webseiten interessant, die über die neuesten Ereignisse in der Welt be-richten. Sollte eine Webseite besonders lange brauchen, bis Sie vollstän-dig geladen ist, können Sie den Ladevorgang über das gleiche Symbol auch abbrechen. In diesem Fall wird die zuvor angezeigte Webseite wie-der eingeblendet.

Jede Webseite hat einen eigenen Titel. Dieser wird in der linken obe-ren Ecke des Programmfensters in einem *Registerreiter* eingeblendet ❻. Wenn Sie auf einen Link klicken oder tippen, wird die damit verbundene Webseite normalerweise auf der gleichen Registerkarte angezeigt wie die vorherige Seite. Manchmal wird eine Webseite aber auch auf einer neuen Registerkarte geöffnet.

> *Den Titel der Web-seite entnehmen Sie dem Registerreiter.*

Natürlich können Sie auch selbst eine Webseite auf einer neuen Registerkarte öffnen. Das ist z. B. interessant, wenn Sie die Preise in verschiedenen Online-Shops vergleichen möchten. Statt immer wieder vor- und zurückzublättern, um einen Blick auf die Angebote zu werfen, wechseln Sie einfach von einer Registerkarte zur anderen. Ich nutze an dieser Stelle die Gelegenheit und stelle Ihnen stellvertretend für unzählige andere zwei interessante Webseiten vor. Am Beispiel des Online-Shops *Amazon* sowie des Reisevergleichsportals *Holidaycheck* lernen Sie, wie Sie mehrere Registerkarten öffnen und zwischen diesen navigieren. Informationen zu diesen beiden Internetpräsenzen erhalten Sie außerdem in den Kästen »Online einkaufen bei Amazon« sowie »Hotels vergleichen mit Holidaycheck« auf Seite 97.

**1.** Um eine neue Registerkarte zu öffnen, klicken oder tippen Sie auf das kleine Plus-Symbol ❶ rechts neben dem letzten geöffneten Register.

**2.** Auf der neuen Registerkarte ❷ erhalten Sie einige Webseiten-Vorschläge ❸. Wenn die gewünschte Internetseite bereits dabei ist, können Sie sie direkt per Mausklick oder durch Antippen aufrufen.

**3.** Wird die gewünschte Internetadresse nicht aufgeführt, tragen Sie sie einfach selbst in das Adressfeld ein. Um z. B. zum bekannten Online-Shop Amazon zu gelangen, geben Sie »www.amazon.de« bzw. »amazon.de« ein, was ebenfalls zum Aufruf der Seite reicht. Sollte das Adressfeld bei Ihnen nicht eingeblendet werden, klicken Sie auf die weiße Fläche ❹ rechts vom Aktualisieren-Symbol ⟳. Durch Drücken der Taste ⏎ oder per Tipp auf **Gehe zu** in der Bildschirmtastatur schließen Sie die Eingabe ab. Die Startseite des Online-Shops wird nun geladen.

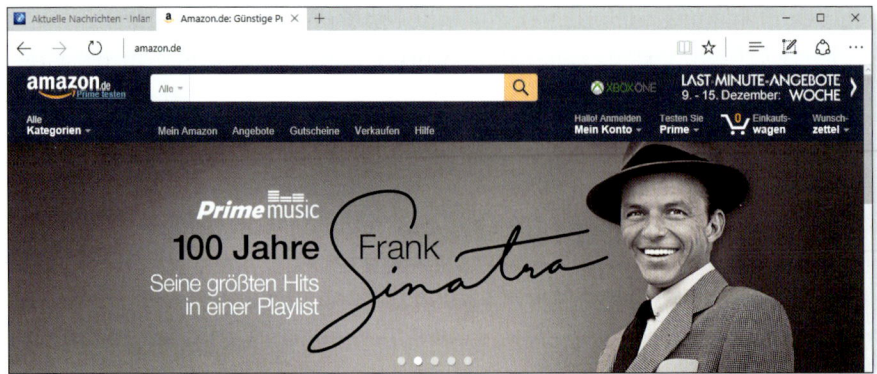

**4.** Öffnen Sie eine weitere Registerkarte wie in Schritt 1 gezeigt. Als Internetadresse geben Sie hier »www.holidaycheck.de« ein. Sobald Sie die Eingabe abgeschlossen haben, wird das Reisevergleichsportal Holidaycheck geöffnet.

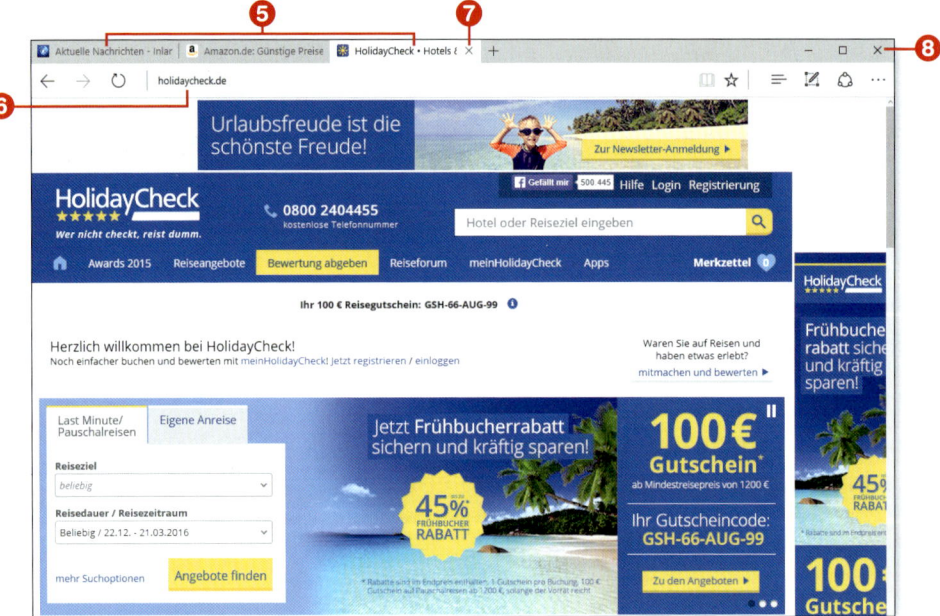

Es sind nun drei Webseiten gleichzeitig geöffnet. Die Registerreiter enthalten jeweils den Titel der Webseite ❺. Bewegen Sie den Mauszeiger über die Registerreiter, wird jeweils eine kleine Vorschau der dazugehörigen Webseite eingeblendet. Um zwischen den Seiten zu wechseln, reicht ein Klick auf den jeweiligen Registerreiter. Im Adressfeld sehen Sie die Internetadresse der Webseite, die sich im Vordergrund befindet ❻. Um eine Registerkarte zu schließen, reicht ein Klick oder Tipp auf das Kreuz ☒ am rechten Rand des Registerreiters ❼. Es wird erst dann eingeblendet, wenn sich das Register im Vordergrund befindet oder Sie mit dem Mauszeiger auf dem Registerreiter verweilen. Wenn nur noch eine Webseite geöffnet ist, wird durch den Klick oder Tipp auf das ☒ im Registerreiter das gesamte Programmfenster von Microsoft Edge geschlossen. Dies erreichen Sie aber auch, wenn Sie oben rechts auf das Symbol ☒ ❽ klicken oder tippen. Es wäre allerdings schade, wenn Sie dies jetzt schon täten, denn im nächsten Abschnitt lernen Sie die berühmte Suchmaschine Google und ihren Kollegen Bing kennen.

### ➕ Online einkaufen bei Amazon

Amazon zählt zu den berühmtesten Online-Shops weltweit. Hier finden Sie nicht nur Bücher oder DVDs, sondern auch Elektroartikel, Kleidung und vieles mehr. Ihre Suchanfrage starten Sie über das Suchfeld am oberen Seitenrand. Bei der Auswahl eines Produkts sollten Sie einen genauen Blick auf die Kundenrezensionen werfen. Neben neuen Produkten wird häufig auch gebrauchte Ware angeboten. Dies ist vor allem bei Büchern oder auch DVDs sehr interessant, denn hier lässt sich so manches Schnäppchen finden. Achten Sie bei Gebrauchtartikeln auf die Zustandsbeschreibung sowie die Bewertung eines Verkäufers. Erhielt dieser viele negative Beurteilungen, sollten Sie auf den Kauf seiner Ware lieber verzichten.

### ➕ Hotels vergleichen mit Holidaycheck

Das Internet bietet eine Vielzahl von Möglichkeiten, um Reisen zu buchen. Bevor Sie dies tun, sollten Sie sich allerdings genau über das Hotel informieren. Auch ein Preisvergleich ist sinnvoll, denn häufig wird eine Reise bei einem anderen Veranstalter weitaus günstiger angeboten. Das Reisevergleichsportal Holidaycheck bietet beide Funktionen in einem: Die Hotelbewertungen, die andere Reisende abgegeben haben, sagen viel über ein Hotel aus. Je mehr Sonnen 🌞 vergeben wurden, desto besser kam die Unterkunft bei den Urlaubern an. Bei den Preisangaben der Reiseveranstalter sollten Sie unbedingt auf den Reisetermin achten. Manchmal reicht das Verschieben eines Abflugtermins bereits aus, und der Preis senkt sich um einige Euro.

# Mit Google und Bing das Internet durchsuchen

Wie gut hat die Kaffeemaschine, mit der Sie liebäugeln, bei Tests abgeschnitten? Welche alten Hausmittel helfen bei einer Erkältung? Und welche Wettervorhersagen gelten für das Wochenende? Im Internet finden Sie unter Garantie die passenden Antworten auf all diese Fragen. Bei der Suche helfen Ihnen sogenannte *Suchmaschinen*.

Die wahrscheinlich bekannteste Suchmaschine ist *Google*. Für den Begriff »Googeln« gibt es mittlerweile sogar einen Eintrag im Duden. Die Erklärung des Begriffs ist ganz einfach: »mit Google im Internet suchen, recherchieren«. Wie dies funktioniert, zeige ich Ihnen im Verlauf des Abschnitts. Beginnen werde ich aber mit der Suchmaschine *Bing* von Microsoft. Um sie zu nutzen, müssen Sie noch nicht einmal den Browser Edge geöffnet haben. Sie können Ihre Suchanfrage auch gleich in das Suchfeld in der Taskleiste eingeben.

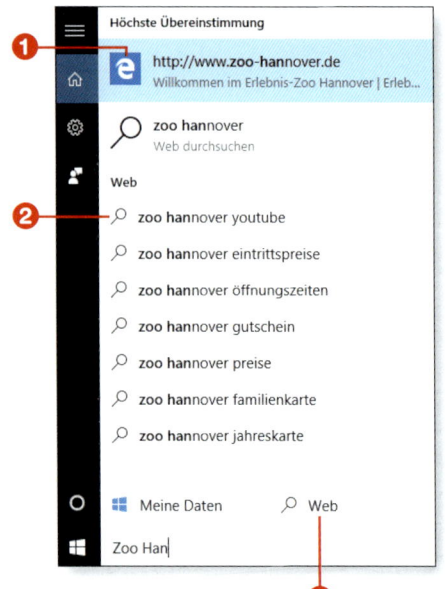

**1.** Klicken Sie in das Suchfeld in der Taskleiste. Bei einem Tablet müssen Sie zuvor auf das Symbol ◉ tippen, damit das Suchfeld aufklappt.

**2.** Blinkt die Einfügemarke in Form eines senkrechten Strichs im Suchfeld, geben Sie den gewünschten Suchbegriff ein. Probieren Sie einmal die Eingabe »Zoo Hannover« aus.

**3.** Bereits während der Eingabe erhalten Sie einige Vorschläge. Bei unserem Beispiel wird gleich zu Beginn der Liste die Internetadresse aufgeführt, erkennbar am vorangestellten Logo von Microsoft Edge ❶.

**4.** Nicht immer findet sich wie in unserem Beispiel zum angegebenen Suchbegriff auch gleich eine passende Internetadresse. In einem solchen Fall führt die Suche über die Suchvorschläge, die Bing in der Liste anzeigt. Den Suchvorschlägen ist jeweils das Lupen-Symbol ❷ vorangestellt. Entspricht eine der Angaben Ihren Suchwünschen, klicken oder tippen Sie den Eintrag an. Ist das Gewünschte nicht dabei, müssen Sie wieder selbst den vollständigen Text eingeben und dann auf die Schaltfläche **Web** ❸ klicken oder tippen.

Sowohl nach Schritt 3 als auch nach Schritt 4 wird automatisch der Browser Microsoft Edge gestartet. Sollte das Programmfenster bei Ihnen noch geöffnet gewesen sein, blinkt in der Taskleiste das Symbol von Microsoft Edge 🔵 auf. Mit einem Klick auf das Symbol blenden Sie das Programmfenster ein. Falls Sie eine Internetadresse – in unserem Beispiel also *http://www.zoo-hannover.de* – angeklickt oder angetippt haben, wird diese Webseite auch im Browser angezeigt. Haben Sie dagegen einen Suchbegriff ausgewählt, öffnet sich die Webseite des Suchdienstes Bing, wie in der Abbildung unten zu sehen. Auf dieser Webseite werden alle Ergebnisse Ihrer Suchanfrage aufgeführt. Den oder auch die Suchbegriffe finden Sie nochmals zu Beginn der Seite im Suchfeld ➍. Eine solche Übersicht über Ihre Suchergebnisse bekommen Sie auch zu sehen, wenn Sie eine Suchanfrage direkt über das Adressfeld des Browsers gestartet haben, wie im Kasten »Ein Feld, zwei Funktionen: das Adressfeld von Microsoft Edge« auf Seite 92 gezeigt.

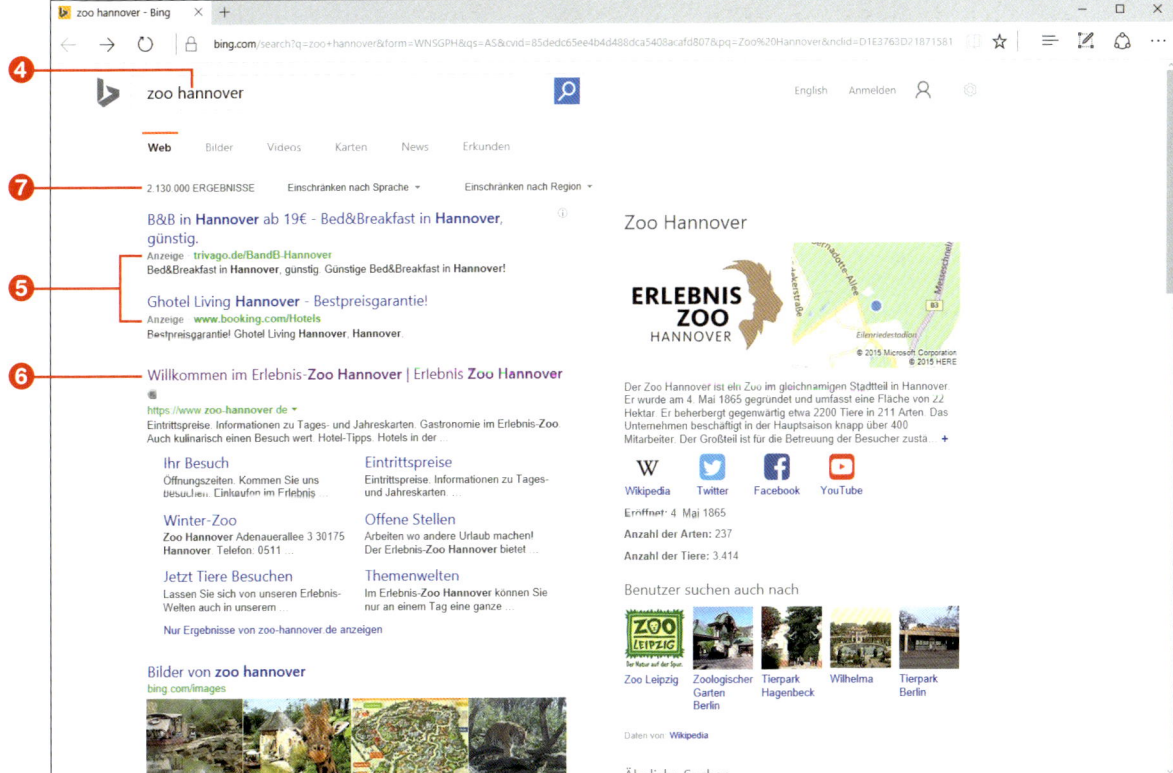

Die Liste mit den Suchergebnissen beginnt meist mit einer oder auch mehreren Werbeanzeigen. Sie sind jeweils mit der Überschrift **Anzeige** ❺ gekennzeichnet. Erst unterhalb der Werbeanzeigen finden Sie die eigentlichen Treffer Ihrer Internetsuche. Zusätzlich zur Internetadresse wird bei jedem Ergebnis meist ein kurzer Text angezeigt. Interessiert Sie eines der Suchergebnisse, klicken oder tippen Sie auf den blauen Titel, bei dem es sich um einen Link (siehe die Abbildung auf Seite 99) handelt. Die damit verknüpfte Webseite wird nun geladen. Wenn Sie auf der Webseite doch nicht die erhofften Informationen finden, kehren Sie über das Symbol $\leftarrow$ in der linken oberen Ecke des Programmfensters wieder zur Übersicht zurück. Der Titel der bereits besuchten Webseite wird nun lila angezeigt ❻.

Eine Suchanfrage ergibt meist bei Weitem mehr Treffer, als auf einer Webseite angezeigt werden können. Die Anzahl wird ganz zu Beginn der Liste mit den Suchergebnissen eingeblendet ❼. Blättern Sie mithilfe der Bildlaufleiste oder einer entsprechenden Wischgeste auf dem Touchdisplay nach unten, finden Sie am unteren Seitenrand einige Ziffern als Seitenangaben sowie einen nach rechts weisenden Pfeil ❽. Nach einem Klick oder Tipp hierauf blendet Bing die nächsten Suchergebnisse ein. Über den nach links weisenden Pfeil ❾, der am unteren Seitenrand nun links von den Ziffern angezeigt wird, gelangen Sie wieder zu den vorherigen Suchergebnissen zurück.

∧ *Mit einem Klick auf die Pfeile gelangen Sie zu den nächsten bzw. vorherigen Suchergebnissen.*

Bing ist die Suchmaschine von Microsoft. Es wundert daher nicht, dass Sie ihr an so vielen Stellen (also z. B. dem Suchfeld in der Taskleiste oder auch dem Adressfeld des Browsers) begegnen. Bing ist allerdings nicht die bekannteste Suchmaschine. Diese Ehre kommt Google zu, und aus diesem Grund darf natürlich auch sie nicht unerwähnt bleiben. Welche Suchmaschine Sie verwenden, ist sicherlich Geschmackssache. Werden Sie bei dem einen Suchdienst nicht fündig, führen Sie Ihre Suchanfrage einfach mit einer anderen Suchmaschine erneut durch.

Zum Aufruf der Suchmaschine Google geben Sie in das Adressfeld des Browsers die Internetadresse »www.google.de« ein. Nach Drücken der Taste ⏎ bzw. Antippen von **Gehe zu** auf der Bildschirmtastatur wird die Startseite von Google geladen. In der Mitte dieser Startseite springt einem sofort das Logo von Google ins Auge ❶. Zu besonderen Anlässen wie Geburtstagen berühmter Persönlichkeiten wird dieses Logo durch eine lustige Zeichnung ersetzt, auch *Google Doodles* genannt.

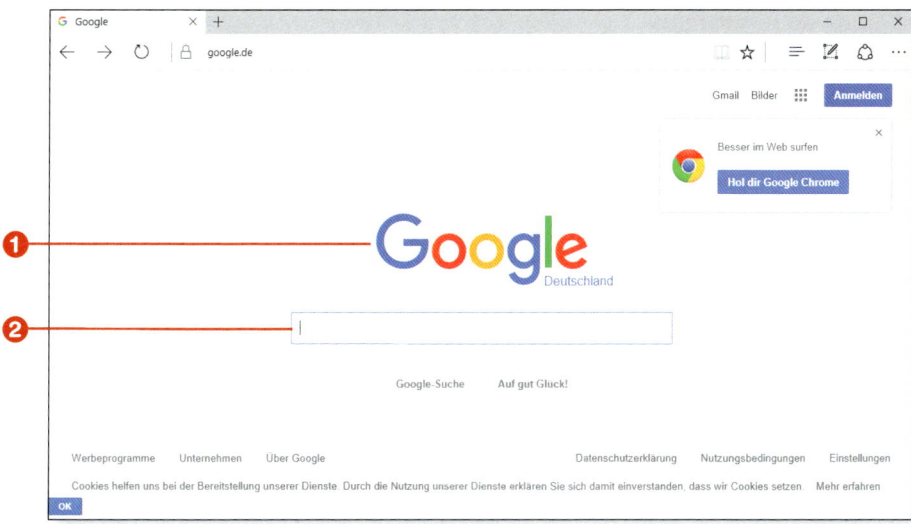

⌃ *Die Startseite der Suchmaschine Google*

Direkt unterhalb des Logos befindet sich das Suchfeld ❷. In dieses Suchfeld tragen Sie den Suchbegriff ein. Meine Empfehlung: Je mehr Suchbegriffe Sie eingeben, desto bessere Suchergebnisse erzielen Sie. Sie können auch kurze Sätze eingeben wie etwa »Wandern im Allgäu mit Kindern« (❸ auf Seite 102). Bereits nach Eingabe des ersten Buchstabens springt das Suchfeld von der Seitenmitte an den linken oberen Seitenrand. Geben Sie weitere Buchstaben ein, klappt unterhalb des Suchfelds eine Liste auf, in der Ihnen Google Suchbegriffe vorschlägt ❹. Das Prinzip haben Sie bereits bei der Suchmaschine Bing kennengelernt: Ist der gewünschte Suchbegriff dabei, wählen Sie ihn durch Anklicken oder -tippen aus. Wird er nicht aufgeführt, geben Sie ihn selbst vollständig ein. Nach einem Klick oder Tipp auf das Lupen-Symbol rechts vom Feld ❺ listet Google alle Treffer Ihrer Suchanfrage auf. Zu jedem Treffer wird neben dem Titel und der Internetadresse auch eine kurze Beschreibung eingeblendet.

Wie Bing finanziert sich auch die Suchmaschine Google durch Werbung. Die mit **Anzeige** ➏ gekennzeichneten Werbeanzeigen werden gleich zu Beginn der Liste sowie am rechten Seitenrand aufgeführt.

Blättern Sie auf der Seite ganz nach unten, finden Sie unterhalb des Google-Logos die Ziffern 1 bis 10 sowie den Link **Weiter**. Ein Klick hierauf führt Sie zu weiteren Suchergebnissen. Interessiert Sie einer der Treffer, reicht ein Klick auf den blauen Titel, und die damit verknüpfte Internetseite wird geöffnet. Über die Schaltfläche ← gelangen Sie wie gewohnt zur vorherigen Seite zurück.

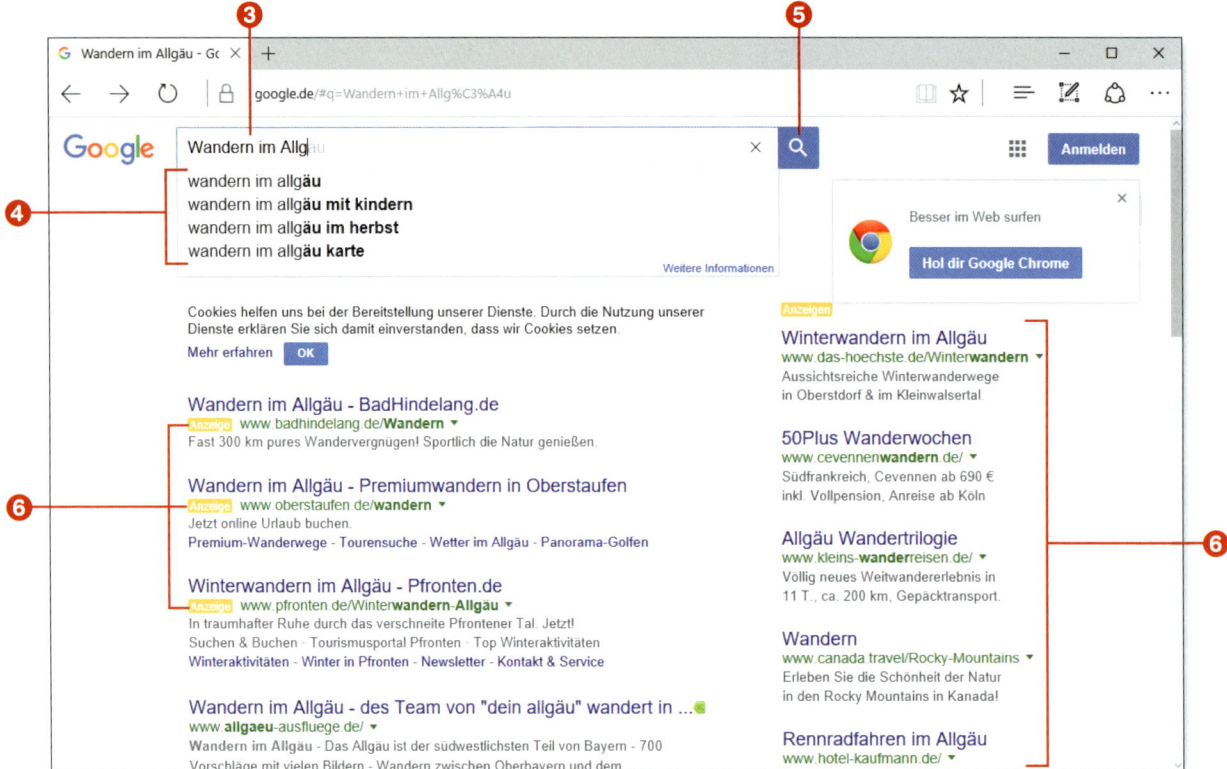

∧ *Wie Bing finanziert sich auch Google über Werbung.*

Die Suchmaschine Google ist ein wahrer Tausendsassa. So findet sie nicht nur interessante Informationen, sie blendet Ihnen häufig genug auch Fotos ein, die im Zusammenhang mit der Suchanfrage stehen, oder auch Kartenausschnitte. Für Letztere ist der Suchdienst *Google Maps* verantwortlich. Diesen Dienst können Sie auch gezielt über die Internetadresse *maps.google.de* aufrufen. Die Startseite von Google Maps ziert eine Landkarte von Deutschland. Die gesuchte Adresse geben Sie oben links in das

Suchfeld ❶ ein. Nach einem Klick oder Tipp auf das Lupen-Symbol am rechten Rand des Felds zeigt Google Maps die gesuchte Adresse in der Landkarte an. Um den Kartenausschnitt noch zu vergrößern, klicken oder tippen Sie unten rechts auf das Plus-Symbol ❷. Über das Minus-Symbol ❸ können Sie die Ansicht wiederum verkleinern.

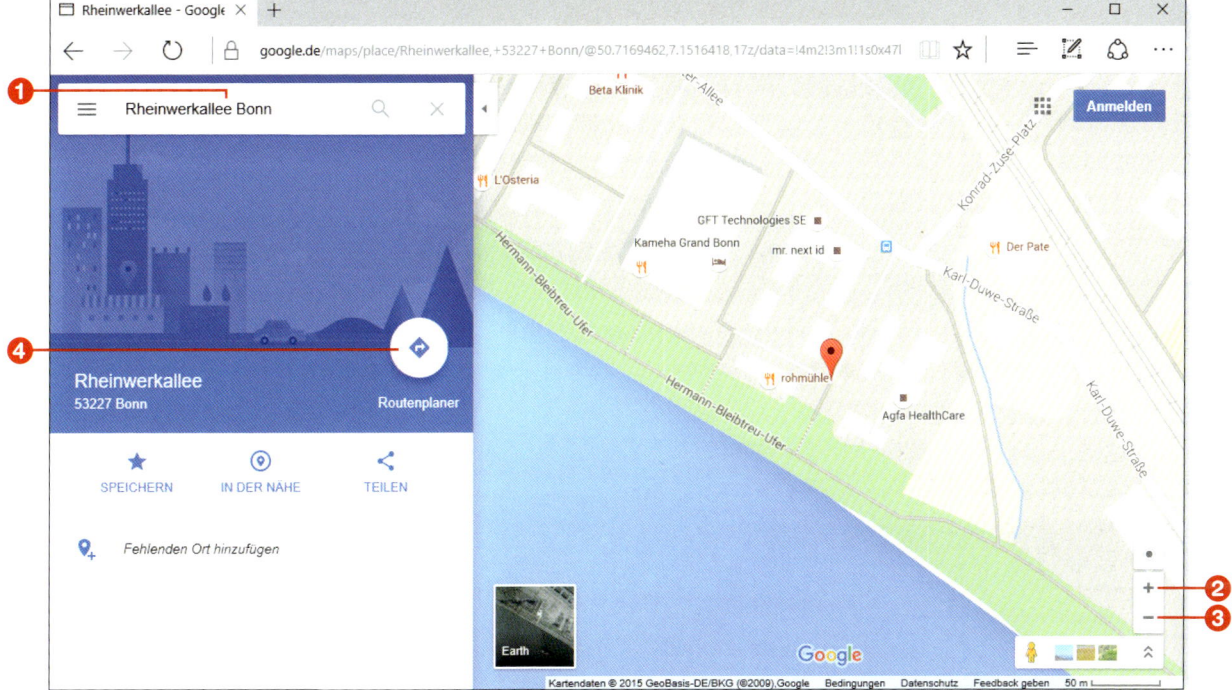

Wenn Sie möchten, plant Google Maps sogar Routen für Sie. Nach Eingabe der ersten Adresse klicken oder tippen Sie hierzu einfach auf das Symbol **Routenplaner** ❹. Die erste Adresse wird in der linken oberen Ecke nun als Ziel der Reise angegeben. Handelt es sich bei dieser Adresse um den Startpunkt, tippen Sie auf den Doppelpfeil rechts von der Adressangabe (❺ auf Seite 104). Dadurch wird sie zur Startadresse. Geben Sie in das zweite Suchfeld ❻ nun die Zieladresse ein, und drücken Sie ⏎ auf Ihrer Tastatur. Je nach Entfernung zwischen Start- und Zielpunkt werden Ihnen in der linken Spalte nun verschiedene Reisemöglichkeiten per Auto ❼, Bahn ❽ oder auch Flugzeug ❾ angezeigt. Die jeweiligen Strecken sind in der Landkarte rechts zu sehen. Wählen Sie in der linken Spalte per Mausklick ein Verkehrsmittel aus, wird rechts die entsprechende Strecke farbig hervorgehoben. Mit einem Klick oder Tipp auf

Details **10** können Sie sich ausführlichere Informationen zur Route anzeigen lassen.

➕ **Lesezeichen setzen**

Beim Stöbern in den Suchergebnissen sind Sie auf eine sehr interessante Webseite gestoßen, die Sie sich gerne zu einem späteren Zeitpunkt genauer ansehen möchten? In diesem Fall empfehle ich Ihnen, die Internetadresse als *Favorit* abzulegen. Stellen Sie hierfür zunächst sicher, dass die gewünschte Webseite im Programmfenster von Microsoft Edge angezeigt wird. Klicken Sie dann rechts oben auf das Symbol ☆ **11**. Im aufklappenden Dialog geben Sie im Feld **Name** einen Namen für die Internetseite an. Klicken oder tippen Sie dann auf **Hinzufügen**. Möchten Sie die Webseite später aufrufen, klicken Sie oben rechts auf das Symbol ≡ und in der aufklappenden Liste auf ☆. In der nun eingeblendeten Liste finden Sie alle gespeicherten Favoriten. Ein Mausklick auf den Namen der gewünschten Webseite reicht, und die Seite wird geöffnet.

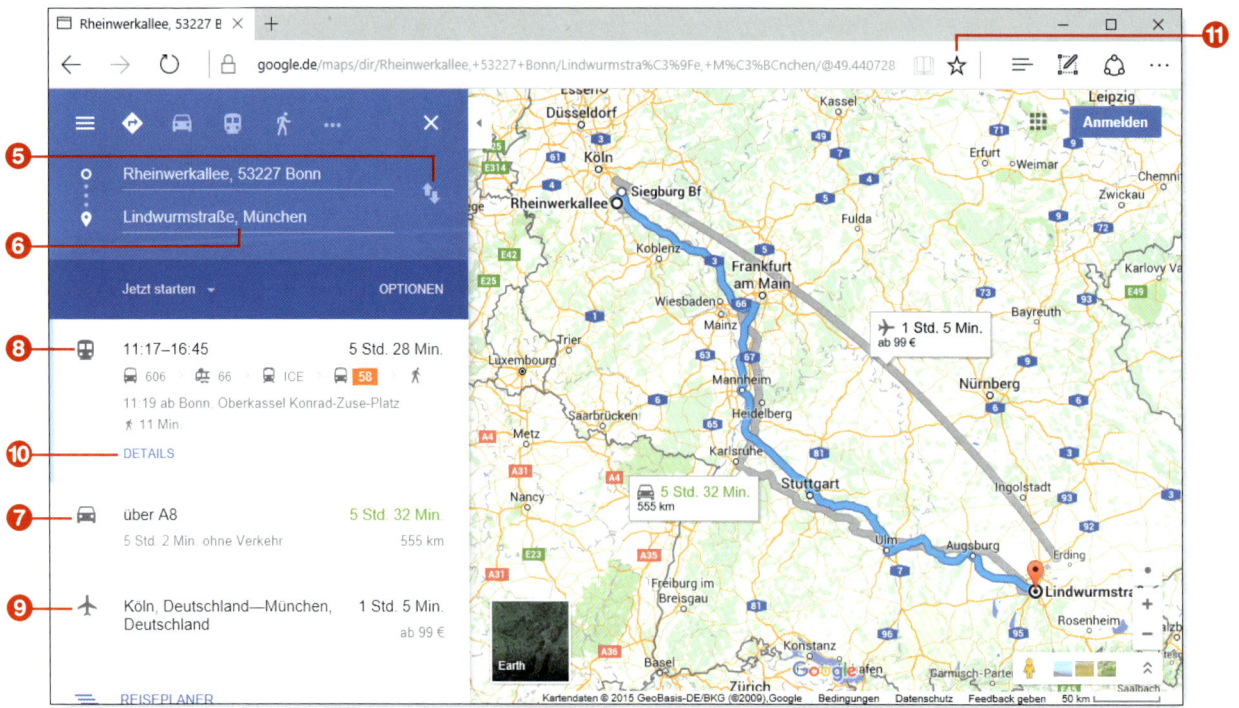

∧ *Zum Portfolio von Google Maps zählt ein Routenplaner.*

➕ **Eigene Startseite für Microsoft Edge einrichten**

Per Standardeinstellung startet Microsoft Edge mit der Internetpräsenz des Informationsportals MSN. Sie können aber auch eine eigene Lieblingsseite festlegen, die nach dem Start des Browsers angezeigt wird. Klicken Sie hierzu im Programmfenster oben rechts auf das Symbol ⋯ . In der aufklappenden Liste markieren Sie den Eintrag **Einstellungen**. In der gleichnamigen Spalte, die nun angezeigt wird, aktivieren Sie unterhalb von **Öffnen mit** die Option **Bestimmte Seite(n)** ❶. Unterhalb dieser Option wird ein Feld angezeigt. Nach einem Klick auf den Pfeil rechts vom Feld klappt eine Liste auf, in der Sie **Benutzerdefiniert** auswählen ❷. Doppelklicken Sie nun auf den Schriftzug **about:blank**, der unterhalb des Feldes eingeblendet wird. Überschreiben Sie den Schriftzug mit der Internetadresse, die zukünftig beim Start des Browsers geöffnet werden

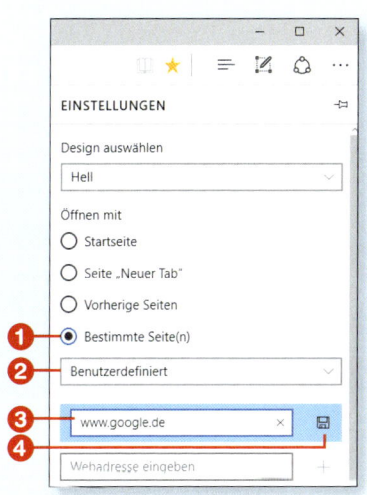

soll, etwa »www.google.de« ❸, falls Microsoft Edge diese Seite anzeigen soll. Mit einem Klick auf das Symbol 💾 ❹ wird die Adresse gespeichert. Mit einem erneuten Klick auf das Symbol ⋯ blenden Sie die rechte Spalte wieder aus. Starten Sie Microsoft Edge das nächste Mal neu, wird statt des Informationsportals die Webseite *www.google.de* geladen.

‹ *Bestimmen Sie selbst, welche Adresse nach dem Start des Browsers angezeigt werden soll.*

# Programme aus dem Internet herunterladen

Früher waren die Regale im Computerfachhandel gut gefüllt mit Software-Paketen. Diese enthielten eine DVD mit dem gewünschten Programm, welches man dann auf seinem Computer installieren konnte. Mittlerweile verlaufen der Kauf und die Installation etwas anders. Denn viele Software-Hersteller vertreiben ihre Programme heutzutage nur noch über das Internet. Selbst beim Kauf einer Software über den

Computerfachhandel kann es Ihnen passieren, dass Sie in der Produktverpackung lediglich einen Link finden zur Webseite, über die Sie sich die gewünschte Software auf Ihren Computer herunterladen und dort dann installieren können. Das Herunterladen einer Datei – in diesem Fall also der Installationsdatei der Software – wird auch als *Download* bezeichnet. Am Beispiel der Microsoft Office Suite 2016 zeige ich Ihnen, wie ein solcher Download funktioniert. Einige der in dieser Suite enthaltenen Programme – nämlich das Textverarbeitungsprogramm Word 2016 sowie das Tabellenkalkulationsprogramm Excel 2016 – werden Sie in Kapitel 7, »Texte und Briefe schreiben mit Word«, sowie in Kapitel 8, »Rechnen und Verwalten mit Excel«, noch näher kennenlernen.

### ➕ Sicher bezahlen im Internet

Das Einkaufen über das Internet birgt immer Gefahren. Ist der Verkäufer wirklich vertrauenswürdig? Was passiert, wenn der Käufer zwar brav gezahlt hat, von der Ware aber nichts zu sehen ist oder das Produkt beschädigt ankommt? Einen gewissen Schutz für beide Seiten bieten sogenannte *Bezahlsysteme*. Ein bekanntes Beispiel hierfür ist *PayPal*, das Sie über die Internetadresse *www.paypal.de* erreichen. Das Prozedere ist einfach: Sie richten zunächst ein Benutzerkonto beim Bezahlsystem ein und hinterlegen Ihre Bankdaten oder Kreditkarteninformationen. Diese Daten geben Sie nur beim Bezahlsystem an. Kaufen Sie nun in einem Online-Shop wie etwa Amazon oder im aktuellen Beispiel bei Microsoft ein, wählen Sie als Zahlungsmethode das Bezahlsystem aus. Damit werden Sie von der Webseite des Online-Shops zur Seite des Bezahlsystems geleitet. Nachdem Sie sich hier angemeldet und die Zahlung veranlasst haben, reicht der Bezahlsystem-Anbieter, also etwa PayPal, die Information an den Verkäufer weiter. Dieser schickt Ihnen nun die Ware zu und erhält erst dann den Kaufbetrag.

Wann immer Sie übrigens sensible Daten wie Kreditkarteninformationen im Internet angeben, sollten Sie zuvor sicherstellen, dass Ihre Daten über eine sichere, verschlüsselte Datenverbindung übertragen werden. Am leichtesten lässt sich dies mit einem Blick auf das Adressfeld des Browsers überprüfen. Hier sollten Sie links von der Adresse ein Schloss-Symbol finden. Nach einem Klick hierauf erfahren Sie, von wem die Seite zertifiziert wurde. Am unteren Ende des Fensters sollte außerdem der Hinweis auf die verschlüsselte Datenübertragung erscheinen.

Um ein Microsoft-Produkt über das Internet erwerben zu können, benötigen Sie ein sogenanntes *Microsoft-Konto*. Mit diesem melden Sie sich auf der Webseite von Microsoft an. Sollten Sie noch nicht über ein Microsoft-Konto verfügen, blättern Sie bitte in diesem Buch etwas vor bis zur Seite 116 im Abschnitt »Eine kostenlose E-Mail-Adresse anlegen«. Denn dort zeige ich Ihnen Schritt für Schritt, wie Sie an die für das Microsoft-Konto benötigte E-Mail-Adresse sowie das Kennwort kommen. Haben Sie das Konto erfolgreich erstellt, können Sie in diesem Abschnitt mit dem Download von Microsoft Office 2016 fortfahren.

Für den Download der Microsoft Office Suite 2016 gehen Sie folgendermaßen vor:

**1.** Starten Sie den Browser Microsoft Edge per Klick auf das Symbol in der Taskleiste oder die Kachel im Startmenü.

**2.** Rufen Sie die Internetadresse *www.microsoft.com/de-de* auf ❶. Klicken oder tippen Sie auf der Webseite, die nun geladen wird, nacheinander auf **Produkte** ❷, **Software und Dienste** ❸ und dann auf **Office** ❹.

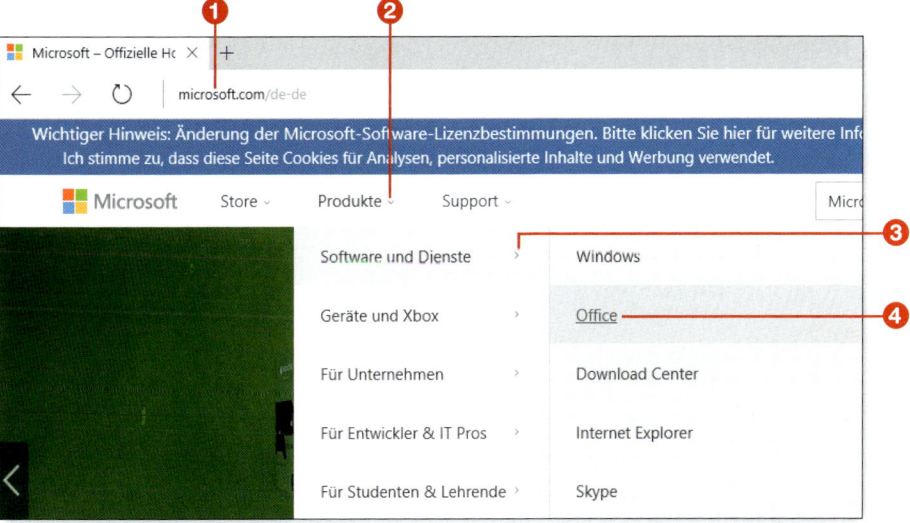

**3.** Auf der folgenden Webseite markieren Sie per Mausklick oder Antippen die Schaltfläche **Privatanwender**.

Microsoft Office 2016 wird für Privatanwender in verschiedenen Versionen angeboten: Office 365 Home, Office 365 Personal und Office Home & Student 2016. Auf der folgenden Webseite wird Ihnen eine Übersicht über diese drei Versionen angezeigt. Hier erfahren Sie auch den Preis für die Software. Berücksichtigen Sie bei Ihrer Entscheidung auf jeden Fall die Anzahl der PCs, auf denen Sie die Software nutzen können. Die entsprechende Information erhalten Sie, wenn Sie auf der Webseite etwas nach unten blättern ❺.

Wenn Sie sich noch nicht ganz sicher sind, ob die Software die richtige für Sie ist, können Sie die Office Suite 2016 zunächst für 30 Tage kostenlos testen. Diese kostenlose Version werde ich auch als Basis für die weitere Installation der Software wählen. Und so geht es weiter:

**4.** Klicken Sie unterhalb von **Office 365 Home** auf die Schaltfläche **Kostenlos testen** ❻.

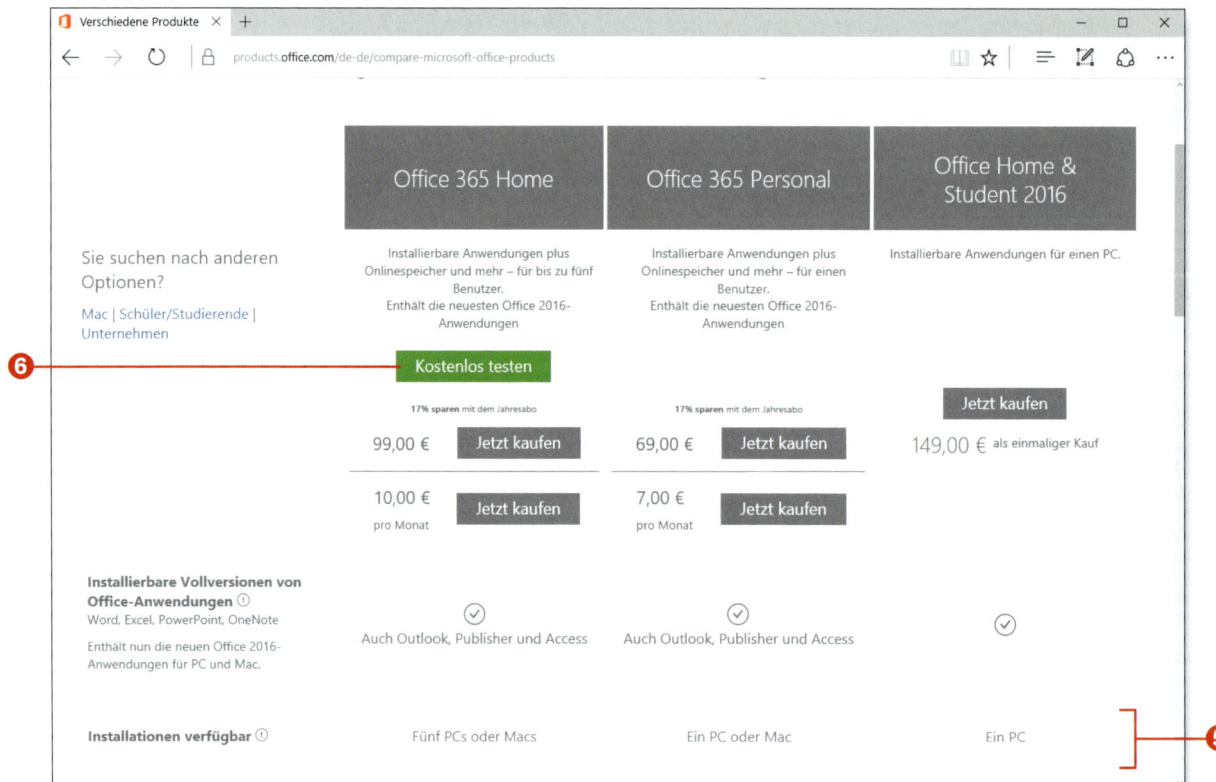

**5.** Auf der folgenden Webseite informiert Sie Microsoft über die Bestandteile der kostenlosen Version von Office 365. Klicken oder tippen Sie auch hier auf **Kostenlos testen**.

**6.** Nun werden Sie aufgefordert, sich am Microsoft-Konto anzumelden. Nachdem Sie die E-Mail-Adresse sowie das Kennwort in die beiden entsprechenden Felder eingetragen haben, bestätigen Sie die Angaben mit einem Klick auf **Anmelden**.

Um die nächsten Angaben kommen Sie leider auch bei der kostenlosen Testversion nicht herum: Microsoft benötigt nun ein paar Zahlungsinformationen von Ihnen. Dies hat einen einfachen Grund: Bei dem Download handelt es sich zunächst um ein Abonnement, das aber während des Testzeitraums von 30 Tagen gekündigt wird. Kündigen Sie nicht, fallen anschließend die entsprechenden monatlichen Kosten an. Wie Sie für die Kündigung vorgehen, zeige ich Ihnen etwas später. Die Zahlungsinformationen müssen Sie, wie gesagt, leider trotzdem vorher angeben. Als Zahlungsmethode stehen Ihnen die Kredit-/Kundenkarte, SEPA-Lastschrift sowie PayPal zur Auswahl. Informationen zu PayPal entnehmen Sie bitte dem Kasten »Sicher bezahlen im Internet« auf Seite 106. Alle drei Zahlungsmethoden kann ich hier leider nicht im Detail vorstellen. Am Beispiel der Kredit-/Kundenkarte zeige ich Ihnen das weitere Vorgehen.

**7.** Stellen Sie sicher, dass unterhalb von **Neue Zahlungsmethode** die Option **Kredit-/Kundenkarte** aktiviert ist (❼ auf Seite 110).

**8.** Als Nächstes fügen Sie die Zahlungsinformationen hinzu. Klicken Sie hierzu zuerst auf den Pfeil rechts vom Feld **Kartentyp** ❽, und wählen Sie in der aufklappenden Liste den Typ Ihrer Kreditkarte aus.

**9.** Nach einem Klick oder Tipp in das jeweilige Feld tragen Sie dann noch den Namen des Karteninhabers ❾, die Kartennummer ❿ sowie die Kreditkartenprüfnummer ⓫ ein.

**10.** Für die Ergänzung des Ablaufdatums der Kreditkarte klicken Sie auf den Pfeil rechts vom Feld **MM** ⓬ und wählen den Monat aus, in dem die Karte ungültig wird. Analog stellen Sie im Feld **JJJJ** ⓭ das Jahr ein.

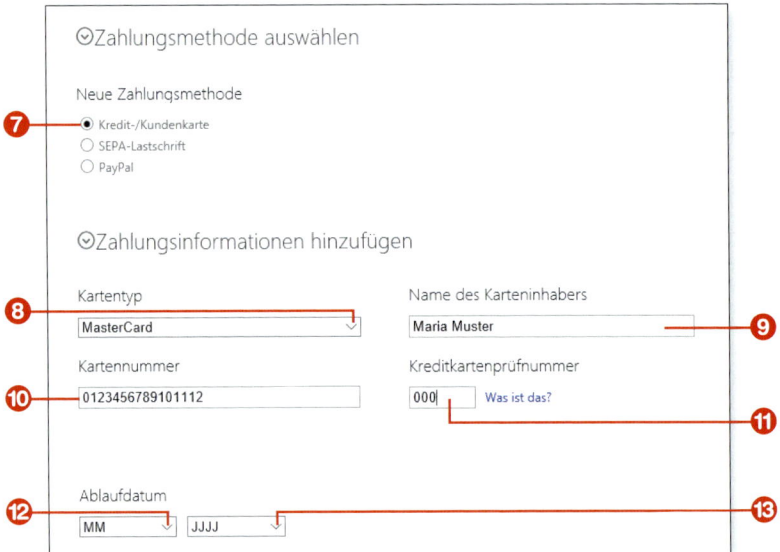

**11.** Blättern Sie mithilfe der Bildlaufleiste oder einer entsprechenden Wischbewegung auf einem Touchdisplay nach unten. Ergänzen Sie in den entsprechenden Feldern Ihre Straße, den Ort sowie die Postleitzahl. Die Angabe der Telefonnummer ist nicht zwingend nötig.

**12.** Mit einem Klick auf die Schaltfläche Speichern bestätigen Sie Ihre Angaben.

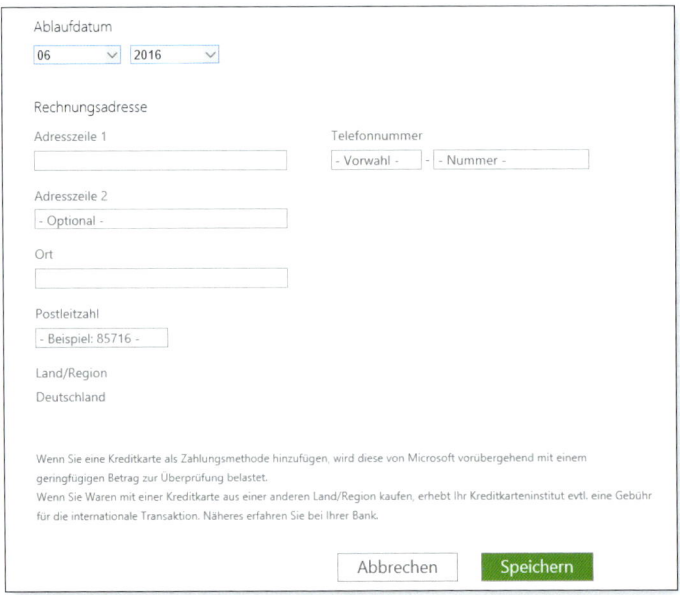

**13.** Auf der folgenden Webseite erhalten Sie eine Übersicht über Ihre Bestellung. Lesen Sie sich alles nochmals in Ruhe durch. Erst mit einem Klick auf die Schaltfläche **Kaufen** wird die Bestellung abgeschlossen. Ist die Schaltfläche auf Ihrem Bildschirm noch nicht zu sehen, blättern Sie auf der Webseite etwas nach unten.

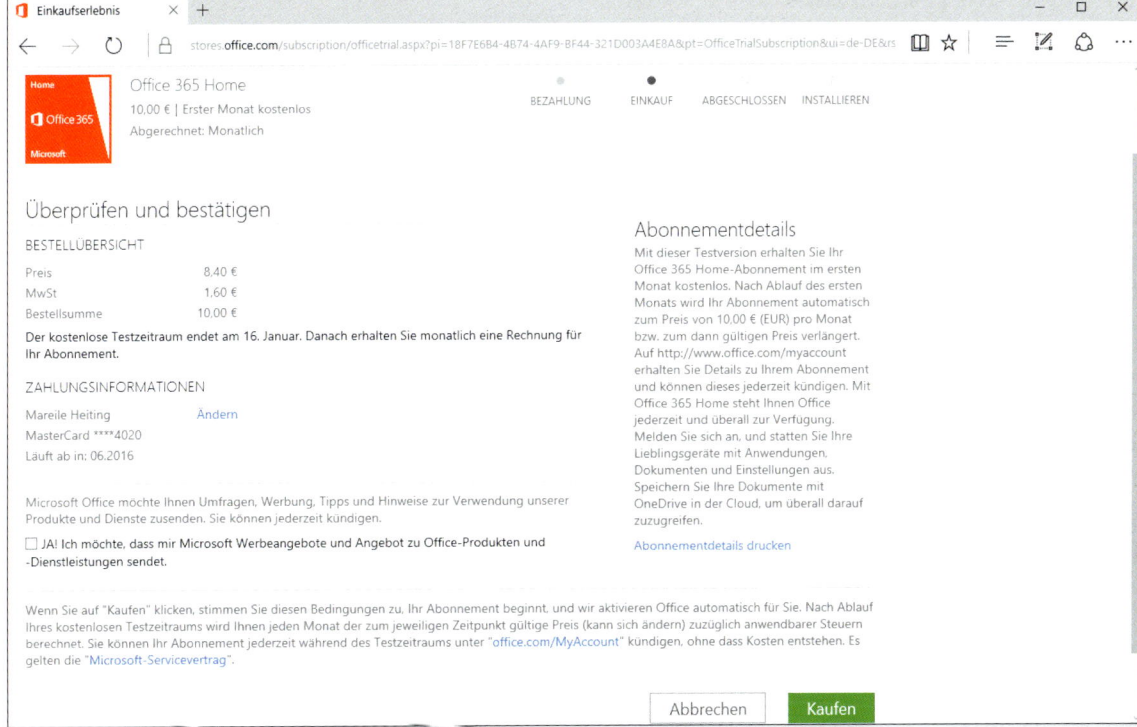

Die Bestellung der Software Office 365 Home ist damit erfolgt, der Kauf abgeschlossen. Bevor es mit der Installation der Software weitergeht, klicken Sie auf der nächsten Seite auf **Weiter**. Auch diese Schaltfläche finden Sie wieder etwas weiter unten. Anschließend können Sie das Programm nun endlich auf Ihrem Computer installieren.

**1.** Klicken Sie auf die Schaltfläche **Installieren**. Auf der folgenden Webseite erhalten Sie eine kurze Information zur Installation. Auch hier klicken Sie auf **Installieren**.

**2.** Die Software Office 365 Home wird nun auf Ihren Computer heruntergeladen. Sobald der Download abgeschlossen ist, wird am unteren

Bildschirmrand ein entsprechender Hinweis eingeblendet. Mit einem Klick auf **Ausführen** ❶ starten Sie die eigentliche Installation des Programms.

**3.** Meldet sich die Benutzerkontensteuerung bei Ihnen zu Wort, bestätigen Sie den Dialog mit einem Klick auf **Ja**.

**4.** Die Software wird nun auf Ihrem Computer installiert. In der Taskleiste erscheint hierbei ein kleines Symbol ❷. Klicken Sie darauf, um das dazugehörige Dialogfenster auf dem Bildschirm anzuzeigen. Der Installationsvorgang kann nun etwas dauern. Eine rote Linie im Dialogfenster ❸ zeigt den Fortschritt an.

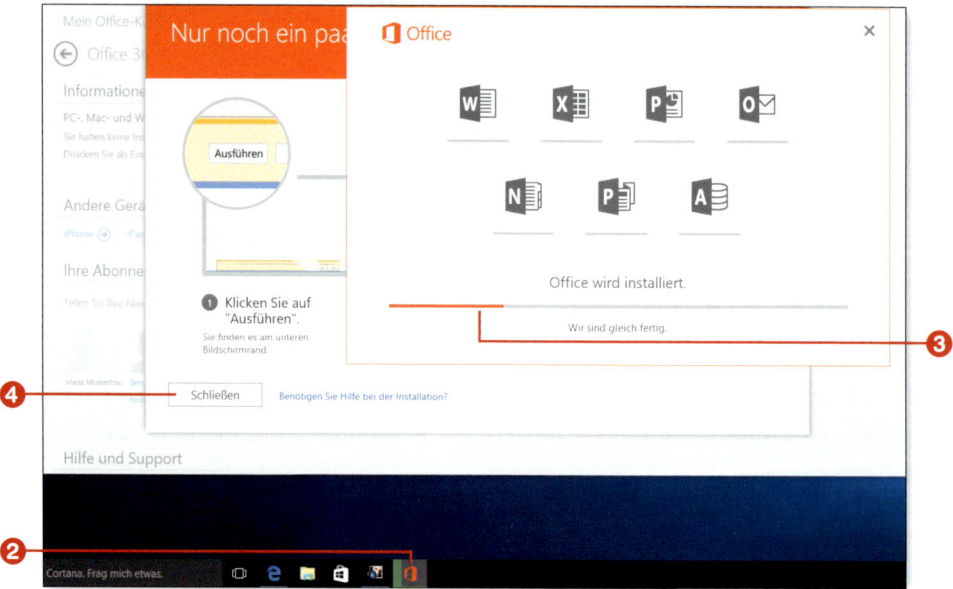

**5.** Sobald die Installation erfolgreich beendet ist, werden Sie informiert. Mit einem Klick auf **Schließen** ❹ blenden Sie die beiden geöffneten Dialoge aus.

**6.** Bevor Sie das Programmfenster von Microsoft Edge schließen, sollten Sie sich noch von Ihrem Microsoft-Konto abmelden. Hierzu reicht ein Klick auf die gleichnamige Schaltfläche oben rechts ❺.

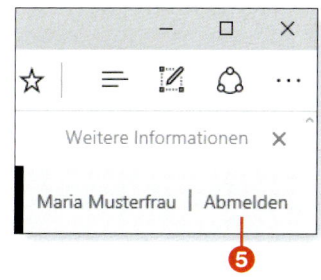

Damit ist die Microsoft Office Suite 2016 erfolgreich auf Ihrem Computer installiert. Wie Sie die Programme Word 2016 und Excel 2016 nutzen, erfahren Sie, wie erwähnt, in Kapitel 7, »Texte und Briefe schreiben mit Word«, sowie Kapitel 8, »Rechnen und Verwalten mit Excel«. Sie können die Programme 30 Tage lang kostenlos testen. Nach Ablauf dieses Zeitraums fällt eine monatliche Gebühr von 10 € an, die automatisch der Kreditkarte belastet wird. Um das Abonnement zu kündigen, müssen Sie sich zunächst wieder beim Microsoft-Konto anmelden:

**1.** Rufen Sie im Browser Microsoft Edge die Internetadresse *www.microsoft.de* auf. Sie werden automatisch zur Webseite *www.microsoft.com/de-de* weitergeleitet. Klicken Sie auf der Startseite von Microsoft oben rechts auf **Anmelden** ❶.

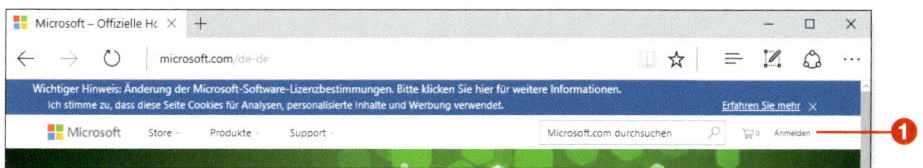

**2.** Tragen Sie in das Feld **Email** die E-Mail-Adresse Ihres Microsoft-Kontos ein und in das Feld **Password** das Kennwort. Mit einem Klick auf **Sign in** bzw. **Anmelden** melden Sie sich bei Ihrem Microsoft-Konto an.

**3.** Klicken Sie auf der folgenden Seite oben rechts auf das Logo Ihres Benutzerkontos ❷ und in der aufklappenden Liste auf **Konto anzeigen** ❸.

**4.** Wählen Sie auf der nächsten Webseite per Mausklick das Menü **Dienste & Abonnements** (❹ auf Seite 114) aus.

**5.** Sie erhalten nun eine Übersicht über alle Produkte, die Sie bisher online, also über das Internet, bei Microsoft erworben haben. Auch das Abonnement von Office 365 wird hier aufgeführt. Klicken Sie auf den Link **Kündigen** ❺.

**6.** Sie werden nun aufgefordert, die Kündigung zu bestätigen. Mit einem Klick auf **Kündigung bestätigen** erledigen Sie dies. Auf der nächsten

Webseite erfahren Sie, wann das Testabonnement endet. Nach diesem Tag können Sie die Programme der Microsoft Office Suite 2016 nicht mehr nutzen.

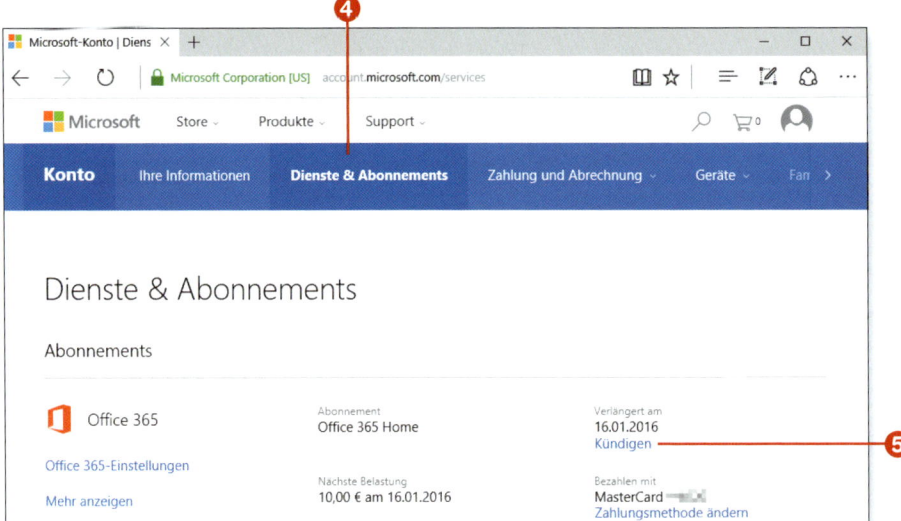

**7.** Um sich nun noch beim Microsoft-Konto abzumelden, klicken Sie wieder oben rechts auf das Logo Ihres Benutzerkontos. Im aufklappenden Dialog wählen Sie jetzt den Befehl **Abmelden**.

Damit sind wir am Ende unserer Schnupperreise durch das Internet angelangt. Vielleicht haben Sie unsere kleinen Zwischenstopps neugierig gemacht, und Sie unternehmen selbst weitere Touren durch das World Wide Web. Eine Anregung, was es noch so alles zu entdecken gibt, finden Sie in meinem Buch »Internet für Senioren«, das ebenfalls im Vierfarben Verlag erschienen ist. Dort erfahren Sie ausführlich, wie Sie in Online-Shops einkaufen, was Sie beim Buchen von Reisen berücksichtigen sollten und wie das Online-Banking funktioniert. Aber auch soziale Netzwerke wie Facebook kommen nicht zu kurz.

In diesem Buch geht es aber erst mal weiter mit dem Thema E-Mails. Denn im nächsten Kapitel zeige ich Ihnen, wie Sie selbst elektronische Nachrichten verschicken.

# Kapitel 5

# E-Mails schreiben und lesen

Im vorherigen Kapitel haben Sie bereits einen kleinen Eindruck gewinnen können, was das Internet alles zu bieten hat. Für einiges, etwa den Einkauf in einem Online-Shop oder auch die Buchung eines Bahntickets, benötigen Sie eine E-Mail-Adresse. In diesem Kapitel erfahren Sie, wie Sie sich ein kostenloses E-Mail-Konto mit einer persönlichen E-Mail-Adresse einrichten. Diese können Sie anschließend natürlich nicht nur für Ihre Einkäufe im Internet nutzen. Möchten Sie einem Bekannten schnell zum Geburtstag gratulieren, aber weder anrufen noch ihm einen klassischen Brief schicken, bietet sich der Versand einer E-Mail an. Der große Vorteil dieser elektronischen Nachricht: Sie landet innerhalb weniger Minuten oder gar Sekunden im Postfach des Empfängers. Wenn Sie möchten, fügen Sie der E-Mail noch Fotos oder auch auf Ihrem Computer gespeicherte Dokumente bei. Das Betriebssystem Windows 10 hat bereits ein praktisches Programm an Bord, mit dem all dies blitzschnell erledigt ist. Neben dieser *Mail*-App werde ich Ihnen in diesem Kapitel auch die *Kontakte*-App, mit der Sie ein nützliches Adressbuch erhalten, sowie die *Kalender*-App vorstellen.

∧ *Diese drei Apps lernen Sie im Laufe dieses Kapitels kennen.*

## Eine kostenlose E-Mail-Adresse anlegen

Bevor Sie eine E-Mail versenden oder empfangen können, benötigen Sie ein E-Mail-Konto. Dies lässt sich mit einem Postfach bei einem Postamt vergleichen. Als Postamt fungiert in diesem Fall aber ein sogenannter *E-Mail-Server*, der von einem *Provider* (zu Deutsch: »Anbieter«) zur Verfügung gestellt wird. Bekannte Provider sind z. B. T-Online, 1&1 oder auch Vodafone. Jedes E-Mail-Konto besitzt eine eindeutige E-Mail-Adresse.

Diese könnte etwa *muster@t-online.de* oder auch *erwin.beispiel@gmx.de* lauten. An diesen beiden Beispielen zeigt sich bereits das Schema, nach dem eine E-Mail-Adresse immer aufgebaut ist: Sie besteht aus zwei Teilen, die durch das @-Zeichen (auch *Klammeraffe* genannt) voneinander getrennt sind. Den linken Teil der Adresse (in den obigen Beispielen also »muster« bzw. »erwin.beispiel«) können Sie häufig selbst festlegen. Der Teil rechts vom @-Symbol gibt den Namen des Dienstanbieters an (hier also T-Online und GMX), gefolgt von der sogenannten *Top-Level-Domain* des Anbieters. Letzteres gibt das Land an, in dem sich der Provider befindet: »de« steht z. B. für Deutschland, »at« für Österreich.

Wenn Sie einen DSL-Vertrag bei einem Anbieter wie T-Online, 1&1 oder auch Arcor abgeschlossen haben, verfügen Sie wahrscheinlich bereits über eine E-Mail-Adresse. Sie können aber auch ein E-Mail-Konto bei einem kostenlosen Provider einrichten. Ein solcher Anbieter wird auch *Freemail-Provider* genannt. Zu diesen Anbietern zählen beispielsweise Microsoft, Google, Freenet, Web.de oder auch GMX. Am Beispiel von Microsoft zeige ich Ihnen nun, wie Sie das kostenlose E-Mail-Konto einrichten. Lesen Sie hierzu bitte auch den Kasten »Microsoft, Google, GMX oder …?« auf dieser Seite.

**1.** Starten Sie den Browser Edge, und rufen Sie die Internetseite *https://www.microsoft.com/de-de/account* auf. Klicken oder tippen Sie auf **Erstellen Sie ein kostenloses Microsoft-Konto** ❶.

➕ **Microsoft, Google, GMX oder …?**

Welcher Freemail-Provider ist der richtige? Die Entscheidung liegt ganz bei Ihnen. Für dieses Buch habe ich mich für den Anbieter Microsoft entschieden, da Sie mit dem eingerichteten E-Mail-Konto gleich zwei Fliegen mit einer Klappe schlagen. Denn die kostenlose E-Mail-Adresse können Sie nicht nur für Ihre Korrespondenz nutzen, die Adresse stellt in Kombination mit dem Kennwort zugleich auch das Microsoft-Konto dar. Dieses Konto benötigen Sie für die Nutzung einiger Apps und Dienste, die Windows 10 zur Verfügung stellt. Wenn Sie beispielsweise Ihre Fotos im Online-Speicher *OneDrive* veröffentlichen möchten, müssen Sie sich dort mit Ihrem Microsoft-Konto anmelden. Wie dies funktioniert, erfahren Sie im Abschnitt »Fotos in der Cloud OneDrive veröffentlichen« ab Seite 180.

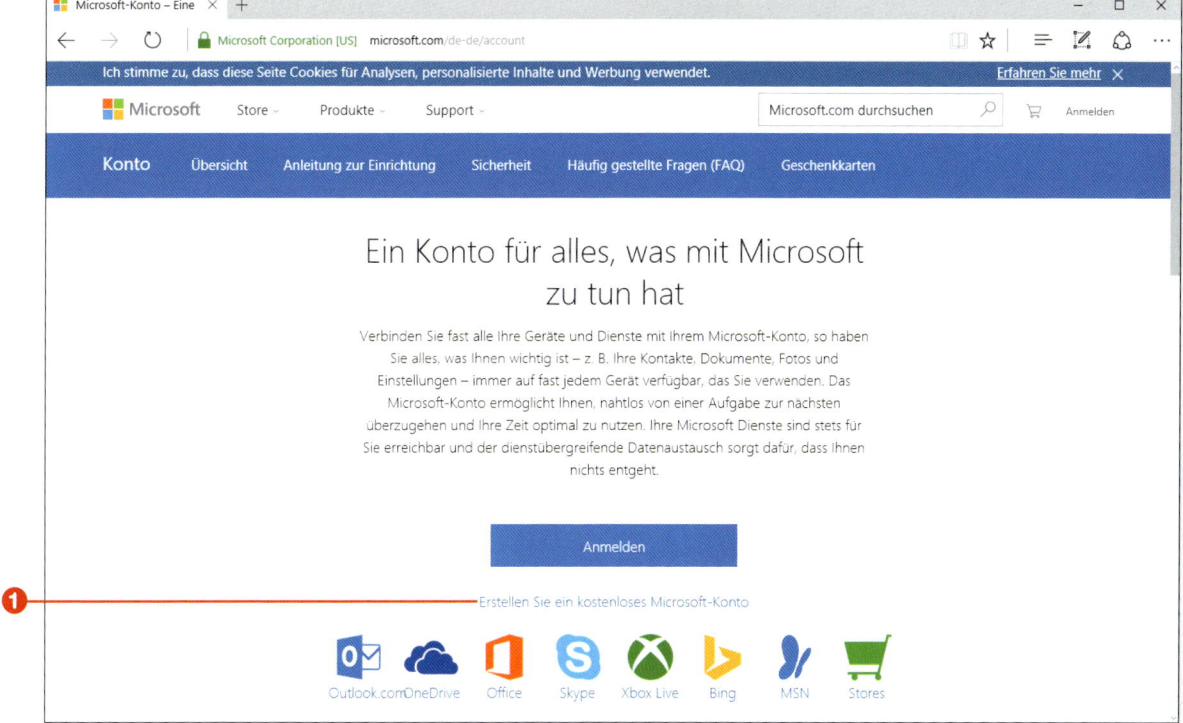

**2.** Auf der folgenden Seite geben Sie in die entsprechenden Felder Ihren Vor- und Nachnamen ein (❷ auf Seite 118).

**3.** Klicken oder tippen Sie in das Feld **Benutzername**, und tragen Sie dort über die Tastatur Ihre Wunschadresse ein. Der zweite Teil der E-Mail-Adresse, hier »@outlook.de«, wird von Microsoft bereits vorgegeben ❸. Den ersten Teil, also etwa »maria.musterfrau«, können Sie dagegen frei wählen ❹. Ob Sie Groß- oder Kleinschreibung wählen, spielt dabei keine Rolle.

**4.** Wenn Sie die Taste ⏎ drücken, überprüft Microsoft, ob Ihre Wunschadresse noch verfügbar ist. Ist sie bereits vergeben, können Sie sich nach einem Klick auf **fordern Sie einen verfügbaren Namen an** ❺ Vorschläge für eine E-Mail-Adresse anzeigen lassen. Gefällt Ihnen keine der Alternativen, schließen Sie das Dialogfenster mit einem Klick auf **Schließen** und probieren selbst eine neue Wunschadresse aus.

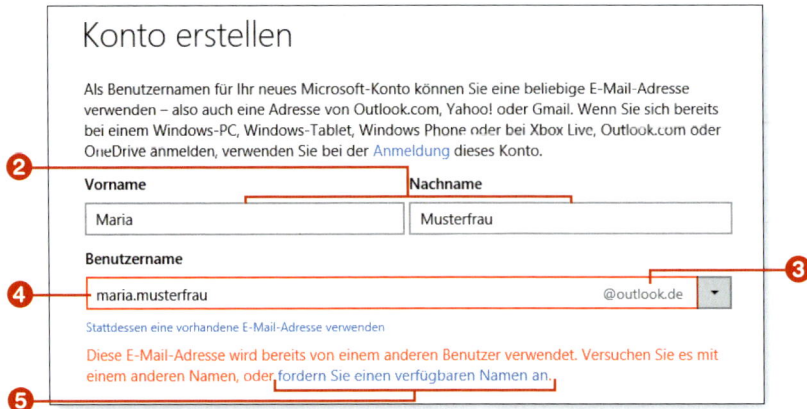

**5.** Im Feld **Kennwort** geben Sie ein selbst gewähltes Passwort ein. Es sollte aus einer Kombination aus Groß- und Kleinbuchstaben sowie Zahlen und Symbolen bestehen und mindestens acht Zeichen lang sein. Statt der eingegebenen Zeichen werden im Feld übrigens nur Punkte angezeigt. Wenn Sie die eingegebene Zeichenfolge nochmals prüfen möchten, klicken Sie auf das Augen-Symbol 👁 am rechten Rand des Feldes.

**6.** Wiederholen Sie das Kennwort im Feld **Kennwort erneut eingeben**.

**7.** Blättern Sie mithilfe der Bildlaufleiste auf der Seite gegebenenfalls nach unten, um zu den weiteren Feldern zu gelangen. Klicken Sie jeweils auf den Pfeil rechts von den Feldern **Tag**, **Monat** und **Jahr**, und stellen Sie über die aufklappenden Listen Ihr Geburtsdatum ein.

**8.** Microsoft benötigt nun entweder Ihre **Telefonnummer** oder eine **Alternative E-Mail-Adresse**, falls Sie eine solche bereits besitzen. Sollten Sie einmal Ihr Kennwort vergessen, kann Ihnen an die angegebene Mobilfunknummer eine SMS bzw. an die E-Mail-Adresse eine E-Mail mit Informationen zum Zurücksetzen des Kennwortes geschickt werden. Durch das Zurücksetzen erhalten Sie die Möglichkeit, ein neues Kennwort einzurichten und sich somit wieder am Konto anzumelden.

**9.** Oberhalb des Feldes **Geben Sie die Zeichen ein, die Sie sehen** ist ein Bild zu sehen ❻. Die nur schwer erkennbaren Buchstaben und Zahlen geben Sie über die Tastatur in das Feld darunter ein ❼. Können Sie die Zeichen, übrigens auch *Captcha* genannt, nicht entziffern, können Sie sich diese auch nach einem Klick auf **Audio** ❽ vorlesen lassen. Diese Eingabe ist eine Sicherheitsabfrage, die dazu dient, betrügerische Aktivitäten im Internet zu unterbinden.

**10.** Klicken Sie abschließend auf **Konto erstellen** ❾ am Ende der Seite. Microsoft richtet nun die E-Mail-Adresse und damit auch das Microsoft-Konto für Sie ein.

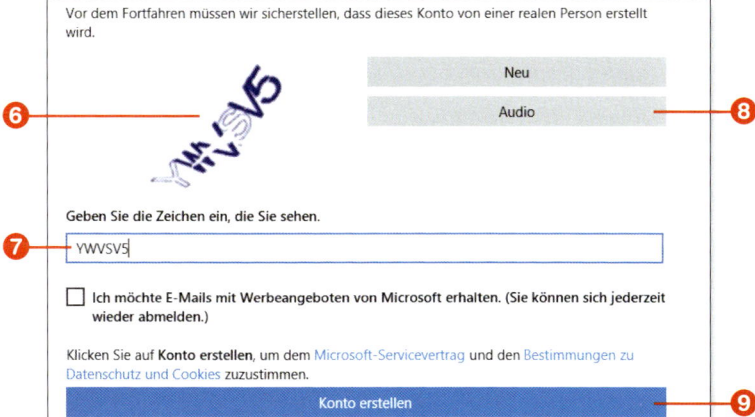

**11.** Melden Sie sich bei Ihrem Microsoft-Konto ab, indem Sie oben rechts auf Ihren Benutzernamen klicken und in der aufklappenden Liste auf **Abmelden**.

**12.** Beenden Sie den Browser Edge per Klick auf das **Schließen**-Symbol ☒ oben rechts.

In den folgenden Abschnitten zeige ich Ihnen, wie Sie E-Mails schreiben und empfangene E-Mails lesen. Windows 10 hat hierfür bereits ein praktisches Programm im Gepäck: die Mail-App.

## Ein erster Blick auf die Mail-App

Sobald Sie Ihre E-Mail-Adresse eingerichtet haben, kann es auch schon losgehen mit dem Schreiben und natürlich Empfangen von E-Mails. Windows 10 bringt eine App mit, mit der dies sehr komfortabel funktioniert: die Mail-App. Im Folgenden zeige ich Ihnen, wie Sie die App starten und Ihr E-Mail-Konto hinzufügen.

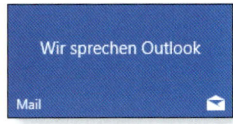

**1.** Rufen Sie das Startmenü per Klick auf das Windows-Logo auf, und klicken Sie rechts auf die Kachel **Mail**.

**2.** Nach dem ersten Start erscheint der Dialog **Willkommen**. Klicken Sie auf **Anfangen**.

Wenn Sie mit einem *lokalen Benutzerkonto* (siehe dazu den Abschnitt »Den Computer das erste Mal starten« ab Seite 30) am Computer angemeldet sind, müssen Sie als Nächstes Ihr E-Mail-Konto hinzufügen. Für Sie geht es direkt bei Schritt 3 weiter. Sollten Sie sich mit dem Microsoft-Konto am Computer angemeldet haben, wird dieses Konto bereits automatisch in der Mail-App angezeigt. Wenn Sie keine weiteren E-Mail-Konten hinzufügen möchten, können Sie direkt zu Schritt 10 springen.

**3.** Klicken Sie im Dialog **Konten** auf **Konto hinzufügen**. Der Dialog **Konto auswählen** wird eingeblendet.

**4.** Wählen Sie in der Liste nun den Anbieter Ihrer E-Mail-Adresse aus. Wenn Sie, wie im vorherigen Abschnitt gezeigt, ein Microsoft-Konto erstellt haben, wählen Sie den ersten Eintrag **Outlook.com** ❶. Wird Ihr Provider nicht aufgeführt, klicken Sie auf **Anderes Konto** ❷.

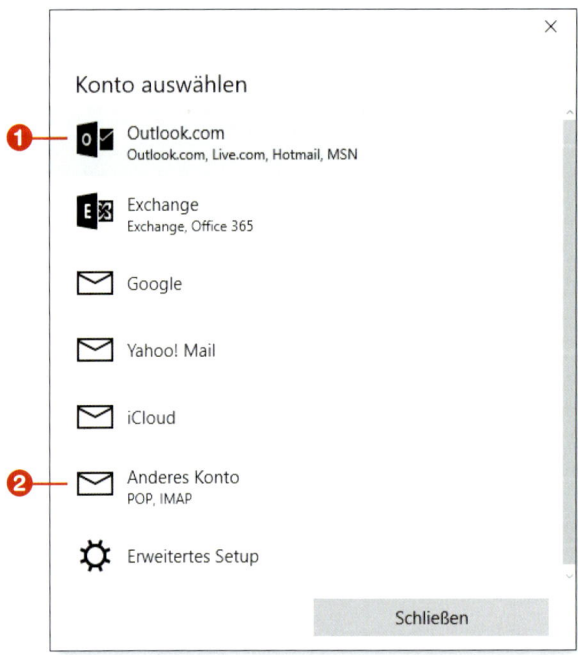

120

Je nach Anbieter können die Bezeichnungen der Felder, die Sie im nächsten Dialogfenster zu Gesicht bekommen, etwas anders lauten. Das Prinzip ist aber bei allen ähnlich. In meinem Beispiel habe ich das Konto **Outlook.com** gewählt. Somit erscheint als Nächstes der Dialog **Ihr Microsoft-Konto hinzufügen**.

**5.** Geben Sie in das erste Feld Ihre E-Mail-Adresse ein, also etwa »musterfrau@outlook.de«. Im zweiten Feld tragen Sie das Kennwort des Kontos ein. Mit einem Klick auf **Anmelden** bestätigen Sie die Eingaben.

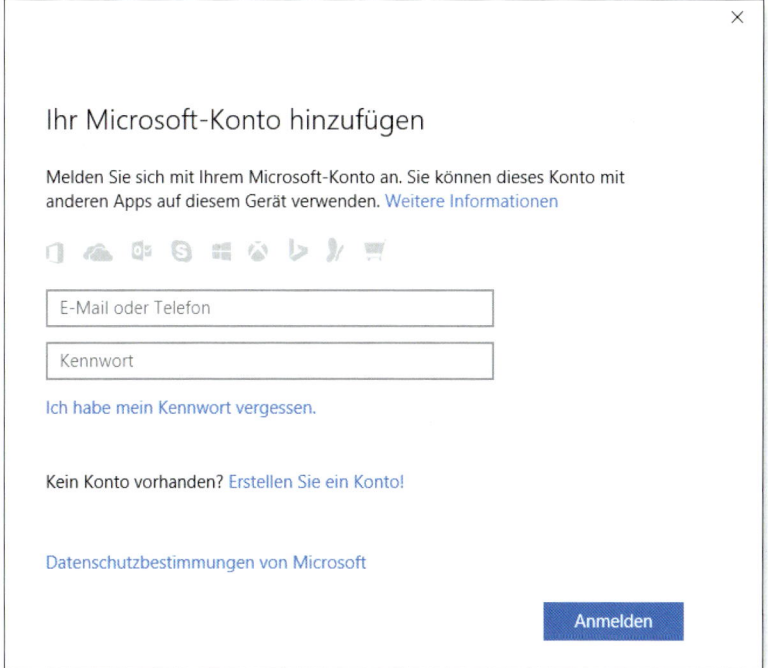

**6.** Im Falle des Microsoft-Kontos werden Sie nun gefragt, ob Sie sich mit Ihrem Microsoft-Konto bei diesem Gerät anmelden möchten. Damit das lokale Konto nicht in ein Microsoft-Konto umgewandelt wird, geben Sie nicht Ihr Kennwort ein, sondern klicken auf **Stattdessen nur bei dieser App anmelden**. Damit die Schaltfläche sichtbar wird, müssen Sie im Dialog eventuell etwas nach unten blättern.

**7.** Wenn Sie in Schritt 4 einen anderen Provider gewählt haben, entfällt für Sie Schritt 6. Stattdessen werden Sie bei einigen Anbietern aufgefordert, Ihren Namen anzugeben, unter dem Ihre E-Mails versendet werden sollen, also etwa »Maria Musterfrau«.

**8.** Den Dialog **Geschafft!** schließen Sie mit einem Klick auf **Fertig**.

**9.** Wenn Sie mehrere E-Mail-Adressen besitzen, können Sie auch diese Konten in der Mail-App hinzufügen. Wiederholen Sie hierzu einfach die Schritte 3 bis 8.

**10.** Haben Sie alle E-Mail-Adressen erfasst, beenden Sie den Dialog **Konten** mit einem Klick auf **Bereit**.

---

**+ Weitere Kontoeinstellungen vornehmen**

Sie haben ein E-Mail-Konto eines anderen Anbieters hinzugefügt und sich bei der Kennworteingabe vertippt? Die Mail-App ist damit nicht in der Lage, Ihre E-Mails abzurufen. Um das Kennwort zu korrigieren, markieren Sie in der linken Spalte das E-Mail-Konto, das Sie bearbeiten möchten ❶. Klicken Sie dann am unteren Rand der Spalte auf das Symbol ⚙ ❷ und in der nun rechts eingeblendeten Spalte auf den Eintrag **Konten**. Wählen Sie das gewünschte Konto aus. Im Dialog **Kontoeinstellungen** können Sie nun erneut das Kennwort des E-Mail-Kontos eintragen. Im gleichen Dialog finden Sie auch die Schaltfläche zum Löschen eines Kontos, falls Sie dieses nicht mehr mit der Mail-App abfragen möchten. Nach einem Klick auf **Synchronisierungseinstellungen für Postfach ändern** können Sie festlegen, wie häufig die Mail-App Ihr Postfach auf neu eingegangene E-Mails prüfen soll. Beim Hinzufügen des E-Mail-Kontos ergänzt die Mail-App die nötigen Angaben für den Posteingangs- und den Postausgangsserver automatisch. Wollen Sie die Einstellungen selbst festlegen, klicken Sie im Dialog **Synchronisierungseinstellungen** auf **Erweiterte Postfacheinstellungen**. Es werden nun alle für das Einrichten des E-Mail-Kontos nötigen Schaltflächen angezeigt. Sobald Sie die Angaben ergänzt haben, schließen Sie alle geöffneten Dialoge mit **Fertig** bzw. **Speichern**.

---

Sie gelangen nun zum eigentlichen Programmfenster der Mail-App. Die Anwendung stellt automatisch eine Verbindung zu den gerade eingerichteten E-Mail-Konten her und prüft regelmäßig, ob Sie neue Nachrichten erhalten haben. Wenn Sie gerade erst ein neues E-Mail-Konto erstellt haben, wie soeben im Abschnitt »Eine kostenlose E-Mail-Adresse anlegen« ab Seite 115 gezeigt, schickt Ihnen Ihr Provider meist eine erste Begrüßungsmail. Bevor ich Ihnen im nächsten Abschnitt zeige, wie Sie selbst E-Mails schreiben, stelle ich Ihnen kurz den Aufbau des Programmfensters der Mail-App vor.

Das Programmfenster ist in drei Spalten aufgeteilt. Am oberen Rand der linken Spalte ist wie bei allen Apps das Menü-Symbol ❸ zu sehen. Ein Klick oder Tipp hierauf blendet den Inhalt der linken Spalte ein bzw. aus. Unterhalb des Menü-Symbols finden Sie die Schaltfläche, über die Sie eine neue E-Mail erstellen ❹. Direkt darunter werden im Bereich **Konten** alle E-Mail-Konten angezeigt, die Sie in der Mail-App eingerichtet haben. Jedes der Konten erhält einen eigenen Namen. Per Mausklick auf einen Kontonamen wechseln Sie zwischen diesen Konten. Das gerade ausgewählte Konto wird hellblau markiert. Die Bezeichnung des Microsoft-Kontos lautet beispielsweise **Outlook**. Im folgenden Bild ist lediglich dieses Konto zu sehen ❶.

▼ *Das Programm-fenster der Mail-App im Überblick*

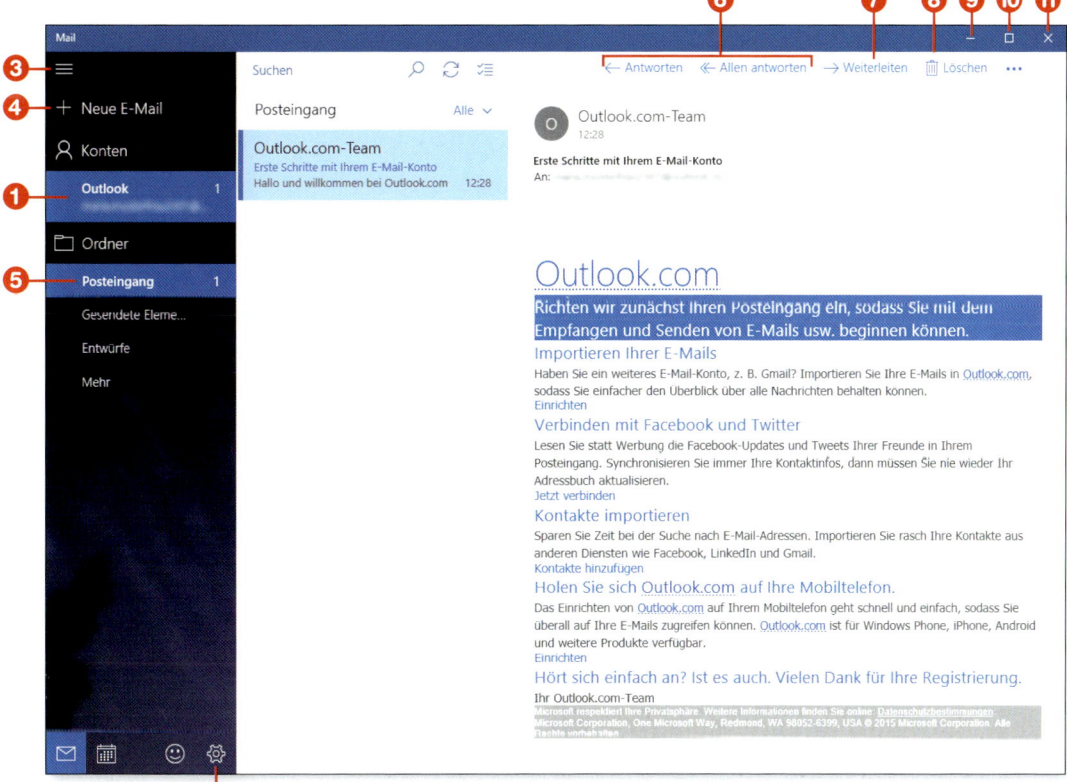

Unterhalb der Konten werden diverse Ordner aufgelistet. In der mittleren Spalte des Programmfensters finden Sie die Mails des links markierten Ordners. Nach dem Start der Mail-App handelt es sich dabei normalerweise um den Ordner **Posteingang** (❺ auf Seite 123). Ist dieser aktiv, werden in der mittleren Spalte alle empfangenen Mails angezeigt. In der rechten Spalte können Sie wiederum den Inhalt der in der Mitte ausgewählten E-Mail lesen. Wenn Sie noch keine E-Mails erhalten oder in der mittleren Spalte keine E-Mail markiert haben, ist in der rechten Spalte nur ein Hintergrundbild zu sehen. Alle markierten Elemente sind gut am hellblauen Hintergrund zu erkennen. Neue Nachrichten sind zusätzlich durch einen blauen Balken am linken Rand gekennzeichnet.

Wenn Sie in der mittleren Spalte eine E-Mail markiert haben, sehen Sie oberhalb der rechten Spalte einige Schaltflächen. Über diese können Sie ganz bequem auf eine erhaltene Nachricht antworten ❻, diese an andere Personen weiterleiten ❼ oder die zuvor markierte E-Mail löschen ❽. Wie in allen Programmfenstern üblich, werden in der rechten oberen Ecke die Symbole zum Minimieren ❾, Maximieren bzw. Verkleinern ❿ sowie Schließen ⓫ der App angezeigt. Anders als beim Verkleinern wird die App beim Minimieren nicht mehr als Fenster angezeigt, sie verschwindet dann in der Taskleiste und kann dort über einen Klick auf das Programmsymbol wieder in voller Größe auf den Bildschirm geholt werden.

Im nächsten Abschnitt zeige ich Ihnen, wie Sie selbst eine E-Mail schreiben und versenden.

## Eigene E-Mails versenden

Egal, ob Sie Kollegen zum Geburtstag gratulieren oder Freunde zum nächsten Kegelabend einladen möchten: Eine entsprechende E-Mail ist schnell geschrieben. Wenn Sie möchten, können Sie Ihrer Nachricht sogar noch Fotos oder andere Dateien beifügen. Kaum haben Sie die E-Mail verschickt, landet sie bereits Sekunden später im Postfach des Empfängers. Wie einfach das Ganze ist, zeige ich Ihnen jetzt. Auch hier kommt wieder die Mail-App zum Einsatz.

**i** **Die E-Mail-Adresse des Microsoft-Kontos verifizieren**

Sie haben eine E-Mail-Adresse bei Microsoft erstellt, wie im Abschnitt »Eine kostenlose E-Mail-Adresse anlegen« ab Seite 115 gezeigt? Wenn Sie nun Ihre erste E-Mail versenden möchten, erhalten Sie selbst eine Nachricht vom Outlook.com-Team. In dieser werden Sie aufgefordert, sich bei Ihrem Outlook.com-Konto anzumelden. Die nächsten Schritte sind nötig, um sicherzustellen, dass wirklich eine Person hinter der E-Mail-Adresse steht und nicht ein Internetbetrüger, der mithilfe eines Computerprogramms über Ihre E-Mail-Adresse Nachrichten versenden will. Klicken oder tippen Sie auf **melden Sie sich an**, wird automatisch der Browser Edge gestartet. Geben Sie auf der Internetseite die E-Mail-Adresse sowie das Kennwort Ihres Microsoft-Kontos ein, und bestätigen Sie mit **Anmelden**. Auf der folgenden Seite wird wieder ein *Captcha* eingeblendet. Geben Sie die dort sichtbaren Zeichen im Feld darunter ein, und bestätigen Sie mit **Weiter**. Sie gelangen nun zur Website *Outlook.com* mit Ihrem Postfach. Klicken Sie auf Ihren Benutzernamen oben rechts und in der aufklappenden Liste auf **Abmelden**. Sie können Edge nun schließen und wieder zur Mail-App zurückkehren. Das *webbasierte* Postfach (sprich das Postfach, das Sie über einen Browser wie Edge öffnen) ist übrigens auch sehr praktisch, wenn Sie von unterwegs auf Ihre E-Mails zugreifen möchten, Ihnen aber nicht Ihr Computer mit der Mail-App zur Verfügung steht. Geben Sie als Internetadresse im Browser einfach *www.outlook.de* ein, und Sie gelangen automatisch zur Startseite von Outlook. Dort können Sie sich dann wie gerade beschrieben anmelden.

**1.** Wenn Sie mehrere E-Mail-Konten in der Mail-App eingerichtet haben, wählen Sie in der linken Spalte zunächst das Konto aus, das Sie für das Versenden der Nachricht nutzen möchten.

**2.** Klicken oder tippen Sie oben links auf **Neue E-Mail**. In der rechten Spalte wird daraufhin die Maske zum Erstellen einer neuen Nachricht eingeblendet.

**3.** Die E-Mail-Adresse Ihres zuvor ausgewählten Kontos wird im Feld **Von** bereits automatisch ergänzt (❶ auf Seite 126). In das Feld **An** geben Sie nun die E-Mail-Adresse des Empfängers ein ❷. Wenn Sie bereits mit der Kontakte-App Adressen erfasst haben, schlägt Ihnen die Mail-App schon während der Eingabe passende Adressen vor. Ist die gewünschte

Adresse dabei, reicht ein Mausklick oder Antippen, um sie auszuwählen. Die Kontakte-App stelle ich Ihnen im Abschnitt »Ein Adressbuch pflegen« ab Seite 135 vor. Geben Sie die E-Mail-Adresse selbst ein, erscheint der Hinweis **Diese Adresse verwenden**. Sobald Sie die Adresse vollständig eingetippt und ⏎ gedrückt haben, verschwindet der Hinweis wieder.

**4.** Sie können eine E-Mail gleich an mehrere Empfänger schicken. Um einer Person eine Kopie der Mail zukommen zu lassen, klicken oder tippen Sie auf die Schaltfläche **Cc und Bcc** ❸.

**5.** In das nun sichtbare Feld **Cc** ❹ geben Sie die E-Mail-Adresse ein. Wenn Sie in einem der beiden Felder **An** oder **Cc** mehrere Adressen ergänzen möchten, trennen Sie diese einfach durch ein Semikolon (;) voneinander. Dieses wird bereits automatisch hinter eine E-Mail-Adresse gesetzt, sobald Sie ⏎ drücken. Wenn Sie einer Person eine Kopie der E-Mail schicken möchten, ohne dass die anderen Empfänger dies mitbekommen, nutzen Sie das Feld **Bcc** ❺ für die Eingabe der E-Mail-Adresse.

**6.** Klicken oder tippen Sie als Nächstes in das Feld **Betreff** ❻, und geben Sie einen Titel für die E-Mail ein. Anhand des Titels sollte der Empfänger sofort erkennen können, um welches Thema es in der E-Mail geht. Wählen Sie also einen möglichst aussagekräftigen Titel.

**7.** Die wichtigen Formalitäten sind damit erledigt. Nun können Sie den eigentlichen Text Ihrer Nachricht schreiben. Hierzu klicken oder tippen Sie einmal auf den weißen Bereich unterhalb des Feldes **Betreff** ❼. Windows 10 hat hier bereits automatisch eine kleine Werbung für sich ergänzt, die sogenannte *Signatur* mit dem Wortlaut **Gesendet von Mail für Windows 10** ❽. Diesen Text können Sie selbstverständlich löschen.

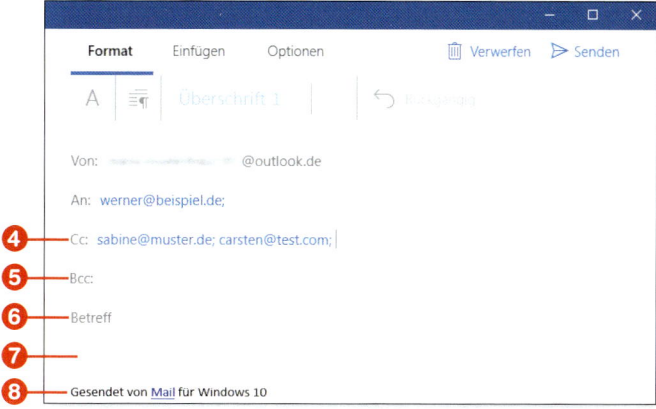

Möchten Sie gerne ein paar Fotos vom letzten Ausflug mit der Mail verschicken? Oder müssen Sie Ihrem Steuerberater noch ein wichtiges Word-Dokument zukommen lassen? Beides ist schnell erledigt. Lesen Sie hierzu bitte auch den Kasten »Die Größe von Dateianhängen berücksichtigen« auf Seite 129.

**1.** Klicken oder tippen Sie in der rechten Spalte der Mail-App, oberhalb Ihrer E-Mail, auf **Einfügen** ❶.

**2.** Markieren Sie per Mausklick oder Antippen die nun sichtbare Schaltfläche **Anfügen** ❷.

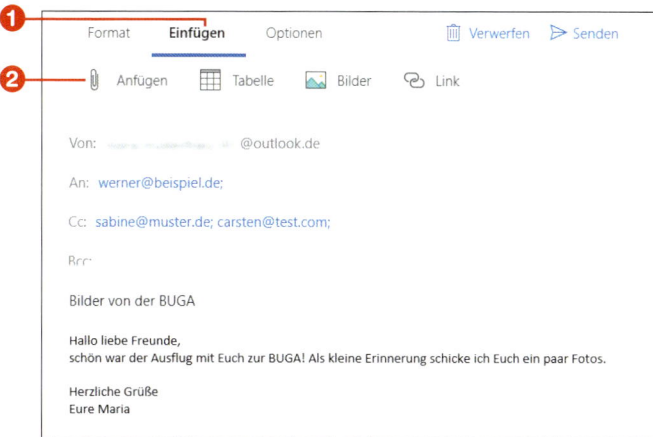

**3.** Der Dialog **Öffnen** wird eingeblendet. Er ist im Großen und Ganzen so aufgebaut wie der Explorer, den Sie bereits in Kapitel 3, »Dateien und Ordner – Ihre Ablage auf dem Computer«, kennengelernt haben. Wechseln Sie im Navigationsbereich links in den Ordner, in dem sich die zu versendenden Dateien befinden. In meinem Beispiel handelt es sich um den Unterordner **Gartenschau** im Ordner **Bilder** ❸.

**4.** Im Inhaltsbereich rechts wählen Sie nun die gewünschten Dateien aus. Halten Sie hierzu die Taste `Strg` gedrückt, während Sie nacheinander die Bilder per Mausklick markieren. Alle gekennzeichneten Bilder erhalten eine blaue Markierung.

**5.** Mit einem Klick auf **Öffnen** ❹ übernehmen Sie die ausgewählten Dateien in Ihre Mail.

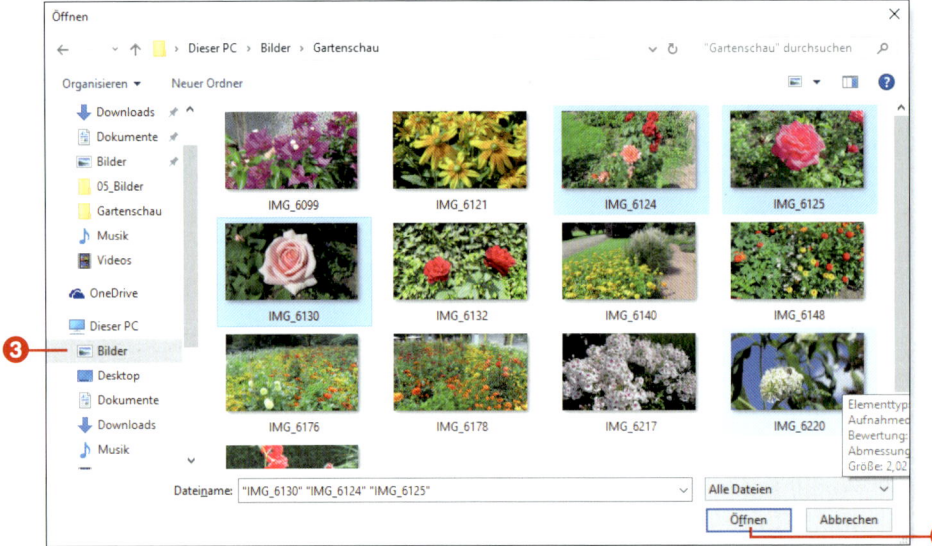

**6.** Die Dateien werden nun oberhalb Ihres Nachrichtentextes als **Anlagen** ❺ eingeblendet. Haben Sie versehentlich eine falsche Datei ausgewählt, können Sie sie mit einem Klick oder Tippen auf das kleine Kreuz-Symbol, das in der rechten oberen Ecke der Datei zu sehen ist, wieder entfernen.

**7.** Werfen Sie nochmals einen prüfenden Blick auf den Nachrichtentext sowie die angegebenen E-Mail-Adressen. Sind alle Angaben korrekt, können Sie die Nachricht nun verschicken. Klicken oder tippen Sie hierzu oben rechts auf **Senden** ❻. Wenn Sie die E-Mail später nochmals benötigen, können Sie sie über den Ordner **Gesendete Elemente** erreichen.

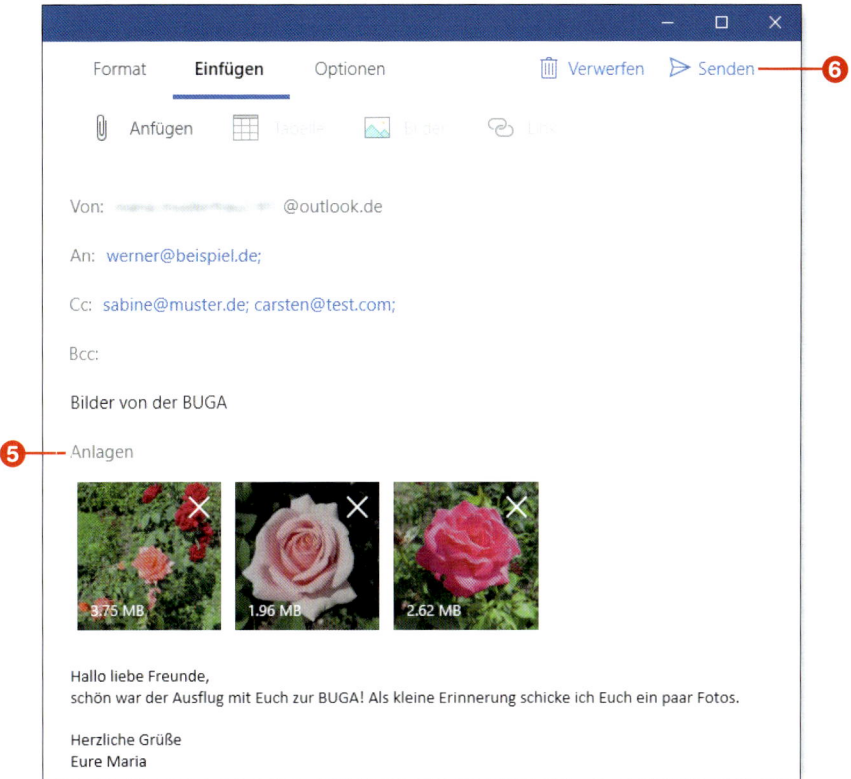

Im nächsten Abschnitt zeige ich Ihnen, wie Sie auf empfangene E-Mails zugreifen, Dateianhänge auf Ihrem Computer speichern und die Nachrichten beantworten.

### Die Größe von Dateianhängen berücksichtigen

Fotos oder Word-Dokumente sind schnell an eine E-Mail gehängt. Bei der Auswahl dieser Dateien sollten Sie aber unbedingt die Dateigröße im Auge behalten. Denn einige E-Mail-Provider schränken die Größe von Dateianhängen ein. Bei manchen Anbietern sind maximal 5 MByte gestattet, andere wieder erlauben 20 MByte. Diese Grenzen gelten nicht nur für das Senden, sondern auch das Empfangen von E-Mails. Wenn Sie größere Datenmengen austauschen möchten, ist der Online-Speicher *OneDrive* häufig die bessere Wahl. Wie Sie dort z. B. Fotos speichern und anschließend Freunde und Familienmitglieder zum Betrachten einladen, zeige ich Ihnen im Abschnitt »Fotos in der Cloud OneDrive veröffentlichen« ab Seite 180.

## E-Mails lesen, beantworten, löschen und mehr

Sobald Sie Ihre E-Mail-Konten in der Mail-App hinzugefügt haben, prüft die App regelmäßig, ob Sie neue Nachrichten erhalten haben. Über das Symbol 🔄 ❶, das am oberen Rand der mittleren Spalte angezeigt wird, können Sie die Prüfung sofort veranlassen. Alle E-Mails werden im Ordner **Posteingang** abgelegt. Wie viele neue Nachrichten eingetroffen sind, wird in der linken Spalte rechts vom Kontonamen eingeblendet ❷. Um nun die neuen E-Mails zu lesen, gehen Sie folgendermaßen vor:

**1.** Haben Sie mehrere E-Mail-Konten in der Mail-App eingerichtet, markieren Sie das Konto mit den neuen E-Mails ❸. Stellen Sie außerdem sicher, dass der Ordner **Posteingang** ❹ ausgewählt ist.

**2.** In der mittleren Spalte werden nun alle E-Mails, die Sie erhalten haben, aufgeführt. Neue Nachrichten erkennen Sie sofort am blauen Balken ❺. Markieren Sie die E-Mail, die Sie lesen möchten. Dann können Sie in der rechten Fensterhälfte den Nachrichtentext lesen.

Wenn der Absender Bilder an die E-Mail gehängt hat, wie Sie es im vorherigen Abschnitt selbst gelernt haben, finden Sie oberhalb der Nachricht jeweils eine Miniaturansicht der Bilder. Bei Word-Dokumenten erscheint entsprechend das Programmsymbol.

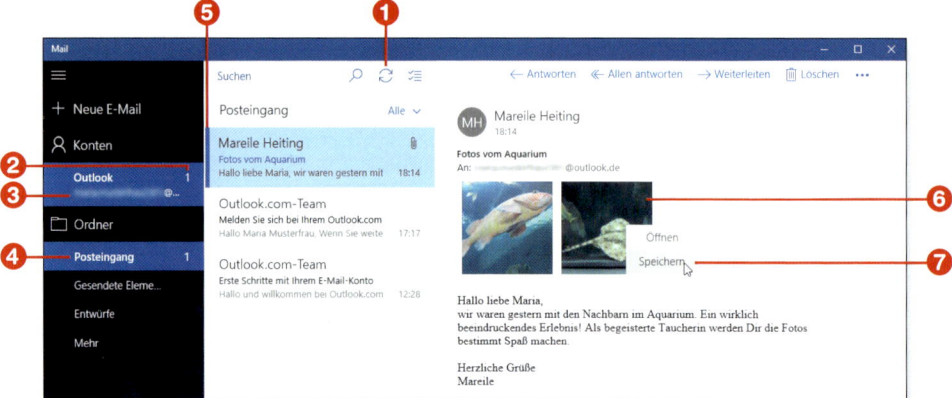

**3.** Wenn Sie eines der Bilder oder Dokumente auf Ihrem Computer speichern möchten, klicken Sie mit der rechten Maustaste auf die Miniaturansicht ❻. Arbeiten Sie mit einem Touchscreen, halten Sie den Finger etwas länger auf dem Bild oder Symbol gedrückt, bis das Kontextmenü eingeblendet wird. Um die Datei zu speichern, wählen Sie den Befehl **Speichern** ❼.

Den folgenden Dialog haben Sie in ähnlicher Form bereits beim Einfügen von Bildern in Ihre eigenen E-Mails kennengelernt. Dort nannte sich der Dialog **Öffnen**, hier nun **Speichern unter**.

**4.** Wechseln Sie im Navigationsbereich links in den Ordner, in dem die Datei gespeichert werden soll. Wenn Sie möchten, legen Sie für die per E-Mail erhaltenen Dateien einen neuen Ordner an. Hierzu klicken Sie auf **Neuer Ordner** ❽ und überschreiben den blau hinterlegten Text unterhalb des neuen Ordners mit einem aussagekräftigen Namen ❾. Drücken Sie ⏎ auf Ihrer Tastatur, und doppelklicken Sie dann auf den Ordner. Mit einem Klick auf **Speichern** wird das Bild oder Dokument in diesem Ordner gesichert. Über den Explorer können Sie nun auf die Dateien zugreifen.

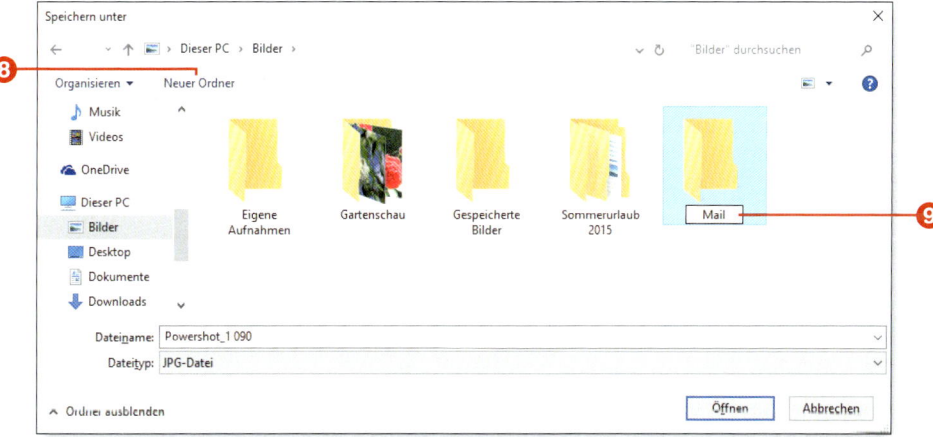

Bilder oder andere Dateianhänge sollten Sie übrigens nur dann auf Ihrem Computer speichern und öffnen, wenn Sie den Absender kennen und die angehängten Dateien für Sie auch von Wert sind. Schickt Ihnen z. B. ein sonst sehr seriöser Freund Bilder mit dem Betreff »Sieh Dir meine sexy Urlaubsbilder an«, sind große Zweifel angeraten. Bei den Dateianhängen kann es sich auch um infizierte Dateien handeln. Wenn Sie sich unsicher sind, fragen Sie beim Absender lieber nach, ob er Ihnen wirklich eine E-Mail geschickt hat oder selbst Opfer eines Virus geworden ist. Erst wenn Sie sicher sind, dass der Absender Ihnen die Dateien absichtlich geschickt hat, sollten Sie diese öffnen.

➕ **Externe Bilder in Werbemails ausblenden**

Wenn Sie im Internet einkaufen und dabei Ihre E-Mail-Adresse hinterlegen, werden Sie im Laufe der Zeit leider immer wieder Werbemails erhalten. Bei diesen ist aber große Vorsicht geboten. Sie enthalten häufig Bilder, die allerdings oft nicht direkt in die E-Mail eingefügt werden. Stattdessen enthalten die E-Mails Verknüpfungen (auch *Links* genannt) zu den eigentlich extern gespeicherten Bildern. Diese Bilder können im schlimmsten Fall infiziert sein. Eine kleine, aber sehr wichtige Einstellung verhindert, dass diese externen Bilder automatisch in Ihrer E-Mail geladen werden. Markieren Sie hierzu in der linken Spalte das betreffende E-Mail-Konto, und klicken Sie dann unten auf das Symbol ⚙. Rechts klappt eine Liste auf, in der Sie **Optionen** wählen. Blättern Sie in dieser Liste ganz nach unten bis zum Eintrag **Externer Inhalt** ❶. Den Regler, den Sie unterhalb des Eintrags finden, schieben Sie nun auf **Aus**. Nur wenn Sie dem Absender wirklich trauen, können Sie nach einem Klick oder Fingertipp auf den angezeigten Link die fehlenden Dateien laden. In der Spalte **Optionen** finden Sie übrigens noch so manch andere interessante Funktion. So können Sie im Bereich **Unterschrift** ❷ den Text für die E-Mail-Signatur ändern. Versehen Sie außerdem die Kästchen **Benachrichtigungsbanner anzeigen** sowie **Sound wiedergeben** ❸ mit einem Häkchen, ertönt beim Eintreffen einer neuen E-Mail ein kurzer Ton, und es erscheint ein Hinweis in der rechten unteren Bildschirmecke des Computers.

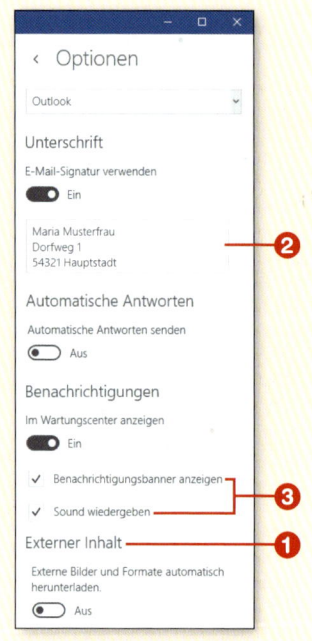

︿ *In den »Optionen« können Sie einige interessante Einstellungen für Ihr E-Mail-Konto vornehmen.*

Sie möchten die E-Mail eines Bekannten oder Verwandten beantworten? Das ist schnell geschehen:

**1.** Stellen Sie sicher, dass die Nachricht in der mittleren Spalte markiert und der Nachrichtentext somit rechts angezeigt wird.

**2.** Klicken oder tippen Sie oberhalb der rechten Spalte auf die Schaltfläche **Antworten**.

**3.** Wurde die Mail an mehrere Personen verschickt, denen Sie Ihre Antwort ebenfalls zukommen lassen möchten, klicken oder tippen Sie auf **Allen antworten**.

**4.** Gleich rechts von dieser Schaltfläche finden Sie auch den Befehl **Weiterleiten**, über den Sie die an Sie gerichtete E-Mail an eine weitere Person verschicken können. Dabei können Sie auch noch einen eigenen Text hinzufügen.

**5.** In allen drei Fällen – **Antworten**, **Allen antworten** oder auch **Weiterleiten** – wird in der rechten Fensterhälfte das Nachrichtenfenster eingeblendet, das Sie bereits beim Versenden einer Mail kennengelernt haben. Handelt es sich um ein Antwortschreiben, wird die E-Mail-Adresse bereits automatisch ergänzt, bei einer Weiterleitung müssen Sie sie selbst im Feld **An** angeben.

**6.** Im Feld **Betreff** wird automatisch der Titel der E-Mail übernommen. Bei einem Antwortschreiben finden Sie vor dem Titel allerdings noch das Präfix **AW** ❶, bei einer Weiterleitung das Präfix **WG**.

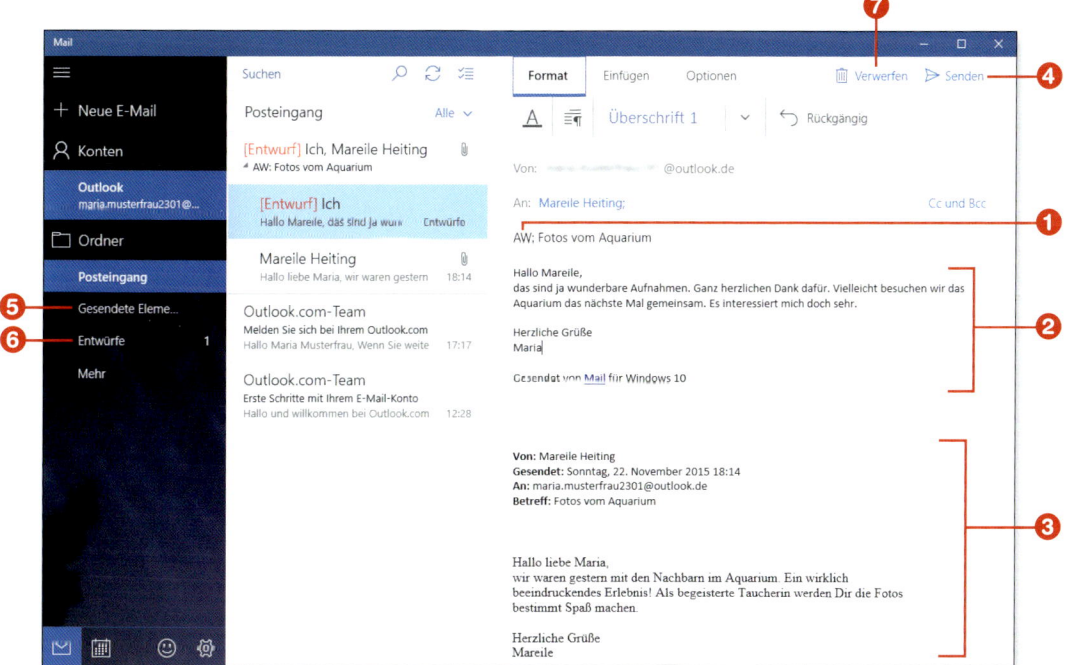

**7.** Ihren persönlichen Text der E-Mail fügen Sie unterhalb der Betreffzeile hinzu (❷ auf Seite 133). Der Text der alten Mail wird am unteren Rand angezeigt ❸. Wenn Sie ihn nicht übernehmen möchten, löschen Sie ihn. Mit einem Klick oder Fingertipp auf **Senden** ❹ schicken Sie die Mail ab.

Auch diese E-Mail wird im Ordner **Gesendete Elemente** ❺ abgelegt. Übrigens: Werden Sie beim Schreiben einer E-Mail durch einen Telefonanruf unterbrochen oder müssen die Arbeit aus einem anderen Grund unterbrechen, können Sie über den Ordner **Entwürfe** ❻ auf alle begonnenen, aber noch nicht abgesendeten E-Mails zugreifen. Wenn Sie eine Nachricht doch nicht abschicken möchten, klicken Sie oben rechts auf **Verwerfen** ❼.

Im Laufe der Zeit sammeln sich immer mehr E-Mails in den Ordnern **Posteingang** sowie **Gesendete Elemente** an. Ab und an sollten Sie hier für Ordnung sorgen und nicht mehr benötigte Nachrichten löschen.

**1.** Wechseln Sie hierzu in den Ordner, in dem Sie aufräumen möchten. Markieren Sie dann in der mittleren Spalte die Nachricht, die gelöscht werden soll.

**2.** Mit einem Mausklick oder Antippen der Schaltfläche **Löschen** oben rechts wird die Nachricht entfernt.

**3.** Wenn Sie gleich mehrere E-Mails löschen möchten, klicken oder tippen Sie am oberen Rand der mittleren Spalte auf das Symbol ⊟ ❽. Innerhalb der Spalte wird nun vor jeder Nachricht ein kleines Kästchen eingeblendet ❾. Versehen Sie per Mausklick oder Antippen die Kästchen vor den E-Mails, die Sie löschen möchten, mit einem Häkchen.

**4.** Mit einem Klick auf das **Löschen**-Symbol 🗑 ❿ entfernen Sie auch diese Nachrichten.

**5.** Sowohl die einzelne Nachricht als auch die in einem Rutsch gelöschten E-Mails werden zunächst in den Ordner **Gelöscht** verschoben, den Sie nach einem Klick oder Tippen auf **Mehr** ⓫ erreichen. Auch diesen sollten Sie natürlich regelmäßig leeren. Hierzu gehen Sie wie gerade beschrieben vor.

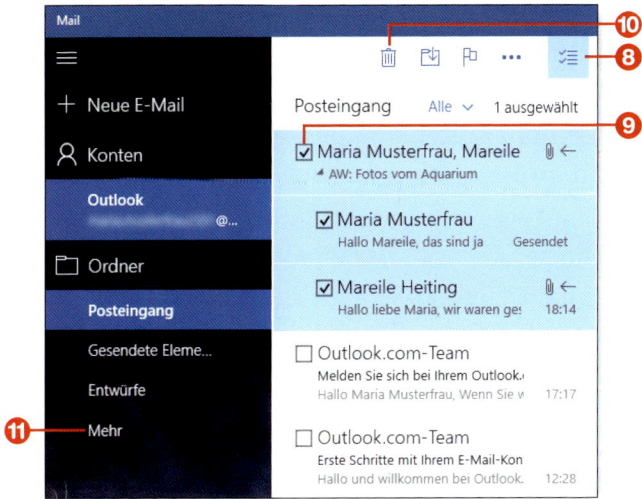

➕ **Vorsicht vor Betrügern**

Wenn Sie das Internet im Alltag nutzen, müssen Sie immer wieder ganz persönliche Daten preisgeben. Dies können z. B. Ihre Bankdaten, Kreditkarteninformationen, aber auch Kennwörter für Online-Shops und mehr sein. Für Betrüger sind diese Daten Gold wert, und sie versuchen daher alles, um an diese Informationen zu gelangen. Eine beliebte und leider sehr häufig eingesetzte Masche sind die sogenannten *Phishing-Mails*. In diesen Mails, die angeblich von Ihrer Bank oder einem bekannten Online-Shop stammen, werden Sie aufgefordert, auf einen in der Nachricht enthaltenen Link zu klicken und auf der anschließend angezeigten Internetseite Ihre persönlichen Daten anzugeben. Dieser Aufforderung sollten Sie auf keinen Fall nachkommen. Kein seriöses Unternehmen fragt solch sensible Daten per E-Mail oder auch Telefon ab. Bei den Absendern handelt es sich dagegen um Betrüger. Löschen Sie diese E-Mails daher sofort.

# Ein Adressbuch pflegen

Fast jeder von uns besitzt heutzutage neben einem Festnetzanschluss auch noch ein Mobiltelefon. Hinzu kommen die E-Mail-Adresse und natürlich die Postanschrift. Sich all diese Daten zu merken ist fast ein Ding

der Unmöglichkeit. Zum Glück müssen Sie das auch nicht. Denn mit der *Kontakte*-App bietet Ihnen Windows 10 ein wunderbares Adressbuch. Auf die einmal erfassten Daten können Sie anschließend auch von anderen Apps, wie etwa der Mail-App, zugreifen. Zum Aufruf der Kontakte-App finden Sie im Startmenü meist eine eigene Kachel.

**1.** Öffnen Sie das Startmenü per Klick auf das Windows-Logo ⊞ . Wird rechts bereits die **Kontakte**-App angezeigt, reicht ein Mausklick oder Antippen der entsprechenden Kachel ❶, um die App zu starten. Ist die Kachel bei Ihnen nicht zu sehen, rufen Sie die App-Übersicht per Klick auf **Alle Apps** ❷ auf und wählen dann die Kontakte-App aus.

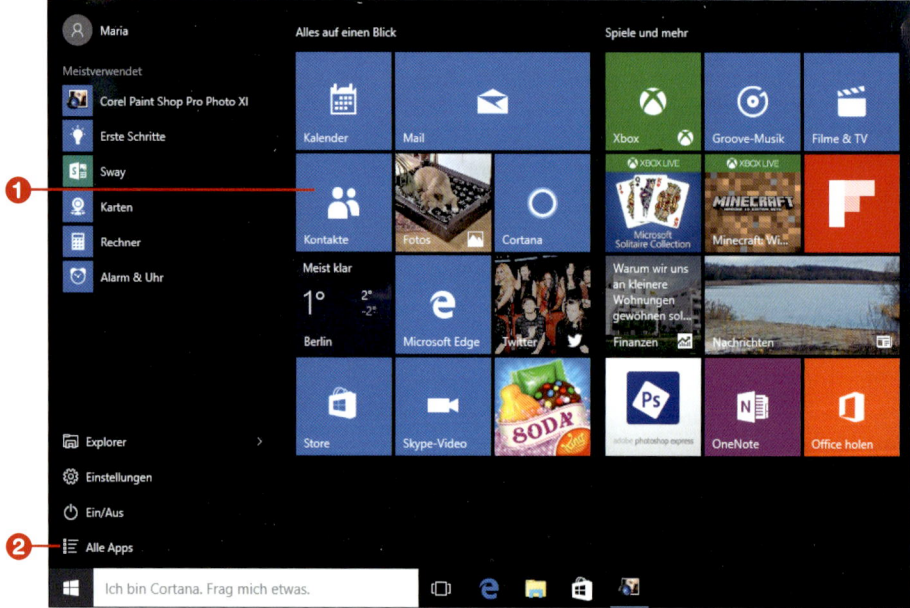

**2.** Im nächsten Dialog werden Sie aufgefordert, ein Konto hinzuzufügen. Wenn Sie mit dem Microsoft-Konto am Computer angemeldet sind, wird dieses bereits automatisch hinzugefügt und entsprechend im Dialog aufgeführt. Sind Sie dagegen mit einem lokalen Konto angemeldet, können Sie nach einem Klick auf **Konten hinzufügen** ein Konto ergänzen.

Die nächsten Schritte haben Sie bereits im Zusammenhang mit dem Einrichten der Mail-App ab Seite 119 kennengelernt. Deshalb beschreibe ich sie nur nochmals in Kurzform:

**3.** Wählen Sie das Konto aus, etwa **Outlook.com**, geben Sie Ihren Benutzernamen und das Kennwort ein. Bestätigen Sie mit **Anmelden**.

**4.** Sind Sie mit einem lokalen Benutzerkonto am Computer angemeldet, werden Sie im nächsten Dialog gefragt, ob Sie sich mit Ihrem Microsoft-Konto bei diesem Gerät anmelden möchten. Damit Ihr lokales Benutzerkonto nicht in ein Microsoft-Konto umgewandelt wird, blättern Sie im Dialog etwas nach unten, bis die Schaltfläche **Stattdessen nur bei dieser App anmelden** ❸ zu sehen ist. Klicken oder tippen Sie hierauf.

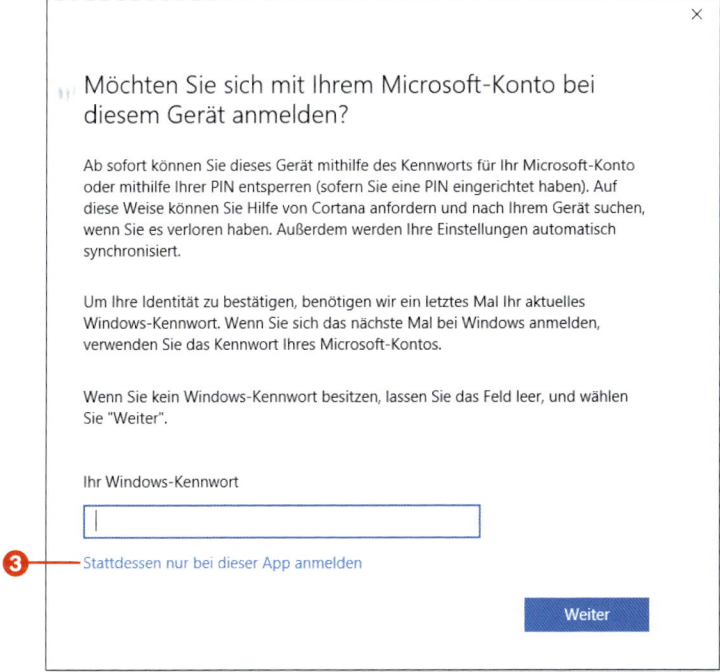

**5.** Den Dialog **Geschafft!** bestätigen Sie mit **Fertig**.

Die Kontakte-App ist damit fertig eingerichtet, und Sie können damit beginnen, die Adressdaten von Verwandten und Bekannten zu erfassen.

**1.** Klicken bzw. tippen Sie oben links auf das Plus-Symbol ➕ ❶. Werden Sie aufgefordert, ein Konto auszuwählen, markieren Sie z. B. das **Microsoft-Konto**. Wenn Sie sich mit Ihrem Microsoft-Konto an anderen Geräten anmelden, werden die Kontaktdaten automatisch synchronisiert.

**2.** Der Dialog **Neuer Kontakt …** wird nun eingeblendet. Rechts vom Feld **Name** sehen Sie ein Stift-Symbol ❷. Nach einem Klick darauf klappt ein weiterer Dialog auf, in dem Sie in die entsprechenden Felder **Vorname**, **Nachname** oder auch **Spitzname** ❸ die Daten Ihres ersten Kontakts eintragen. Haben Sie alles eingegeben, klicken oder tippen Sie auf **Fertig** ❹.

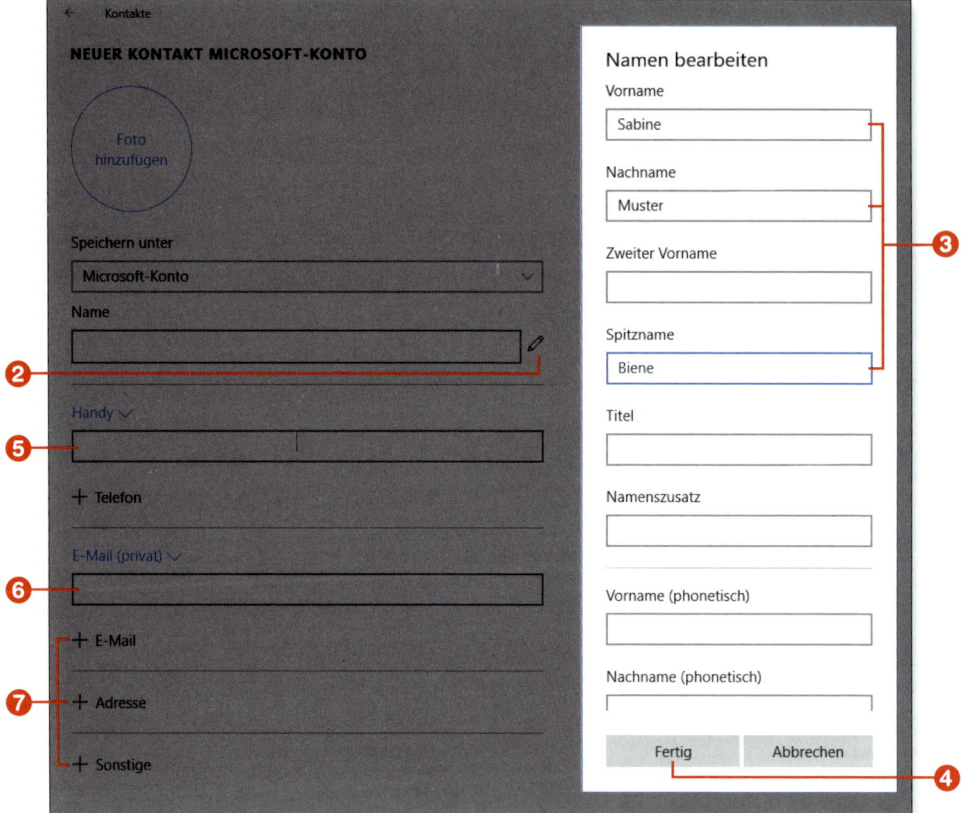

**3.** Im Dialog **Neuer Kontakt …** ergänzen Sie in den weiteren Feldern zusätzliche Kontaktdaten wie die Handynummer ❺ und E-Mail-Adresse ❻.

**4.** Klicken oder tippen Sie auf die Schaltfläche ⊞ ❼, die Sie vor den restlichen Kategorien wie **E-Mail** oder **Adresse** finden, werden Ihnen in einer Liste weitere Felder angeboten. Per Mausklick oder Antippen wählen Sie das gewünschte Feld ❽ aus. Nun werden die dazugehörigen Adressfelder ❾ eingeblendet.

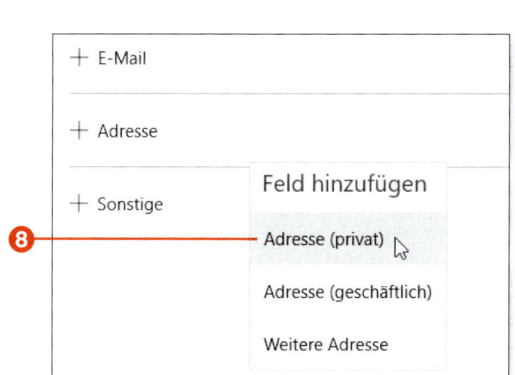

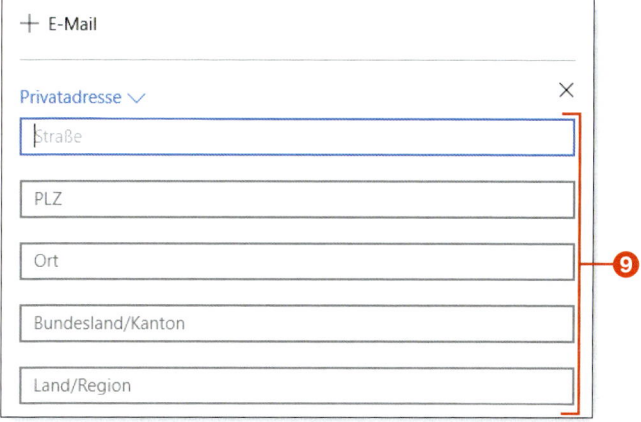

**5.** Haben Sie alle Adressdaten eingegeben, klicken oder tippen Sie in der oberen rechten Ecke des Dialogs auf die **Speichern**-Schaltfläche 🔲. Um weitere Kontakte zu erfassen, wiederholen Sie einfach die Schritte 1 bis 5.

**6.** Ihre Kontakte werden in der App alphabetisch nach Vornamen sortiert angezeigt. Wenn Sie eine Sortierung dem Nachnamen nach vorziehen, klicken Sie oben links auf das Symbol ⋯ ❿ und dann auf die Schaltfläche **Einstellungen**.

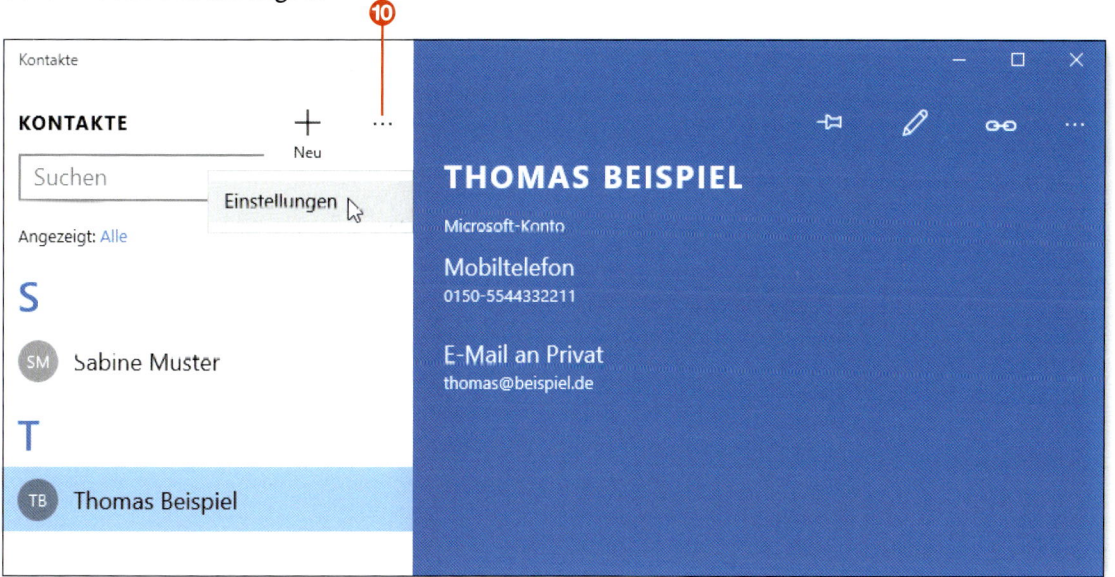

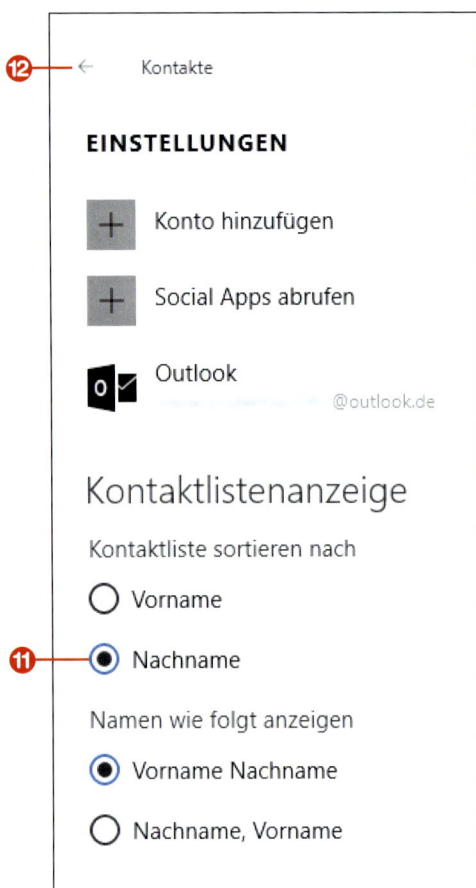

**7.** Im Dialog **Einstellungen** aktivieren Sie unter **Kontaktliste sortieren nach** die Option **Nachname** ⓫. Über den Pfeil oben links ⓬ gelangen Sie wieder zur Kontaktliste zurück.

Wie zu Beginn dieses Abschnitts erwähnt, können Sie die in der Kontakte-App erfassten Adressdaten, wie etwa die E-Mail-Adresse, auch in anderen Apps, also etwa der Mail-App, nutzen. Befinden Sie sich gerade in der Kontakte-App, müssen Sie nicht selbst die Mail-App öffnen, wenn Sie einem Freund eine E-Mail schicken möchten. Markieren Sie in der Kontaktübersicht einfach den gewünschten Namen, und klicken oder tippen Sie in der rechten Fensterhälfte auf **E-Mail an ….** Im Dialog **Wie soll dieses Element geöffnet werden** wählen Sie die App **Mail** aus, sofern Sie diese App für das Versenden Ihrer E-Mails nutzen. Bestätigen Sie mit einem Klick auf **OK**. Wenn Sie mehrere E-Mail-Konten eingerichtet haben, müssen Sie nun noch das Konto zum Senden der E-Mail auswählen. Anschließend öffnet sich das bereits aus dem vorangegangenen Abschnitt bekannte Fenster der Mail-App, in dem Sie nur noch den Nachrichtentext ergänzen, bevor Sie die Mail versenden.

### Adressen korrigieren

Ein Freund hat eine neue Mobilfunknummer erhalten? Um die Nummer in der Kontakte-App zu korrigieren, markieren Sie den Namen des Kontakts in der linken Spalte. Am oberen Rand der rechten Spalte wird nun eine Symbolleiste eingeblendet. Klicken Sie auf das Stift-Symbol ✏, können Sie die entsprechenden Kontaktdaten korrigieren und mit einem Klick auf 💾 speichern. Über das Pinnnadel-Symbol 📌 lässt sich für einen Kontakt sogar eine eigene Kachel im Startmenü erzeugen. Um sich die Kontaktdaten der Person anzeigen zu lassen, reicht ein Klick auf die Kachel im Startmenü, und schon wird die Kontakte-App mit den Adressdaten der Person geöffnet.

## Termine mit der Kalender-App verwalten

Ein Termin jagt den anderen, und das gilt bei vielen nicht nur für das Berufsleben. Um keine wichtigen Verabredungen zu verpassen, trägt man die Termine in einen Kalender ein. Auch Ihr Computer bringt solch ein Programm mit: die Kalender-App. Der Aufruf erfolgt wie üblich über das Startmenü. Wird die Kachel der Kalender-App bei Ihnen nicht in der rechten Spalte eingeblendet, rufen Sie die App über **Start ▸ Alle Apps ▸ Kalender** auf. Nach dem ersten Start erscheint zunächst der *Willkommen*-Dialog, in dem Sie auf **Anfangen** klicken oder tippen. Wie bereits für die Mail-App sowie die Kalender-App gezeigt, fügen Sie als Nächstes ein Konto hinzu, falls ein solches noch nicht aufgeführt wird. Letzteres ist dann der Fall, wenn Sie bereits mit einem Microsoft-Konto am Computer angemeldet sind. Nach einem Klick auf **Konto hinzufügen** gehen Sie vor, wie z. B. ab Seite 136 in den Schritten 2 bis 5 für die Kontakte-App gezeigt. Nach einem Klick auf **Bereit** können Sie den Kalender verwenden.

∧ *Die Kachel der Kalender-App*

Die Kalender-App zeigt zunächst eine Übersicht über den aktuellen Monat. Über die Schaltflächen am oberen Rand des Programmfensters können Sie aber auch zur **Tagesansicht**, **Arbeitswoche** oder **Woche** (❶ auf Seite 142) wechseln. Wenn Sie einen neuen Termin im Kalender erfassen möchten, gehen Sie folgendermaßen vor:

1. Klicken oder tippen Sie in der linken Spalte auf **Neues Ereignis** ❷.

2. Auf der Seite, die Sie nun zu sehen bekommen, geben Sie in das Feld **Name des Termins** einen Titel für die Verabredung ein ❸. In das Feld **Ort** können Sie den Ort der Verabredung eintragen ❹.

3. In den Feldern **Beginn** und **Ende** sollte jeweils bereits das richtige Datum eingetragen sein. Ist dies nicht der Fall, klicken oder tippen Sie auf das Kalender-Symbol ❺, das jeweils rechts in den beiden Feldern angezeigt wird. Über die beiden Pfeiltasten rechts vom Monatsnamen ❻, der dann eingeblendet wird, können Sie zum gewünschten Monat blättern. Den Tag markieren Sie einfach durch Anklicken oder Antippen ❼.

4. Wenn der Termin nicht den ganzen Tag andauert, stellen Sie sicher, dass das Kästchen vor **Ganztägig** kein Häkchen enthält ❽.

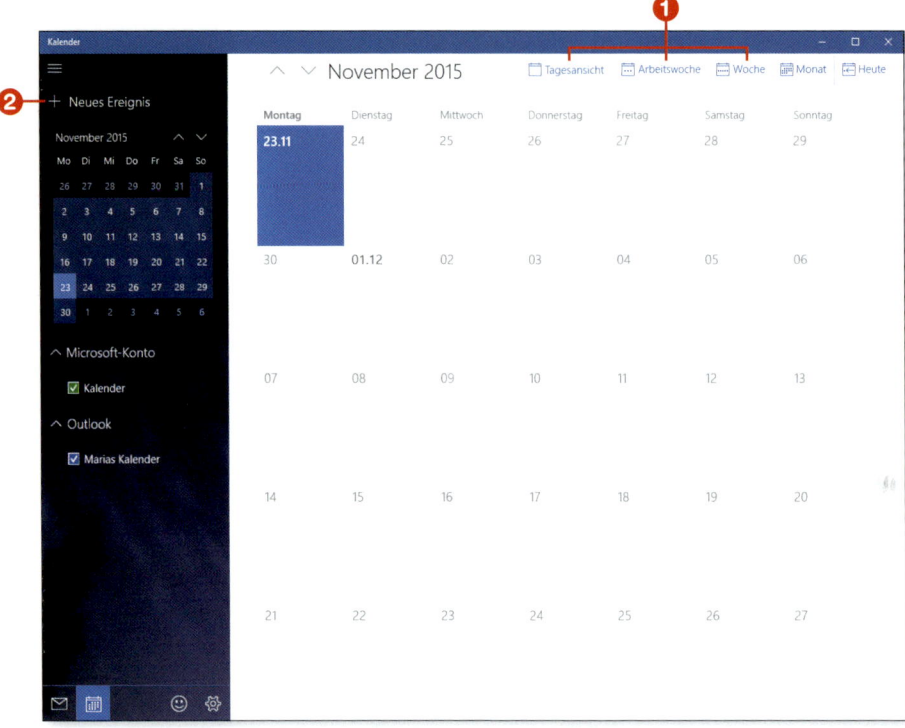

**5.** Rechts vom Feld **Beginn** können Sie nun die Uhrzeit festlegen ❾, zu der der Termin beginnt. Im Feld rechts von **Ende** geben Sie entsprechend an, wann der Termin voraussichtlich beendet sein wird.

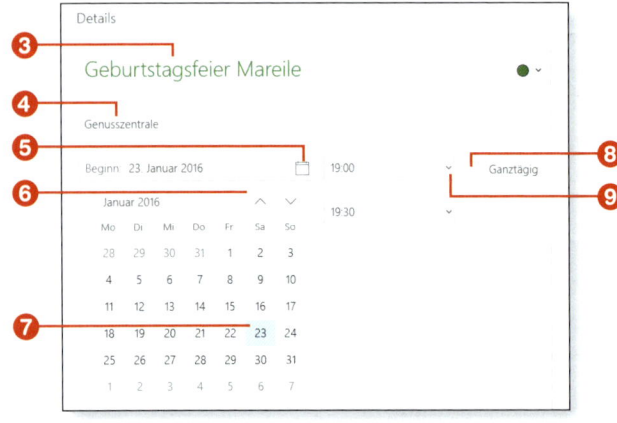

Die Tatsache, dass ein Termin im Kalender eingetragen ist, bedeutet leider noch lange nicht, dass man sich auch daran erinnert. Damit Sie keinen Termin vergessen, können Sie sich von der Kalender-App rechtzeitig daran erinnern lassen.

**1.** Im Feld **Erinnerung** ❶, das Sie am oberen Fensterrand finden, stellen Sie ein, wann die Kalender-App einen Hinweis auf den anstehenden Termin einblenden soll. Voreingestellt sind hier 15 Minuten vor dem Beginn.

**2.** Findet der Termin in regelmäßigen Abständen statt? Klicken Sie in diesem Fall auf **Wiederholen** ❷. Es werden nun weitere Felder eingeblendet, in denen Sie einstellen können, wann und wie häufig sich der Termin wiederholt.

**3.** Wenn Sie alle wichtigen Angaben zum Termin ergänzt haben, klicken Sie oben links auf **Speichern und schließen** ❸. Der Titel der Geburtstagsfeier wird nun im Kalender angezeigt.

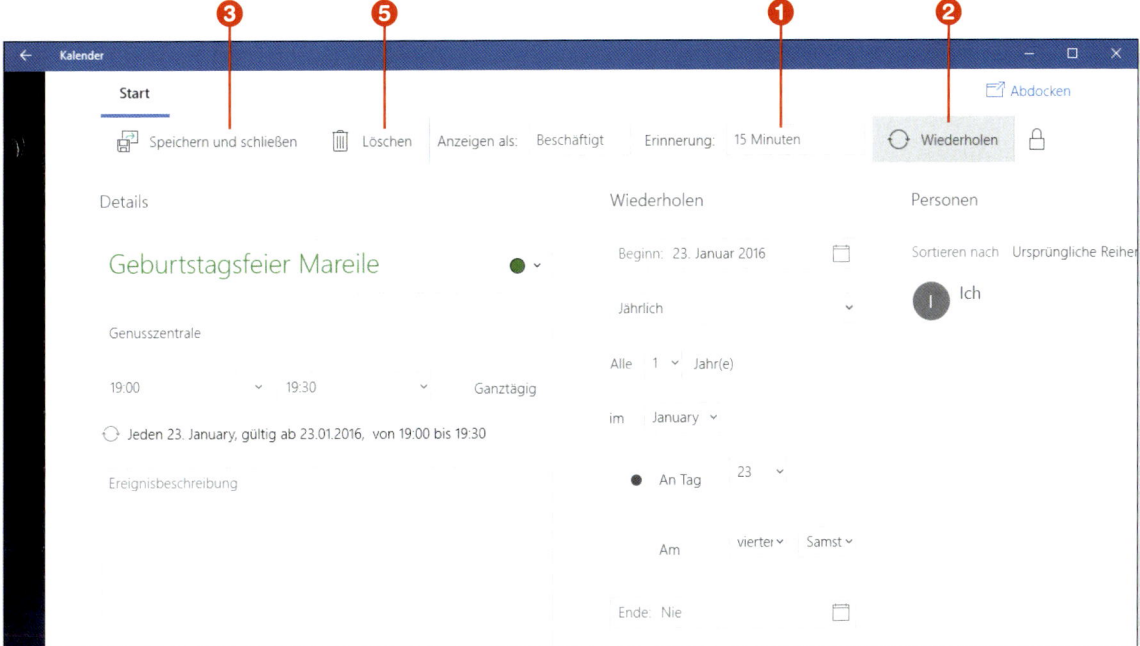

**4.** Hat sich eine Verabredung verschoben, klicken oder tippen Sie im Kalender einfach auf den entsprechenden Eintrag ❹ und nehmen die Korrekturen vor. Mit einem Klick oder Fingertipp auf **Löschen** ❺ können Sie einen Termin auch ganz entfernen.

Mit diesen Informationen schließe ich das Kapitel rund um die Apps **Mail**, **Kontakte** und **Kalender**. Im nächsten Kapitel erwartet Sie alles Wichtige rund um das Thema Fotos.

# Kapitel 6

# Fotos organisieren und bearbeiten

Mit einer Digitalkamera zu fotografieren bereitet viel Spaß. Die Fotos oder Videos sind nicht nur schnell aufgenommen, das Ergebnis lässt sich auch sofort auf dem Display prüfen. Und nicht nur das: Sind die Dateien einmal auf Ihren Computer überspielt, können Sie sie anschließend selbst bearbeiten. Denn beim Betrachten des Bildmaterials auf dem großen Bildschirm kommt durchaus der ein oder andere Schönheitsfehler zutage. In diesem Kapitel zeige ich Ihnen, wie Sie die Fotos und Videos von der Digitalkamera auf den Computer übertragen und anschließend kleine Fehler ausbessern.

‹ *Auf dem Bildschirm des PCs wird schnell deutlich, ob ein Foto gelungen ist oder nicht.*

Außerdem erfahren Sie, wie Sie Ihre Fotosammlung organisieren, einzelne Bilder selbst ausdrucken oder auf DVD brennen. Auch das Präsentieren der Bilder im Online-Speicher *OneDrive* schauen wir uns gemeinsam an.

## So kommen die Fotos auf den Computer

Früher musste man die Fotos noch umständlich zum Entwickeln bringen, um zu erfahren, ob die Aufnahmen gelungen waren oder nicht. Doch diese Zeiten sind dank der praktischen Digitalkameras zum Glück vorbei. Bereits beim Fotografieren können Sie mit einem Blick auf das Display prüfen, ob Ihnen die Aufnahme gefällt oder nicht. Noch besser lassen sich die Fotos natürlich auf dem großen Bildschirm Ihres Computers beurteilen.

Um Ihre Bilder und Videos von der Digitalkamera auf den Computer zu überspielen, müssen Sie beide Geräte zunächst miteinander verbinden. Am einfachsten gelingt dies mithilfe eines USB-Kabels. Stellen Sie sicher, dass die Kamera ausgeschaltet ist, bevor Sie das schmale Ende des USB-Kabels in den Digitalausgang der Digitalkamera stecken. Das breite rechteckige Ende des Kabels schließen Sie wiederum an den USB-Anschluss Ihres Computers an.

Eine Alternative zur Verbindung per Kabel ist der Einsatz eines Speicherkartenlesegeräts. In vielen Computern ist ein solches Kartenlesegerät bereits integriert. Ist dies bei Ihrem Computer nicht der Fall, können Sie auch ein externes Speicherkartenlesegerät verwenden, das wiederum per USB-Kabel an den PC angeschlossen wird. In das Kartenlesegerät stecken Sie nun die Speicherkarte Ihrer Digitalkamera.

Wenn Sie die Digitalkamera direkt mit dem Computer per USB-Kabel verbunden haben, schalten Sie als Nächstes die Kamera ein. Bei manchen Digitalkameras ist es außerdem nötig, in den Wiedergabemodus zu wechseln. Hinweise hierzu erhalten Sie im Handbuch Ihrer Kamera. Unabhängig von der gewählten Verbindungsart (also direkte Verbindung oder auch Nutzung eines Speicherkartenlesegeräts) meldet sich nun Ihr Computer zu Wort. Wenn Sie die Geräte das erste Mal miteinander verbunden haben, installiert Windows zunächst die dafür erforderlichen sogenannten *Treiber*. Dieser Vorgang ist nur einmal nötig und meist blitz-schnell erledigt, sodass Sie kaum etwas davon mitbekommen. Nun kön-nen Sie in Ruhe die Bilder und Fotos auf Ihren Computer übertragen. Die folgenden Schritte funktionieren übrigens auch mit den meisten Smart-phones, falls Sie damit fotografiert und gefilmt haben und die Daten nun auf einen Computer übertragen möchten.

> **➕ Datenimport über die Fotos-App starten**
>
> Das erste Hinweisfenster aus Schritt 1 (siehe unten) erschien nur kurz, und Sie haben verpasst, es anzuklicken? Kein Problem! Sie können die Übertragung Ihrer Fotos und Videos auch direkt aus der Fotos-App he-raus starten. Rufen Sie hierzu das Startmenü per Klick auf das Windows-Logo ⊞ auf, und klicken oder tippen Sie auf die Kachel der Fotos-App. In der App selbst klicken Sie auf das Symbol 📥 oben rechts. Wählen Sie die gewünschte Kamera bzw. Speicherkarte aus, und fahren Sie bei Schritt 4 auf Seite 148 fort.

**1.** Die Kamera bzw. das Speicherkartenlesegerät und der Computer sind korrekt miteinander verbunden und die Treiber installiert. Windows 10 blendet nun in der rechten unteren Ecke des Bildschirms für einen kurzen Moment ein kleines Hinweisfenster mit dem Namen des verwen-deten Geräts ein. Klicken Sie auf den Text unterhalb dieses Namens ❶.

**Canon PowerShot G15**
❶ — Tippen Sie hier, um eine Aktion für dieses Gerät auszuwählen.

**2.** Ein weiterer Dialog klappt auf, in dem Sie die gewünschte Aktion für das Gerät auswählen. Um Ihre Bilder von der Digitalkamera auf den Computer zu übertragen, klicken Sie auf **Fotos und Videos importieren** (❷ auf Seite 148).

Die beiden Dialogfenster bekommen Sie nur beim ersten Anschluss der Kamera an den PC zu sehen. Der Computer merkt sich, für welche Aktion Sie sich entschieden haben, und zeigt Ihnen das nächste Mal, wenn Sie Kamera und Computer miteinander verbinden, direkt das nächste Fenster, nämlich die Fotos-App, an.

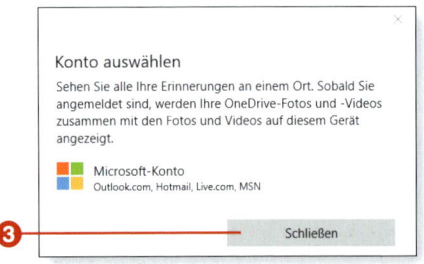

**3.** Haben Sie die gewünschte Aktion ausgewählt, startet die Fotos-App automatisch. Wenn Sie mit einem lokalen Benutzerkonto am Computer angemeldet sind, werden Sie aufgefordert, ein Konto auszuwählen. Für die Übertragung Ihrer Fotos benötigen Sie kein Microsoft-Konto, sodass Sie dieses Fenster mit einem Klick auf **Schließen** ❸ ausblenden können.

**4.** Der Dialog **Import starten?**, der nun angezeigt wird, verrät Ihnen, wie viele neue Fotos und Videos die Fotos-App auf der Speicherkarte Ihrer Digitalkamera gefunden hat ❹. Dateien, die Sie bereits früher mithilfe der App auf den Computer übertragen haben, werden nicht mehr berücksichtigt. Die Fotos-App schlägt Ihnen vor, die Fotos und Videos im Ordner **Pictures** ❺ (zu Deutsch: »Bilder«) zu speichern. Wenn Sie diesen Vorschlag immer annehmen, wird es im Bilderordner schnell unübersichtlich. Mein Tipp: Legen Sie ein neues Verzeichnis an. Hierzu klicken Sie auf **Ordner für den Import ändern** ❻.

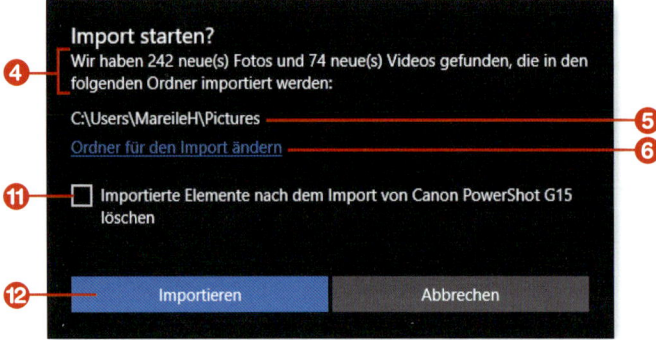

**5.** Der folgende Dialog **Ordner auswählen** hat große Ähnlichkeit mit dem Dialog im Explorer, den Sie bereits in Kapitel 3, »Dateien und Ordner – Ihre Ablage auf dem Computer«, kennengelernt haben. Markieren Sie im Navigationsbereich links zunächst den Ordner, in dem die importierten Dateien gespeichert werden sollen, also etwa **Bilder** ❼. Um innerhalb des ausgewählten Verzeichnisses einen neuen Ordner anzulegen, klicken Sie auf **Neuer Ordner** ❽. Überschreiben Sie in der rechten Fensterhälfte die Bezeichnung **Neuer Ordner** mit einem aussagekräftigen Namen, etwa »Sommerurlaub 2015« ❾.

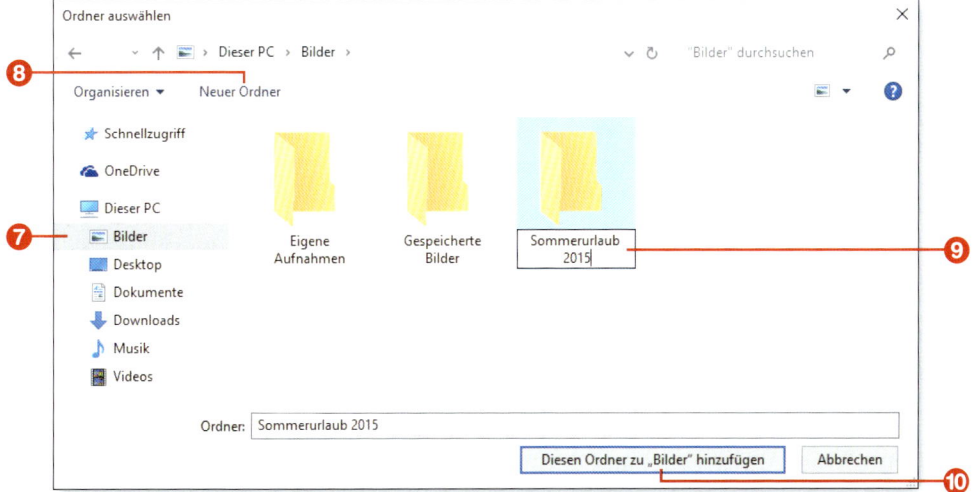

**6.** Öffnen Sie den neu erzeugten Ordner per Doppelklick. Mit einem Klick auf **Diesen Ordner zu „...“ hinzufügen** ❿ schließen Sie den Dialog **Ordner auswählen**.

**7.** Der Dialog **Import starten?** (siehe die vorige Seite) ist nun wieder sichtbar. Als Speicherort für Ihre Fotos und Videos wird der gerade ausgewählte Ordner angezeigt. Wenn die Dateien nach dem Import automatisch von der Digitalkamera gelöscht werden sollen, versehen Sie das Kästchen vor **Importierte Elemente nach dem Import von … löschen** (⓫ auf Seite 148) per Mausklick mit einem Häkchen. Ich empfehle Ihnen allerdings, das Löschen lieber später, sprich nach dem erfolgreichen Import, direkt in der Kamera vorzunehmen. Es wäre doch zu schade, wenn durch einen unglücklichen Fehler während des Imports Bilder unwiederbringlich verloren gehen würden.

**8.** Nach einem Klick auf **Importieren** (⓬ auf Seite 148) beginnt das Programm, die Fotos und Videos auf den Computer zu übertragen. Je nach Anzahl und vor allem Größe der Dateien kann dieser Vorgang etwas dauern. Den Fortschritt können Sie am oberen Rand der Fotos-App verfolgen.

Sobald alle Daten erfolgreich importiert wurden, werden die Fotos und Videos in der Fotos-App angezeigt. Sie können die Digitalkamera nun wieder ausschalten und die Verbindung zwischen den Geräten trennen. Im nächsten Abschnitt zeige ich Ihnen, welche Möglichkeiten Ihnen die Fotos-App zum Betrachten Ihrer Bilder und Videos bietet.

## Bilder und Videos betrachten mit der Fotos-App

∧ *Für die Fotos-App finden Sie eine eigene Kachel im Startmenü.*

Nach dem Überspielen möchten Sie sich die Fotos und Videos sicherlich gerne in voller Schönheit auf dem großen Bildschirm des Computers ansehen. Das Programm, das Ihr Windows-Computer hier für Sie vorsieht, ist ebenfalls die Fotos-App. Sollten Sie die App nach dem Import bereits beendet haben, rufen Sie sie über das Startmenü wieder auf. Die entsprechende Kachel mit der Bezeichnung **Fotos** wird Ihnen nach einem Klick auf das Windows-Logo ⊞ in der rechten Hälfte des Startmenüs angezeigt. Bei der Kachel handelt es sich um eine sogenannte *Live-Kachel*, das heißt, sie ändert immer wieder das Aussehen und zeigt eine zufällige Auswahl Ihrer persönlichen Fotosammlung an.

Die komplette Fotosammlung bekommen Sie nach dem Start der Fotos-App zu Gesicht. Die Bilder sind chronologisch sortiert. Ganz zuoberst sehen Sie die neuesten Bilder. Bewegen Sie den Mauszeiger etwas über dem Fenster der App, wird am rechten Rand eine Bildlaufleiste eingeblendet. Wenn Sie den Mauszeiger hierauf positionieren und die Leiste mit gedrückter linker Maustaste nach unten ziehen, gelangen Sie zu den älteren Bildern. Alternativ können Sie auch das Scrollrad Ihrer Computermaus drehen, falls Sie eine solche verwenden. Arbeiten Sie mit einem Tablet, führen Sie einfach eine Wischbewegung von unten nach oben und umgekehrt aus, um in der Fotosammlung zu blättern.

### ℹ Sammlung, Alben und Ordner der Fotos-App

Am linken Fensterrand der Fotos-App befindet sich die Menüleiste. Je nach Größe Ihres Bildschirms werden entweder die kompletten Kategorienamen **Sammlung**, **Alben** und **Ordner** angezeigt oder auch nur die jeweiligen Kategorie-Symbole. Über die Schaltfläche ≡ ❶ können Sie das Menü ein- oder auch ausblenden. Nach dem Start der Fotos-App wird zunächst die **Sammlung** mit all Ihren Fotos und Videos angezeigt. Klicken oder tippen Sie links auf **Alben** ❷, werden die Dateien nach Datum sortiert zusammengefasst. Wählen Sie ein Datum per Mausklick oder Antippen aus, sehen Sie nur noch die Bilder und Videos, die an diesem Tag aufgenommen wurden. Mit einem Klick oder Tippen auf das Pfeil-Symbol ← oben links ❸ kehren Sie zur vorherigen Albenübersicht zurück. Wechseln Sie in die Kategorie **Ordner** ❹, sehen Sie zunächst nur den Ordner **Pictures**. Hinter der englischen Bezeichnung verbirgt sich nichts anderes als der Ordner **Bilder**. Klicken oder tippen Sie den Ordner an, werden alle Unterordner des Bilderordners aufgeführt, mit einem Klick oder Tippen auf einen Unterordner blenden Sie wiederum dessen Inhalt ein. Auch hier gelangen Sie wieder über das Pfeil-Symbol ← oben links zur vorherigen Übersicht zurück.

▽ *Die Bilder und Videos werden in der Fotos-App nach Datum sortiert angezeigt.*

In der Fotos-App werden die Fotos und Videos zunächst in einer kleinen Miniaturansicht angezeigt. Ein kleines Pfeil-Symbol (❺ auf Seite 151) in der Mitte einer solchen Vorschau kennzeichnet ein Video. Wenn Sie sich ein Foto über die volle Fenstergröße der Fotos-App hinweg ansehen möchten, reicht ein Mausklick oder Antippen der Miniaturansicht. Arbeiten Sie mit einem Desktop-PC oder Notebook, können Sie das Fenster der Fotos-App übrigens wie bei allen Anwendungen üblich über das Symbol ▢ oben rechts auf die volle Bildschirmgröße maximieren. Mit einem Klick oder Tippen auf das Symbol ▢ verkleinern Sie es wieder. Wenn Sie ein Tablet nutzen, wird das Anwendungsfenster immer in voller Bildschirmgröße angezeigt.

Wenn Sie sich auch das nächste Bild Ihrer Fotosammlung in voller Größe ansehen möchten, bewegen Sie einfach den Mauszeiger etwas über dem Foto. Am linken ❻ sowie am rechten Rand ❼ des Fotos wird nun jeweils ein kleiner Pfeil sichtbar. Ein Klick oder Tippen hierauf und das vorherige bzw. nächste Bild der Fotosammlung wird eingeblendet. Bei einem Touchscreen reicht eine Wischbewegung von rechts nach links und umgekehrt, um zum nächsten bzw. vorherigen Bild zu gelangen.

> *Über die Pfeiltasten links und rechts vom Bild blättern Sie in Ihrer Fotosammlung.*

Handelt es sich bei der nächsten bzw. vorherigen Datei um ein Video, finden Sie auch hier wieder in der Mitte des Bildes ein Pfeil-Symbol. Wird der Film nicht automatisch abgespielt, klicken oder tippen Sie darauf. Während der Wiedergabe wandert am unteren Fensterrand ein kleiner

Marker eine Zeitleiste entlang ❽. Diesen Marker können Sie auch mit gedrückter linker Maustaste oder – im Falle eines Touchscreens – mit dem Finger verschieben. Auf diese Weise spulen Sie den Film bequem vor bzw. zurück. Über das Pause-Symbol ❾ in der Mitte des Fensters halten Sie die Wiedergabe an. Wenn Sie die Computermaus einen Moment lang nicht bewegen, werden sowohl das Pause-Symbol als auch die Zeitleiste ausgeblendet. Eine kleine Bewegung des Mauszeigers reicht, um sie wieder einzublenden.

∧ *Auch Videos können Sie bequem über die Fotos-App abspielen.*

### ⓘ Videos ansehen mit der Filme-&-TV-App

Wenn Sie eine Videodatei aus dem Explorer heraus öffnen (siehe auch den Kasten »So öffnen Sie Dateien und Ordner aus dem Explorer heraus« auf Seite 62), startet nicht die Fotos-App, sondern die App *Filme & TV*. Denn dies ist das Standardprogramm, das Ihr Windows-Computer für das Abspielen von Videos vorsieht. Die Funktionsweise ist ähnlich der der Fotos-App. Auch hier zeigt ein Marker am unteren Bildschirmrand den Fortlauf des Videos an. Die Schaltflächen zum Pausieren oder auch erneuten Wiedergeben eines Videos werden unterhalb dieser Zeitleiste eingeblendet.

Gefällt Ihnen ein Bild überhaupt nicht, können Sie es direkt in der Fotos-App löschen. Klicken oder tippen Sie hierzu in der Symbolleiste oben rechts auf das Papierkorb-Symbol (**10** auf Seite 153), und bestätigen Sie den folgenden Hinweis mit **Löschen**.

Wenn Sie wieder zur Übersicht über Ihre Fotosammlung zurückkehren möchten, klicken Sie oben links auf das Pfeil-Symbol **11**. Im nächsten Abschnitt zeige ich Ihnen, wie Sie mithilfe der Fotos-App kleine Schönheitsfehler in Ihren Bildern ausbessern können.

> **✚ Diashow der Fotos und Videos ansehen**
>
> Per Klick oder Tippen auf die Pfeil-Symbole am rechten und linken Rand eines Bildes wechseln Sie selbst von einem Foto zum nächsten. Sie können sich aber auch gemütlich zurücklehnen und eine Diashow Ihrer Fotosammlung genießen. Die entsprechende Schaltfläche ▣ hierfür finden Sie in der Symbolleiste oben rechts (**12** auf Seite 153), die in der Einzelansicht eines Bildes angezeigt wird. Alle Fotos und Videos innerhalb des Ordners werden nun nacheinander über die volle Bildschirmgröße hinweg eingeblendet. Um die Diashow zu beenden, drücken Sie Esc auf der Tastatur.

## Die Bildqualität verbessern mit der Fotos-App

Mit den selbst aufgenommenen Fotos sind Sie im Großen und Ganzen zwar zufrieden, aber in dem ein oder anderen Bild hat sich doch ein Schönheitsfehler eingeschlichen? Die Fotos-App enthält einige Funktionen, mit denen Sie Ihre Bilder optimieren können. So können Sie z. B. die Farben auffrischen oder auch einen verrutschten Horizont gerade rücken. Um ein Foto bearbeiten zu können, müssen Sie zunächst in die Einzelansicht des Bildes wechseln.

**1.** Wenn in der Fotos-App noch die Übersicht über Ihre Fotosammlung angezeigt wird, wählen Sie das Foto, das Sie als Nächstes bearbeiten möchten, per Mausklick oder Antippen aus **1**. Sie sehen nun die Einzelansicht des Bildes, die Sie bereits im vorherigen Abschnitt kennengelernt haben.

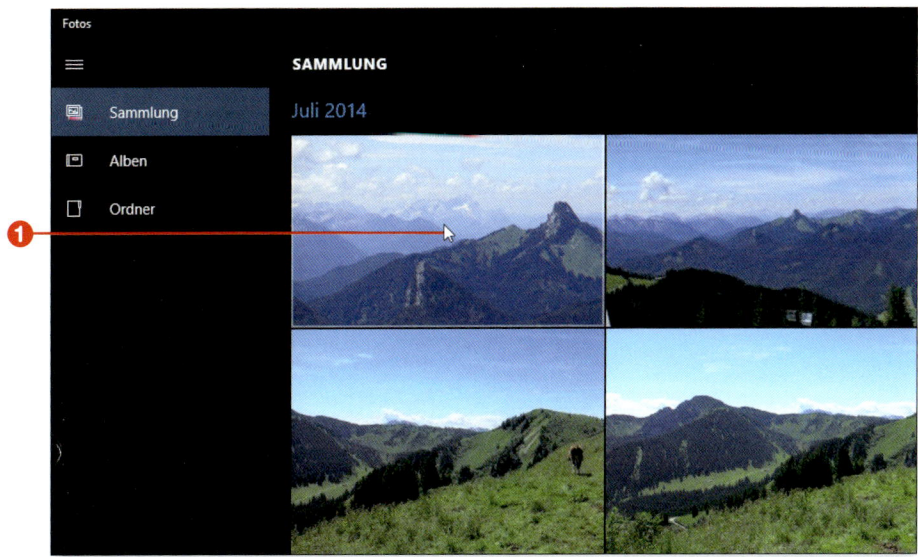

**2.** Windows 10 nimmt bereits automatisch Korrekturen an der Helligkeit, dem Kontrast und der Farbsättigung des ausgewählten Bildes vor. Auch der Bildausschnitt wird in einigen Fällen angepasst. Dass diese Optimierungsfunktion aktiviert ist, erkennen Sie an dem farbig hervorgehobenen Zauberstab-Symbol ❷ in der Symbolleiste oben rechts. Gefällt Ihnen das Ergebnis nicht, können Sie die Korrektur wieder rückgängig machen, indem Sie die Funktion per Mausklick oder Tippen auf das Symbol 🪄 deaktivieren. Das Zauberstab-Symbol ist nun, wie alle anderen Symbole auch, dunkelgrau hinterlegt.

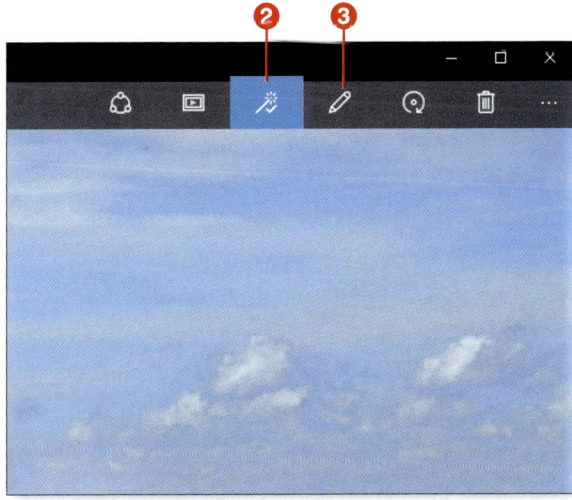

**3.** Statt die Optimierung eines Fotos der Fotos-App zu überlassen, können Sie ein Bild auch selbst bearbeiten. Die entsprechenden Funktionen rufen Sie per Klick auf das Stift-Symbol (❸ auf Seite 155) in der oberen Symbolleiste auf.

Sie befinden sich nun in der Bearbeitungsoberfläche der Fotos-App. Am linken Rand des Fotos werden die fünf Kategorien **Allgemeine Korrekturen**, **Filter**, **Licht**, **Farbe** und **Effekte** eingeblendet. Zunächst ist die Kategorie **Allgemeine Korrekturen** aktiviert, erkennbar am weißen Hintergrund ❹. In jeder Kategorie stehen Ihnen verschiedene Werkzeuge zur Auswahl, die Sie über die Schaltflächen rechts vom Bild erreichen. In der Kategorie **Allgemeine Korrekturen** finden Sie hier z. B. nochmals das Zauberstab-Symbol ❺, das Sie gerade bereits kennengelernt haben. Die Funktion trägt hier die Bezeichnung **Verbessern**. Alle Funktionen kann ich Ihnen aus Platzgründen leider nicht vorstellen. Das Vorgehen ist aber nicht weiter schwer, wie Sie gleich sehen werden. Um z. B. den Kontrast eines Bildes anzupassen, führen Sie die folgenden Schritte aus.

**1.** Wählen Sie per Mausklick oder Antippen die Kategorie **Licht** ❶ aus.

**2.** Rechts vom Bild finden Sie nun die Werkzeuge **Helligkeit**, **Kontrast**, **Helle Flächen** sowie **Schatten**. Klicken Sie in unserem Beispiel auf die Schaltfläche **Kontrast** ❷.

**3.** Statt der Schaltfläche **Kontrast** ist nun eine kreisrunde Schaltfläche mit einem Ring zu sehen. Positionieren Sie den Mauszeiger oder den Finger auf der kreisrunden Schaltfläche. Fahren Sie nun mit gedrückter linker Maustaste bzw. dem Finger den Ring im Uhrzeigersinn nach, erhöht sich der Wert und somit im Beispiel der Kontrast, wie Sie sofort im Bild links prüfen können. Eine Bewegung entgegen dem Uhrzeigersinn reduziert den Wert dagegen, der Kontrast wird schwächer.

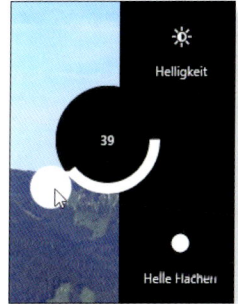

**4.** Analog funktioniert auch das Anpassen der Helligkeit sowie das Hervorheben oder Abschwächen von hellen Flächen und Schattenbereichen. Probieren Sie es einfach aus. Alle Korrekturen können Sie über das Symbol **Rückgängig** ❸ in der oberen Symbolleiste ungeschehen machen.

**5.** Um die **Sättigung**, **Temperatur** oder auch den **Farbton** des Bildes zu optimieren, wechseln Sie in die Kategorie **Farbe** ❹. Die entsprechenden Werkzeuge werden nun wieder rechts eingeblendet. Auch hier werden eine Schaltfläche sowie ein Ring eingeblendet, sobald Sie ein Werkzeug auswählen. Mit dem Werkzeug **Farbverstärkung**, das Sie ebenfalls in der Kategorie **Farbe** finden, können Sie ganz besondere Effekte im Bild erzielen. Wie dies funktioniert, erfahren Sie im Kasten »Besondere Effekte mit der Farbverstärkung erzielen« auf Seite 166.

Je mehr man ein Bild verändert, desto weniger kann man sich daran erinnern, wie das Foto im Originalzustand aussah. Die Fotos-App bietet eine wunderbare Funktion, mit der Sie Ihre Erinnerung wieder auffrischen können.

**1.** Klicken Sie in der oberen Symbolleiste auf das Symbol **Vergleichen** ❶. Solange Sie die linke Maustaste gedrückt halten bzw. mit dem Finger auf dem Symbol bleiben, sehen Sie das Originalfoto. Lassen Sie die Maustaste los bzw. nehmen den Finger vom Symbol, wird die korrigierte Version angezeigt.

**2.** Gefällt Ihnen das bearbeitete Foto, müssen Sie es noch speichern. Wenn Sie das Originalbild nicht mehr benötigen, reicht ein Klick auf das Symbol **Speichern** ❷. Möchten Sie dagegen die Originalfassung behalten, müssen Sie das bearbeitete Bild als **Kopie speichern** ❸. Der Dateiname des Bildes wird in diesem Fall um eine *2* ergänzt. Wenn Ihnen die Korrekturen nicht gefallen, können Sie die Bearbeitungsoberfläche auch per Klick auf das Kreuz-Symbol ❹ verlassen, ohne die vorgenommenen Korrekturen am Bild zu übernehmen. In allen drei Fällen gelangen Sie nun wieder zur Einzelansicht des Fotos.

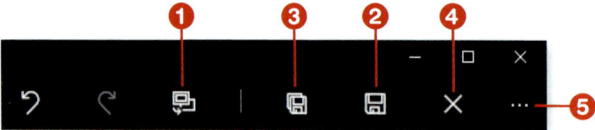

### Foto als Hintergrundbild auswählen

Ein Bild gefällt Ihnen besonders gut, und Sie würden es gerne als Hintergrundbild für Ihre Desktop-Oberfläche wählen? Wenn das Bild bereits in der Einzelbildansicht in der Fotos-App angezeigt wird, lässt sich der Wunsch schnell realisieren. Klicken Sie oben rechts auf das Symbol ▪▪▪ ❺, und wählen Sie in der aufklappenden Liste den Befehl **Festlegen als**. Die Fotos-App bietet Ihnen nun drei Möglichkeiten zur Auswahl: So können Sie das Foto **Als Sperrbildschirm** oder **Als Hintergrundbild festlegen**. Wählen Sie **Als Fotokachel festlegen**, wird nur noch das ausgewählte Bild in der Kachel der Fotos-App im Startmenü angezeigt.

Die in diesem Abschnitt vorgestellten Werkzeuge dienten vor allem dazu, Helligkeit, Kontrast und Farbsättigung eines Bildes anzupassen. Als Nächstes zeige ich Ihnen, wie Sie ein Foto zuschneiden.

## Bilder zuschneiden mit der Fotos-App

Das Foto wäre hervorragend gelungen, wäre am Rand nicht noch der Fuß eines Passanten zu sehen. Manchmal ist es auch nur ein hässlicher Papierkorb, der den schönen Bildeindruck zerstört oder ein zu groß gewählter Bildausschnitt. Die Fotos-App hat ein praktisches Werkzeug an Bord, mit dem Sie ein Bild schnell zuschneiden und so z. B. unerwünschte Objekte am Bildrand eliminieren können.

**1.** Wählen Sie, falls noch nicht geschehen, das gewünschte Bild in der Fotos-App aus. Wird es in der Einzelbildansicht angezeigt, wechseln Sie per Klick auf das Stift-Symbol 🖉 in die Bearbeitungsoberfläche.

**2.** Stellen Sie sicher, dass links die Kategorie **Allgemeine Korrekturen** ❶ aktiviert ist. Klicken oder tippen Sie rechts auf **Zuschneiden** ❷.

Die Schaltflächen rechts und links vom Bild werden nun ausgeblendet. Das Foto selbst wird um einen Rahmen ergänzt. Dieser kennzeichnet den zuzuschneidenden Bildbereich. Die Größe des Rahmens lässt sich über die vier Eckpunkte verändern.

**3.** Soll das Seitenverhältnis des Bildes während des Zuschneidens beibehalten werden, klicken Sie zunächst in der oberen Symbolleiste auf das Symbol 🔲 ❸. Es klappt eine Liste auf, in der Sie per Mausklick den Eintrag **Original** ❹ auswählen.

**4.** Um nun das Foto zuzuschneiden, bewegen Sie den Mauszeiger auf einen der vier Rahmeneckpunkte ❺ und ziehen ihn mit gedrückter linker Maustaste Richtung Bildmitte. Arbeiten Sie mit einem Touchscreen, führen Sie die Bewegung einfach per Finger aus. Analog positionieren Sie auch die anderen drei Rahmeneckpunkte.

**5.** Positionieren Sie den Mauszeiger oder den Finger nicht auf einem Eckpunkt, sondern auf einer beliebigen Stelle innerhalb des Rahmens ❻, verschieben Sie damit den gesamten Bildausschnitt.

**6.** Wenn innerhalb des Rahmens der gewünschte Bildbereich angezeigt wird, klicken Sie in der oberen Symbolleiste auf das Häkchen ❼. Gefällt Ihnen der Bildausschnitt doch nicht, beenden Sie das Zuschneiden mit einem Klick auf das Kreuz-Symbol ❽, ohne die Korrekturen zu übernehmen.

Sie befinden sich nun wieder in der Einzelbildansicht. Wenn Sie keine weiteren Änderungen am Foto vornehmen möchten, denken Sie daran, das Bild zu speichern, bevor Sie wieder zur Übersicht Ihrer Fotosammlung zurückkehren. Welche Möglichkeiten des Speicherns Ihnen die Fotos-App bietet, haben Sie am Ende des vorherigen Abschnitts erfahren.

> **+ Einen verrutschten Horizont gerade rücken**
>
> Sie haben die Kamera beim Fotografieren leider nicht ganz gerade gehalten. Speziell bei Strandaufnahmen wird ein solcher Fehler schnell durch einen schiefen Horizont aufgedeckt. Mithilfe der Fotos-App lässt sich das kleine Malheur aber schnell ausbessern. Wählen Sie das gewünschte Bild aus, und klicken Sie in der Symbolleiste der Einzelbildansicht auf das Stift-Symbol 🖊. In der Kategorie **Allgemeine Korrekturen** finden Sie nun rechts das Werkzeug **Ausrichten**. Sobald Sie es markiert haben, wird das Foto links mit einem Raster versehen. Das Werkzeug selbst weist einen Ring sowie eine kreisrunde Schaltfläche auf. Positionieren Sie den Mauszeiger auf der Schaltfläche, und ziehen Sie ihn mit gedrückter Maustaste den Ring entlang. Das Foto wird gedreht und der Bildausschnitt automatisch angepasst. Die Schaltfläche lässt sich im Uhrzeigersinn und entgegen dem Uhrzeigersinn verschieben. Ist der Horizont gerade gerückt, übernehmen Sie die Korrekturen, indem Sie auf einen beliebigen schwarzen Bereich außerhalb des Fotos klicken oder tippen.

## Rote Augen mit der Fotos-App entfernen

Beim letzten Familientreffen haben Sie viele Schnappschüsse aufgenommen. Bei solchen Aufnahmen bleibt meist keine Zeit, erst alle nötigen Einstellungen an der Digitalkamera vorzunehmen und auf die richtige Beleuchtung zu achten. Gerade bei Blitzlichtaufnahmen kommt es dann häufig zu folgendem Phänomen: Statt der rehbraunen Augen hat eine Person plötzlich knallrote Augen. Dieser Dracula-Effekt lässt sich aber schnell mit der Fotos-App korrigieren.

**1.** Wählen Sie in der Fotos-App das Foto aus, auf dem die Person mit den roten Augen zu sehen ist. Wenn es in der Einzelansicht angezeigt wird, klicken Sie in der Symbolleiste auf das Stift-Symbol ✏️ .

**2.** Bevor Sie die Korrektur vornehmen, sollten Sie den Bildausschnitt, der die Augen zeigt, stark vergrößern. Klicken oder tippen Sie hierzu so häufig auf das Plus-Symbol ❶ in der rechten unteren Fensterecke, bis Sie die roten Augen gut erkennen können. Um den Ausschnitt gegebenenfalls zu verschieben, bewegen Sie den Mauszeiger auf das Bild und ziehen es mit gedrückter linker Maustaste in die gewünschte Richtung. Arbeiten Sie mit einem Touchscreen, führen Sie die Bewegung einfach mit dem Finger aus.

**3.** Nun geht es an die Korrektur des Fotos. Stellen Sie sicher, dass links die Kategorie **Allgemeine Korrekturen** ❷ aktiviert ist. Klicken oder tippen Sie dann rechts auf **Rote Augen** ❸.

**4.** Der Mauszeiger wird nun um einen Kreis ergänzt. Positionieren Sie diesen auf der roten Fläche des Auges ❹. Bei einem Touchdisplay tippen Sie einfach auf das rote Auge. Wiederholen Sie dies gegebenenfalls auch für das zweite Auge.

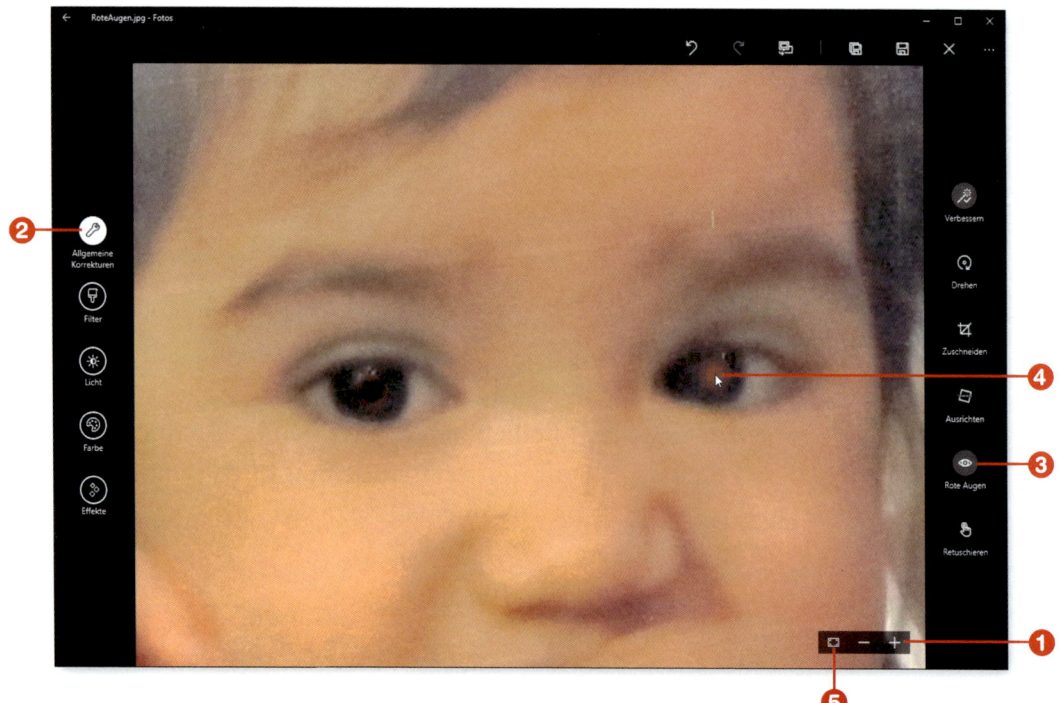

**5.** Um das Foto wieder in normaler Größe anzuzeigen, klicken oder tippen Sie auf das Symbol ▣ ❺ unten.

**6.** Wenn Sie noch weitere Korrekturen am Bild vornehmen möchten, deaktivieren Sie das Rote-Augen-Werkzeug mit einem erneuten Klick oder Antippen des Symbols **Rote Augen**.

Ist das Foto fertig bearbeitet, denken Sie daran, es auch zu speichern. Wie dies funktioniert, haben Sie am Ende des Abschnitts »Die Bildqualität verbessern mit der Fotos-App« auf Seite 158 erfahren.

## Fotos mit Effekten versehen

Die bisherigen Funktionen, die ich Ihnen in diesem Kapitel vorgestellt habe, dienen in erster Linie dazu, kleine Schönheitsfehler im Foto auszubessern. Die Fotos-App bringt aber auch ein paar interessante Effekte mit, die Ihren Bildern ein ganz anderes Aussehen geben.

**1.** Wählen Sie in der Fotos-App das gewünschte Foto aus, und klicken Sie dann in der Einzelansicht auf das Stift-Symbol ✎ in der oberen Symbolleiste.

**2.** Markieren Sie links vom Bild die Kategorie **Filter** (❶ auf Seite 164). Am rechten Rand sehen Sie nun sechs Miniaturansichten des Fotos mit einer jeweils anderen Farbschattierung. Probieren Sie die verschiedenen Filter einfach aus. Sobald Sie eine der Miniaturansichten angeklickt oder angetippt haben, wird der Filter auf das große Foto in der Mitte angewendet. Der letzte Filter ❷ wandelt das Bild z. B. in eine Schwarz-Weiß-Aufnahme um, was je nach Motiv sehr eindrucksvoll wirken kann. Per Klick auf das Symbol **Rückgängig** ❸ in der oberen Symbolleiste machen Sie den letzten vorgenommenen Schritt wieder ungeschehen.

Möchten Sie einen bestimmten Bildausschnitt betonen, indem Sie diesen scharf und den Bereich rund um den Ausschnitt verschwommen zeigen? Diese Wirkung lässt sich in der Fotos-App gleich mit zwei Effekten erreichen: mit dem *Vignette-Effekt* und dem *Selektiver-Fokus-Effekt*. Bevor Sie die beiden Effekte ausprobieren, stellen Sie wieder sicher, dass das gewünschte Bild in der Einzelbildansicht zu sehen ist. Klicken oder tippen Sie dann auf das Stift-Symbol ✎, um in die Bearbeitungsoberfläche zu wechseln.

**1.** Markieren Sie links die Kategorie **Effekte** ❹. Rechts werden Ihnen die beiden gerade erwähnten Effekte angezeigt.

**2.** Klicken oder tippen Sie auf **Vignette**. Statt des Symbols sind nun ein Ring sowie eine kreisrunde Schaltfläche zu sehen. Ziehen Sie die Schaltfläche ❺ mit gedrückter linker Maustaste im Uhrzeigersinn den Ring entlang, wird der äußere Rand des Fotos abgedunkelt. Ein Ziehen entgegen dem Uhrzeigersinn lässt den äußeren Rand wiederum in einem weißen Nebel erscheinen.

**3.** Gefällt Ihnen die Wirkung des Effekts nicht, klicken oder tippen Sie in der Symbolleiste auf das Symbol **Rückgängig** ❻.

**4.** Probieren Sie nun den Effekt **Selektiver Fokus** ❼ aus. Sobald Sie auf das entsprechende Symbol rechts geklickt oder getippt haben, wird in der Mitte des Fotos ein Kreis mit vier Markierungspunkten eingeblendet. Der Kreis kennzeichnet den Bildbereich, der scharf dargestellt wird. Alles, was sich außerhalb des Kreises befindet, erscheint dagegen verschwommen.

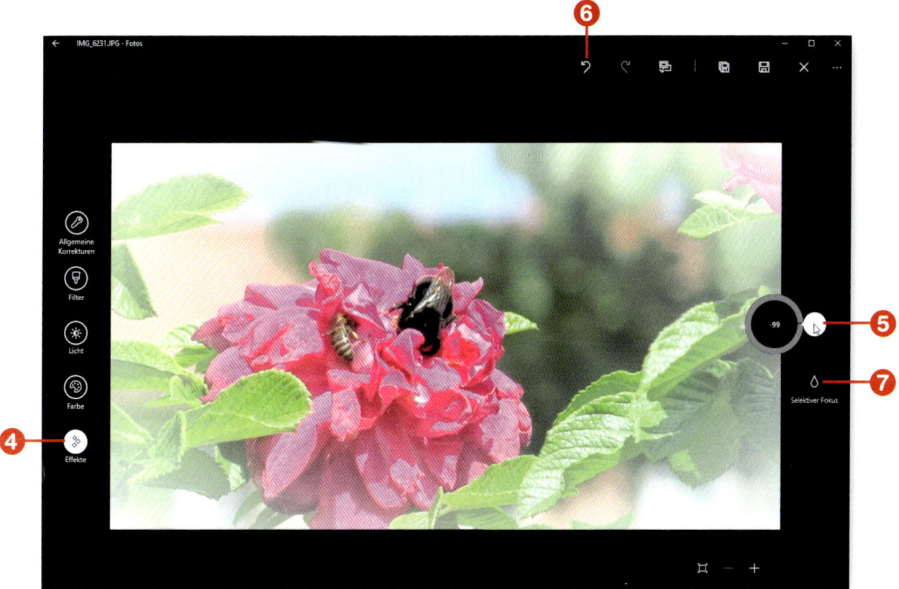

**5.** Die Markierungspunkte ❽ können Sie mit gedrückter linker Maustaste oder per Finger verschieben und so die Größe des scharf gezeichneten Bildausschnitts bestimmen.

**6.** Positionieren Sie den Mauszeiger in der Mitte des Kreises und verschieben ihn dann mit gedrückter linker Maustaste, wird der gesamte Kreis neu positioniert.

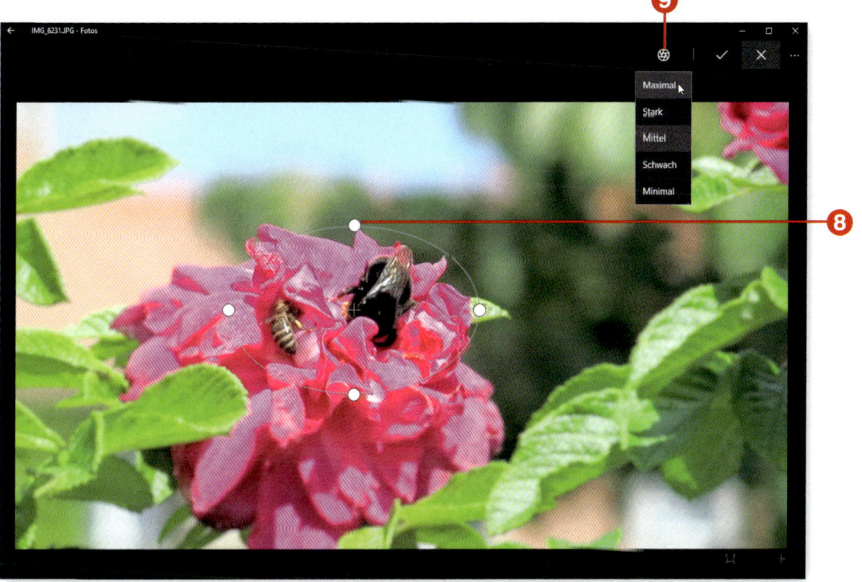

**7.** Ist Ihnen der Bereich außerhalb des Kreises noch nicht verschwommen genug, klicken Sie in der Symbolleiste auf das Symbol **Weichzeichnen** (**9** auf Seite 165). In der aufklappenden Liste wählen Sie die gewünschte Intensität aus. Das Angebot reicht von **Minimal** bis **Maximal**.

Auch hier können Sie natürlich die vorgenommene Bearbeitung des Fotos wieder rückgängig machen. Gefällt Ihnen der Effekt dagegen, vergessen Sie nicht, das Bild zu speichern.

---

## ➕ Besondere Effekte mit der Farbverstärkung erzielen

Mit dem Werkzeug **Farbverstärkung**, das Sie in der Kategorie **Farbe** finden, können Sie gezielt Farbtöne im Bild hervorheben. So lässt sich z. B. das Blau des Himmels intensivieren oder umgekehrt einem bestimmten Bildbereich die gesamte Farbe entziehen. Klicken Sie auf die Pinnnadel oberhalb des Texts **Farbverstärkung**, und ziehen Sie diese mit gedrückter linker Maustaste auf eine Stelle im Bild **10**, deren Farbe Sie verstärken oder abschwächen möchten. Nun werden rechts der bereits bekannte Ring sowie die kreisrunde Schaltfläche sichtbar. Ziehen Sie die Schaltfläche im Uhrzeigersinn, wird der ausgewählte Farbton, der auch in der Pinnnadel 📍 zu sehen ist, intensiviert. Ein Ziehen entgegen dem Uhrzeigersinn führt dagegen dazu, dass alle Bildelemente mit dem ausgewählten Farbton nur noch in Grautönen angezeigt werden.

∧ *Vorher ...*

∧ *... nachher*

Mit der Vorstellung der Effekte haben Sie nun genug über den Umgang mit der Fotos-App gelernt. Mit einem Klick auf das **Schließen**-Symbol ⊠ oben rechts beenden Sie die App. Als Nächstes zeige ich Ihnen, wie Sie Ordnung in Ihre Fotosammlung bringen.

## Fotos sortieren und drucken mit dem Explorer

Die Fotos-App eignet sich wunderbar zum Betrachten Ihrer Fotosammlung und zum Korrigieren kleiner Schönheitsfehler. Sie hat aber eine große Schwäche: Sie bietet keine Möglichkeit, die Bilder optimal zu organisieren. Für solche Aktionen eignet sich der Explorer weitaus besser. Wie Sie mit dem Programm eigene Ordner anlegen und Dateien verschieben, kopieren oder auch löschen, haben Sie bereits in Kapitel 3, »Dateien und Ordner – Ihre Ablage auf dem Computer«, erfahren. Das Programm bietet aber noch einige andere pfiffige Möglichkeiten, um in großen Fotosammlungen für mehr Übersicht zu sorgen. Selbst das Ausdrucken von Fotos ist mithilfe des Explorers schnell geschehen, wie ich Ihnen am Ende dieses Abschnitts zeigen werde.

Um die nächsten Schritte nachvollziehen zu können, starten Sie zunächst den Explorer. Bei einem Desktop-PC oder Notebook reicht hierzu ein Klick auf das Explorer-Symbol 📁 in der Taskleiste. Arbeiten Sie mit einem Tablet, klicken Sie im Startmenü oben links auf das Symbol ☰ und dann in der Spalte links auf **Explorer**. Klicken oder tippen Sie im Navigationsbereich links auf **Dieser PC ▸ Bilder** (❶ auf Seite 168), um in der rechten Fensterhälfte den Inhalt des Ordners **Bilder** anzuzeigen.

Neben den Ordnern **Eigene Aufnahmen** sowie **Gespeicherte Bilder**, die Windows 10 automatisch anlegt, sehen Sie rechts nun die Verzeichnisse, die Sie selbst erstellt haben. Dazu zählt auch der Ordner, in dem die Fotos-App die von der Kamera auf den Computer übertragenen Bilder gespeichert hat (siehe den Abschnitt »So kommen die Fotos auf den Computer« ab Seite 146). Wenn Sie die Fotos und Videos in unterschiedlichen Monaten aufgenommen haben, finden Sie innerhalb dieses Ordners weitere Unterordner ❷ mit der Bezeichnung des jeweiligen Monats, also etwa *2014-06* für Juni 2014.

> *Beim Import Ihrer Fotos legt die Fotos-App weitere Unterordner an.*

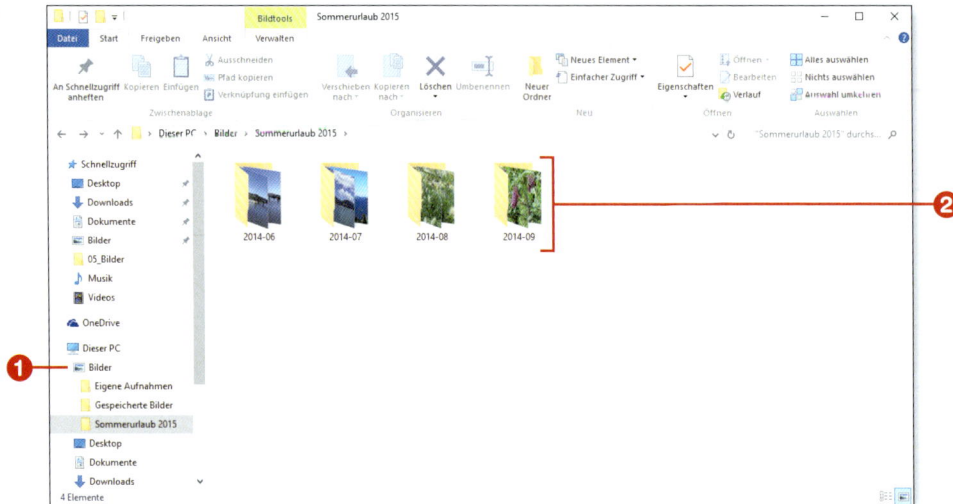

Ob im Inhaltsbereich für jedes Foto und Video eine kleine Miniaturansicht oder nur der Dateiname zu sehen ist, legen Sie im Register **Ansicht** im Bereich **Layout** fest. Es stehen Ihnen insgesamt acht verschiedene Ansichten zur Auswahl. Unabhängig von der gewählten Ansicht werden die Dateien innerhalb eines Ordners zunächst nach dem Dateinamen alphabetisch sortiert. Der Explorer unterstützt aber noch bei Weitem mehr Sortierkriterien. So können Sie die Bilder z. B. mit Schlagwörtern versehen, die ein Foto beschreiben. Neben diesen sogenannten Markierungen sind auch Bewertungen von besonders gut gelungenen Bildern eine interessante Option. Wie Sie die Markierungen und Bewertungen ergänzen und die Fotosammlung anschließend anhand dieser Kriterien sortieren, zeige ich Ihnen jetzt Schritt für Schritt.

**1.** Stellen Sie sicher, dass im Inhaltsbereich des Explorers der Inhalt des Ordners zu sehen ist, dessen Dateien Sie gleich mit Markierungen und Bewertungen versehen möchten.

**2.** Wechseln Sie in das Register **Ansicht** ❸, und klicken oder tippen Sie in der rechten unteren Ecke des Bereichs **Layout** auf das Symbol **Mehr** ❹. In der aufklappenden Liste markieren Sie **Große Symbole** ❺. In dieser Ansicht bekommen Sie eine Miniaturansicht der Bilder zu sehen, in der Sie durchaus das Motiv erkennen können. Ist Ihnen die Darstellung noch zu klein, wählen Sie das Layout **Extra große Symbole** ❻.

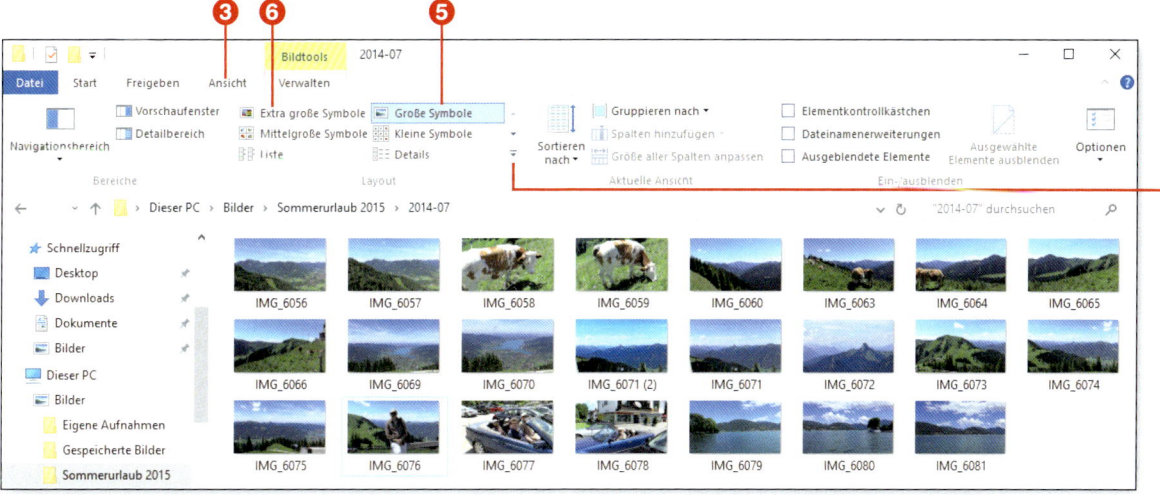

Um später schnell nach bestimmten Bildern suchen zu können, weisen Sie diesen nun Schlagworte zu. So können Sie beispielsweise Fotos, auf denen eine bestimmte Person zu sehen ist, kennzeichnen. Die entsprechende Markierung, im Beispiel also den Namen der Person, ergänzen Sie in den Dateieigenschaften der Bilddatei. Und das geht so:

**3.** Wenn Sie gleich bei mehreren Fotos das gleiche Schlagwort ergänzen möchten, klicken Sie zunächst auf das erste Foto, auf dem die Person zu sehen ist. Halten Sie dann `Strg` auf Ihrer Tastatur gedrückt, während Sie nacheinander alle weiteren Bilder der Person per Mausklick markieren. Lassen Sie dann die Taste `Strg` los.

**4.** Klicken Sie mit der rechten Maustaste auf eines der gerade markierten Fotos. Wenn Sie nur ein Bild bearbeiten möchten, müssen Sie es nicht zuvor markieren, sondern können den Rechtsklick direkt auf dem Bild ausführen. Im aufklappenden Kontextmenü wählen Sie den Befehl **Eigenschaften** ❼.

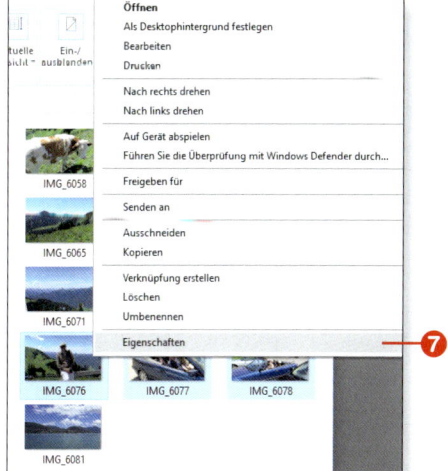

**5.** Im Dialog **Eigenschaften von ...** wechseln Sie in das Register **Details** (❽ auf Seite 170). Sie erhalten nun eine Übersicht über alle Dateieigenschaften der ausgewählten Bilder. Blättern Sie mithilfe der Bildlaufleiste ❾ etwas nach unten, erfahren Sie bei Fotos z. B., mit welcher Kamera sie aufgenommen wurden und vieles mehr.

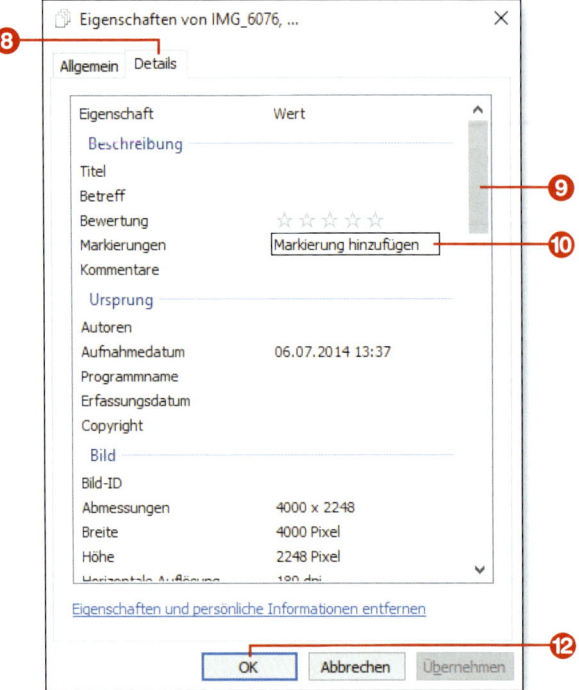

**6.** Ganz zuoberst in der Liste finden Sie im Bereich **Beschreibung** in der linken Spalte die Eigenschaft **Markierungen**. Positionieren Sie den Mauszeiger in der Spalte rechts von diesem Eintrag, wird das Feld **Markierung hinzufügen** eingeblendet ❿. Klicken Sie in das Feld, und geben Sie das erste Schlagwort ein, im Beispiel also den Namen der Person.

**7.** Hinter dem gerade eingegebenen Schlagwort wird automatisch ein Semikolon ergänzt. Wenn Sie noch weitere Beschreibungen für die ausgewählten Fotos eintragen möchten, positionieren Sie den Mauszeiger hinter diesem Semikolon und drücken die linke Maustaste. Aus dem Semikolon wird ein Komma ⓫. Nun können Sie den nächsten Begriff eingeben.

**8.** Haben Sie alle Markierungen ergänzt, speichern Sie die Eingaben mit OK ⓬. Der Eigenschaften-Dialog wird hierdurch geschlossen.

Auf ähnliche Weise können Sie Bilder auch bewerten. Das ist z. B. praktisch, wenn Sie Fotos für einen Kalender zusammenstellen. Die Bewertung erfolgt in Form von Sternen. Sie können bis zu fünf Sterne vergeben.

**1.** Markieren Sie zunächst, wie in Schritt 3 auf Seite 169 gezeigt, alle Bilder, denen Sie z.B. die Höchstbewertung in Form von fünf Sternen geben wollen.

**2.** Rufen Sie, wie in Schritt 4 der obigen Anleitung gezeigt, den Dialog **Eigenschaften von ...** auf, und wechseln Sie wieder in das Register **Details**.

**3.** Im Bereich **Beschreibung** finden Sie die Eigenschaft **Bewertung**. Rechts davon werden fünf graue Sterne angezeigt. Bewegen Sie den Mauszeiger über die Sterne, werden diese gelb gefärbt. Um eine Fünf-Sterne-Bewertung zu vergeben, klicken Sie auf den Stern ganz rechts.

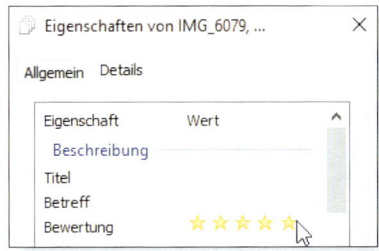

**4.** Bestätigen Sie die Bewertung mit **OK**.

Die ersten Schritte in Richtung einer guten Organisation Ihrer Fotosammlung sind damit getan. Als Nächstes zeige ich Ihnen, wie Sie die Fotos innerhalb eines Ordners anhand der ergänzten Bewertungen sortieren. Zuvor wählen Sie im Register **Ansicht** im Bereich **Layout** das Layout **Details** (❶ auf Seite 172) aus. Die Dateien werden im Inhaltsbereich nun tabellarisch angezeigt. Jede Tabellenspalte weist eine eigene Überschrift auf. Die Spalte **Name** enthält die Dateinamen, der Spalte **Datum** können Sie das Aufnahmedatum eines Fotos entnehmen. Um welchen Dateityp es sich handelt, erfahren Sie in der Spalte **Typ**. Die **Größe** gibt die Dateigröße eines Fotos an.

Mit diesen vier Spalten ist aber noch lange nicht genug. Um nun weitere Dateieigenschaften wie etwa die Markierungen und die Bewertungen einzublenden, gehen Sie folgendermaßen vor:

**1.** Klicken Sie im Register **Ansicht** im Bereich **Aktuelle Ansicht** auf **Spalten hinzufügen** ❷. In der aufklappenden Liste werden einige Dateieigenschaften angezeigt. Diejenigen, die in der Tabelle bereits eingeblendet werden, sind mit einem Häkchen versehen.

**2.** In unserem Beispiel wird der gewünschte Eintrag **Bewertung** bereits in der Liste aufgeführt. Es reicht ein Mausklick darauf ❸, um ein Häkchen zu setzen.

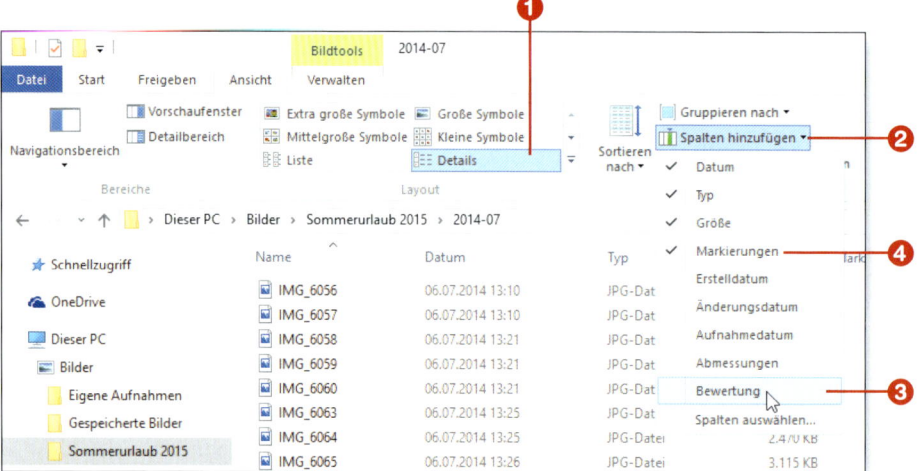

**3.** Sobald Sie ein Häkchen gesetzt bzw. entfernt haben, wird die Liste ausgeblendet. Wiederholen Sie gegebenenfalls Schritt 2, um weitere Dateieigenschaften, im Beispiel etwa die **Markierungen** ❹, einzublenden, falls diese bei Ihnen noch nicht angezeigt werden.

**4.** Ebenso können Sie per Mausklick auf einen Eintrag ein bereits gesetztes Häkchen auch entfernen, wenn eine Spalte in der Detailansicht nicht von Interesse für Sie ist.

**5.** Das Sortieren der Dateien ist nun schnell erfolgt. Hierzu reicht ein Mausklick auf die entsprechende Spaltenüberschrift. Klicken Sie also beispielsweise auf **Bewertung**, werden die Dateien entsprechend Ihrer Bewertungen aufgelistet. Die Dateien, die keinen Stern erhalten haben, werden zuerst aufgeführt, die besten Bewertungen ganz zum Schluss. Ziehen Sie die umgekehrte Reihenfolge vor, klicken Sie einfach erneut auf die Tabellenüberschrift **Bewertung** ❺.

**6.** Analog können Sie die Tabelle nach den weiteren Dateieigenschaften wie **Markierungen** oder auch dem **Datum** sortieren. Ein kleines Pfeil-Symbol oberhalb einer Tabellenüberschrift kennzeichnet die Spalte, die für die Sortierung der Tabelle ausgewählt wurde.

5

| Name | Datum | Größe | Markierungen | Bewertung |
|------|-------|-------|--------------|-----------|
| IMG_6079 | 06.07.2014 15:46 | 2.002 KB | | ★★★★★ |
| IMG_6073 | 06.07.2014 13:33 | 2.128 KB | | ★★★★★ |
| IMG_6069 | 06.07.2014 13:30 | 1.909 KB | | ★★★★★ |
| IMG_6056 | 06.07.2014 13:10 | 2.056 KB | | ★★★★★ |
| IMG_6081 | 06.07.2014 15:46 | 2.191 KB | | ☆☆☆☆☆ |
| IMG_6080 | 06.07.2014 15:46 | 2.478 KB | | ☆☆☆☆☆ |
| IMG_6078 | 06.07.2014 15:37 | 2.855 KB | Carsten, Wa… | ☆☆☆☆☆ |
| IMG_6077 | 06.07.2014 15:37 | 3.040 KB | Carsten, Wa… | ☆☆☆☆☆ |
| IMG_6076 | 06.07.2014 13:37 | 2.287 KB | Carsten, Wa… | ☆☆☆☆☆ |
| IMG_6075 | 06.07.2014 13:33 | 2.470 KB | | ☆☆☆☆☆ |
| IMG_6074 | 06.07.2014 13:33 | 2.503 KB | | ☆☆☆☆☆ |

**+ Gezielt nach markierten Dateien suchen**

Sowohl die Markierungen als auch die Bewertungen lassen sich natürlich nicht nur in einem Ordner vornehmen, sondern in der gesamten Fotosammlung. Möchten Sie sich nun alle Fotos mit einer bestimmten Markierung anzeigen lassen, ist die Suchfunktion des Explorers gefragt. Wählen Sie zunächst im Navigationsbereich den Ordner aus, der durchsucht werden soll, also etwa *Bilder*. Klicken Sie dann oben rechts in das Suchfeld. Das Feld ist gut anhand des Lupen-Symbols zu erkennen. Es wird automatisch das Register **Suchen** eingeblendet. Nach einem Klick auf **Andere Eigenschaften** im Bereich **Verfeinern** markieren Sie in der aufklappenden Liste **Markierungen**. Diese Bezeichnung wird nun auch im Suchfeld eingeblendet, gefolgt von einem Doppelpunkt (:). Geben Sie das gewünschte Schlagwort, also etwa den Namen einer Person, ein. Sobald Sie die Taste ⏎ drücken, beginnt Windows 10 den ausgewählten Ordner nach der entsprechenden Markierung zu durchsuchen. Die Ergebnisse werden im Inhaltsbereich aufgelistet. Wenn Sie wieder zur normalen Ansicht des Explorers wechseln möchten, klicken Sie im Register **Suchen** auf **Suche schließen**.

So einfach, wie Sie Ihre Fotosammlung sortieren können, lassen sich die Fotos auch ausdrucken. Voraussetzung hierfür ist natürlich, dass Sie bereits einen Drucker am Computer angeschlossen haben und dieser auch eingeschaltet ist.

**1.** Markieren Sie das erste Foto, das Sie ausdrucken möchten, per Mausklick. Wenn Sie mehrere Bilder zu Papier bringen möchten, halten Sie die Taste Strg gedrückt, während Sie nacheinander auf die weiteren Fotos klicken.

**2.** Wechseln Sie in das Register **Freigeben** ❶, und klicken Sie im Bereich **Senden** auf **Drucken**. Der Dialog **Bilder drucken** wird geöffnet.

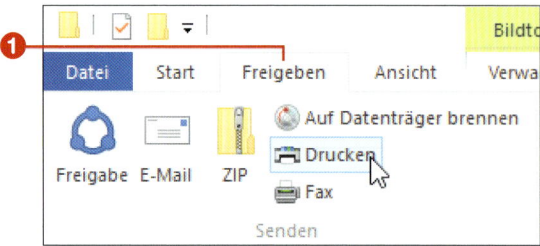

**3.** Wenn mehrere Drucker an Ihrem Computer angeschlossen sind, klicken Sie auf den Pfeil rechts vom Feld **Drucker** und wählen das gewünschte Gerät aus ❷.

**4.** Anschließend legen Sie in den entsprechenden Feldern die **Papiergröße** ❸, **Qualität** ❹ sowie den **Papiertyp** ❺ fest.

**5.** In der Vorschau wird das erste der markierten Bilder angezeigt. Über die kleinen Pfeiltasten ❻ darunter blättern Sie zwischen den einzelnen Fotos.

**6.** Am rechten Rand des Dialogfensters finden Sie verschiedene Layoutvorschläge. Blättern Sie mithilfe der Bildlaufleiste ❼ in der Liste, um sich einen Überblick über alle Formate zu verschaffen.

**7.** Sobald Sie ein Format per Mausklick oder Fingertipp auswählen ❽, wird die Vorschau entsprechend aktualisiert.

**8.** Ist das Kontrollkästchen **Bild an Rahmen anpassen** ❾ aktiviert, kann es sein, dass etwas vom Rand der Bilder abgeschnitten wird. Probieren Sie deshalb auch die Einstellung ohne aktiviertes Kästchen aus, und entscheiden Sie, welche Variante Ihnen in der Vorschau besser gefällt.

**9.** In das Feld **Kopien pro Bild** ❿ tragen Sie ein, wie oft die Fotos ausgedruckt werden sollen. Klicken Sie dafür einfach auf die Pfeil-Schaltflächen, um die Anzahl zu erhöhen oder auch zu vermindern.

**10.** Legen Sie das gewünschte Papier (für Fotos z. B. spezielles Fotopapier) in das Papierfach des Druckers. Nun noch ein Klick auf **Drucken** ⓫ und der Druckvorgang wird gestartet.

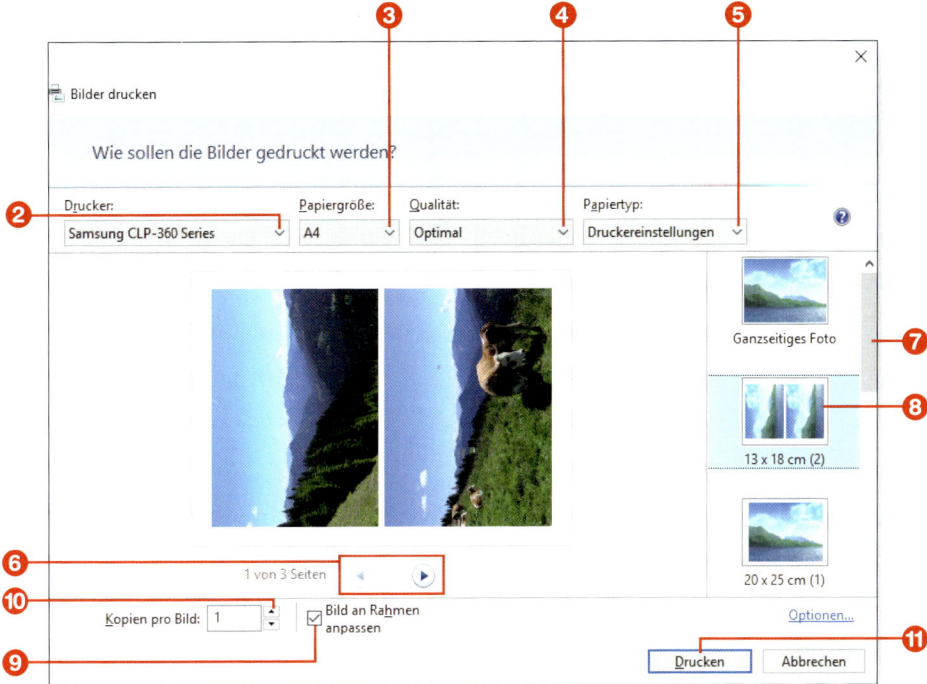

# Fotos auf DVD brennen

Beim Ausflug mit dem Verein oder auch der letzten Feier wurde fleißig fotografiert. Anschließend möchte man natürlich gerne die Bilder untereinander austauschen. Am einfachsten reichen Sie die Fotos weiter, indem Sie sie auf CD, DVD oder Blu-ray-Disc brennen. Bei Letzterer ist allerdings etwas Vorsicht geboten, denn nicht jeder verfügt über ein Wiedergabegerät, einen Player, der auch Blu-ray-Discs abspielen kann. Wenn Sie sich nicht sicher sind, entscheiden Sie sich besser für eine CD oder DVD. Voraussetzung für das Brennen ist, dass Ihr Desktop-PC oder Notebook mit einem entsprechenden CD-/DVD- oder Bluy-ray-Brenner ausgestattet ist. Das Programm zum Brennen ist bereits in Windows 10 auf Ihrem Computer integriert. Der Aufruf erfolgt ganz einfach über den Explorer.

**1.** Starten Sie den Explorer, und wechseln Sie zu dem Ordner, in dem sich die Daten befinden, die Sie auf CD, DVD oder Bluy-ray brennen möchten. Markieren Sie per Mausklick den oder die Ordner bzw. Dateien. Wenn Sie alle Elemente innerhalb eines Ordners markieren möchten, gelingt dies übrigens über die Tastenkombination ⌷Strg⌷ + ⌷A⌷ blitzschnell.

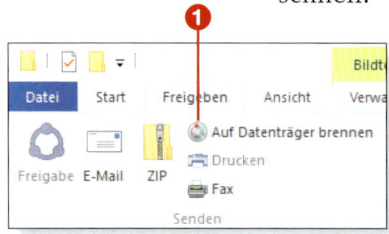

**2.** Wechseln Sie im Menüband in das Register **Freigeben**, und klicken Sie im Bereich **Senden** auf **Auf Datenträger brennen** ❶.

**3.** Sie erhalten nun die Aufforderung **Datenträger einlegen**. Zeitgleich öffnet sich die Schublade des Brenners. Legen Sie den CD- oder DVD-Rohling in das Laufwerk, und schließen Sie die Schublade. Der Hinweis **Datenträger einlegen** wird wieder ausgeblendet, dafür erscheint der Dialog **Auf Datenträger brennen**.

**4.** Geben Sie in das Feld **Datenträgertitel** einen Namen für die CD oder DVD ein ❷.

Als Nächstes bestimmen Sie, wie der Datenträger (CD, DVD oder Blu-ray) verwendet werden soll. Sie haben die Wahl zwischen **Wie ein USB-Speicherstick** ❸ und **Mit einem CD/DVD-Player** ❹. Wenn Sie die DVD auf einem handelsüblichen DVD-Player abspielen möchten, der beispielsweise an einem Fernseher angeschlossen ist, sollten Sie die Option **Mit einem CD/DVD-Player** wählen. Möchten Sie auf der CD oder DVD dagegen noch nachträglich Daten hinzufügen oder löschen, müssen Sie sich für die erste Option, also **Wie ein USB-Speicherstick**, entscheiden. Derartig gebrannte Datenträger lassen sich allerdings nur auf Windows-Rechnern weiterverarbeiten.

**5.** Wenn Sie Fotos an andere Personen weiterreichen möchten, markieren Sie per Mausklick die Option **Mit einem CD/DVD-Player**. Dient der Datenträger hingegen nur der Datensicherung, wählen Sie besser die Option **Wie ein USB-Speicherstick**.

**6.** Mit einem Klick auf **Weiter** bestätigen Sie Ihre Auswahl.

Es wird nun ein weiteres Programmfenster des Explorers geöffnet. Außerdem erscheint im Infobereich der Taskleiste kurzzeitig der Hinweis **Auf**

CD/DVD **zu brennende Dateien sind vorhanden**, den Sie aber ignorieren können. Sie haben nun die Möglichkeit, noch weitere Daten für das Brennen des Datenträgers auszuwählen:

**7.** Wechseln Sie zu dem Ordner, der ebenfalls auf CD oder DVD gebrannt werden soll, und markieren Sie im Inhaltsbereich des Explorers die gewünschten Dateien.

**8.** Wechseln Sie in das Register **Start** ❺, und klicken Sie auf die Schaltfläche **Kopieren nach** ❻. In der aufklappenden Liste wählen Sie **Speicherort auswählen**.

**9.** Im nächsten Dialog **Elemente kopieren** markieren Sie das Brennerlaufwerk ❼ und bestätigen dann mit **Kopieren** ❽.

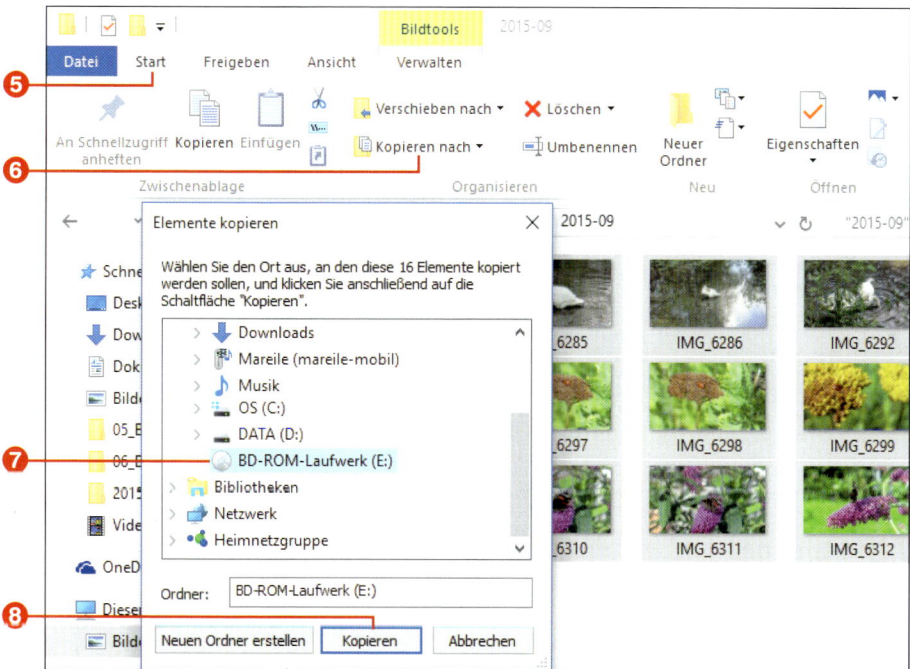

**10.** Wenn Sie noch weitere Ordner und Dateien auf CD oder DVD brennen möchten, wiederholen Sie die Schritte 7 bis 9.

**11.** Haben Sie alle Daten ausgewählt, markieren Sie im Navigationsbereich das CD-/DVD-Laufwerk ❾ per Mausklick. Im Inhaltsbereich können Sie nochmals prüfen, welche Dateien und Ordner auf den Datenträger gebrannt werden.

**12.** Wechseln Sie im Menüband in das Register **Laufwerktools**|**Verwalten** ❿. Klicken oder tippen Sie hier auf die Schaltfläche **Brennvorgang abschließen** ⓫.

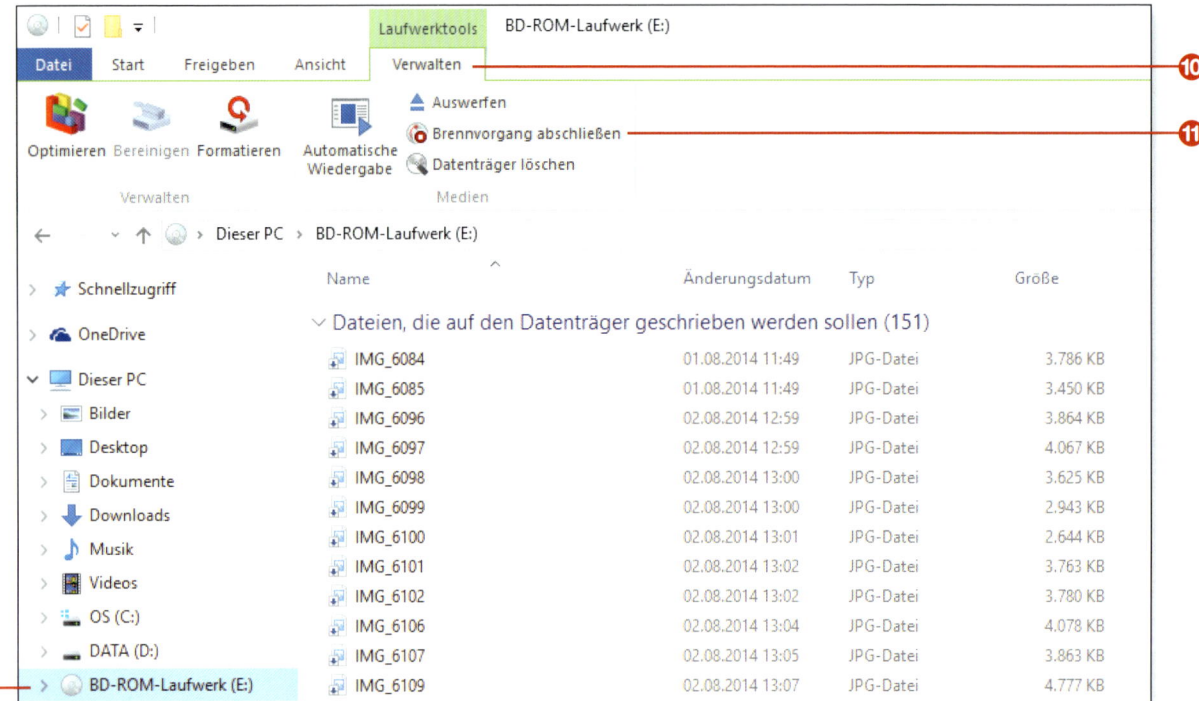

**13.** Den Dialog **Auf Datenträger brennen** bestätigen Sie mit **Weiter** ⓬.

**14.** Sollte der verfügbare Speicherplatz auf dem Datenträger für die ausgewählten Daten nicht ausreichen, wird ein entsprechender Hinweis eingeblendet. Beenden Sie den Brennvorgang in diesem Fall mit einem Klick auf **Abbrechen** ⓭. Löschen Sie dann im Inhaltsbereich einige der Dateien. Wie Sie hierzu vorgehen, haben Sie bereits in Kapitel 3, »Dateien und Ordner – Ihre Ablage auf dem Computer«, erfahren. Wiederholen Sie dann die Schritte 12 und 13.

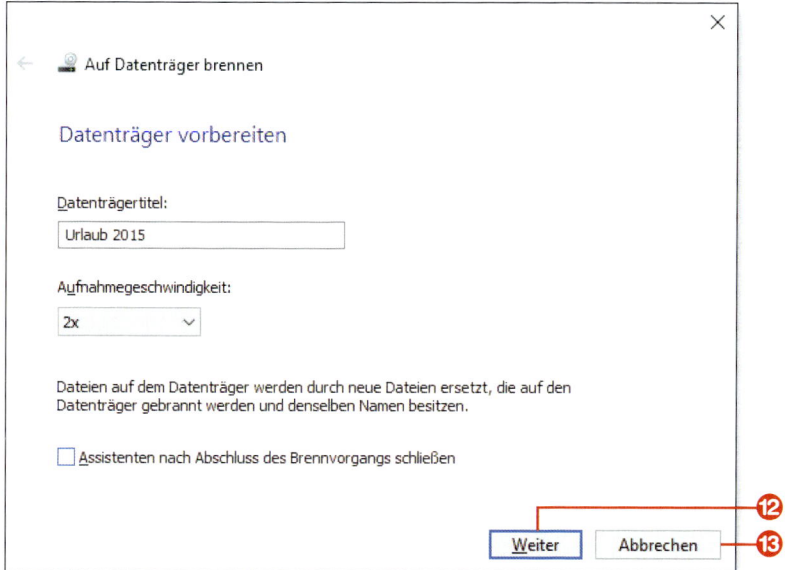

Die Dateien und Ordner werden nun auf den Datenträger gebrannt. Dieser Vorgang kann je nach Datenumfang etwas dauern. Sobald der Brennvorgang abgeschlossen ist, öffnet sich die Schublade des Brenners, und Sie können den Datenträger entnehmen.

Ist das Fenster **Auf Datenträger brennen** noch geöffnet, schließen Sie es mit einem Klick auf **Fertig stellen**.

### ISO-Dateien auf DVD brennen

Viele Software-Hersteller bieten ihre Programme mittlerweile im Internet zum Download an. Als Dateiformat wird häufig das ISO Format, ein sogenanntes *Datenträgerabbild*, gewählt. Auch eine solche Datei können Sie natürlich auf CD oder DVD brennen. Aus dem Internet heruntergeladene Dateien werden meist im Ordner *Downloads* gespeichert. Wechseln Sie im Explorer also in diesen Ordner, und markieren Sie die gewünschte ISO-Datei. Klicken Sie dann im Register **Datenträgerimage-tools** auf das Symbol **Brennen**. Wählen Sie das DVD-Laufwerk aus, und starten Sie den Brennvorgang mit **Brennen**.

## Fotos in der Cloud OneDrive veröffentlichen

Sie möchten der Familie gerne die letzten Urlaubsbilder zeigen. Diese wohnen aber so weit weg, dass ein Treffen in der nächsten Zeit nicht möglich ist. Eine ganz einfache Lösung des Problems: Veröffentlichen Sie Ihre Fotos im Online-Speicher *OneDrive*, den Microsoft Ihnen kostenlos zur Verfügung stellt. Ein solcher Online-Speicher wird auch als *Cloud* bezeichnet. Um die Daten in die Cloud hochzuladen, benötigen Sie neben einer Internetverbindung auch ein Microsoft-Konto. Dieses besteht aus einer E-Mail-Adresse sowie einem Kennwort. Wie Sie ein solches Konto bei Microsoft einrichten, haben Sie bereits im Abschnitt »Eine kostenlose E-Mail-Adresse anlegen« ab Seite 115 erfahren. Sobald sich die Dateien in OneDrive befinden, laden Sie die Familienmitglieder per E-Mail ein, sich die Bilder anzusehen. Wie das Hochladen und Einladen im Einzelnen vonstattengeht, zeige ich Ihnen jetzt.

**1.** Starten Sie den Browser Microsoft Edge per Klick auf das entsprechende Icon in der Taskleiste. Rufen Sie die Internetadresse *https://onedrive.live.com/about/de-de* durch Eingabe in das Adressfeld auf. Klicken Sie auf der Seite oben rechts auf **Anmelden** ❶.

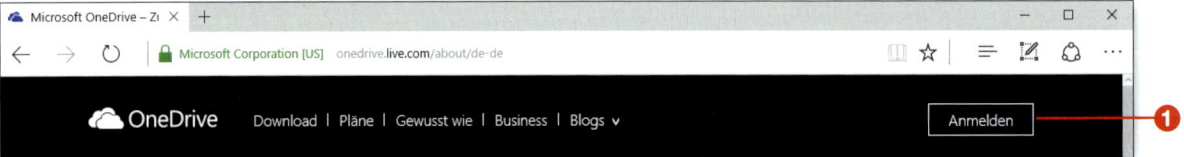

**2.** Geben Sie im nun eingeblendeten Dialog die E-Mail-Adresse Ihres Microsoft-Kontos an, und bestätigen Sie mit **Weiter**.

**3.** Auf der folgenden Internetseite ist im Feld **Kennwort** ❷ noch die Eingabe des Passwortes Ihres Microsoft-Kontos nötig. Nach einem Klick auf **Anmelden** gelangen Sie zum Online-Speicher OneDrive.

Um auch in der Cloud von Anfang an für Ordnung zu sorgen, sollten Sie zunächst einen neuen Ordner anlegen, in dem Sie anschließend die Fotos einfügen, die Sie gerne veröffentlichen möchten.

**4.** Stellen Sie sicher, dass in der linken Spalte unterhalb von **OneDrive** der Eintrag **Dateien** ❸ markiert ist. Klicken Sie dann auf **Neu** ❹ und in der aufklappenden Liste auf **Ordner**.

**5.** Geben Sie im Dialog **Ordner** einen aussagekräftigen Ordnernamen ❺ ein, und bestätigen Sie mit **Erstellen**.

**6.** Der neu angelegte Ordner wird nun in der rechten Hälfte der Internetseite angezeigt. Klicken Sie auf den Ordner, um ihn zu öffnen.

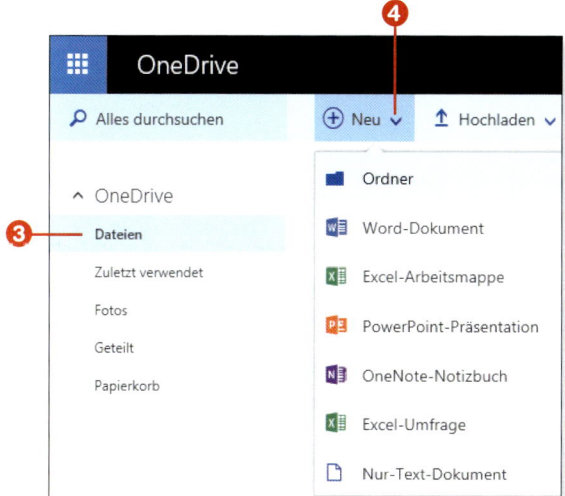

**7.** Als Nächstes wählen Sie die Fotos aus, die Sie in der Cloud OneDrive veröffentlichen möchten. Klicken Sie hierzu auf **Hochladen** und in der aufklappenden Liste auf **Dateien** (siehe die Abbildung auf Seite 182).

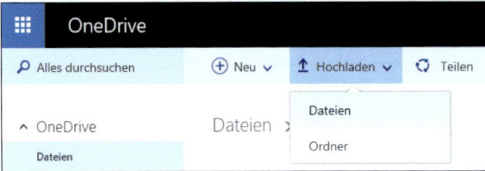

**8.** Der Dialog **Öffnen**, der nun eingeblendet wird, hat gewisse Ähnlichkeit mit dem Programmfenster des Explorers. Öffnen Sie zunächst den Ordner, in dem sich die gewünschten Dateien befinden, hier also **Bilder**.

**9.** Markieren Sie das erste Foto per Mausklick. Halten Sie dann die Taste `Strg` gedrückt, während Sie nacheinander alle weiteren Bilder anklicken. Haben Sie alle Bilder ausgewählt, bestätigen Sie den Dialog mit **Öffnen** ❻.

**10.** Die ausgewählten Dateien werden nun in den Online-Speicher geladen. Ein entsprechender Hinweis wird am oberen Rand der Internetseite eingeblendet und ein jedes erfolgreich hochgeladene Bild sofort auf der Internetseite angezeigt.

Sobald sich alle Dateien in der Cloud befinden, können Sie Ihre Familienmitglieder informieren. Dies geschieht, wie bereits erwähnt, per E-Mail.

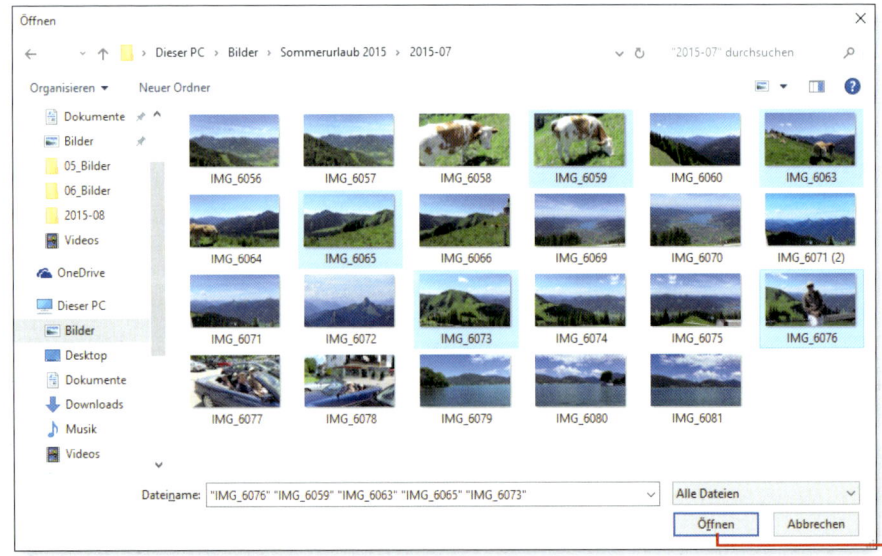

**11.** Stellen Sie sicher, dass in der rechten Fensterhälfte der Ordner mit den gewünschten Bildern angezeigt wird ❼. Klicken Sie dann in der Leiste am oberen Seitenrand auf **Teilen** ➑. Der gleichnamige Dialog wird eingeblendet.

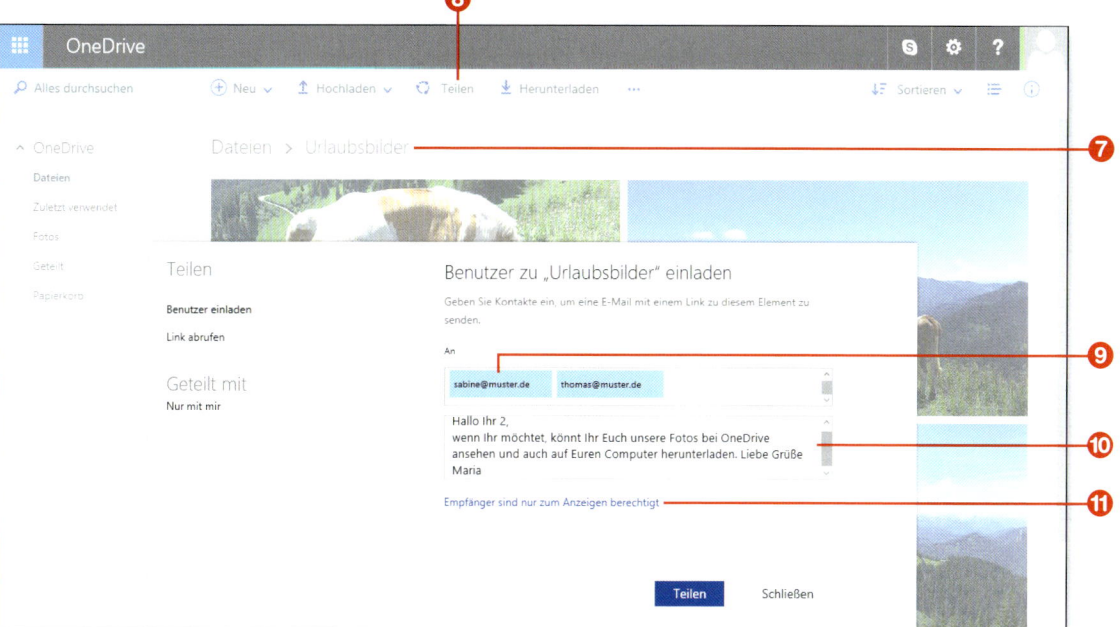

**12.** Tragen Sie in das Feld **An** ➒ die E-Mail-Adresse des ersten Familienmitglieds ein.

**13.** Möchten Sie mehrere Personen über die Veröffentlichung Ihrer Fotos informieren, tippen Sie nach der ersten E-Mail-Adresse ein Semikolon (;). Die erste Adresse wird nun hellblau hinterlegt. Geben Sie die E-Mail-Adresse der nächsten Person an.

**14.** Wenn Sie alle gewünschten Adressen ergänzt haben, klicken Sie in das Feld **Kurze Notiz hinzufügen**. Sie können nun eine persönliche Nachricht an Ihre Familie ergänzen ➓.

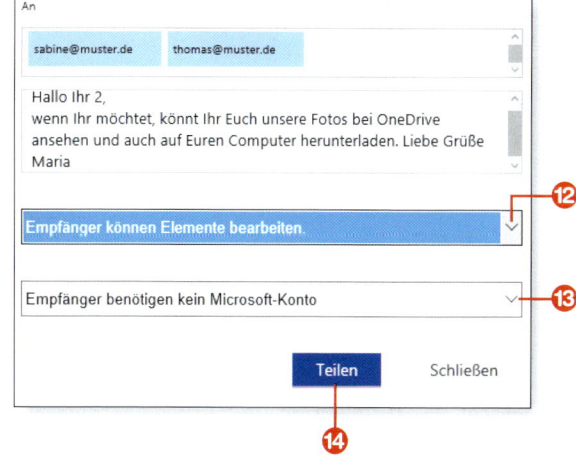

**15.** Dürfen sich die eingeladenen Personen die Bilder nur ansehen oder auch auf ihren Computer herunterladen? Die entsprechende Einstellung nehmen Sie nach einem Klick auf **Empfänger sind nur zum Anzeigen berechtigt** ⑪ vor.

**16.** Es werden nun zwei Felder eingeblendet. Darf die Familie die Bilder auch herunterladen, klicken Sie auf den Pfeil rechts vom ersten Feld und wählen **Empfänger können Elemente bearbeiten** ⑫.

**17.** Sind Sie sich nicht sicher, ob die eingeladenen Personen auch über ein Microsoft-Konto verfügen, sollten Sie im zweiten Feld die Voreinstellung **Empfänger benötigen kein Microsoft-Konto** ⑬ belassen.

**18.** Mit einem Klick auf **Teilen** ⑭ versenden Sie Ihre Einladung. Den folgenden Hinweis blenden Sie mit einem Klick auf **Schließen** aus.

Ihre Familienmitglieder erhalten nun eine E-Mail mit einer Einladung, sich Ihre Bilder anzusehen. Ein Klick auf die Schaltfläche **Auf OneDrive anzeigen** in der E-Mail reicht, und der Internetbrowser wird geöffnet. Mit einem Klick auf **Herunterladen** kann sich jede der eingeladenen Personen ein zuvor markiertes Bild auf ihren Computer herunterladen.

Wenn Sie selbst keine weiteren Dateien in die Cloud hochladen möchten, sollten Sie sich bei OneDrive abmelden, bevor Sie Edge schließen. Klicken Sie hierzu oben rechts auf das Symbol 🖼 ⑮ und dann auf **Abmelden** ⑯. Auf die soeben beschriebene Weise können Sie natürlich nicht nur Fotos in den Online-Speicher laden, sondern auch alle anderen Dateien wie Word-Dokumente, Excel-Tabellen und vieles mehr. Das ist nicht nur praktisch, um die Daten anderer Personen zur Verfügung zu stellen. Auch Sie selbst haben damit von jedem internetfähigen Rechner aus Zugriff auf die Daten.

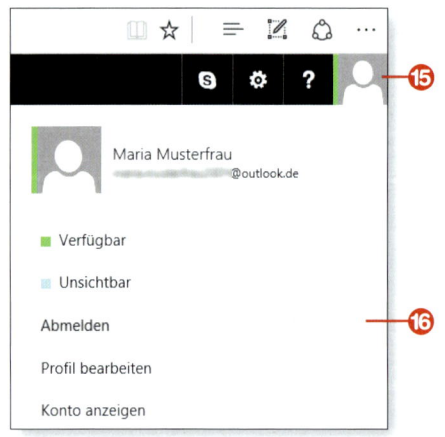

∧ *Vergessen Sie nicht, sich bei One-Drive abzumelden.*

Über OneDrive gäbe es noch viel zu berichten, doch leider reicht der Platz hierfür in diesem Buch nicht aus. Denn schließlich möchte ich Ihnen auch noch andere interessante Programme vorstellen. Dazu zählt unter anderem das bekannte Textverarbeitungsprogramm Microsoft Word, mit dem Sie Briefe schreiben oder auch Grußkarten gestalten können. Wie dies funktioniert, zeige ich Ihnen im nächsten Kapitel.

# Kapitel 7

# Texte und Briefe schreiben mit Word

Die Bezeichnung *Textverarbeitungsprogramm* klingt ganz schön trocken. Dabei ist ein solches Programm alles andere als langweilig. Denn mit ihm lässt sich ausgesprochen viel bewerkstelligen. Vom klassischen Brief über aufwendig gestaltete Grußkarten bis hin zu großen Plakaten können Sie alles entwerfen. Dass dies gar nicht so schwer ist, werde ich Ihnen in diesem Kapitel zeigen.

Das Textverarbeitungsprogramm, das ich Ihnen Schritt für Schritt vorstelle, nennt sich Microsoft Word 2016. Es ist Bestandteil einer ganzen Office-Suite, die auf vielen neuen Computern bereits vorinstalliert ist. Sollte dies bei Ihnen nicht der Fall sein, erfahren Sie im Abschnitt »Programme aus dem Internet herunterladen« ab Seite 105, wie Sie das Programm über das Internet erwerben und auf Ihrem Computer installieren.

Neben dem Textverarbeitungsprogramm Word enthält Microsoft Office 2016 unter anderem das Tabellenkalkulationsprogramm Excel 2016 sowie die Präsentationssoftware PowerPoint 2016. Die Programmfenster aller drei Programme sind ähnlich aufgebaut. Somit können Sie das in diesem Kapitel am Beispiel von Word 2016 erlernte Wissen auch problemlos auf die anderen Programme von Microsoft Office 2016 übertragen. In Kapitel 8, »Rechnen und Verwalten mit Excel«, stelle ich Ihnen dann die Besonderheiten des Tabellenkalkulationsprogramms Excel vor.

Als Grundlage für dieses Buch dient, wie gesagt, die Version 2016 von Microsoft Office, die Ende 2015 auf dem Markt erschienen ist. Sollte auf Ihrem Computer eine ältere Version (z. B. Microsoft Office 2010 oder auch Microsoft Office 2013) installiert sein, ist dies aber nicht so schlimm. Das Programmfenster sieht zwar etwas anders aus, die meisten meiner Anleitungen können Sie aber auch gut mit einer älteren Office-Version nachvollziehen.

## Microsoft Word 2016 aufrufen und kennenlernen

Bevor Sie Ihren ersten Brief mit dem Textverarbeitungsprogramm Word schreiben, zeige ich Ihnen, wie Sie es aufrufen. Damit Sie sich schnell im Programmfenster zurechtfinden, stelle ich Ihnen außerdem seine wichtigsten Elemente vor.

**1.** Rufen Sie das Startmenü per Klick auf das Windows-Logo ⊞ ❶ auf, das sich am linken Rand der Taskleiste befindet. Im aufklappenden Menü wählen Sie **Alle Apps**.

**2.** Blättern Sie in der linken Spalte des Startmenüs mithilfe der Bildlaufleiste ❷ nach unten bis zum Buchstaben **W**. Klicken Sie auf **Word 2016** ❸, um das Textverarbeitungsprogramm zu starten.

^ *Word 2016 kann über das Startmenü aufgerufen werden ...*

Wenn Sie für Word 2016 bereits eine Kachel im Startmenü angelegt haben, wie im Kasten »Kacheln im Startmenü ergänzen und löschen« auf Seite 47 beschrieben, reicht natürlich ein Doppelklick auf das Programmlogo, um das Textverarbeitungsprogramm zu starten.

^ *... oder über die Kachel im Startmenü.*

Nach dem Start zeigt Word 2016 den sogenannten *Startbildschirm*. Sobald Sie selbst Dokumente erstellt und gespeichert haben, werden diese in der linken Spalte des Startbildschirms aufgeführt. Nach dem ersten Start finden Sie hier zunächst nur den Link **Weitere Dokumente öffnen** ❹. Auf dieses Thema gehe ich im nächsten Abschnitt im Detail ein. Doch zuvor werden wir das eigentliche Programmfenster, in dem Sie Ihre Texte eingeben und bearbeiten, unter die Lupe nehmen.

Dieses wichtige Fenster wird allerdings erst dann sichtbar, wenn Sie ein Dokument öffnen. In der rechten Fensterhälfte bietet Ihnen Word einige aufwendig gestaltete Vorlagen an, die Sie Ihren Wünschen entsprechend anpassen können. In den meisten Fällen eignet sich aber für die eigenen Aufgaben ein leeres Dokument besser, in dem Sie selbst Ihre Briefe und

Grußkarten gestalten. Ein solches Dokument ist schnell geöffnet: Klicken Sie einfach in der Vorlagenübersicht auf **Leeres Dokument** ❺. Sie sehen anschließend ein leeres Dokumentfenster (siehe Seite 188).

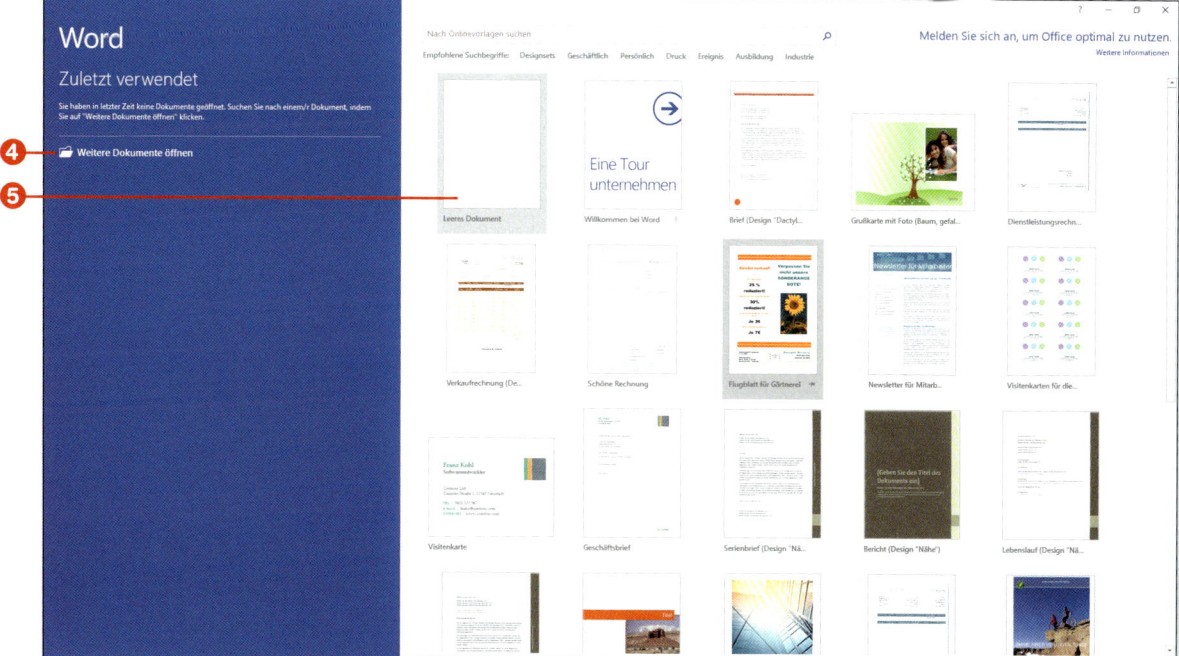

Am oberen Rand des Fensters befindet sich die *Titelleiste*. In ihrer Mitte wird der Name des gerade geöffneten Dokuments angezeigt. Das erste Dokument, das Sie nach dem Start von Word per Klick auf **Leeres Dokument** geöffnet haben, trägt den Namen **Dokument1** (❶ auf Seite 188). Zumindest noch, denn selbstverständlich können Sie Ihren Dokumenten auch eigene Namen geben. Wie ein solches Speichern eines Dokuments erfolgt, zeige ich Ihnen im nächsten Abschnitt.

∧ *Nach dem Start von Word sehen Sie zunächst den Startbildschirm.*

Am rechten Rand der Titelleiste finden Sie vier Symbole ❷: Über das Symbol **Schließen** ⊠ ganz rechts beenden Sie Word. Das sollen Sie jetzt natürlich noch nicht tun, denn im Moment lautet das Ziel, Word kennenzulernen.

Nach dem ersten Start wird das Programmfenster normalerweise über den vollen Bildschirm hinweg angezeigt. Diese Größe ist bei allen Arbeiten mit Word zu empfehlen, da sie den besten Überblick bietet.

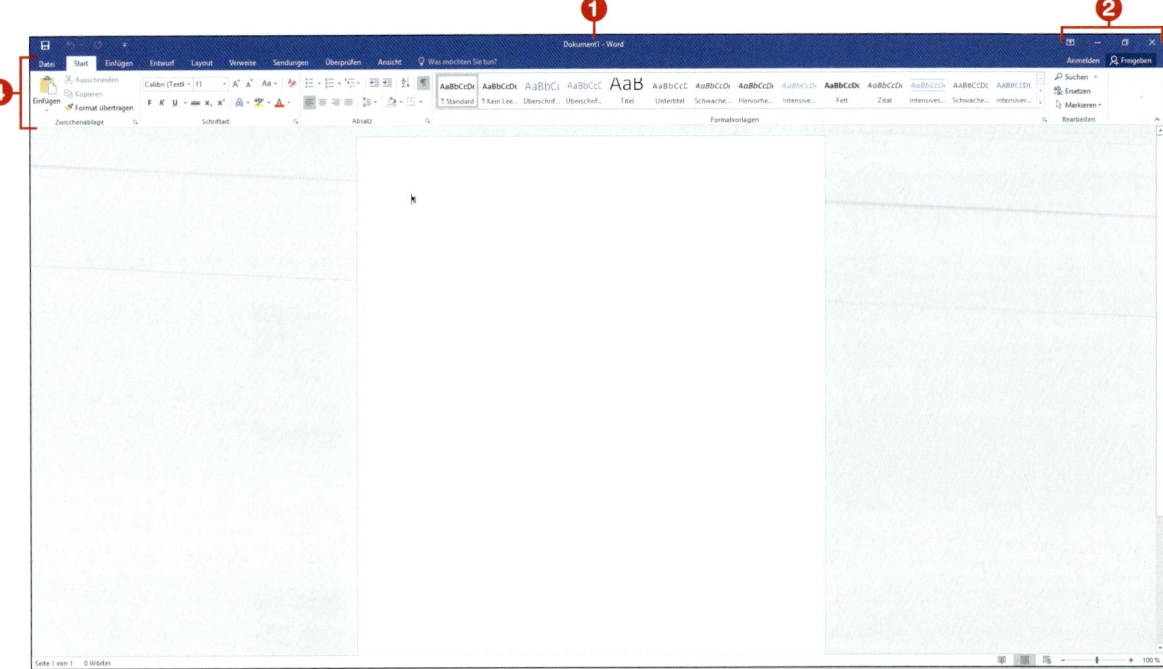

*^ Das Programm-
fenster von Word*

Wenn Ihnen das Fenster aber zu groß ist, verkleinern Sie es über das zweite Symbol von rechts: **Verkleinern** . Um das Fenster doch wieder in voller Größe zu zeigen, reicht ein Klick auf das nun sichtbare Symbol **Maximieren** . Ein Klick auf das dritte Symbol von rechts, **Minimieren** , blendet das Programmfenster von Word ganz aus. Sie haben damit freien Blick auf die Desktop-Oberfläche oder auch das Fenster eines anderen bereits geöffneten Programms oder einer App. Um das Programmfenster von Word 2016 wieder einzublenden, klicken Sie in der Taskleiste auf das Word-Symbol ❸.

*> Ein Klick auf das
Word-Symbol blen-
det das Programm-
fenster wieder ein.*

Unterhalb der Titelleiste befindet sich das *Menüband* ❹, das alle Werkzeuge enthält, die Sie zur Erstellung und Gestaltung Ihrer Dokumente benötigen. Zur besseren Übersicht sind die Werkzeuge nach Themenbereichen sortiert auf mehreren *Registerkarten* verteilt. Jede Registerkarte besitzt einen Registerreiter, der den Namen der Registerkarte trägt. Im Register **Start** ❺, das nach dem Start von Word automatisch im Vordergrund ist, finden Sie alle Funktionen, die Sie zum Formatieren, sprich

Gestalten Ihrer Texte, benötigen. Dazu zählt etwa die Auswahl der Schriftart, -farbe und -größe. Möchten Sie Ihre Dokumente mit Bildern, Tabellen oder auch Diagrammen auffrischen, geschieht dies über das Register **Einfügen** ❻. Um sich die Werkzeuge einer Registerkarte anzusehen, reicht ein Klick auf den entsprechenden Registerreiter.

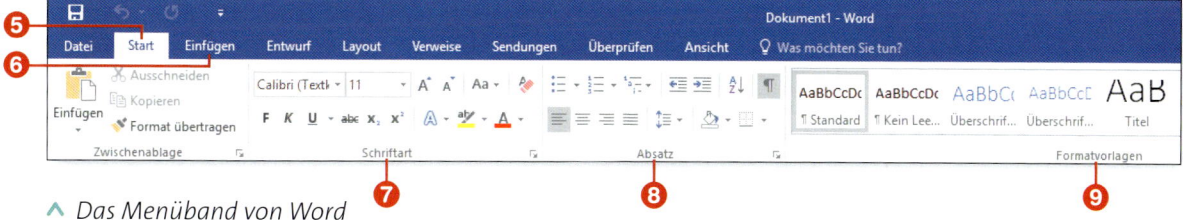

︿ *Das Menüband von Word*

Jede Registerkarte, im Folgenden nur noch kurz Register genannt, ist in verschiedene Gruppen aufgeteilt. Ein senkrechter Strich sorgt für die optische Trennung der Bereiche. Im Register **Start** finden Sie beispielsweise die Gruppen **Schriftart** ❼, **Absatz** ❽ oder auch **Formatvorlagen** ❾. Einige der hier enthaltenen Schaltflächen und Felder lernen Sie im Laufe dieses Kapitels näher kennen.

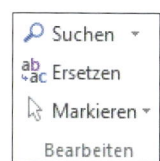

︿ *Die Gruppe »Bearbeiten« (Register »Start«) in voller Schönheit …*

> ℹ **Ein Menüband mit wandelbarem Aussehen**
>
> Das Aussehen des Menübandes von Word hängt von der Größe des Programmfensters ab. Steht ausreichend Platz zur Verfügung, können auch alle Schaltflächen angezeigt werden. Wird es dagegen knapp mit dem Platz, weil Sie das Programmfenster z. B. verkleinert haben, fasst Word die Werkzeuge innerhalb einer Gruppe zusammen und zeigt lediglich ein Gruppensymbol an. Ein Beispiel hierfür sehen Sie in den Abbildungen rechts. Um in einem solchen Fall auf ein Werkzeug innerhalb dieser Gruppe zugreifen zu können, ist zunächst ein Klick auf das Gruppensymbol ❿ nötig. Anschließend klappt eine Liste mit den eigentlichen Schaltflächen der Gruppe auf, und Sie können das gewünschte Werkzeug auswählen.

︿ *… und auf das Gruppensymbol reduziert*

Theoretisch könnten Sie die Registerkarten oder sogar das gesamte Menüband auch ausblenden. Die entsprechende Einstellung lässt sich nach einem Klick auf das vierte Symbol am rechten Rand der Titelleiste, die **Menüband-Anzeigeoptionen** ⊞, vornehmen. In der Praxis macht dies allerdings nur bei großen, aufwendig gestalteten Dokumenten Sinn, bei denen Sie möglichst viel Platz für den Dokumentbereich schaffen möchten. Bei klassischen Briefen und Grußkarten ist dagegen die bereits voreingestellte Option **Registerkarten und Befehle anzeigen** zu empfehlen.

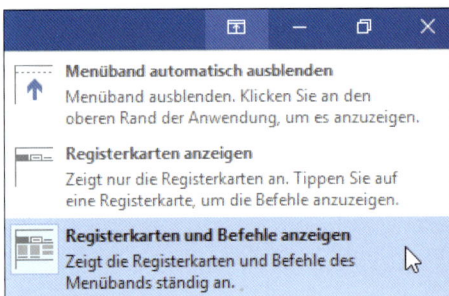

∧ *Für Ihre Arbeiten mit Word sollten sowohl Registerkarten als auch Befehle im Menüband angezeigt werden.*

Als *Dokumentbereich* ❶ wird die weiße Fläche unterhalb des Menübandes bezeichnet. Er stellt den eigentlichen Arbeitsbereich von Word dar, denn hier fügen Sie Ihre Texte und Grafiken ein und gestalten diese.

Bevor wir uns diesen Themen zuwenden, werfen Sie noch einen Blick auf ein letztes wichtiges Element des Programmfensters, die sogenannte *Statusleiste*. Sie befindet sich am unteren Rand des Programmfensters und zeigt in der linken Hälfte wichtige Informationen zum geöffneten Dokument an ❷. So erfahren Sie beispielsweise, wie viele Seiten das Dokument enthält und auf welcher Seite Sie sich gerade befinden. Über die Schaltflächen am rechten Rand der Statusleiste lässt sich die Ansicht des Dokuments anpassen. Wenn Sie den Dokumentbereich, also die weiße Fläche, z. B. vergrößern möchten, um mehr Details zu erkennen, positionieren Sie den Mauszeiger auf dem Schieberegler **Zoom** ❸ und ziehen ihn dann mit gedrückter linker Maustaste nach rechts. Ein Ziehen nach links wiederum verkleinert den Dokumentbereich. Bei größeren Dokumenten können Sie übrigens mithilfe der *Bildlaufleiste* ❹ am rechten Rand des Programmfensters im Dokument von oben nach unten und umgekehrt blättern. Positionieren Sie hierzu einfach den Mauszeiger auf dem Balken, und ziehen Sie ihn mit gedrückter linker Maustaste in die gewünschte Richtung.

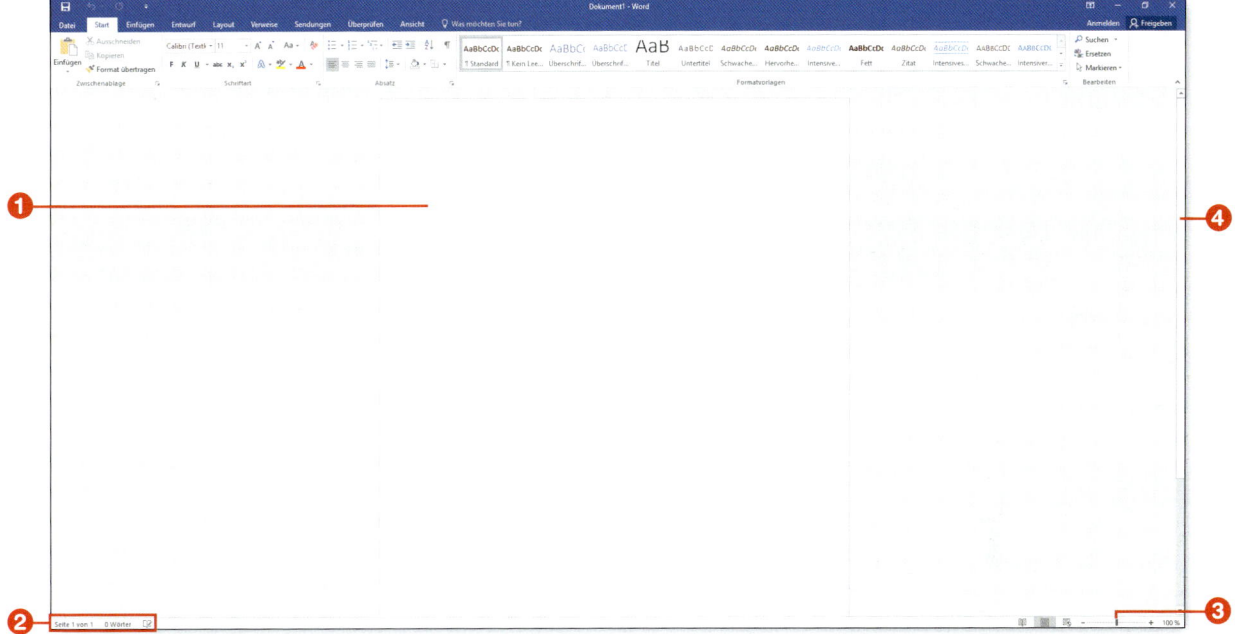

Damit sei es erst mal genug der Theorie. Im nächsten Abschnitt geht es an die Praxis: Sie lernen, wie Sie nach einer kurzen Texteingabe das Dokument speichern, schließen und wieder öffnen. Das aktuell geöffnete Dokument belassen Sie hierfür der Einfachheit halber gleich geöffnet.

*∧ Die Größe des Dokumentbereichs lässt sich über den Schieberegler »Zoom« anpassen.*

## Dokumente speichern und öffnen

Um ein neues, noch leeres Dokument in Word 2016 zu öffnen, reicht, wie Sie eben schon erfahren haben, ein Klick oder Tipp auf **Leeres Dokument** im Startbildschirm, der nach dem Start von Word zu sehen ist. Doch wie sieht es mit bereits vorhandenen Word-Dateien aus? Wie werden diese geöffnet? Um Ihnen dies Schritt für Schritt zeigen zu können, speichern Sie das aktuell geöffnete Dokument zunächst auf Ihrem Computer. Dieser Schritt ist immer dann nötig, wenn Sie eine Datei auch zu einem späteren Zeitpunkt öffnen und bearbeiten möchten.

Damit Sie das bereits geöffnete Dokument später von einem leeren Dokument unterscheiden können, geben Sie einen kurzen Text ein. Wenn Sie einen Blick auf den weißen Dokumentbereich werfen, sehen Sie links oben einen senkrechten blinkenden Strich, die sogenannte *Einfüge-marke*. Sie kennzeichnet die Stelle, an der der eingetippte Text erscheint. Tippen Sie auf der Tastatur nun einen kurzen Text ein, etwa »Dieses ist ein Test.«. Die Einfügcmarke wandert während der Texteingabe mit nach rechts.

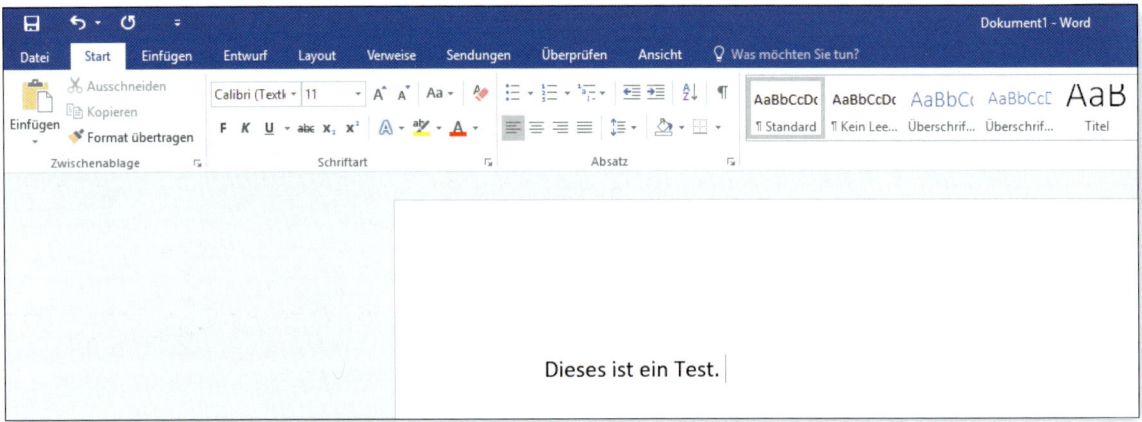

∧ *Der neu eingegebene Text erscheint links von der Einfügemarke.*

### ➕ Schnell versetzte Einfügemarke

Die Einfügemarke begegnet Ihnen immer wieder bei der Arbeit mit Ihrem Computer. Ob Word, Excel oder auch ein Mail-Programm: Der eingetippte Text wird immer an der Position der Einfügemarke eingefügt. Beim Arbeiten mit einem Notebook, das über ein Touchpad verfügt, ist die Einfügemarke aber schnell einmal verrutscht. Ein leichtes Streifen mit dem Finger über das Touchpad verschiebt den Mauszeiger auf dem Bildschirm. Wenn Sie nun noch versehentlich auf das Touchpad tippen, haben Sie damit automatisch die Einfügemarke an der Position des Mauszeigers gesetzt. Manchmal ist dieses Vorgehen tatsächlich nötig, etwa um einen Tippfehler auszubessern. Häufig passiert es aber aus Versehen, und man wundert sich, wo der eingegebene Text geblieben ist. Sind Sie noch nicht so geübt im Umgang mit dem Notebook, ist daher ein kurzer Blick auf den Bildschirm ratsam, bevor Sie längere Texte eingeben: Befindet sich die Einfügemarke an der gewünschten Position, ist alles gut, und Sie können mit dem Tippen fortfahren.

Das Dokument mit dem kurzen Text soll nun auf der Festplatte Ihres Computers gespeichert werden.

**1.** Wenn Sie das Dokument das erste Mal speichern, reicht ein Klick oder Tipp auf das **Speichern**-Symbol 🔳 ❶ am linken Rand der Titelleiste. Die kleine Symbolleiste, die Sie hier sehen, wird auch *Symbolleiste für den Schnellzugriff* genannt.

**2.** Die Seite **Speichern unter** wird eingeblendet, auf der Sie den Speicherort für das Dokument auswählen. Da die Datei auf der Festplatte Ihres Computers gesichert werden soll, belassen Sie **Dieser PC**, was bereits markiert ist ❷. Klicken Sie in der rechten Spalte auf **Dokumente** ❸, um die Datei im gleichnamigen Ordner zu speichern.

**3.** Der Dialog **Speichern unter** wird geöffnet. Überschreiben Sie den blau markierten Namen im Feld **Dateiname** (❹ auf Seite 194) mit einer eigenen Bezeichnung, für unser Beispiel etwa »Test«.

**4.** Bestätigen Sie mit **Speichern** ❺. Der Dialog wird geschlossen.

Das Programmfenster ist jetzt wieder zu sehen. Als Dateiname finden Sie in der Mitte der Titelleiste nun nicht mehr **Dokument1**, sondern den gerade vergebenen Titel **Test** ❻.

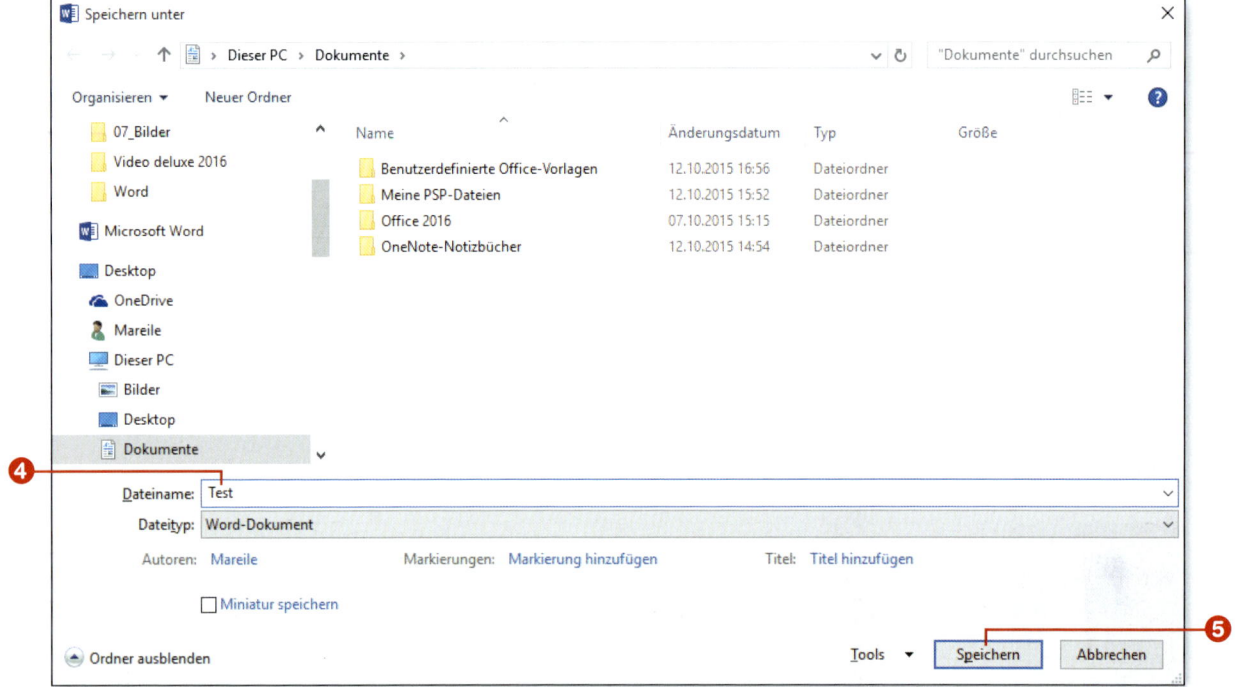

**5.** Wenn Sie keine weiteren Änderungen am Dokument vornehmen und Word 2016 beenden möchten, reicht ein Klick auf die Schaltfläche **Schließen** × ❼ in der rechten Ecke der Titelleiste.

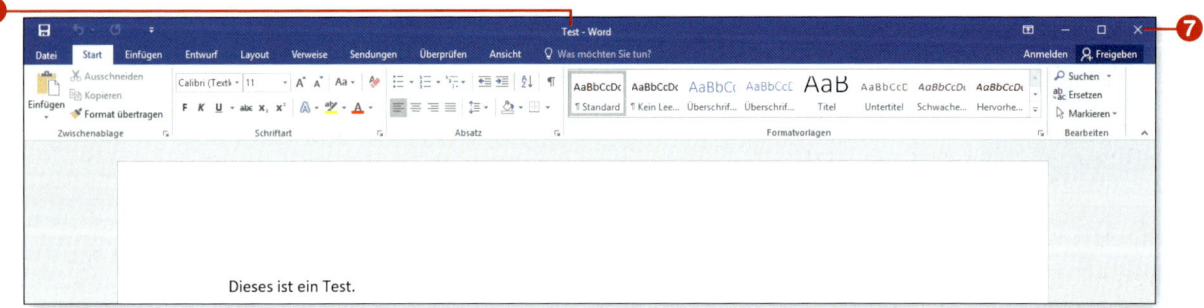

Die Datei **Test** ist im Ordner **Dokumente** gespeichert und kann jederzeit wieder geöffnet und bearbeitet werden. Für das Öffnen stehen Ihnen verschiedene Möglichkeiten zur Auswahl. Wie Sie eine Datei über den Explorer öffnen können, haben Sie bereits im Kasten »So öffnen Sie Dateien und Ordner aus dem Explorer heraus« auf Seite 62 erfahren. Ich beschreibe Ihnen daher nun den Weg über das Textverarbeitungsprogramm selbst.

**1.** Starten Sie Word 2016 wie gewohnt, z. B. über **Start ▸ Alle Apps ▸ Word 2016**.

**2.** Sie sehen nun den bereits bekannten Startbildschirm. In der linken Spalte wird jetzt das zuvor gespeicherte Dokument **Test ❶** angezeigt. Ein Klick hierauf reicht, und die Datei wird geöffnet.

Als Nächstes zeige ich Ihnen, wie Sie die gerade geöffnete Datei unter einem neuen Namen speichern. Dies ist etwa dann nötig, wenn Sie an einem bereits verfassten Brief kleine Korrekturen vornehmen, die erste Fassung aber beibehalten möchten. Eine solche Korrektur können Sie gleich selbst vornehmen. Im Beispiel soll der vorhandene Satz durch »Dies ist eine Übung.« ersetzt werden.

**1.** Um den bereits vorhandenen Satz zu markieren, positionieren Sie den Mauszeiger links vom Text. Nimmt er die Form eines Pfeils ⇗ an, drücken Sie die linke Maustaste. Der Text wird markiert, erkennbar am grauen Hintergrund.

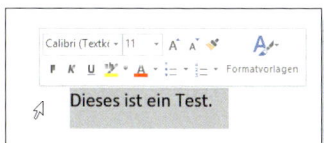

Das kleine Dialogfenster, das oberhalb des Textes eingeblendet wird, können Sie ignorieren. Es verschwindet, sobald Sie den Mauszeiger etwas bewegen.

**2.** Überschreiben Sie den markierten Text, indem Sie einfach den neuen Text eingeben, also etwa »Dies ist eine Übung.«.

**3.** Um die Datei unter einem neuen Namen zu speichern, wechseln Sie per Klick auf den Registerreiter **Datei** ❷ in das gleichnamige Register.

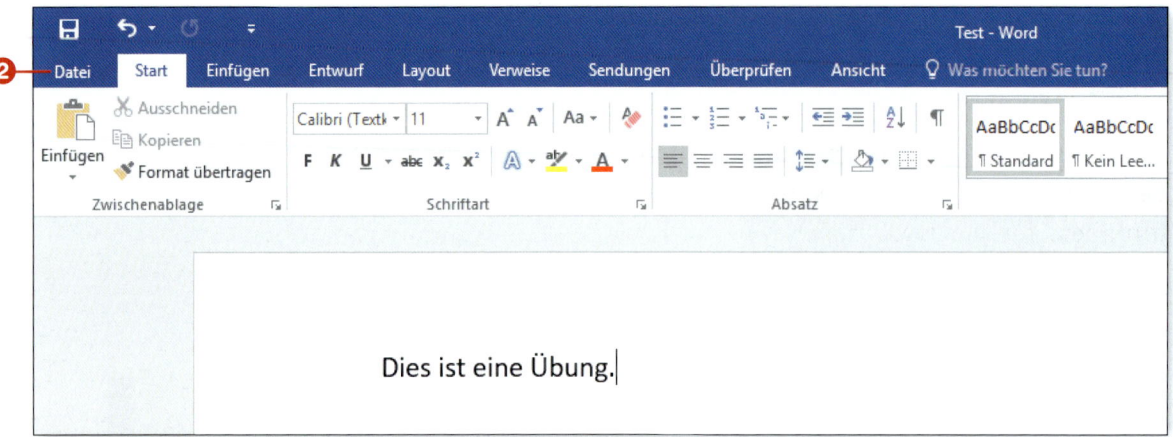

**4.** Klicken Sie in der linken Spalte auf **Speichern unter** ❸.

Das, was Sie nun in der rechten Fensterhälfte zu sehen bekommen, kennen Sie bereits. Auch dieses Mal soll die Datei auf der Festplatte Ihres Computers gesichert werden. Eine kleine Abwechslung wird es aber geben: Die Datei soll nicht nur unter neuem Namen, sondern auch in einem neuen Ordner innerhalb des Verzeichnisses **Dokumente** abgelegt werden.

**5.** Stellen Sie sicher, dass in der mittleren Spalte **Dieser PC** markiert ist, erkennbar am hellblauen Hintergrund.

**6.** Klicken Sie in der rechten Spalte nun unter **Aktueller Ordner** auf die Schaltfläche **Dokumente**.

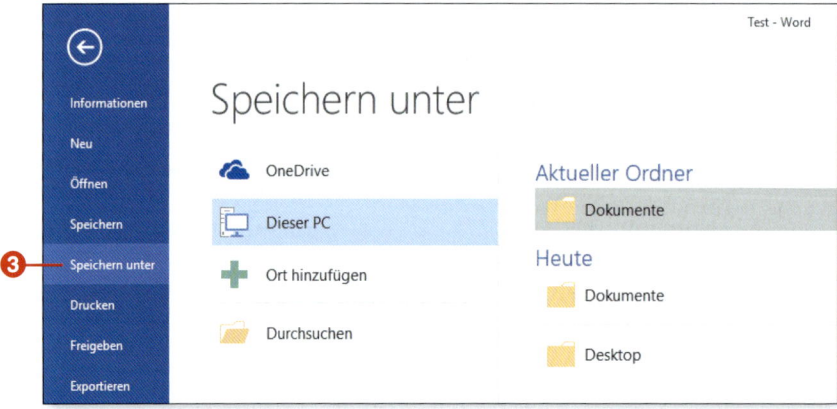

Der bereits bekannte Dialog **Speichern unter** wird wieder geöffnet. Statt die Datei wie zuvor im bereits ausgewählten Ordner **Dokumente** ❹ zu speichern, legen Sie nun einen neuen Ordner an.

**7.** Klicken Sie dazu im Dialog **Speichern unter** auf die Schaltfläche **Neuer Ordner** ❺.

**8.** In der rechten Hälfte des Dialogs wird ein neuer Ordner eingeblendet. Der Text **Neuer Ordner** ist bereits blau markiert und kann somit sofort überschrieben werden ❻.

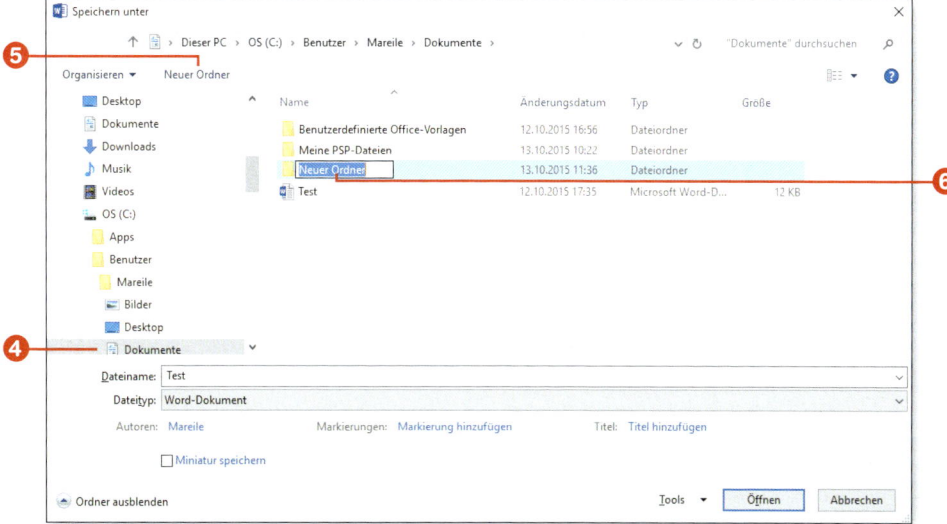

**9.** Geben Sie den Namen für den neuen Ordner ein. Für unseren Fall bietet sich die Bezeichnung »Beispiele« an. Durch Drücken der Taste ⏎ schließen Sie die Texteingabe ab.

**10.** Doppelklicken Sie auf den neu angelegten Ordner **Beispiele** (❼ auf Seite 198), um ihn für die Speicherung der Datei auszuwählen.

**11.** Geben Sie in das Feld **Dateiname** ❽ einen neuen Namen für die Datei ein, etwa »Uebung« (siehe auch den Kasten »Tipps für optimale Datei- und Ordnernamen« auf Seite 198).

**12.** Bestätigen Sie die Eingabe mit **Speichern** ❾.

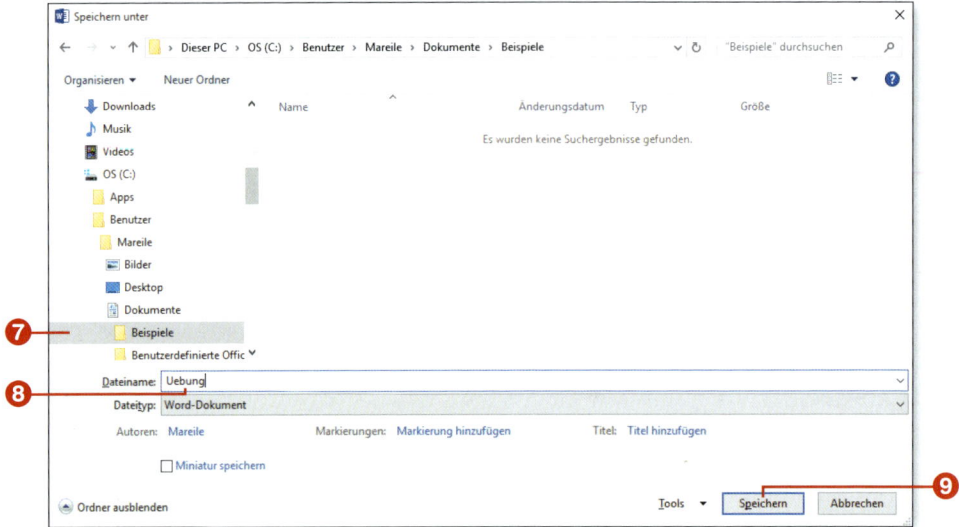

➕ **Tipps für optimale Datei- und Ordnernamen**

Bei der Auswahl von Datei- und Ordnernamen sollten Sie keine Sonderzeichen verwenden, sondern sich auf Buchstaben, Ziffern sowie Binde- (-) und Unterstriche (_) beschränken. Einige Sonderzeichen wie etwa »/« oder auch »>« lehnen Programme wie Word und Excel von sich aus ab. Andere Zeichen (z. B. Umlaute wie »ü«) können Probleme bereiten, wenn Sie die Dateien etwa per E-Mail versenden möchten. Achten Sie bei den Datei- und Ordnernamen außerdem auf aussagekräftige Namen. Die Bezeichnung »Brief« für ein Schreiben an die Krankenkasse sagt wenig aus, besser geeignet ist hier »Brief_AOK« oder Ähnliches.

Die Datei ist nun unter neuem Namen gespeichert. Dieser Name wird auch in der Titelleiste des Programmfensters von Word angezeigt ❿. Wenn Sie an der geöffneten Datei Änderungen vornehmen und die Datei anschließend unter dem gleichen Namen sichern möchten, reicht ein Klick auf das Symbol **Speichern** 🖫 am linken Rand der Titelleiste ⓫. Im Gegensatz zum ersten Speichervorgang, den Sie ab Seite 196 kennengelernt haben, klappt nun nicht mehr der Dialog **Speichern unter** auf. Word 2016 nimmt übrigens automatisch alle zehn Minuten eine Datensicherung vor. Um auf Nummer sicher zu gehen und etwa im Falle eines Stromausfalls keine böse Überraschung zu erleben, sollten Sie Ihre Arbeiten am Dokument aber auch selbst regelmäßig per Klick auf das Symbol 🖫 speichern.

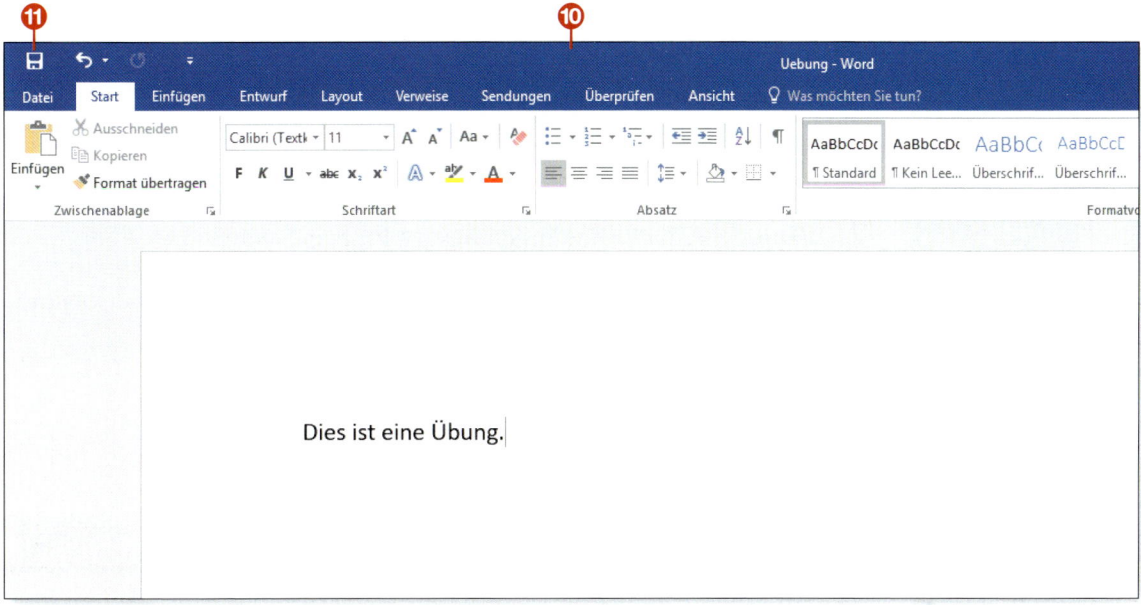

∧ Sichern Sie die Datei regelmäßig per Klick auf »Speichern« ⓫.

### ✚ Word denkt mit

Nicht immer denkt man daran, ein bearbeitetes Dokument vor dem Schließen von Word 2016 auch zu speichern. Sollte Ihnen das auch einmal passieren, ist es aber nicht schlimm. Denn Word denkt für Sie mit und blendet einen entsprechenden Warnhinweis ein. Hier werden Sie gefragt, ob Sie die Änderungen am Dokument speichern möchten, und es reicht ein Klick auf **Speichern**. Möchten Sie die Korrekturen nicht übernehmen, klicken Sie auf **Nicht speichern**. In beiden Fällen wird Word 2016 anschließend geschlossen. Haben Sie versehentlich auf die **Schließen**-Schaltfläche ✕ von Word geklickt, obwohl Sie weiterarbeiten möchten, wählen Sie die Schaltfläche **Abbrechen**. Es wird wieder das Programmfenster angezeigt, und Sie können mit Ihrer Arbeit am Dokument fortfahren.

∧ *Word erinnert Sie daran, das Dokument zu speichern.*

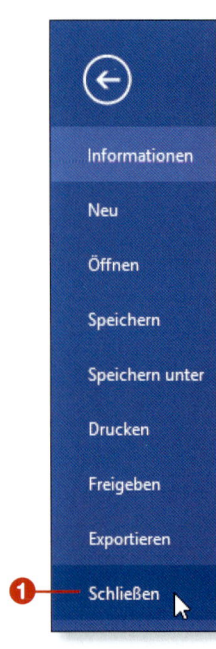

Wenn Sie die gerade geöffnete Datei schließen möchten, ohne aber Word zu beenden, gehen Sie folgendermaßen vor:

**1.** Wechseln Sie in das Register **Datei**.

**2.** Wählen Sie in der linken Spalte den Eintrag **Schließen** ❶.

Um nun eine andere, bereits vorhandene Datei zu öffnen, sind folgende Schritte nötig:

**1.** Rufen Sie erneut das Register **Datei** auf. In der linken Spalte ist der Eintrag **Öffnen** ❷ bereits markiert.

**2.** In der mittleren Spalte ist automatisch der Eintrag **Zuletzt verwendet** ausgewählt. Wird in der rechten Spalte bereits das gewünschte Dokument angezeigt, reicht ein Mausklick auf den Dateinamen ❸, um es zu öffnen.

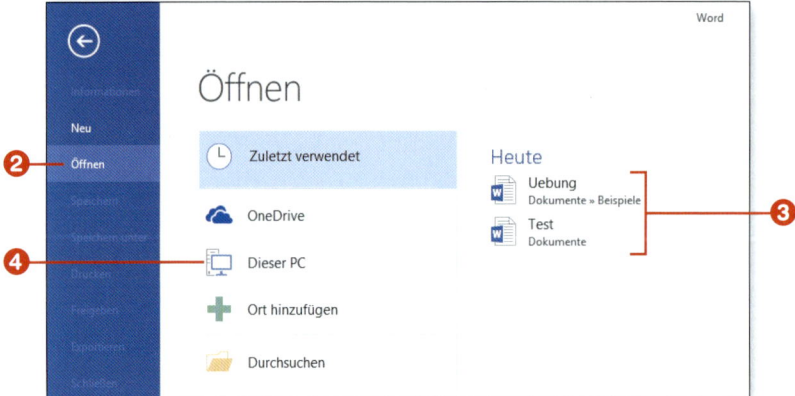

**3.** Wenn das Dokument nicht aufgeführt wird, klicken Sie in der mittleren Spalte auf **Dieser PC** ❹.

**4.** In der rechten Spalte wird nun der Inhalt des Ordners **Dokumente** angezeigt. Wechseln Sie gegebenenfalls per Mausklick auf den Ordnernamen ❺ in den Unterordner, in dem Sie das Dokument gespeichert haben. Mit einem Klick auf den Dateinamen öffnen Sie die Datei.

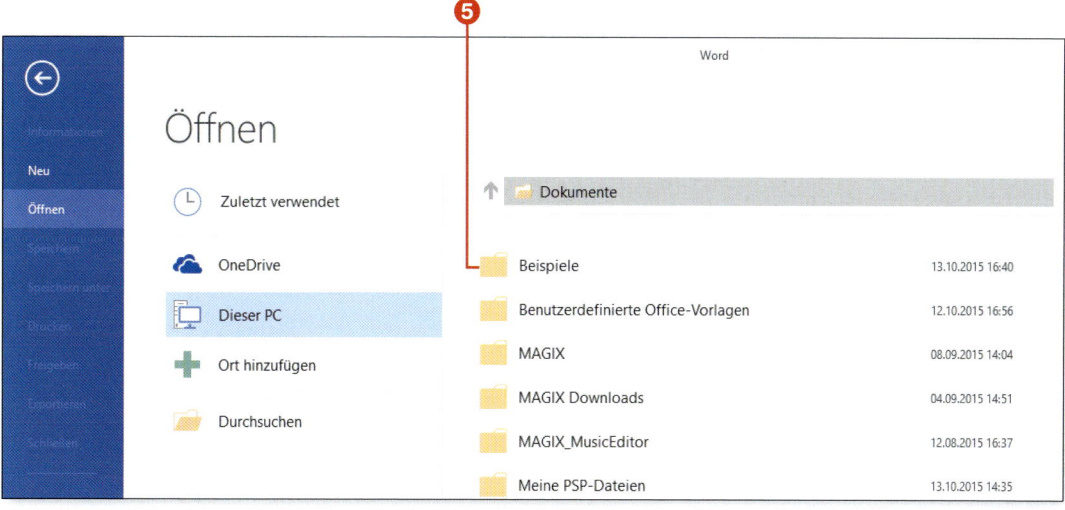

Sie möchten keine bereits vorhandene Datei öffnen, sondern ein neues Dokument anlegen? Auch dies ist schnell erledigt:

**1.** Wechseln Sie in das Register **Datei**, und klicken Sie in der linken Spalte auf **Neu** ❻.

**2.** In der bereits bekannten Vorlagenübersicht, die nun in der rechten Fensterhälfte angezeigt wird, wählen Sie per Mausklick **Leeres Dokument** ❼ aus.

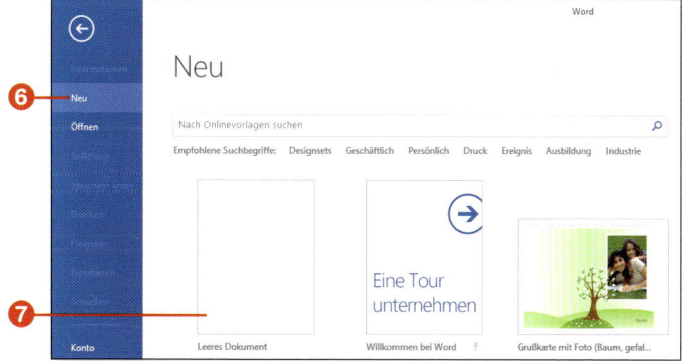

Sie haben nun verschiedene Möglichkeiten kennengelernt, eine Datei neu anzulegen, zu speichern, zu schließen und wieder zu öffnen. Sogar einen kurzen Text haben Sie bereits eingegeben. Im nächsten Abschnitt zeige ich Ihnen am Beispiel eines kurzen Briefs, wie Sie Texte in Word eingeben.

## Text eingeben am Beispiel eines Briefs

Egal, ob Sie eine Zeitschrift kündigen, der Krankenkasse ein Anschreiben zum beiliegenden Kostenvoranschlag schicken oder Vereinsmitglieder zur Weihnachtsfeier einladen möchten: Ein klassischer Brief ist immer gleich aufgebaut. Seine Elemente, wie etwa das rechtsbündige Datum oder auch das gefettete Wort »Betreff«, eignen sich hervorragend als Beispiel, um Ihnen in diesem und dem nächsten Abschnitt zu zeigen, wie Sie Text in Word eingeben und dann formatieren. (Beachten Sie dazu auch den Kasten »Nicht druckbare Zeichen zur besseren Orientierung einblenden« auf Seite 204.) Öffnen Sie hierfür in Word 2016 ein neues leeres Dokument, wie auf Seite 187 gezeigt.

Nun können Sie auch schon mit der Texteingabe loslegen. Die Einfügemarke blinkt bereits in der ersten Zeile des Dokuments. Als Erstes geben Sie die Adresse des Absenders ein.

Maria·Muster↵
Hauptstr.·100↵
12345·Beispielshausen¶

¶

Michael·Schmidt↵
Herbststr.·2·↵
54321·Sommerdorf¶

¶

¶

Betreff:·Einladung·zur·Weihnachtsfeier¶

Beispielshausen,·18.·November·2015¶

Liebe·Vereinsmitglieder,·¶

das·Jahr·neigt·sich·dem·Ende·entgegen·und·wie·bereits·in·den·vergangenen·Jahren·möchten·wir·Euch·ganz·herzlich·zu·unserer·Weihnachtsfeier·einladen.¶

Datum:·13.·Dezember·2015¶

Beginn:·15·Uhr¶

Ort:·Vereinshaus·„Zum·fröhlichen·Sportler"·in·der·Kegelstr.·7¶

Für·Kaffee,·Tee·und·Glühwein·ist·bereits·gesorgt.·Gerne·werden·aber·noch·Plätzchen-,·Stollen-·oder·auch·Kuchenspenden·angenommen.·Für·die·musikalische·Untermalung·unserer·Feier·sorgt·dieses·Jahr·der·Posaunenchor·Sommerdorf.·¶

Wir·freuen·uns·auf·Euer·zahlreiches·Erscheinen.¶

Seid·ganz·herzlich·gegrüßt¶

¶

Eure·Maria·Muster¶

**1.** Geben Sie Ihren Namen ein. Um einen Großbuchstaben zu tippen, halten Sie die Taste ⇧ gedrückt, während Sie auf die gewünschte Buchstabentaste tippen. Für das Leerzeichen zwischen Ihrem Vornamen und dem Nachnamen drücken Sie die Leertaste.

**2.** Die Straße soll in der zweiten Zeile ergänzt werden. Um einen solchen manuellen Zeilenumbruch zu erzeugen, drücken Sie gleichzeitig ⇧ + ↵.

**3.** Nachdem Sie den Straßennamen sowie die Hausnummer eingetippt haben, drücken Sie erneut die Tastenkombination ⇧ + ↵. Geben Sie nun die Postleitzahl sowie den Ortsnamen ein.

**4.** Zwischen der Adresse des Absenders und der des Empfängers wird ein größerer Abstand benötigt. Diesen erzielen Sie, indem Sie zweimal ↵ drücken. Sie haben damit eine Leerzeile erzeugt.

**5.** Ergänzen Sie nun, wie in den Schritten 1 bis 3 gezeigt, die Adresse des Empfängers.

**6.** Als Nächstes steht die Betreffzeile an, in der Sie den Grund des Schreibens aufführen. Der Abstand zwischen der Empfängeradresse und dem Betreff sollte aus mindestens zwei Leerzeilen bestehen. Diese erzeugen Sie durch dreimaliges Drücken von ↵. Geben Sie nun den Betreff des Briefes ein.

**7.** Nach Drücken von ↵ gelangen Sie in die nächste Zeile, in die Sie Ort und Datum einfügen.

**8.** Nach erneutem Drücken von ↵ geben Sie den Begrüßungstext ein.

**9.** Nun nochmals ↵ gedrückt und Sie können den eigentlichen Brieftext eingeben. Word erkennt automatisch, wann das Zeilenende erreicht ist, und führt den Satz entsprechend in der nächsten Zeile fort. Gleiches gilt auch für das Seitenende, sollten Sie einen sehr langen Brief verfassen. In diesem Fall erzeugt Word automatisch eine neue Seite und ergänzt hier den eingegebenen Text.

**10.** Möchten Sie einen neuen Absatz beginnen, drücken Sie ↵.

**11.** Ist der Brieftext vollständig eingegeben, schließen Sie Ihr Schreiben mit einer Grußformel und Ihrem Namen ab. Drücken Sie hierzu nach dem letzten Satzzeichen des Briefes ⏎, und tippen Sie »Mit freundlichen Grüßen« oder Ähnliches ein.

**12.** Zwischen der Grußformel und Ihrem Namen darf der Abstand wieder etwas größer sein. Für eine Leerzeile drücken Sie zweimal ⏎.

> ➕ **Nicht druckbare Zeichen zur besseren Orientierung einblenden**
>
> Wenn Sie Ihren Text eintippen, zeigt Word zunächst nur Buchstaben, Ziffern oder auch Zeichen an. Wenn Sie möchten, können Sie sich aber die sogenannten *nicht druckbaren Zeichen* wie etwa Leerzeichen anzeigen lassen. Diese Zeichen helfen Ihnen, sich besser im Dokument zu orientieren. Um sie einzublenden, klicken Sie im Register **Start** in der Gruppe **Absatz** auf das Symbol **Alle anzeigen** ¶. Leerzeichen erkennen Sie nun anhand des kleinen Punkts. Am Ende eines Absatzes, den Sie durch Drücken der Taste ⏎ erzeugen, blendet Word die sogenannte *Absatzmarke* ¶ ein. Diese finden Sie auch überall dort, wo Sie eine Leerzeile eingefügt haben. Der manuelle Zeilenumbruch, der durch die Tastenkombination ⇧ + ⏎ erzielt wird, wird durch das Symbol ↵ gekennzeichnet. Die nicht druckbaren Zeichen sind vor allem bei der Gestaltung Ihrer Dokumente eine große Hilfe. Um sie wieder auszublenden, reicht ein erneuter Klick auf das Symbol **Alle anzeigen** ¶.

Damit haben Sie den ersten Brief geschrieben. So ganz entspricht er allerdings noch nicht den Konventionen. Wie Sie ihn richtig in Form bringen, zeige ich Ihnen im nächsten Abschnitt.

## Text formatieren am Beispiel eines Briefs

Der Brief, der im vorherigen Abschnitt erstellt wurde, sieht noch nicht ganz so aus, wie er sollte. Das Datum befindet sich beispielsweise am linken Seitenrand, obwohl es klassischerweise am rechten Rand ausgerichtet wird. Solche Feinheiten lassen sich aber schnell korrigieren. Eines ist dabei ganz wichtig: Bevor Sie die Formatierung, sprich das Aussehen eines einzelnen Buchstabens, Wortes, Absatzes oder gar des gesamten

Textes, ändern können, müssen Sie die gewünschten Passagen markieren. Wie dies funktioniert, zeige ich Ihnen nun anhand einiger Beispiele. Hierbei werden Sie jeweils zuerst eine Textpassage markieren und anschließend formatieren. Beginnen werden wir mit dem Datum. Hier soll die gesamte Zeile rechtsbündig ausgerichtet werden.

**1.** Positionieren Sie den Mauszeiger links vom ersten Buchstaben des Ortsnamens ❶. Ziehen Sie den Mauszeiger dann mit gedrückter linker Maustaste nach rechts bis zur letzten Ziffer der Jahreszahl ❷. Ort und Datum sind damit markiert, erkennbar am grauen Hintergrund. Lassen Sie die Maustaste los. Dies ist übrigens die am häufigsten eingesetzte Markierungsmethode, denn mit ihr lassen sich nicht nur Zeilen, sondern auch einzelne Buchstaben, Wörter, Sätze oder ganze Absätze markieren. Die kleine Symbolleiste, die seitlich des markierten Textes eingeblendet wird, können Sie ignorieren, sie verschwindet auch gleich wieder.

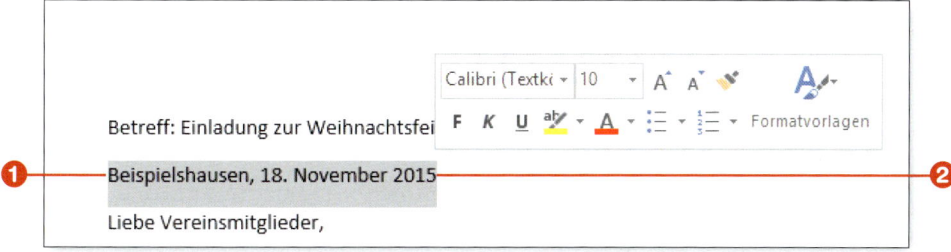

**2.** Stellen Sie sicher, dass sich im Menüband das Register **Start** im Vordergrund befindet.

**3.** Werfen Sie nun einen Blick in die Gruppe **Absatz**. Wenn Sie den Mauszeiger langsam über die Symbole bewegen, wird jeweils ein kleines Fenster, die sogenannte *QuickInfo*, eingeblendet. Sie enthält eine kurze Funktionsbeschreibung des jeweiligen Symbols (❸ auf Seite 206).

**4.** Klicken Sie auf das Symbol **Rechtsbündig ausrichten** ▤ ❹. Dies reicht bereits aus, die zuvor markierte Ortsangabe und das Datum werden sofort am rechten Seitenrand ausgerichtet.

**5.** Um die Textmarkierung aufzuheben, klicken Sie auf eine beliebige freie Stelle im Dokumentbereich.

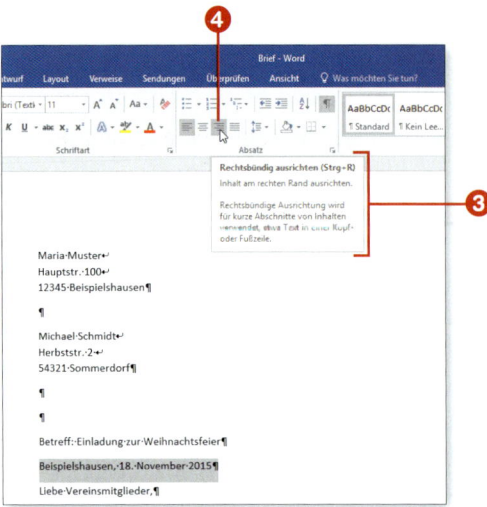

Als Nächstes wenden wir uns dem Wort »Betreff« zu. Dieses Wort in der Zeile oberhalb des Datums soll hervorgehoben werden, und zwar durch den Schriftschnitt *Fett*.

**1.** Positionieren Sie den Mauszeiger direkt über dem Wort »Betreff«. Drücken Sie dann zweimal schnell hintereinander die linke Maustaste. Das Wort ist damit markiert.

**2.** Klicken Sie nun im Register **Start** in der Gruppe **Schriftart** auf das Symbol F **5**, das für **Fett** steht. Das markierte Wort wird sofort entsprechend hervorgehoben.

Texte werden in Word per Standardeinstellung schwarz und in der Schriftart **Calibri** **6** angezeigt. Für Geschäftsbriefe ist diese seriöse Note goldrichtig. Bei Rundbriefen oder auch Einladungen zu Feiern darf es dagegen etwas bunter zugehen. Wenn Sie Formatierungen wie das Anpassen der Schriftart, -größe und -farbe für den gesamten Brieftext übernehmen möchten, müssen Sie zuvor den ganzen Text markieren.

**1.** Der gesamte Inhalt eines Dokuments lässt sich blitzschnell mithilfe einer Tastenkombination markieren. Drücken Sie einfach gleichzeitig die Tasten `Strg` + `A`, und schon ist der ganze Text gekennzeichnet.

**2.** Wenn Sie dagegen nur einen Teil des Briefes markieren möchten, positionieren Sie wieder den Mauszeiger vor dem ersten Buchstaben und ziehen ihn dann mit gedrückter linker Maustaste bis zum letzten Zeichen des zu markierenden Bereichs. Lassen Sie die Maustaste los.

Als Nächstes soll eine neue, etwas fröhlicher wirkende Schriftart ausgewählt werden. Dies geschieht über das Listenfeld **Schriftart** Calibri (Textk ▾, das Sie in der gleichnamigen Gruppe **Schriftart** im Register **Start** finden.

**3.** Am rechten Rand des Listenfelds **Schriftart** sehen Sie einen kleinen Pfeil ❶. Klicken Sie darauf, klappt eine Liste auf. Word stellt Ihnen eine Vielzahl von Schriften zur Auswahl. Ihre Namen sind bereits in der jeweiligen Schriftart formatiert. Blättern Sie mithilfe der Bildlaufleiste am rechten Rand der Liste nach unten, um einen Blick auf alle Schriftarten zu werfen. Sagt Ihnen eine Schriftart zu, wählen Sie sie einfach per Mausklick aus. Eine Schriftart, die ich selbst gerne für private Schreiben verwende, ist beispielsweise **Lucida Calligraphy**.

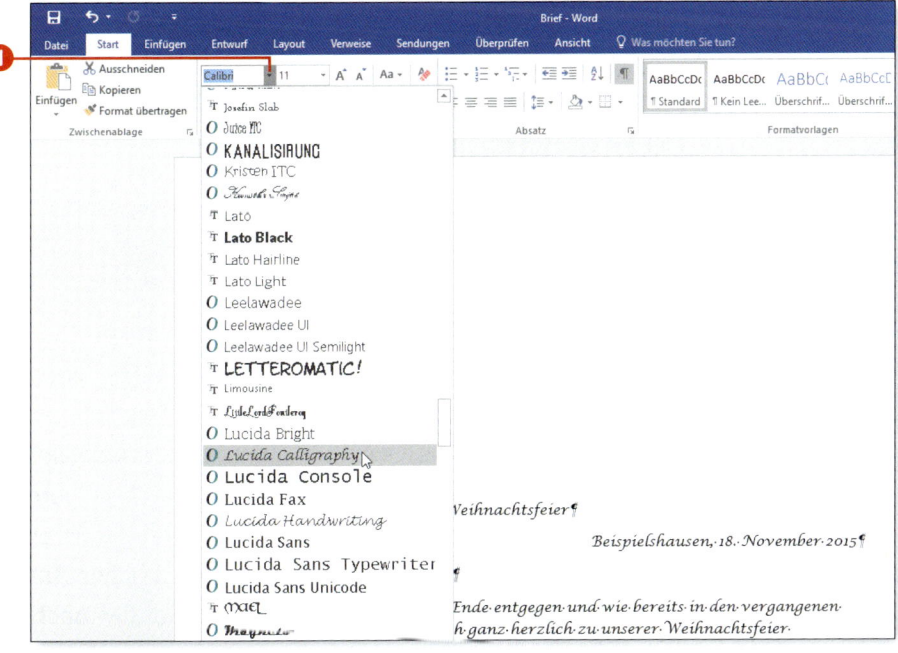

**4.** Wenn Sie als Nächstes den Schriftgrad und die Schriftfarbe ändern möchten, behalten Sie die Markierung des gesamten Textes bei. Sollten Sie die Markierung versehentlich per Klick auf den Dokumentbereich aufgehoben haben, drücken Sie einfach erneut die Tastenkombination `Strg` + `A`.

**5.** Für das Ändern des Schriftgrads klicken Sie auf den Pfeil rechts vom Feld **Schriftgrad** `11` ❷. Bewegen Sie den Mauszeiger über die Ziffern in der aufklappenden Liste, können Sie die Wirkung auf Ihren Text gleich wieder prüfen, denn die Schriftgröße wird sofort entsprechend angepasst. Haben Sie die gewünschte Größe gefunden, klicken Sie auf den entsprechenden Wert, um ihn für den markierten Text zu übernehmen.

**6.** Die Auswahl der Schriftfarbe erfolgt ebenfalls über ein Listenfeld. Nach einem Klick auf den Pfeil rechts vom Feld **Schriftfarbe** ❸ klappt eine Farbpalette auf, in der Sie per Mausklick den gewünschten Farbton auswählen.

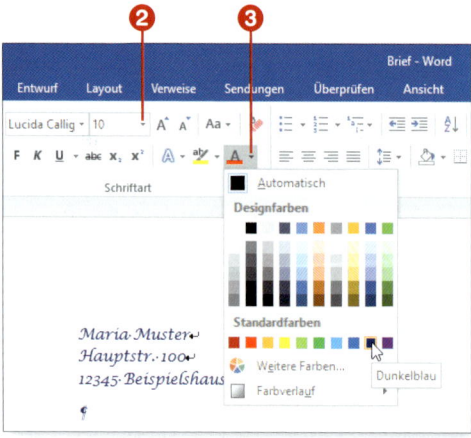

Wenn Sie möchten, können Sie noch weitere Formatierungen ausprobieren, wie etwa das Zentrieren eines Absatzes über das Symbol ≡ oder das Unterstreichen eines Wortes per Klick auf das Symbol U. Das Schöne hierbei: Sie können alle vorgenommenen Schritte sofort wieder rückgängig machen. Dazu gehen Sie folgendermaßen vor:

**1.** Um lediglich den letzten Schritt ungeschehen zu machen, klicken Sie in der *Symbolleiste für den Schnellzugriff* direkt auf das Symbol des nach links weisenden Pfeils ↺ ❹.

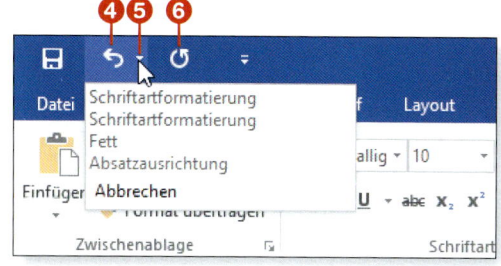

**2.** Möchten Sie nicht nur den letzten, sondern gleich mehrere Schritte rückgängig machen, klicken Sie zunächst auf den kleinen nach unten weisenden Pfeil rechts vom Symbol **Rückgängig** ❺. In der aufklappenden Liste wählen Sie jetzt die Aktionen aus, die ungeschehen gemacht werden sollen.

**3.** Sobald Sie einen Schritt rückgängig gemacht haben, wird auch die Schaltfläche rechts neben dem **Rückgängig**-Symbol aktiv. Sollte der Rückwärtsschritt versehentlich erfolgt sein, können Sie den Schritt, also etwa eine Formatierung, mit einem Klick auf das Symbol ↻ ❻ wiederherstellen.

Vergessen Sie nicht, das Dokument regelmäßig zu speichern, wie im vorherigen Abschnitt gezeigt. Im nächsten Abschnitt zeige ich Ihnen, wie Sie Ihre Texte um Aufzählungen und Nummerierungen ergänzen.

> ➕ **Formatvorlagen verwenden**
>
> Überschriften sollten größer als der restliche Fließtext sein. Farblich hervorgehoben wäre auch schön. Wem es zu umständlich ist, selbst die entsprechenden Formatierungen vorzunehmen, kann auch auf die Vorlagen von Word zurückgreifen, in denen bestimmte Formate schon festgelegt sind. Auch hier müssen Sie zuvor den Text markieren, den Sie mittels der Vorlage formatieren möchten. Im Register **Start** werden in der Gruppe **Formatvorlagen** im gleichnamigen Feld bereits einige Vorlagen angezeigt. Um alle einzublenden, klicken Sie unten rechts vom Feld auf das Symbol **Weitere** ❼. Bewegen Sie den Mauszeiger über das nun aufgeklappte Feld, können Sie die Wirkung einer Vorlage auf Ihren Text sofort im Dokumentbereich prüfen. Gefällt Ihnen eine der Vorlagen, reicht ein Mausklick darauf, um sie zu übernehmen.
>
>
>
> ⌃ *Im Feld »Formatvorlagen« wird nur eine Auswahl an Vorlagen angezeigt.*

## Aufzählungen und Nummerierungen einfügen

Die Programmpunkte der nächsten Vereinssitzung, Zutaten für ein Rezept oder die Einkaufsliste für den großen Wochenendeinkauf: Aufzählungen und Nummerierungen tauchen in Texten immer wieder auf. Die entsprechenden Texte sauber untereinander aufzulisten ist schnell passiert. Hierzu reicht es im Prinzip, am Ende der Zeile ⏎ zu drücken. Mit entsprechenden Aufzählungszeichen oder Nummerierungen versehen, wirken die Listen aber gleich viel übersichtlicher. Wenn Sie möchten, nimmt Word die entsprechende Formatierung schon bei der Eingabe vor. Selbstverständlich können Sie eine Liste aber auch nach der Eingabe noch anpassen.

Ein klassisches Beispiel für eine Aufzählung ist die Zutatenliste für ein Rezept. Damit Word die Zutaten automatisch sauber untereinander aufführt und vor jedem Element ein Aufzählungszeichen ergänzt, gehen Sie folgendermaßen vor:

**1.** Tippen Sie zu Beginn einer Zeile einen Bindestrich (-), gefolgt von einem Leerzeichen. Word geht sofort davon aus, dass Sie eine Aufzählung erstellen möchten. Der Bindestrich wird entsprechend nach rechts verschoben. Lesen Sie hierzu auch den Kasten »AutoKorrekturen rückgängig machen« auf Seite 212.

**2.** Für unser Beispiel geben Sie die erste Zutat eines Rezepts ein. Drücken Sie dann ⏎.

**3.** Word ergänzt in der nächsten Zeile automatisch ein Aufzählungszeichen. Fahren Sie mit der Eingabe der restlichen Zutaten fort. Bevor Sie eine neue Zutat eingeben, drücken Sie jeweils ⏎.

**4.** Haben Sie alle Zutaten aufgeführt, drücken Sie zum Abschluss zweimal ⏎. Word vergrößert den Zeilenabstand zum letzten Element etwas und positioniert die Einfügemarke wieder zu Beginn der Zeile.

Wenn Ihnen die Bindestriche, die als Aufzählungszeichen verwendet wurden, nicht gefallen, können Sie auch ein anderes Zeichen auswählen.

**1.** Positionieren Sie hierzu den Mauszeiger an einer beliebigen Stelle innerhalb der bereits erstellten Liste, und drücken Sie die linke Maustaste. Damit haben Sie die Einfügemarke an die Position des Mauszeigers gesetzt.

**2.** Klicken Sie im Register **Start** in der Gruppe **Absatz** auf den Pfeil rechts vom Symbol **Aufzählungszeichen** ⌗⌄.

**3.** Wählen Sie in der aufklappenden Liste ein neues Symbol per Mausklick aus.

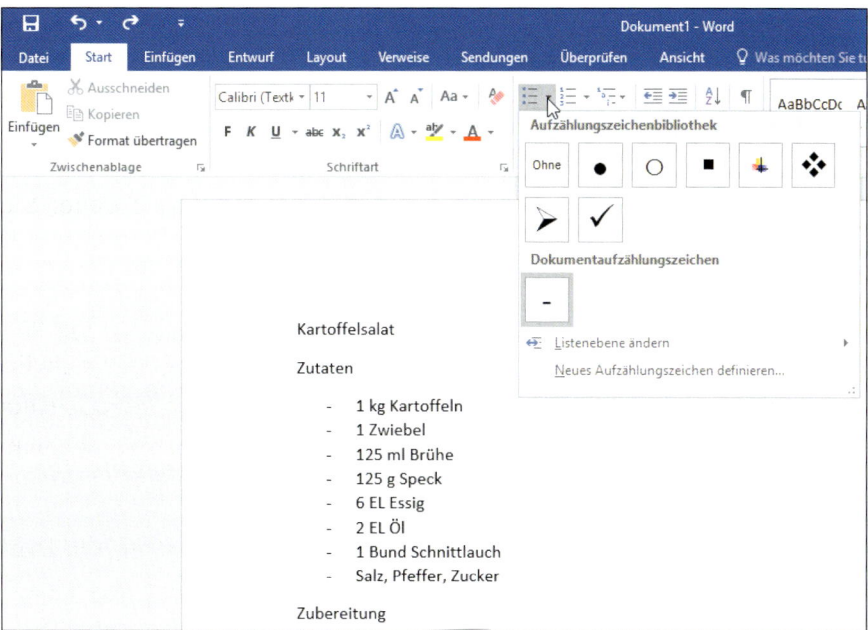

Die Schritte 2 und 3 nehmen Sie auch vor, wenn Sie den Text Ihrer Liste zwar bereits zeilenmäßig, aber noch ohne ein Aufzählungszeichen (z. B. Bindestrich plus Leerzeichen) eingegeben haben. Markieren Sie in diesem Fall einfach die Liste. Sie wissen noch, wie dies geht? Positionieren Sie den Mauszeiger links vom ersten Aufzählungszeichen, und ziehen Sie ihn dann mit gedrückter linker Maustaste nach unten bis zum letzten Element der Liste. Fertig. Wählen Sie dann nach einem Klick auf den Pfeil rechts vom Symbol **Aufzählungszeichen** das gewünschte Zeichen aus.

**➕ AutoKorrekturen rückgängig machen**

Die automatische Umwandlung eines Textes in eine nummerierte Liste oder eine Aufzählung ist nicht immer erwünscht. Sobald Word den Text eingerückt hat, erscheint links vom ersten Listenelement das Symbol 📝. Bewegen Sie den Mauszeiger hierauf, wird an seinem rechten Rand ein kleiner Pfeil sichtbar. Klicken Sie hierauf, können Sie anschließend per Klick auf **Rückgängig: Automatische Nummerierung/Aufzählung** die eigenmächtige Handlung von Word ungeschehen machen. Wenn Sie bei Ihrem Text ganz auf die AutoKorrektur von Word verzichten möchten, wählen Sie in der Liste den Eintrag **Automatisches Erstellen von Nummerierungen/Aufzählungen deaktivieren**.

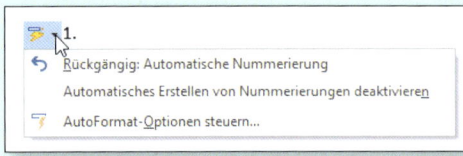

∧ *Eigenmächtig von Word vorgenommene Korrekturen lassen sich auch rückgängig machen.*

Sie erstellen eine nummerierte Liste fast genauso wie die gerade beschriebene Aufzählungsliste. Wenn Sie möchten, dass Word bereits während Ihrer Eingabe die Listenelemente automatisch nummeriert, gehen Sie folgendermaßen vor:

**1.** Tippen Sie zu Beginn einer Zeile eine »1« ein, gefolgt von einem Punkt (.) und einem Leerzeichen. Word geht auch hier sofort davon aus, dass Sie eine Liste erstellen wollen, und rückt den Text automatisch ein.

**2.** Ergänzen Sie nun das erste Listenelement. Drücken Sie abschließend ⏎ . Word setzt die Nummerierung automatisch in der nächsten Zeile fort.

**3.** Geben Sie den Text des zweiten Listenelements ein, und schließen Sie die Eingabe per Klick auf ⏎ ab.

**4.** Wiederholen Sie den letzten Schritt für alle weiteren Listenelemente. Sind Sie am Ende der Liste angekommen, drücken Sie wieder zweimal ⏎ .

Auch bei einer nummerierten Liste können Sie selbstverständlich die Darstellung ändern.

**1.** Markieren Sie die bereits erstellte nummerierte Liste wie zuvor für die Aufzählungsliste gezeigt.

**2.** Klicken Sie im Register **Start** in der Gruppe **Absatz** auf den Pfeil rechts vom Symbol **Nummerierung** , und wählen Sie in der aufklappenden Liste den gewünschten Nummerierungstyp aus.

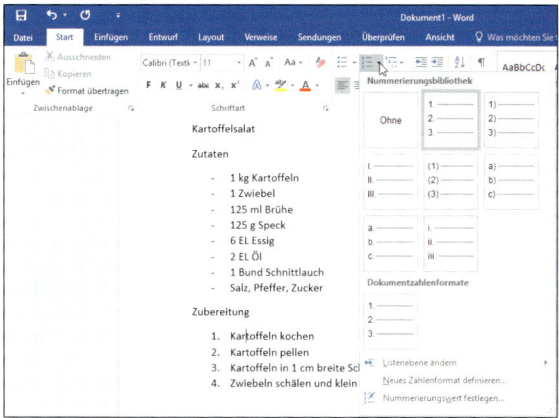

Sollten Sie nach der Erstellung der Liste übrigens doch lieber ganz auf die Nummerierung oder die Aufzählungszeichen verzichten wollen, markieren Sie die Liste einfach, und klicken Sie auf das entsprechende Symbol im Menüband: bei einer Aufzählung also auf das Symbol für Aufzählungen und bei einer nummerierten Liste rechts daneben auf . Aus der Liste wird anschließend wieder ein ganz normaler Text.

> **ℹ Liste mit mehreren Ebenen erzeugen**
>
> Drücken Sie nach Eingabe eines Listenelements ⏎ , setzt Word automatisch die Nummerierung oder Aufzählung in der nächsten Zeile fort. Manchmal reicht eine Ebene aber nicht aus. Möchten Sie eine Aufzählung mit mehreren Ebenen erzeugen, drücken Sie nach ⏎ einfach die Taste ⇥ . Word rückt den nächsten Aufzählungspunkt nun entsprechend weiter nach rechts und erzeugt somit automatisch eine Unterebene. Wenn Sie nach Eingabe des nächsten Elements ⏎ drücken, führt Word die Liste auf der Unterebene fort. Um wieder zur höheren Ebene zurückzukehren, drücken Sie die Tastenkombination ⇧ + ⇥ . Auch die Liste mit mehreren Ebenen lässt sich Ihren Wünschen entsprechend formatieren. Vorschläge erhalten Sie von Word nach einem Klick auf den Pfeil rechts vom Feld **Liste mit mehreren Ebenen** .

## Grafiken einfügen

Listen und Aufzählungen sind ein wunderbares Mittel, um in längeren Texten für Übersicht zu sorgen. Grafiken und Bilder, wie etwa Fotos, lockern lange Texte nicht nur auf, sie sorgen ebenfalls für mehr Struktur. Das Einfügen eines Bildes ist schnell erledigt. Meist ist anschließend aber noch etwas Arbeit nötig, um die Größe anzupassen und das Bild frei im Text positionieren zu können. Wie all dies funktioniert, zeige ich Ihnen nun.

**1.** Haben Sie Word gerade erst gestartet und ein leeres Dokument geöffnet, können Sie zum Einfügen eines Bildes gleich bei Schritt 2 loslegen. Falls Sie bereits Text eingegeben haben, erstellen Sie durch Drücken von ⏎ eine Leerzeile. Die Einfügemarke befindet sich damit in beiden Fällen am Anfang einer Zeile.

**2.** Wechseln Sie nun in das Register **Einfügen**, und klicken Sie im Bereich **Illustrationen** auf **Bilder** ❶.

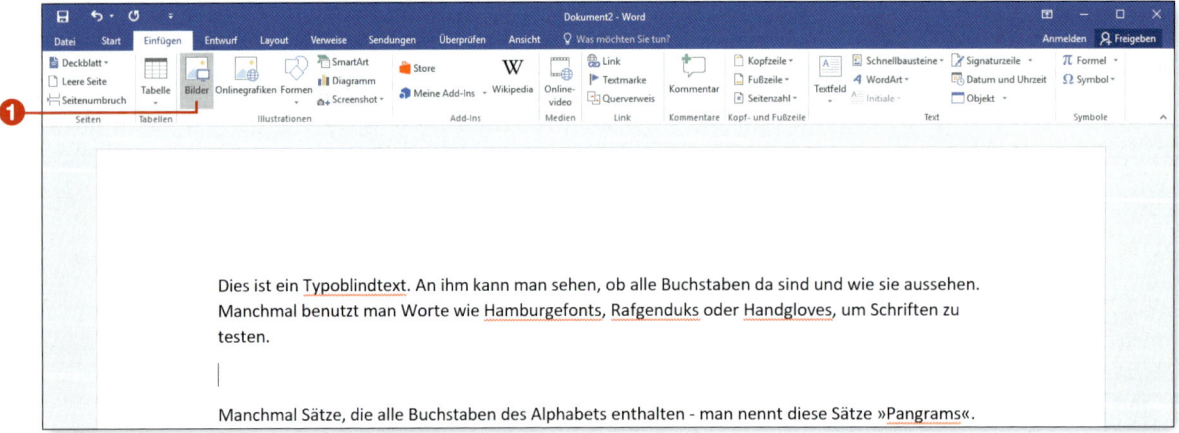

Der folgende Dialog **Grafik einfügen** hat Ähnlichkeit mit dem Explorer-Dialog, den Sie bereits in Kapitel 3, »Daten und Ordner – Ihre Ablage auf dem Computer«, kennengelernt haben. Word hat bereits automatisch den Ordner **Bilder** geöffnet.

**3.** Sollte sich das gewünschte Bild nicht in diesem Ordner oder einem seiner Unterordner befinden, rufen Sie den richtigen Ordner über den Navigationsbereich links auf.

**4.** Öffnen Sie rechts, gegebenenfalls per Doppelklick, den Unterordner, falls sich das Bild in einem solchen befindet.

**5.** Markieren Sie das gewünschte Foto, und klicken Sie auf **Einfügen** ❷.

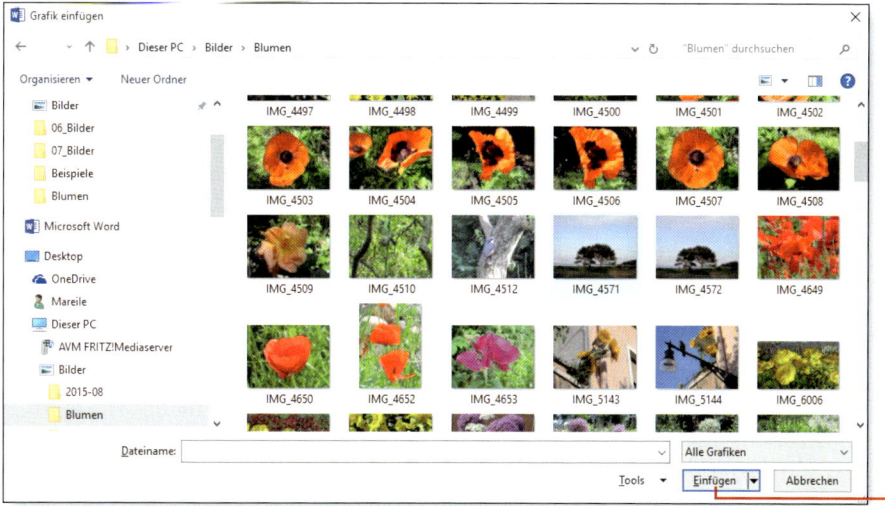

Das Bild wird sofort im Dokument an der Position der Einfügemarke eingefügt. Wenn es zu groß für den verbleibenden Platz auf einer Seite ist, fügt Word es automatisch auf einer weiteren Seite ein. Die Größe eines Fotos lässt sich schnell ändern.

**6.** Stellen Sie sicher, dass das Foto markiert ist. In diesem Fall sehen Sie rund um die Grafik acht kleine Markierungspunkte ❸. Sind diese nicht zu sehen, markieren Sie das Bild per Mausklick.

**7.** Bewegen Sie den Mauszeiger nun auf einen der Markierungspunkte. Wenn er die Form eines Doppelpfeils annimmt, ziehen Sie ihn mit gedrückter linker Maustaste in die gewünschte Richtung. Während des Ziehens können Sie bereits die neue Größe der Grafik erkennen. Ist die gewünschte Größe erreicht, lassen Sie die Maustaste los.

Das Bild ist zunächst fest im Dokument verankert, das heißt, es lässt sich nicht verschieben. Sie könnten seine Position momentan lediglich über die Schaltflächen **Linksbündig** ≡, **Zentriert** ≡ und **Rechtsbündig** ≡ im Register **Start** in der Gruppe **Absatz** etwas beeinflussen. Schöner ist es natürlich, das Foto frei im Dokument zu positionieren und sogar von Text umfließen zu lassen. Mit einem kleinen Trick ist dies schnell bewerkstelligt. Das Bild muss hierfür weiterhin markiert bleiben, denn nur so ist das nun zum Einsatz kommende Register **Bildtools|Format** ❹ zu sehen.

**8.** Klicken Sie im Register **Bildtools|Format** in der Gruppe **Anordnen** auf die Schaltfläche **Textumbruch** ❺. In der aufklappenden Liste wählen Sie den Eintrag **Weitere Layoutoptionen** ❻.

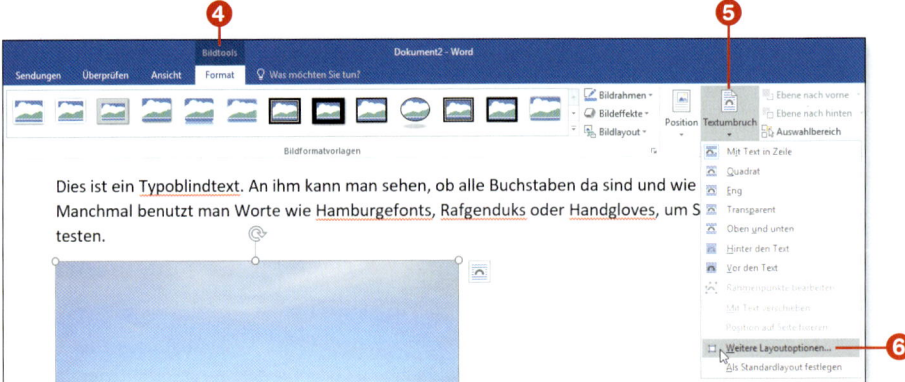

**9.** Im Dialog **Layout** markieren Sie die Umbruchart **Rechteck** ❼. Damit ist sichergestellt, dass Sie die Grafik gleich frei im Dokument positionieren können.

Wenn Sie möchten, dass die Grafik von Text umflossen wird, sollten Sie noch den Abstand zwischen dem Text und dem Bild anpassen.

**10.** Geben Sie in den Feldern **Oben**, **Unten**, **Links** und **Rechts** ❽ jeweils den Abstand in Zentimetern an, der zwischen Bild und Text bestehen sollte. Klicken Sie hierzu dreimal schnell hintereinander in ein Feld, ist der voreingestellte Wert markiert und kann mit dem neuen Maß überschrieben werden. Alternativ können Sie den Abstand auch per Klick auf die kleinen Pfeil-Schaltflächen einstellen, die Sie jeweils rechts von einem Feld finden.

**11.** Haben Sie die gewünschten Einstellungen vorgenommen, schließen Sie den Dialog mit OK.

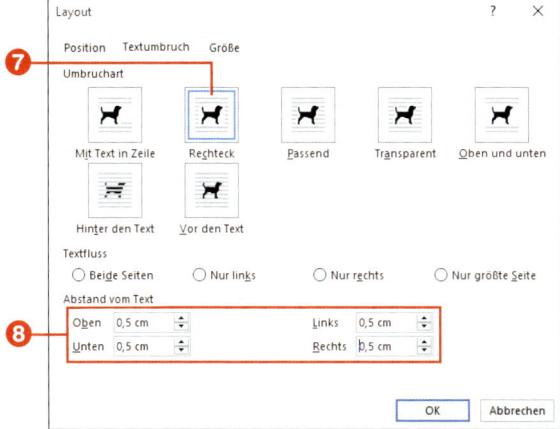

Damit sind alle Vorbereitungen für das Positionieren der Grafik abgeschlossen. Nun müssen Sie das Bild nur noch dorthin schieben, wo Sie es haben möchten.

**12.** Bewegen Sie den Mauszeiger auf die Grafik, nimmt er die Form eines Vierfachpfeils an. Mit gedrückter linker Maustaste können Sie das Foto nun frei im Dokument verschieben.

**13.** Um mit der Texteingabe fortzufahren, klicken Sie einmal auf eine Stelle im Dokumentbereich außerhalb der Grafik. Damit ist die Bildmarkierung aufgehoben, und Sie können den gewünschten Text eingeben.

**14.** Gefällt Ihnen das eingefügte Bild übrigens doch nicht, ist es auch schnell wieder entfernt. Markieren Sie es einfach per Mausklick, und drücken Sie dann `Entf` auf der Tastatur.

---

➕ **Bilder mit Effekten aufpeppen**

Das Foto allein ist zwar schon recht nett, noch eindrucksvoller wirkt es aber mit ein paar Effekten. Wie wäre es beispielsweise mit einem Schatten rund um das Bild? Oder doch lieber abgerundete Kanten? Im Register **Bildtools|Format** finden Sie einige interessante Bildformatvorlagen, die aus Ihren Fotos schnell ein kleines Kunstwerk machen. Voraussetzung für die Anwendung ist wieder, dass die Grafik markiert ist. Klicken Sie dann auf den Pfeil in der rechten unteren Ecke des Feldes **Bildformatvorlagen**. Bewegen Sie den Mauszeiger über die Vorlagen, können Sie die Wirkung gleich am Bild prüfen. Gefällt Ihnen ein Effekt, wählen Sie ihn per Mausklick auf Ihr Foto aus. Sagt Ihnen keine der Vorlagen zu, schließen Sie das Feld einfach, indem Sie auf die blaue Titelleiste von Word klicken.

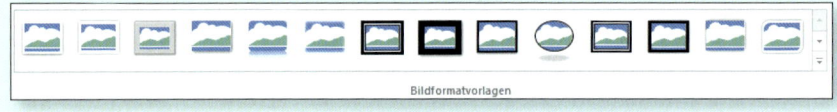

∧ *Die Fotos können noch mit ausgefallenen Effekten versehen werden.*

---

Bevor Sie sich den weiteren Arbeiten an Ihrem Dokument zuwenden, denken Sie unbedingt daran, die Datei zu speichern. Wie dies funktioniert, haben Sie bereits im Abschnitt »Dokumente speichern und öffnen« ab Seite 191 erfahren.

## Die Seite einrichten am Beispiel einer Grußkarte

Wenn Sie ein leeres Dokument in Word öffnen, hat dies die Größe DIN A4, ist also 21 cm × 29,7 cm groß. Wie ein klassischer Brief liegt es außerdem im Hochformat vor. Oben, links und rechts sieht Word einen Rand von 2,5 cm vor, unten beträgt er 2 cm. Dieser Rand ist nicht beschreibbar. Ein ausgedruckter Text lässt sich damit wunderbar lochen und abheften. Für einen Brief sind diese Maße gut geeignet, doch es gibt immer wieder

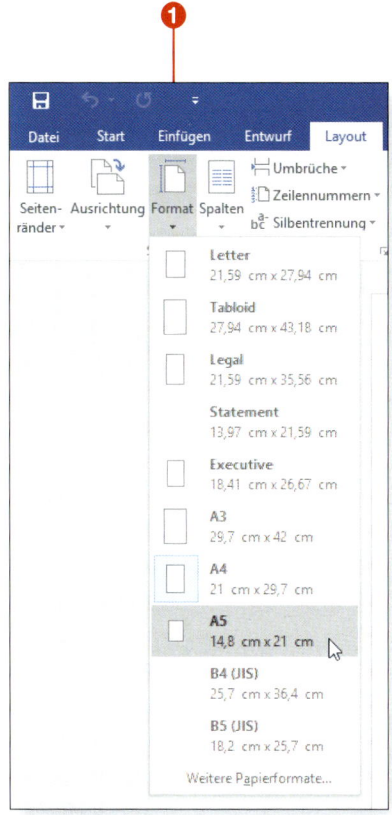

Situationen, in denen andere Einstellungen wünschenswert sind. Selbstverständlich können Sie in Word jedes Dokument ganz individuell nach Ihren Wünschen einrichten. Wie dies funktioniert, zeige ich Ihnen nun am Beispiel einer Grußkarte. Die Karte soll im einmal gefalteten Zustand die Größe DIN A6 besitzen. Auseinandergefaltet ergibt dies für die Papiergröße das Format DIN A5. Für die Gestaltung der Karte muss das Dokument im Querformat vorliegen. Die von Word vorgegebenen Seitenränder sind für solch ein kleines Dokument zu groß. Auch hier werden Sie also die Werte anpassen wollen. Bevor Sie loslegen, öffnen Sie zunächst in Word ein leeres Dokument, wie unter anderem im Abschnitt »Microsoft Word 2016 aufrufen und kennenlernen« ab Seite 186 gezeigt.

**1.** Nach dem Öffnen des leeren Dokuments wechseln Sie in das Register **Layout**.

**2.** Klicken Sie in der Gruppe **Seite einrichten** auf die Schaltfläche **Format ❶**, und markieren Sie per Mausklick **A5**.

**3.** Nach einem Mausklick auf die Schaltfläche **Ausrichtung ❷** wählen Sie **Querformat ❸**.

**4.** Klicken Sie jetzt auf die Schaltfläche **Seitenränder ❹** und am Ende der aufklappenden Liste auf **Benutzerdefinierte Seitenränder**.

**5.** In den Feldern **Oben**, **Unten**, **Links** und **Rechts** (**❺** auf Seite 220) stellen Sie jeweils »1,5 cm« ein. Am besten gelingt dies jeweils per Klick auf den nach unten weisenden Pfeil rechts von jedem Feld. Bestätigen Sie die Einstellungen mit **OK**.

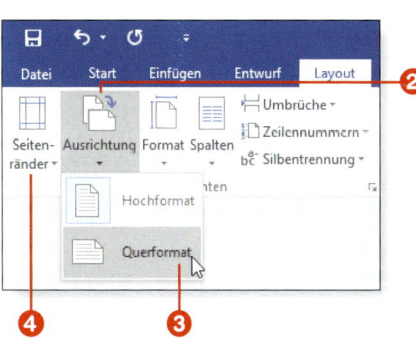

Das Layout für die Grußkarte ist damit schon festgelegt. Als Nächstes geht es an den Aufbau der Karte. Die Seite liegt bereits im Querformat vor. Im gefalteten Zustand ergibt die linke Hälfte der Seite die Kartenrückseite, die rechte Hälfte wiederum die Vorderseite der Grußkarte. Diese Aufteilung lässt sich im Dokument am besten durch Spalten erzeugen. Jede Spalte kann dann individuell bearbeitet werden. Wobei wir die Kartenrückseite in unserem Beispiel leer lassen und lediglich auf der Vorderseite, also der rechten Spalte, ein Bild einfügen werden (das Ergebnis sehen Sie in der Abbildung auf Seite 222).

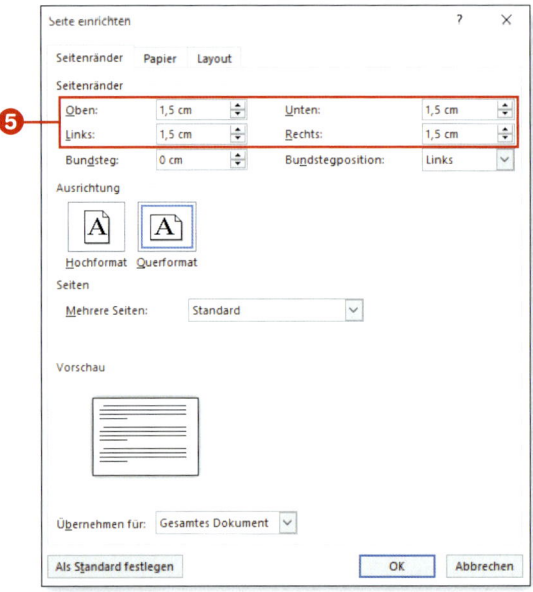

**1.** Klicken Sie im Register **Layout** in der Gruppe **Seite einrichten** auf die Schaltfläche **Spalten** ❻ und in der aufklappenden Liste auf **Weitere Spalten**.

**2.** Im Dialog **Spalten** markieren Sie unter **Voreinstellungen** die **Zwei** ❼.

**3.** Geben Sie nun im Bereich **Breite und Abstand** im weiß hinterlegten Feld **Abstand** den Wert »2,6 cm« ❽ ein. Mit einem Klick auf **OK** schließen Sie den Dialog.

Im Dokumentbereich selbst merken Sie von diesen Einstellungen noch nichts. Die Einfügemarke blinkt immer noch in der linken oberen Ecke des Dokuments. Doch das ändert sich gleich.

**4.** Klicken Sie im Register **Layout** in der Gruppe **Seite einrichten** auf **Umbrüche** ❾. In der aufklappenden Liste wählen Sie den Eintrag **Spalte**.

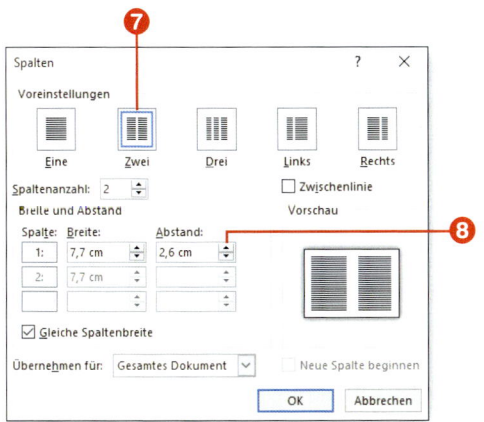

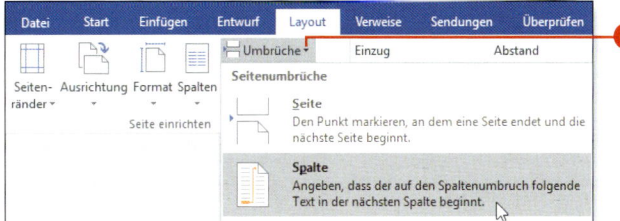

Die Einfügemarke blinkt nun in der rechten Spalte. Hier soll in unserem Beispiel nun ein Foto eingefügt werden. Da die Karte in unserem Beispiel im gefalteten Zustand im Hochformat vorliegen soll, eignet sich für die Titelseite auch ein Foto im Hochformat am besten. Vor dem Einfügen des Bildes sorgen Sie aber noch dafür, dass das Foto exakt in der Mitte der rechten Spalte ausgerichtet wird.

**6.** Wechseln Sie in das Register **Start**, und klicken Sie hier in der Gruppe **Absatz** auf das Symbol **Zentriert** ❿.

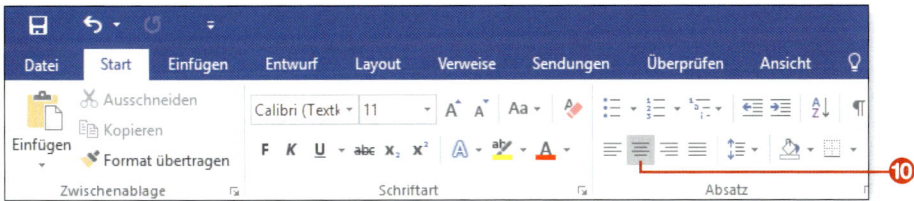

Nun fügen Sie das Foto, wie im vorherigen Abschnitt bereits gezeigt, ein. An dieser Stelle deshalb nur nochmals die Kurzfassung:

**7.** Klicken Sie im Register **Einfügen** in der Gruppe **Illustrationen** auf **Bilder**. Wechseln Sie gegebenenfalls in den Ordner, in dem sich das gewünschte Foto befindet, markieren Sie es, und klicken Sie auf **Einfügen**.

**8.** Sollte das Bild für die Seite zu groß und von Word damit automatisch auf die nächste Seite geschoben worden sein, verkleinern Sie es etwas. Ziehen Sie hierzu den rechten unteren Markierungspunkt mit gedrückter linker Maustaste etwas in Richtung Bildmitte.

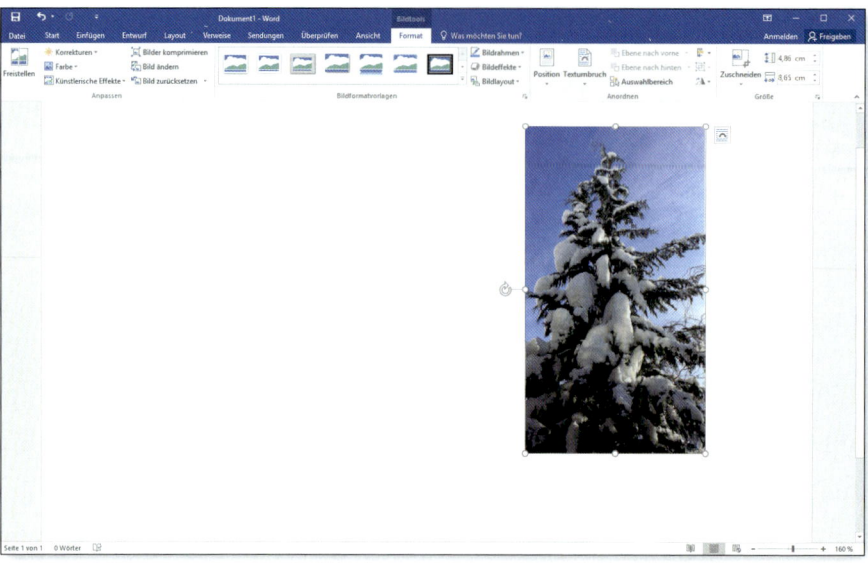

Das Bild ist damit eingefügt. Wenn Sie die Innenseite der Karte ebenfalls bedrucken möchten, müssen Sie eine weitere Seite im Dokument einfügen und diese ebenfalls in Spalten aufteilen. In meinem Beispiel soll auf der rechten Innenseite der Text »Fröhliche Weihnachten« ergänzt werden.

**8.** Klicken Sie einmal auf den weißen Dokumentbereich rechts von der eingefügten Grafik. Damit heben Sie die Bildmarkierung auf, die Einfügemarke blinkt nun in der rechten unteren Ecke des Fotos.

**9.** Wiederholen Sie zweimal hintereinander Schritt 4, um zwei weitere Spaltenumbrüche vorzunehmen. Ihr Dokument besteht nun aus zwei Seiten, die Einfügemarke blinkt in der rechten Hälfte der zweiten Seite.

**10.** Damit der Text nicht direkt am oberen Seitenrand, sondern etwa in der Seitenmitte erscheint, drücken Sie sechsmal ⏎.

**11.** Tippen Sie den gewünschten Text ein, hier »Fröhliche Weihnachten«.

**+ Bild optimal auf der Seite positionieren**

Das eingefügte Foto klebt etwas zu sehr am oberen Seitenrand? Um es etwas nach unten zu verschieben, markieren Sie das Bild. Klicken Sie dann im Register **Bildtools|Format** in der Gruppe **Anordnen** auf **Text-umbruch** und in der aufklappenden Liste auf **Quadrat**. Drücken Sie auf der Tastatur nun so häufig die Taste ↓, bis sich das Bild auf der gewünschten Höhe befindet. Verschieben Sie es versehentlich auf die nächste Seite, drücken Sie einfach ↑ auf der Tastatur oder auf das Symbol **Rückgängig** in der Symbolleiste für den Schnellzugriff links oben in der Titelleiste.

Wie Sie diesen Text noch fröhlicher gestalten können, haben Sie bereits im Abschnitt »Text formatieren am Beispiel eines Briefs« ab Seite 204 erfahren. Die Grußkarte ist damit fertig, kann gespeichert und anschließend ausgedruckt werden. Wie Sie hierzu vorgehen, erfahren Sie im Kasten »Die selbst gestaltete Grußkarte zu Papier bringen« auf Seite 227. Die ausgedruckte Grußkarte bietet ausreichend Platz für ein paar handschriftliche Zeilen.

## Text korrigieren und ausdrucken

Die meisten Dokumente, die Sie mit Word erstellen, werden Sie ausdrucken. Bevor andere Personen Ihre Texte zu sehen bekommen, ist es meist ratsam, sie nochmals auf Rechtschreibfehler zu prüfen. Word steht Ihnen dabei hilfreich zur Seite und unterzieht Ihre Texte einer Prüfung. Dies passiert automatisch, ohne dass Sie selbst aktiv werden müssen. Sobald das Programm ein Wort entdeckt, das ihm unbekannt ist, unterkringelt es dieses rot. Grammatikfehler kennzeichnet es mit einer blauen Wellenlinie. Nun muss dies aber noch lange nicht bedeuten, dass ein derart markiertes Wort auch wirklich falsch geschrieben bzw. grammatikalisch unkorrekt ist. Etwas Kontrolle Ihrerseits ist also nach wie vor ratsam. In den nächsten Schritten zeige ich Ihnen, wie Sie vorgehen, wenn Word einen vermeintlichen Fehler entdeckt.

**1.** Wenn Word ein Wort mit einer roten Wellenlinie markiert, klicken Sie dieses Wort mit der rechten Maustaste an.

**2.** Im aufklappenden Kontextmenü erhalten Sie einige Korrekturvorschläge. Ist die korrekte Schreibweise dabei, wählen Sie sie per Mausklick aus.

**3.** Wird der korrekte Begriff nicht aufgeführt, obwohl es sich tatsächlich um einen Tippfehler handelt, klicken Sie in diesem Kontextmenü auf **Alle ignorieren** ❶. Bessern Sie den Fehler anschließend selbst aus. Hierzu markieren Sie das Wort beispielsweise per Doppelklick und geben es anschließend erneut ein.

**4.** Wenn Word den Begriff fälschlicherweise unterkringelt hat, wählen Sie im Kontextmenü den Befehl **Hinzufügen zum Wörterbuch** ❷. Das Textverarbeitungsprogramm speichert das Wort nun in seinem integrierten Wörterbuch. Zukünftig wird es nicht mehr als Fehler markiert.

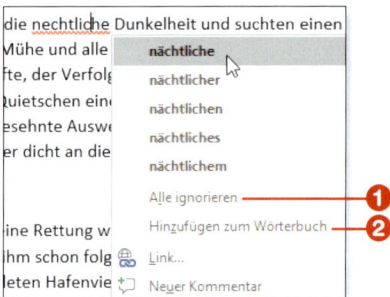

Nicht immer fallen einem die unterkringelten Wörter sofort auf. Bei langen Texten ist es deshalb ratsam, das Dokument von Anfang bis Ende auf Rechtschreibfehler zu untersuchen.

**5.** Um die Rechtschreibprüfung manuell zu starten, wechseln Sie in das Register **Überprüfen**. Klicken Sie in der Gruppe **Rechtschreibung** auf **Rechtschreibung und Grammatik** ❸.

**6.** Word blendet am rechten Fensterrand nun den Aufgabenbereich **Rechtschreibung** bzw. **Grammatik** ein, je nachdem, welche Art von Fehler es als Erstes gefunden hat. Auch hier erhalten Sie wieder Korrekturvorschläge. Ist die richtige Fassung dabei, wählen Sie sie in der Liste aus und klicken auf **Ändern** ❹. Ist Ihr Text dagegen richtig, können Sie den Korrekturvorschlag ignorieren ❺ oder Word veranlassen, Ihre Schreibweise im Wörterbuch hinzuzufügen ❻.

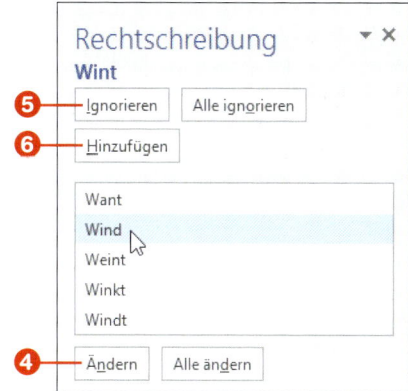

Word zeigt nun den nächsten Fehler an, den Sie wieder ändern oder ignorieren, oder Sie fügen Ihre Schreibweise dem Wörterbuch hinzu.

**7.** Wurde das gesamte Dokument durchsucht und wurden keine weiteren Fehler gefunden, können Sie den Aufgabenbereich per Klick auf das Symbol ✕ oben rechts ausblenden.

Ihr Text ist fertig und sogar auf Tippfehler geprüft. Nachdem Sie selbst nochmals einen prüfenden Blick darauf geworfen haben, steht dem Drucken nichts mehr im Weg. Voraussetzung hierfür ist natürlich, dass Sie einen Drucker an Ihren Computer angeschlossen haben, wie im Abschnitt »Wichtige Geräte an den Computer anschließen« ab Seite 17 gezeigt. Stellen Sie sicher, dass der Drucker eingeschaltet ist und ausreichend Papier im Papierschacht liegt, bevor Sie den Druckvorgang in Word starten.

**1.** Wechseln Sie in das Register **Datei**, und klicken Sie in der linken Spalte auf **Drucken** (❶ auf Seite 226).

**2.** In der rechten Fensterhälfte wird nochmals Ihr Text angezeigt. Über die beiden Pfeiltasten am unteren Rand ❷ blättern Sie von Seite zu Seite.

**3.** Wichtig ist die Spalte links von der Dokumentvorschau. Möchten Sie das Dokument nicht nur einmal, sondern mehrfach ausdrucken, stellen Sie im Feld **Exemplare** per Klick auf den nach oben zeigenden Pfeil ❸ die gewünschte Anzahl ein.

**4.** Wenn Sie mehr als einen Drucker an Ihren Computer angeschlossen haben, können Sie nach einem Klick auf den Pfeil rechts vom Feld **Drucker** ❹ das gewünschte Gerät auswählen.

**5.** Besteht Ihr Dokument aus mehreren Seiten, die Sie aber nicht alle zu Papier bringen möchten, geben Sie in das Feld **Seiten** ❺ die Seitenzahlen

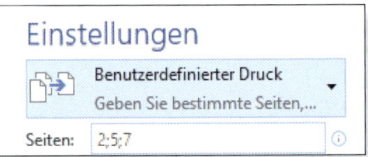

ein, die ausgedruckt werden sollen. Bei einzelnen Seitenzahlen, etwa »2«, »5« und »7«, trennen Sie die Seitenangaben jeweils durch ein Semikolon. Ihre Eingabe lautet also »2;5;7«. Möchten Sie z. B. die erste bis zur fünften Seite ausdrucken, reicht die Angabe »1-5«.

**6.** Die Angaben zum Format und den Seitenrändern ❻ übernimmt Word von Ihren Layoutangaben. Wie Sie diese anpassen, haben Sie im vorigen Abschnitt »Die Seite einrichten am Beispiel einer Grußkarte« ab Seite 218 erfahren.

**7.** Im letzten Feld des Bereichs **Einstellungen** geben Sie an, wie viele Seiten pro Blatt ausgedruckt werden sollen ❼. Diese Einstellung ist gerade bei umfangreichen Dokumenten interessant, da sich so einiges an Papier sparen lässt. Bedenken Sie allerdings: Je mehr Seiten pro Blatt Papier ausgedruckt werden, desto kleiner erscheint der Text. Bevor Sie also ein 200 Seiten umfassendes Handbuch ausdrucken, sollten Sie besser einen Probedruck mit ein, zwei oder auch vier Seiten starten und prüfen, ob Sie den Text noch lesen können.

**8.** Haben Sie alle wichtigen Einstellungen vorgenommen, starten Sie den Druckvorgang mit einem Klick auf **Drucken** ❽.

**9.** Über die Schaltfläche 🔙 ❾ oben links gelangen Sie wieder zur normalen Ansicht Ihres Dokuments zurück.

Damit sind Sie am Ende Ihrer ersten Schnupperreise durch das Textverarbeitungsprogramm Word angelangt. Im nächsten Kapitel lernen Sie das Tabellenkalkulationsprogramm Excel kennen.

➕ **Die selbst gestaltete Grußkarte zu Papier bringen**

Im Abschnitt »Die Seite einrichten am Beispiel einer Grußkarte« ab Seite 218 habe ich Ihnen gezeigt, wie Sie selbst ganz einfach eine Faltkarte entwerfen. Das Ergebnis drucken Sie am besten auf einem etwas dickeren Papier aus. Alternativ können Sie auch bereits vorgefertigte Faltkarten im DIN-A6-Format wählen. Damit das Foto zu erkennen ist, sollten Sie auf farbiges Papier verzichten. Bevor Sie das hochwertige Papier verwenden, empfiehlt sich ein Probedruck. Legen Sie hierzu ein einfaches Papier im DIN-A5-Format in den Papierschacht ein. Wie Sie das Papier einlegen müssen, damit es korrekt bedruckt wird, ist bei jedem Druckermodell anders. Die entsprechenden Informationen entnehmen Sie entweder dem Handbuch Ihres Druckers, sofern vorhanden, oder Sie probieren es einfach aus. Wechseln Sie in Word in das Register **Datei**, und klicken Sie auf **Drucken**. Geben Sie in das Feld **Seiten** ❺ die Ziffer »1« ein, und starten Sie den Druckvorgang per Klick auf **Drucken** ❽. Legen Sie das bedruckte Papier erneut in den Papierschacht, dieses Mal aber so, dass seine Rückseite bedruckt wird. In das Feld **Seiten** tragen Sie nun eine »2« ein und bestätigen mit **Drucken**. Hat der Ausdruck geklappt und wurden die Seiten korrekt bedruckt, können Sie den Druckvorgang mit dem hochwertigen Papier wiederholen.

# Kapitel 8

# Rechnen und Verwalten mit Excel

Wenn Sie große Datenmengen zu verwalten oder komplizierte Rechen-aufgaben zu bewältigen haben, ist das Tabellenkalkulationsprogramm Excel 2016 genau das Richtige für Sie. Die Bezeichnung *Tabellenkalku-lationsprogramm* rührt daher, dass der Dokumentbereich von Excel wie eine Tabelle aufgebaut ist, in der Sie alle Daten erfassen. Diese Daten verarbeitet bzw. »berechnet« Excel anschließend für Sie.

Excel 2016 ist wie Word 2016 Bestandteil des Programmpakets Micro-soft Office 2016. Wie Sie dieses installieren, habe ich Ihnen bereits im Abschnitt »Programme aus dem Internet herunterladen« ab Seite 105 gezeigt. In diesem Kapitel nun werde ich Ihnen einen kleinen Einblick in die Vielseitigkeit von Excel bieten. Das Programmfenster von Excel hat viele Gemeinsamkeiten mit dem von Word 2016, das Sie im vorheri-gen Kapitel kennengelernt haben. Den einen oder anderen Unterschied gibt es aber doch. Begleiten Sie mich deshalb als Erstes auf einer kleinen Schnuppertour über die Programmoberfläche, bevor Sie selbst in Excel aktiv werden.

## Excel 2016 kennenlernen

Die ersten Schritte mit dem Tabellenkalkulationsprogramm Excel 2016 können anfangs etwas verwirrend sein. Sieht man sich die Programm-oberfläche aber etwas genauer an, stellt man schnell fest: So schwer ist die Arbeit mit Excel gar nicht. Damit auch Sie sich schnell zurechtfinden, stelle ich Ihnen zunächst die wichtigsten Elemente des Programmfensters vor. Rufen Sie hierfür als Erstes das Programm auf.

**1.** Klicken Sie auf das Windows-Logo am linken Rand der Taskleiste und im aufklappenden Startmenü auf **Alle Apps**.

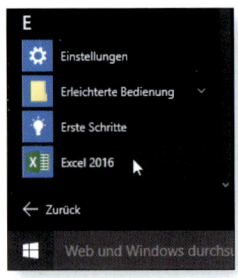

**2.** Blättern Sie mithilfe der Bildlaufleiste in der linken Spalte nach unten bis zum Buchstaben **E**. Hier finden Sie den Eintrag **Excel 2016**. Ein Klick darauf und das Programm wird gestartet.

Nach dem Start von Excel 2016 sehen Sie zunächst den Startbildschirm. In seiner linken Spalte werden im Laufe Ihrer Arbeit mit dem Programm die jeweils zuletzt verwendeten Dateien aufgeführt. In der rechten Fensterhälfte bietet Ihnen Excel einige Vorlagen an. In den meisten Fällen ist es aber sinnvoller, mit einer leeren Datei zu beginnen. Während in Word eine Datei auch *Dokument* genannt wird, ist in Excel von einer *Arbeitsmappe* die Rede. Um eine solche Arbeitsmappe zu öffnen und damit einen Blick auf das eigentliche Programmfenster zu erhalten, klicken Sie auf **Leere Arbeitsmappe** ❶.

◡ *Der Startbildschirm von Excel 2016*

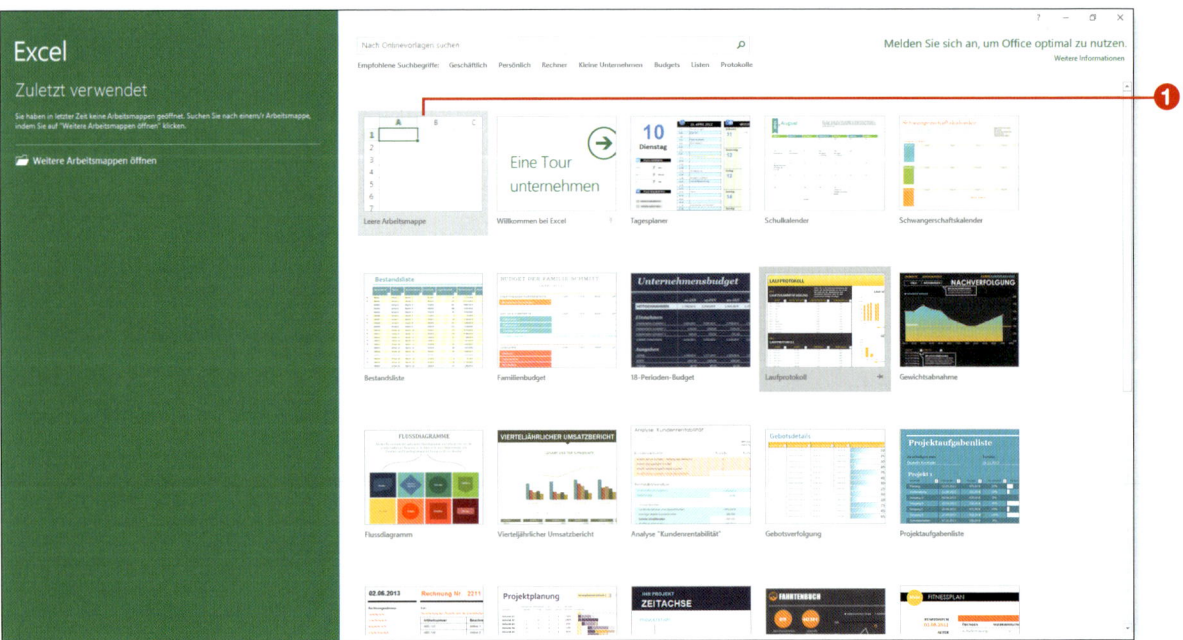

Wie bei Word 2016 befindet sich am oberen Fensterrand des Programmfensters die *Titelleiste*. Der Dateiname der leeren Arbeitsmappe, der in der Mitte der Titelleiste angezeigt wird, lautet **Mappe1** ❷. Über die Schaltflächen am rechten Rand der Titelleiste können Sie das Programmfenster schließen, maximieren bzw. wieder verkleinern und minimieren ❸. Um das hierdurch ausgeblendete Programmfenster wieder einzublenden, reicht ein Klick auf das Excel-Symbol in der Taskleiste.

^ *Die Symbole zum Minimieren, Maximieren und Schließen des Programmfensters*

Auch Excel verfügt über eine *Symbolleiste für den Schnellzugriff* ❹. Hier finden Sie die wichtigen Schaltflächen zum Speichern der Datei sowie zum Rückgängigmachen der letzten Arbeitsschritte.

^ *Die Symbolleiste für den Schnellzugriff*

Unterhalb der Titelleiste befindet sich das *Menüband* mit seinen diversen *Registern* ❺. Per Klick auf einen Registerreiter wechseln Sie von einem Register zum anderen. Jedes Register ist in *Gruppen* aufgeteilt. Jede Gruppe enthält wiederum thematisch zusammengefasste Werkzeuge. Manche dieser Werkzeuge werden Ihnen bekannt vorkommen. So stellen Sie beispielsweise über das Symbol **Schriftfarbe** ❻ in der Gruppe **Schriftart** im Register **Start** die Farbe des Textes ein. Im Verlauf dieses Kapitels werden Sie selbstverständlich noch weitere Werkzeuge kennenlernen.

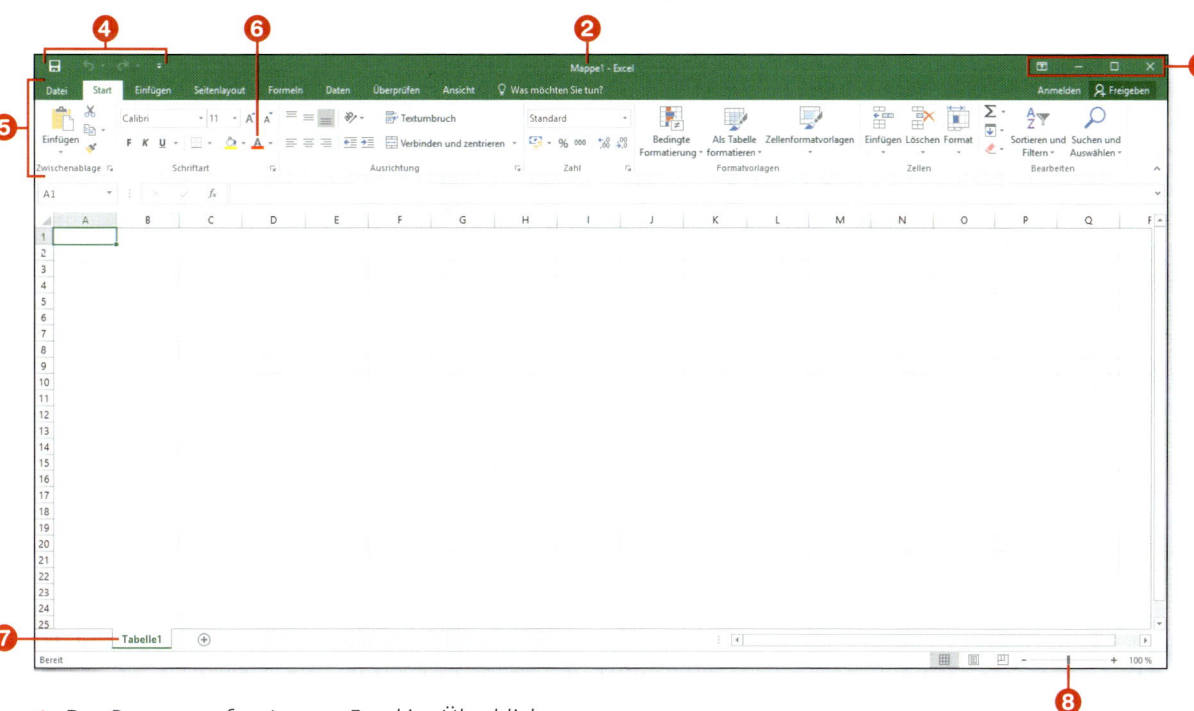

^ *Das Programmfenster von Excel im Überblick*

Das Programmfenster schließt am unteren Rand mit der *Statusleiste* ab. An ihrem linken Rand sehen Sie die Bezeichnung der gerade geöffneten Tabelle, hier **Tabelle1** ❼. Hierzu erfahren Sie im Abschnitt »Weitere Tabellen anlegen, umbenennen und löschen« ab Seite 250 noch mehr. Über den Schieberegler am rechten Rand ❽ lässt sich die Ansicht der Tabelle vergrößern oder auch verkleinern.

> **ℹ Ein wahrlich dynamisches Programmfenster**
>
> Das Menüband sieht bei Ihnen etwas anders aus als in der Abbildung auf Seite 231? Dies liegt daran, dass auch Excel den Inhalt des Menübands dynamisch an die Größe des Programmfensters anpasst. Je größer das Fenster, desto mehr Werkzeuge sind zu sehen. Ist das Fenster zu klein, reduziert Excel die Elemente einer Gruppe auf das Gruppensymbol. Um die Werkzeuge innerhalb der Gruppe angezeigt zu bekommen, ist ein Klick auf das Gruppensymbol nötig. Ein Beispiel hierfür habe ich Ihnen im Zusammenhang mit Word im Kasten »Ein Menüband mit wandelbarem Aussehen« auf Seite 189 gezeigt.

Dies alles sind die Elemente, die das Programmfenster von Excel 2016 gemeinsam hat mit der Programmoberfläche von Word 2016. Nun zu den Unterschieden. Einer ist Ihnen sicherlich sofort ins Auge gefallen: Statt einer weißen Dokumentfläche sehen Sie in Excel eine große, noch leere Tabelle. Diese Tabelle wird in Excel auch *Arbeitsblatt* genannt. Die Tabelle ist in Zeilen und Spalten aufgeteilt. Die Felder, die hierdurch entstehen, werden *Zellen* genannt. Jede Spalte sowie jede Zeile trägt eine eigene Überschrift: Die Spalten sind mit Buchstaben betitelt, die Zeilen wiederum mit Zahlen. Diese Zeilennummern sowie Spaltenbuchstaben ermöglichen es, jede Zelle der Tabelle eindeutig zu adressieren. Wie wichtig diese Adressierung ist, werden Sie im Verlauf des Kapitels noch erfahren.

Die Zelle in der ersten Spalte und ersten Zeile trägt die Adresse A1. Sie ist nach dem Start von Excel bereits markiert. Eine markierte Zelle erkennen Sie an dem etwas dicker hervorgehobenen Rahmen, dem sogenannten *Zellzeiger*.

Wann immer Sie in einer Zelle Daten eingeben möchten, müssen Sie diese zuvor markieren. Setzen Sie den Zellzeiger einmal probeweise in die Zelle D5 ❶. Hierzu reicht ein Mausklick auf die Zelle in der vierten Spalte mit der Überschrift D und der fünften Zeile mit der Überschrift 5. Statt von Spalten- und Zeilenüberschriften spricht man in Excel auch von Spalten- und Zeilenköpfen.

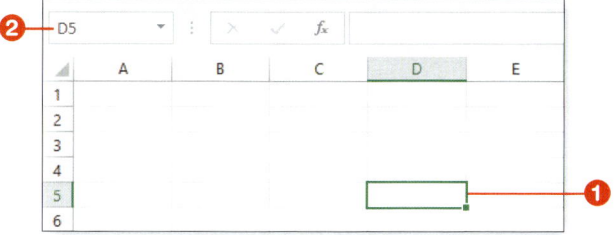

⌃ *Der Zeilen- sowie der Spaltenkopf einer markierten Zelle werden hervorgehoben.*

Ob Sie die richtige Zelle markiert haben, lässt sich schnell anhand dieser Spalten- und Zeilenköpfe prüfen. Sowohl der Spaltenkopf als auch der Zeilenkopf der Zelle, in der sich der Zellzeiger befindet, werden dunkler hervorgehoben und durch einen dunkelgrünen Strich gekennzeichnet. Eine weitere Möglichkeit zur Überprüfung bietet der Blick in die Bearbeitungsleiste. Diese befindet sich zwischen dem Menüband und den Spaltenüberschriften. An ihrem linken Rand wird jeweils die Adresse der gerade markierten Zelle angezeigt ❷, in unserem Beispiel also D5. Die Bedeutung der rechten Hälfte der Bearbeitungsleiste lernen Sie im Verlauf des Kapitels noch kennen. Doch jetzt sollen Sie erst mal selbst aktiv werden. Im nächsten Abschnitt zeige ich Ihnen, wie Sie in Excel eine Adressliste für all Ihre Kontaktdaten anlegen und diese Daten sortieren. Die leere Arbeitsmappe können Sie hierfür gleich geöffnet lassen.

## Eine erste kleine Übung: eine Adressliste anlegen

Ziel dieses Abschnitts ist es, Ihnen anhand einer Adressliste zu zeigen, wie Sie Text in eine Excel-Tabelle einfügen, diesen gegebenenfalls korrigieren, das Aussehen der Tabelle anpassen und die Adressdaten sortieren. Legen Sie gleich los mit der Überschrift für die Adressliste. Ich gehe davon aus, dass Sie Excel bereits gestartet und eine leere Arbeitsmappe geöffnet haben, wie im vorherigen Abschnitt auf Seite 230 gezeigt.

**1.** Wenn sich der Zellzeiger bei Ihnen nicht auf der Zelle A1 befindet, markieren Sie die Zelle per Mausklick.

**2.** Tippen Sie »Adressliste« ein, und drücken Sie zweimal ⏎ . Der Zellzeiger wandert damit automatisch nach unten und markiert nun die Zelle A3.

**3.** Geben Sie in Zelle A3 »Name« ein. Durch Drücken der Taste ⇆ gelangen Sie in die benachbarte Zelle B3, in die Sie »Vorname« eingeben.

**4.** Die weiteren Überschriften für Ihre Adressliste geben Sie nacheinander in die Zellen C3 bis H3 ein: »Straße«, »PLZ«, »Ort«, »Telefon«, »Handy« und »E-Mail«.

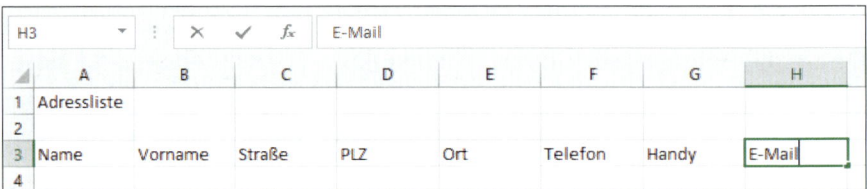

Damit haben Sie bereits die Grundstruktur der Adressliste festgelegt. Bevor Sie die ersten Adressdaten von Familienmitgliedern, Freunden oder auch Kollegen eintragen, sollten Sie die Überschriften noch etwas schöner hervorheben. Hierzu markieren Sie alle Zellen, die eine Überschrift enthalten.

**1.** Klicken Sie in die Zelle A3. Ziehen Sie den Mauszeiger mit gedrückter linker Maustaste nach rechts bis zur Zelle H3. Alle markierten Zellen werden nun von dem grünen Rahmen des Zellzeigers umrahmt.

**2.** Um die markierten Zellen mit etwas Farbe zu versehen, klicken Sie im Register **Start** in der Gruppe **Schriftart** auf den kleinen Pfeil rechts vom Symbol **Füllfarbe** ❶.

**3.** Wählen Sie in der aufklappenden Farbpalette per Mausklick den gewünschten Farbton ❷ aus.

**4.** Behalten Sie die Markierung der Überschriften bei, und klicken Sie in der Gruppe **Schriftart** auf das Symbol **Fett** ❸. Die Überschriften werden nun dicker hervorgehoben.

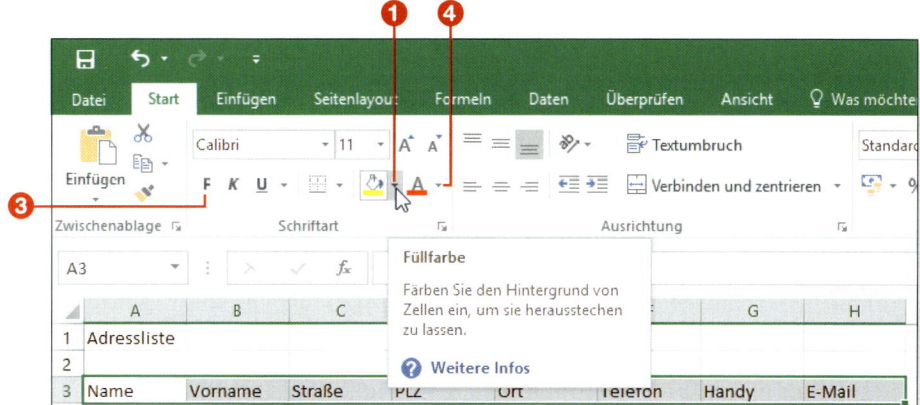

**5.** Sollte der Text aufgrund einer dunklen Hintergrundfarbe nur noch schwer lesbar sein, passen Sie anschließend noch die Textfarbe an. Hierzu klicken Sie auf den Pfeil rechts vom Symbol **Schriftfarbe** ❹. Bewegen Sie den Mauszeiger über die Farbfelder in der Farbpalette, können Sie gleich die Wirkung auf die Überschriften prüfen. Gefällt Ihnen die Kombination einer Hintergrund- und Textfarbe, klicken Sie auf die gewünschte Farbe für den Text.

Als Nächstes ergänzen Sie in der Tabelle die Adressdaten Ihrer Kontakte. Beginnen Sie in Zelle A4, und geben Sie den Namen der ersten Person ein. Ergänzen Sie in den Feldern B4 bis H4 die weiteren Daten des ersten Kontakts. Setzen Sie die Eingabe der Adressdaten nun zeilenweise fort. Sie können die Tabelle natürlich jederzeit erweitern, Sie müssen also nicht alle Adressdaten in einem Rutsch eingeben. Welche Besonderheiten es bei der Eingabe von Zahlen wie etwa der Postleitzahl gibt, erfahren Sie im Abschnitt »Das richtige Format für Excel-Zellen einstellen« ab Seite 242.

< *Die Kontaktdaten geben Sie zeilenweise ein.*

Die Spaltenbreite einer Zelle ist zunächst fest vorgegeben. Geben Sie nun etwa in Zelle C5 einen langen Straßennamen ein und anschließend in D5 eine Postleitzahl, kommt es zu einem unangenehmen Effekt: Der Straßenname ist nicht mehr vollständig lesbar (siehe die vorige Abbildung auf Seite 235). Doch das lässt sich schnell ändern, indem Sie die Spaltenbreite an die Zellinhalte anpassen. Dies gelingt folgendermaßen:

**1.** Markieren Sie per Mausklick den Spaltenkopf A. Ziehen Sie den Mauszeiger dann mit gedrückter linker Maustaste nach rechts bis zum Spaltenkopf H. Damit sind die Spalten A bis H markiert.

**2.** Klicken Sie im Register **Start** in der Gruppe **Zellen** auf die Schaltfläche **Format** ❶. In der aufklappenden Liste wählen Sie den Befehl **Spaltenbreite automatisch anpassen** ❷.

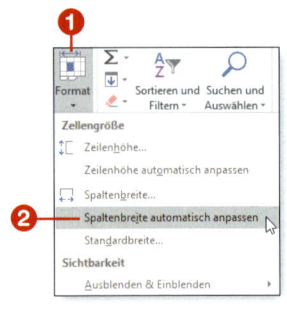

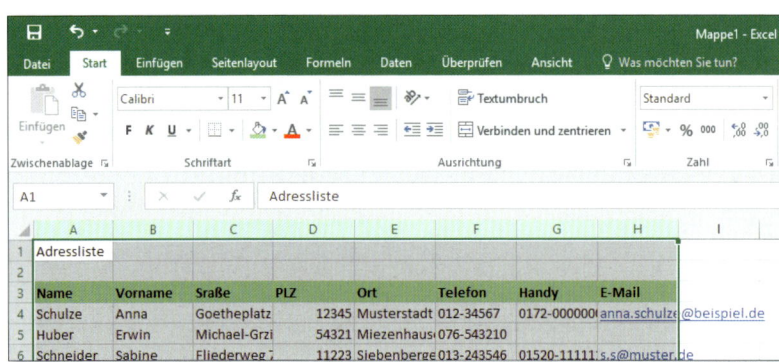

Der Inhalt aller Zellen ist nun wieder lesbar. Eventuell müssen Sie diese beiden Schritte immer mal wiederholen, sobald Sie wieder besonders lange Adressdaten erfasst haben.

➕ **Spaltenbreite individuell anpassen**

Selbstverständlich können Sie die Spaltenbreite auch selbst anpassen. Um z. B. die Spalte B zu verbreitern, positionieren Sie den Mauszeiger auf der Trennlinie zwischen den Spaltenköpfen B und C. Wenn der Zeiger die Form eines Doppelpfeils annimmt, ziehen Sie ihn mit gedrückter linker Maustaste nach rechts. Ist die gewünschte Breite der Spalte B erreicht, lassen Sie die Maustaste los. Analog können Sie auch die Höhe einer Zeile anpassen.

Ist Ihnen bei der Dateneingabe ein Tippfehler unterlaufen oder hat sich die Adresse eines Freundes geändert, sollten Sie diese natürlich gleich korrigieren.

**1.** Klicken Sie in die Zelle, deren Inhalt Sie korrigieren möchten ❸. Die Zelladresse wird nun im linken Feld der Bearbeitungsleiste angezeigt ❹, ihr Inhalt wiederum im rechten Feld ❺.

**2.** Ziehen Sie den Mauszeiger mit gedrückter linker Maustaste über den Inhalt des rechten Feldes, um diesen zu markieren. Möchten Sie lediglich einen Tippfehler ausbessern, reicht es natürlich aus, nur einen einzelnen Buchstaben zu markieren oder die Einfügemarke per Mausklick an die gewünschte Stelle zu setzen, an der etwa ein Buchstabe ergänzt werden soll.

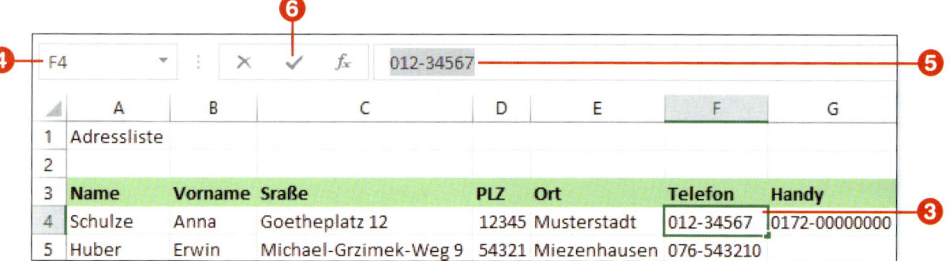

**3.** Überschreiben Sie den markierten Inhalt nun mit den aktuellen Daten, also etwa der neuen Telefonnummer.

**4.** Haben Sie die Daten erfolgreich korrigiert, schließen Sie die Eingabe per Klick auf das Häkchen in der Bearbeitungsleiste ab ❻.

---

ℹ️ **E-Mail-Adressen korrigieren**

Sobald Sie in Excel eine E-Mail-Adresse eingeben, wandelt das Programm sie automatisch in einen *Link* um. Die Adresse erscheint nun in blauer Schrift und ist zudem unterstrichen. Der Nutzen für Sie: Nach einem Mausklick etwa auf die E-Mail-Adresse müssen Sie lediglich das gewünschte Mail-Programm auswählen. Dies wird anschließend automatisch mit dem Dialog zum Versenden einer E-Mail geöffnet. Die in Excel angeklickte E-Mail-Adresse wird bereits im Adressfeld des Empfängers angezeigt, und Sie müssen nur noch einen Betreff sowie den Nachrichtentext eingeben, bevor Sie die E-Mail wie gewohnt versenden (siehe hierzu auch Kapitel 5, »E-Mails schreiben und lesen«). Um in Excel eine E-Mail-Adresse auszubessern, markieren Sie diese ebenfalls per Mausklick. Damit Excel aber nicht automatisch das E-Mail-Programm öffnet, halten Sie die linke Maustaste einen Moment gedrückt. Erst dann können Sie die Adresse in der Bearbeitungsleiste korrigieren.

Je mehr Kontaktdaten Sie erfassen, desto unübersichtlicher wird die Adressliste. Excel bietet Ihnen aber eine hervorragende Möglichkeit, die Daten zu sortieren und schnell die Adresse eines Freundes aufzufinden.

**1.** Markieren Sie die erste Zelle, die eine Überschrift enthält, per Mausklick, im Beispiel also Zelle A3 mit dem Titel »Name«. Ziehen Sie den Mauszeiger nun mit gedrückter linker Maustaste nach rechts bis zum letzten Titel, hier »E-Mail« in Zelle H3.

**2.** Klicken Sie im Register **Start** in der Gruppe **Bearbeiten** auf **Sortieren und Filtern** und in der aufklappenden Liste auf den Eintrag **Filtern**.

**3.** In Zeile 3 wird nun rechts von jedem Titel ein kleines Pfeil-Symbol ⯆ eingeblendet. Möchten Sie die Adressliste beispielsweise dem Namen nach alphabetisch sortieren, klicken Sie in der Zelle A3 auf den Pfeil rechts von **Name**.

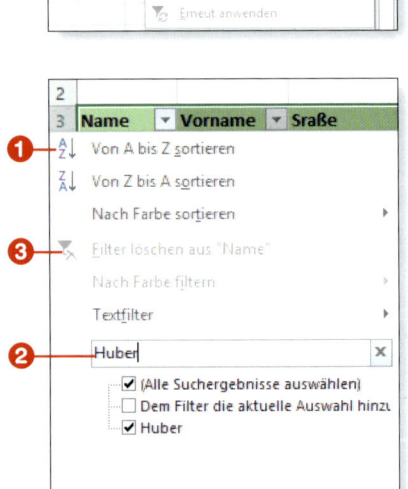

**4.** Wählen Sie in der aufklappenden Liste den Befehl **Von A bis Z sortieren** ❶ aus, wird die gesamte Adressliste sofort alphabetisch sortiert.

**5.** Sind Sie auf der Suche nach der Adresse eines Freundes, klicken Sie ebenfalls auf den Pfeil ⯆ in Zelle A3. In der aufklappenden Liste geben Sie nun den Namen der Person ein ❷, also etwa »Huber«. Bestätigen Sie die Eingabe mit einem Klick auf **OK**.

**6.** Excel zeigt in der Adressliste nun alle Kontakte mit dem Namen »Huber« an. Sind dies zu viele, können Sie entsprechend in der Zelle B3 auf den Pfeil klicken und den Vornamen der Person eingeben. Nach einem Klick auf **OK** wird die Adressliste weiter gefiltert.

**7.** Damit in Excel wieder die gesamte Adressliste angezeigt wird, müssen Sie die Filter wieder aufheben. Klicken Sie hierzu auf das Pfeil-Symbol in der Zelle A3, und wählen Sie in der aufklappenden Liste **Filter löschen aus "Name"** ❸. Wiederholen Sie diesen Schritt mit allen Spalten, in denen Sie einen Filter gesetzt haben.

Selbstverständlich können Sie jederzeit neue Kontakte hinzufügen oder auch Adressen löschen.

**1.** Wenn Sie neue Adressen erfassen möchten, ergänzen Sie diese einfach in der nächsten freien Zeile nach der letzten Adresse.

**2.** Um einen Kontakt aus der Adressliste zu entfernen, klicken Sie auf den Zeilenkopf der Zeile, in der sich die Adressdaten der Person befinden, also etwa Zeilenkopf 6. Die gesamte Zeile ist nun markiert.

**3.** Klicken Sie im Register **Start** in der Gruppe **Zellen** auf **Löschen**, und wählen Sie den Befehl **Zellen löschen**. Die gesamte Zeile wird entfernt, die nachfolgenden Adressen werden automatisch eine Zeile nach oben geschoben.

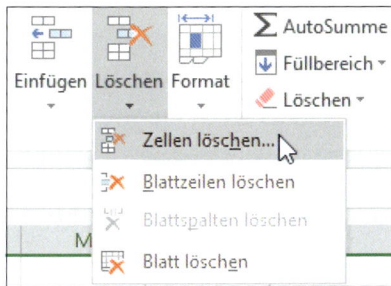

Damit haben Sie fast alles Wichtige rund um Adresslisten in Excel erfahren. Bleibt nur noch ein wichtiger Punkt: das Speichern der Datei. Dies funktioniert ebenso wie das Speichern eines Word-Dokuments, das Sie bereits im Abschnitt »Dokumente speichern und öffnen« ab Seite 191 kennengelernt haben. Deshalb zeige ich Ihnen hier nur kurz, wie das in Excel geht:

**1.** Um die Datei zu speichern, klicken Sie in der Symbolleiste für den Schnellzugriff auf das Symbol **Speichern**.

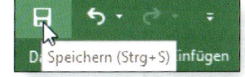

**2.** Markieren Sie auf der folgenden Seite in der rechten Spalte **Dokumente**, wenn Excel die Datei in diesem Ordner speichern soll.

**3.** Geben Sie im Dialog **Speichern unter** in das Feld **Dateiname** einen aussagekräftigen Namen für die Datei ein, etwa »Adressliste«, und bestätigen Sie mit **Speichern**.

Um eine Datei in Excel zu öffnen oder auch zu schließen, gehen Sie genauso vor, wie zu Word im Abschnitt »Dokumente speichern und öffnen« ab Seite 191 beschrieben.

Als Nächstes zeige ich Ihnen, wie Sie wichtige Formate in Excel einstellen. Dazu zählt etwa die Anzeige des Datums, aber auch von Währungen und Postleitzahlen.

## Das richtige Format für Excel-Zellen einstellen

Excel unterstützt Sie mit vielen hervorragenden Funktionen bei Ihrer Arbeit. Manchmal hat man aber auch das Gefühl, das Programm spielt verrückt. Geben Sie in eine Zelle z. B. die Postleitzahl »01067« für Dresden ein, schluckt Excel einfach die erste Null und zeigt nur noch die vierstellige Zahl »1067« an. Ähnliches passiert, wenn Sie den Betrag »7,00« eintippen. In der Zelle bleibt lediglich die »7« stehen. Solche automatischen Formatierungen seitens Excel lassen sich zum Glück aber ganz leicht unterbinden. Am Beispiel eines einfachen Haushaltsplans zeige ich Ihnen, wie Sie selbst das Format für Tabellenzellen festlegen. Für die nächsten Schritte sollten Sie in Excel eine neue leere Arbeitsmappe öffnen.

**1.** Wenn Sie möchten, geben Sie in Zelle A1 zunächst eine Überschrift für die Tabelle ein, etwa »Haushaltsplan 2016«.

**2.** Als Nächstes ergänzen Sie ein paar Spaltenüberschriften. Klicken Sie hierzu in Zelle A3, und tippen Sie den Text »Datum« ein. Drücken Sie die Taste ⇥, und geben Sie in Zelle B3 »Ausgabe« ein. Nach erneutem Drücken von ⇥ tragen Sie in C3 »Betrag« ein.

**3.** In die Zelle A4 geben Sie das Datum Ihres ersten Einkaufs ein. Das Geschäft, in dem Sie diesen Einkauf getätigt haben, tragen Sie in Zelle B4 ein und in C4 den Geldbetrag, den Sie ausgegeben haben.

Angenommen, Sie haben das Datum in der Form »05.03.16« eingegeben oder auch nur mit »05.03«, also ohne Jahreszahl. Excel ignoriert die von Ihnen gewählte Form und zeigt das Datum automatisch als »05.03.2016« an. Doch das ändern Sie ganz schnell wieder.

**1.** Damit Excel alle Datumseingaben in Spalte A in dem von Ihnen gewünschten Format anzeigt, markieren Sie die gesamte Spalte A. Hierzu reicht ein Mausklick auf den Spaltenkopf A.

**2.** Klicken Sie nun mit der rechten Maustaste auf den Spaltenkopf A. Im aufklappenden Kontextmenü wählen Sie den Befehl **Zellen formatieren**.

**3.** Stellen Sie sicher, dass sich im Dialog **Zellen formatieren** das Register **Zahlen** ❶ im Vordergrund befindet. Markieren Sie in der linken Spalte die Kategorie **Datum** ❷.

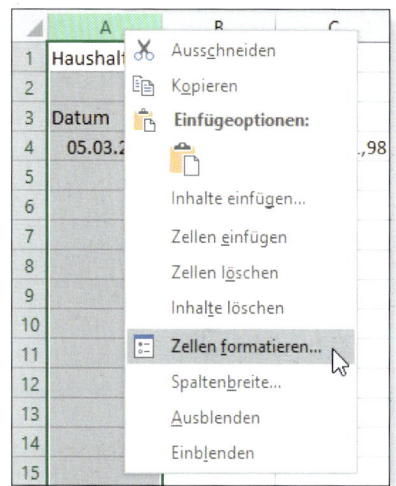

**4.** In der rechten Spalte finden Sie im Feld **Typ** nun einige Formatvorschläge ❸. Mithilfe der Bildlaufleiste blättern Sie im Feld. Wählen Sie die gewünschte Darstellung des Datums per Mausklick aus, etwa **14.03.12**. Mit einem Klick auf **OK** übernehmen Sie Ihre Auswahl.

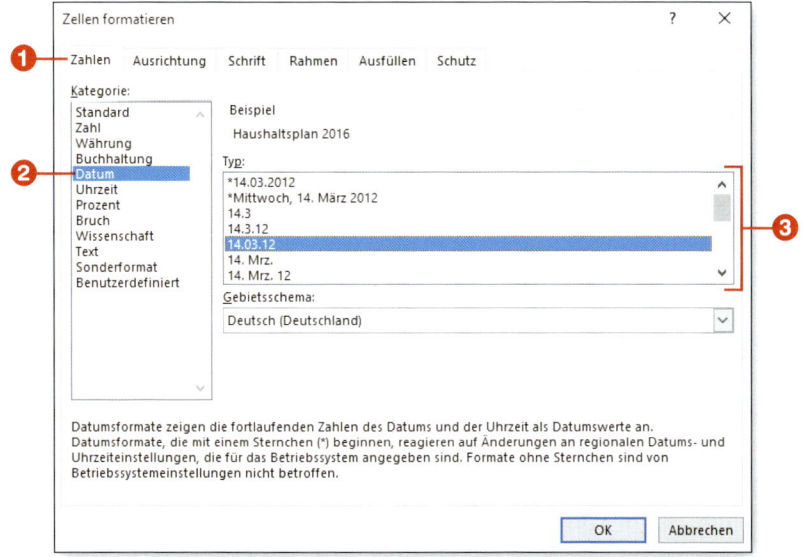

Das Datum wird sofort im ausgewählten Format angezeigt, in unserem Beispiel also 05.03.16. Noch einfacher gelingt die Formatzuweisung für den Betrag. Wie zu Anfang des Abschnitts erwähnt, lässt Excel die Angabe von Nullen hinter dem Komma einfach unter den Tisch fallen. Damit leidet aber die Übersichtlichkeit der Tabelle. Weitaus besser wäre es, wenn auch bei runden Beträgen die Nachkommastellen angezeigt würden. Und nicht nur das: Das i-Tüpfelchen ist die Anzeige der Währung, also etwa €. Das entsprechende Format lässt sich blitzschnell zuweisen:

**1.** Markieren Sie die Spalte, die die Beträge enthält, im Beispiel also Spalte C, per Klick auf den entsprechenden Spaltenkopf.

**2.** Klicken Sie dann im Register **Start** in der Gruppe **Zahl** auf den kleinen Pfeil rechts vom Symbol **Buchhaltungszahlenformat** ❶.

**3.** In der aufklappenden Liste wählen Sie den Eintrag **€ Deutsch (Deutschland)**.

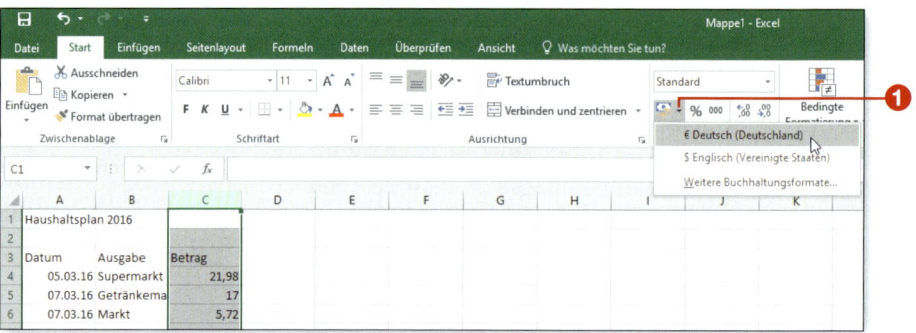

In Spalte C werden alle Beträge sofort mit Nachkommastellen, gefolgt vom Eurozeichen, angezeigt. Der Vollständigkeit halber zeige ich Ihnen noch, wie Sie bei der Eingabe einer Postleitzahl dafür sorgen, dass Excel hier die führende Null nicht entfernt.

**1.** Markieren Sie die Spalte, in der Sie die Postleitzahlen erfassen. Im Beispiel der Adressliste aus dem vorherigen Abschnitt war dies in Spalte D der Fall.

**2.** Klicken Sie im Register **Start** in der rechten unteren Ecke der Gruppe **Zahl** auf das kleine Pfeil-Symbol ❷. Es wird der Dialog **Zellen forma-**

**tieren** geöffnet, den Sie soeben im Zusammenhang mit der Formatierung des Datums kennengelernt haben.

**3.** Im Register **Zahlen** wählen Sie nun die Kategorie **Sonderformat** ❸ aus. Markieren Sie im Feld **Typ** rechts **Postleitzahl** ❹, und schließen Sie den Dialog mit **OK**.

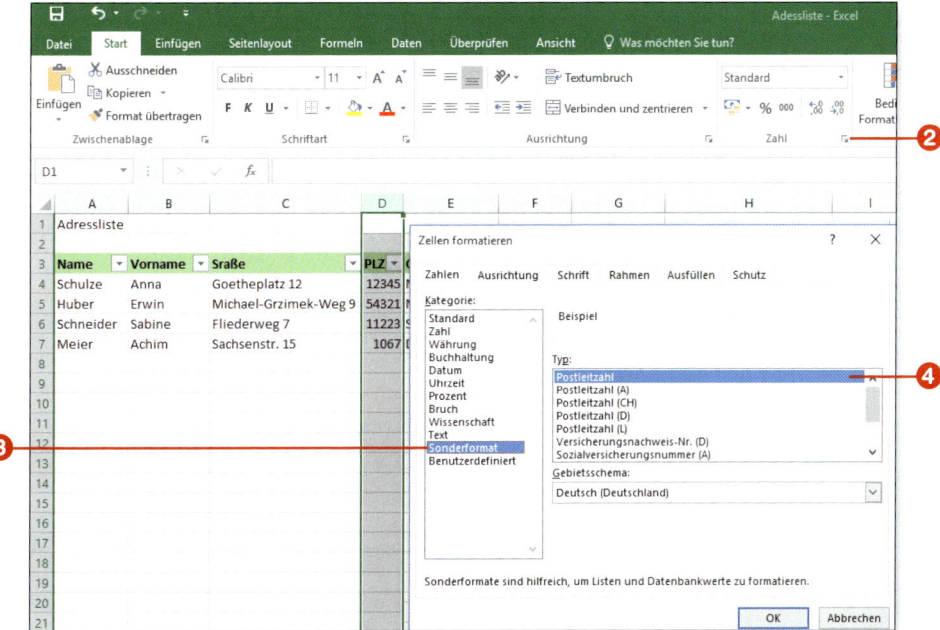

Sobald der Dialog **Zellen formatieren** geschlossen ist, werden die Postleitzahlen wieder korrekt angezeigt. An drei Beispielen haben Sie nun gesehen, wie Sie selbst das Format vorgeben, in dem Excel Daten anzeigen soll. Werfen Sie selbst einmal in Ruhe einen Blick in die verschiedenen Kategorien im Dialog **Zellen formatieren**. Müssen Sie etwa Einnahmen und Ausgaben berechnen, ist beispielsweise die Kategorie **Währung** sehr interessant. Sobald Sie diese Kategorie markiert haben, können Sie rechts im Feld **Negative Zahlen** festlegen, wie Minuswerte in der Tabelle angezeigt werden sollen. Wählen Sie hier z. B. den letzten Eintrag, hebt Excel Minusbeträge feuerrot hervor.

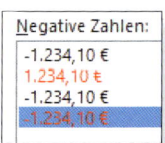

∧ *So fallen Minusbeträge sofort ins Auge.*

Im nächsten Abschnitt erfahren Sie, wie Excel Sie bei Rechenaufgaben unterstutzen kann.

## Excel – das Rechengenie

Die Vielzahl an Formeln, die Excel 2016 für den Nutzer parat hält, erschlägt einen schier. Einen kleinen Vorgeschmack bekommen Sie, wenn Sie einen Blick in das Register **Formeln** werfen. In der Gruppe **Funktionsbibliothek** finden Sie diverse Schaltflächen wie **Finanzmathematik**, **Logisch** oder auch **Datum und Uhrzeit**. In der rechten unteren Ecke dieser Schaltflächen sehen Sie jeweils einen kleinen Pfeil. Klicken Sie hierauf, klappt eine Liste auf mit einer Übersicht über die Formeln der gerade ausgewählten Bibliothek. Bewegen Sie den Mauszeiger über die Formeln, erhalten Sie in einer QuickInfo einen kleinen Hinweis zur Bedeutung der jeweiligen Formel. Mit einem Klick auf eine beliebige Zelle in der Tabelle blenden Sie die Liste wieder aus.

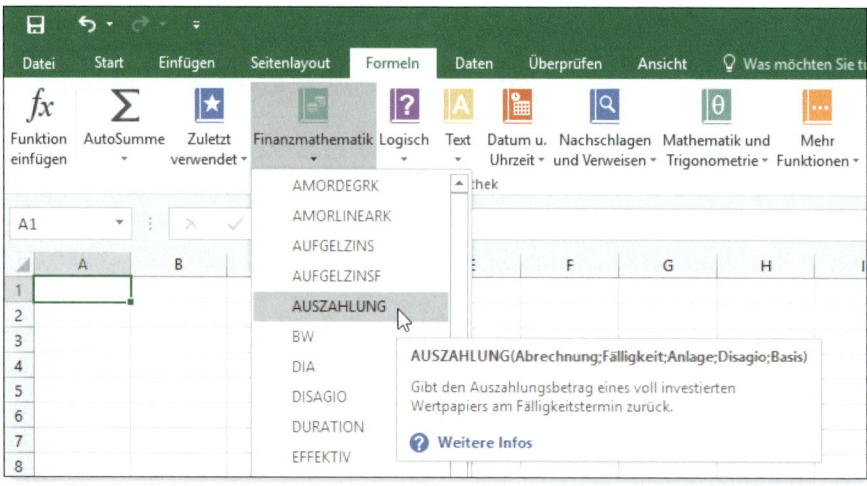

> *Sie können sich zu jeder Funktion eine kurze Erklärung anzeigen lassen.*

Excel beherrscht aber natürlich nicht nur komplexe Berechnungen, Sie können damit auch eine ganz einfache Addition durchführen lassen. Das zeige ich Ihnen nun am Beispiel des Haushaltsplans aus dem vorherigen Abschnitt. Statt alle ausgegebenen Beträge selbst zu addieren, überlassen Sie diese Aufgabe Excel.

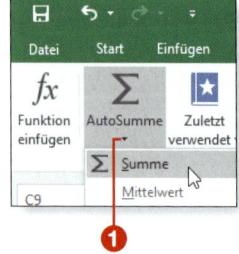

**1.** Klicken Sie in der Spalte C auf die erste freie Zelle unterhalb des letzten Betrags. In meinem Beispiel ist dies die Zelle C9, wie Sie in der Abbildung auf Seite 245 sehen.

**2.** Befinden Sie sich noch im Register **Formeln**, klicken Sie auf den Pfeil unterhalb der Funktionsbibliothek **AutoSumme** (❶ auf Seite 244). Die gleiche Schaltfläche finden Sie übrigens auch im Register **Start** in der Gruppe **Bearbeiten**. In beiden Fällen klappt nach einem Klick auf den Pfeil eine Liste auf, in der Sie den Befehl **Summe** markieren.

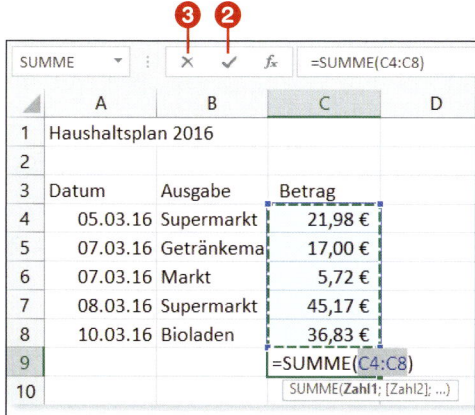

Excel ergänzt in der Zelle C9 automatisch die Formel **=Summe(C4:C8)**. Die Zellen C4 bis C8 werden außerdem von einer gestrichelten, blinkenden Linie umrahmt. Damit hat Excel automatisch alle Zellen korrekt markiert, deren Inhalt addiert werden soll.

**3.** Klicken Sie in der Bearbeitungsleiste auf das Häkchen ❷. In der Zelle C9 wird sofort das Ergebnis der Addition angezeigt.

---

➕ **Zellbezüge korrigieren**

Excel hat in Ihrer Tabelle nicht die korrekten Zellen umrahmt? Dies passiert beispielsweise, wenn die zu berechnenden Zellen nicht direkt nebeneinanderliegen. In einem solchen Fall nehmen Sie die Markierung einfach selbst vor. Klicken Sie hierzu nach Schritt 2 auf die erste zu markierende Zelle. Ziehen Sie den Mauszeiger anschließend mit gedrückter linker Maustaste bis zur letzten zu markierenden Zelle. Wichtig ist, dass alle gewünschten Zellen anschließend von einem gestrichelten Rahmen umgeben sind, bevor Sie die Berechnung mit einem Klick auf das Häkchen durchführen. Mit einem Klick auf das Kreuz-Symbol in der Bearbeitungsleiste ❸ können Sie die Eingabe übrigens auch abbrechen. In diesem Fall wird die bereits ergänzte Formel in der markierten Zelle, im Beispiel also C9, gelöscht, die Zelle ist wieder leer.

In unserem einfachen Beispiel liegen die Zellen, die Excel bearbeiten soll, direkt untereinander. Zwischen den Beträgen existiert keine Leerzeile. Insofern war die Berechnung ein Leichtes für Excel. Doch wie gehen Sie vor, wenn Sie beispielsweise herausfinden möchten, wie viel Geld Sie im Supermarkt gelassen haben? In meinem Haushaltsplan wurden in Zelle C4 sowie in Zelle C7 die Ausgaben für den Supermarkt eingetragen. Der Inhalt dieser beiden Zellen soll nun addiert und das Ergebnis in Zelle C11 ausgegeben werden.

**1.** Klicken Sie in die Zelle C11, und geben Sie hier zunächst ein Gleichheitszeichen (=) ein. Tippen Sie dann »C4+C7« ein. Lesen Sie hierzu auch den Kasten »Schneller Zellen für Berechnungen auswählen« auf Seite 247.

| SUMME | ▼ ⋮ | ✕ ✓ $f_x$ | =C4+C7 |
|---|---|---|---|

| ◢ | A | B | C |
|---|---|---|---|
| 1 | Haushaltsplan 2016 | | |
| 2 | | | |
| 3 | Datum | Ausgabe | Betrag |
| 4 | 05.03.16 | Supermarkt | 21,98 € |
| 5 | 07.03.16 | Getränkema | 17,00 € |
| 6 | 07.03.16 | Markt | 5,72 € |
| 7 | 08.03.16 | Supermarkt | 45,17 € |
| 8 | 10.03.16 | Bioladen | 36,83 € |
| 9 | | | 126,70 € |
| 10 | | | |
| 11 | | | =C4+C7 |

**2.** Drücken Sie ⏎, zeigt Excel sofort das Ergebnis in Zelle C11 an. Der Zellzeiger befindet sich nun auf Zelle C12.

Dem Gleichheitszeichen kommt eine ganz wichtige Bedeutung zu, denn nur so weiß Excel, dass als Nächstes eine Formel folgt. Vergessen Sie das Gleichheitszeichen, gibt Excel die weiteren Eingaben als normalen Text aus. Probieren Sie es einmal aus.

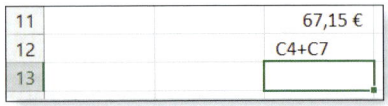

**3.** Geben Sie in Zelle C12 die obige Formel ein, allerdings ohne das Gleichheitszeichen, also nur »C4+C7«. Auch nach Drücken von ⏎ wird dieser Text in Zelle C12 nach wie vor angezeigt.

> **➕ Schneller Zellen für Berechnungen auswählen**
>
> In unserem kleinen Beispiel sollte nur der Inhalt zweier Zellen addiert werden. Kommen mehr Zellen ins Spiel, ist das Eintippen der Zellbezüge sehr aufwendig. Sie können es sich aber einfach machen, indem Sie auf die gewünschten Zellen tippen. Statt also C4 selbst einzutippen, klicken Sie auf die Zelle C4. Vergessen Sie allerdings nicht, zwischen dem Antippen der diversen Zellen das gewünschte Formelzeichen, also etwa »+« für die Addition, einzutippen.

Excel beherrscht selbstverständlich nicht nur die Addition, sondern auch alle anderen Grundrechenarten. Möchten Sie eine Subtraktion durchführen, tippen Sie einfach ein Minuszeichen (-), also etwa »=C9-C10«. Eine Multiplikation erzielen Sie durch Eingabe eines Sterns (*), und für die Division wählen Sie den Schrägstrich (/). Alle Rechenoperationen können auch miteinander kombiniert werden. Ergänzen Sie selbst keine Klammern, hält sich Excel an die »Punkt vor Strich«-Regel.

Statt der Zellbezüge können Sie natürlich auch direkt Zahlen eingeben, also etwa »=211+796-143«. Die Entscheidung für die Zellbezüge hat aber einen großen Vorteil. Haben Sie in einer Zelle beispielsweise versehentlich einen falschen Wert eingegeben, müssen Sie diesen nur in der entsprechenden Zelle korrigieren. Excel übernimmt den neuen Wert automatisch in den Formeln.

Im nächsten Abschnitt zeige ich Ihnen, wie Sie sich in Excel viel Tipparbeit sparen können.

## Zellen automatisch ausfüllen

Bisher haben Sie erfahren, wie Sie in Excel eine Adressliste anlegen und einfache Rechenoperationen durchführen. Das Tabellenkalkulationsprogramm eignet sich aber auch wunderbar, um einen eigenen kleinen Kalender anzulegen.

Nun wäre es sehr aufwendig, jeden Tag eines Monats selbst einzutippen. Das müssen Sie zum Glück auch nicht. Excel reicht die Eingabe weniger Daten, und schon ist es in der Lage, die restlichen Zellen für Sie automatisch zu ergänzen. Die folgenden Beispiele zeigen Ihnen, wie Sie hierzu vorgehen. Im ersten Beispiel soll in Spalte A beginnend mit der zweiten Zeile das fortlaufende Datum angezeigt werden. Um die Schritte sofort nachvollziehen zu können, öffnen Sie am besten eine neue leere Arbeitsmappe.

**1.** Tippen Sie in Zelle A2 das Datum »01.01.2016« ein, und klicken Sie in der Bearbeitungsleiste auf das Häkchen ❶.

**2.** Der Zellzeiger befindet sich hierdurch weiterhin auf der Zelle A2. In seiner rechten unteren Ecke sehen Sie ein kleines schwarzes Quadrat, das sogenannte *Ausfüllkästchen*. Bewegen Sie den Mauszeiger auf dieses Ausfüllkästchen, nimmt der Zeiger die Form eines einfachen schwarzen Kreuzes ❷ an.

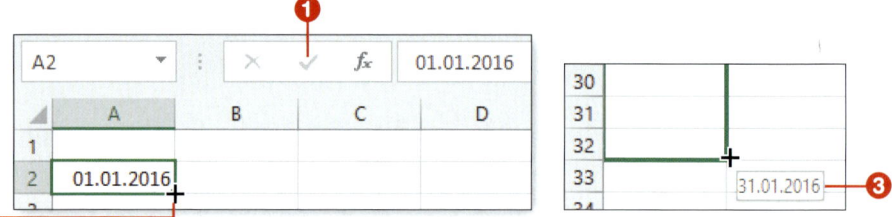

**3.** Ziehen Sie den Mauszeiger nun gerade nach unten. Während des Ziehens blendet Excel in einer kleinen QuickInfo das laufende Datum ❸ ein. Sind Sie bei der gewünschten letzten Zelle angelangt, lassen Sie die Maustaste los. Möchten Sie die Datumsangaben des Januars ergänzen, ist dies also die Zelle A32. Excel füllt nun automatisch die Zellen A2 bis A32 mit dem jeweils korrekten Datum aus.

Das Verfahren funktioniert analog, wenn Sie automatisch die Monatsnamen in Zellen ergänzen möchten. In unserem Beispiel sollen die Monatsnamen in der ersten Zeile der Tabelle angezeigt werden.

**1.** Geben Sie in Zelle A1 »Januar« ein, und klicken Sie in der Bearbeitungsleiste auf das Häkchen.

**2.** Gehen Sie dann wie in den Schritten 2 und 3 der obigen Anleitung beschrieben vor. Statt gerade nach unten ziehen Sie den Mauszeiger nun mit gedrückter linker Maustaste nach rechts bis zur Spalte L. Sobald Sie die Maustaste loslassen, ergänzt Excel automatisch in den Zellen A2 bis L2 die Monatsnamen Februar bis Dezember.

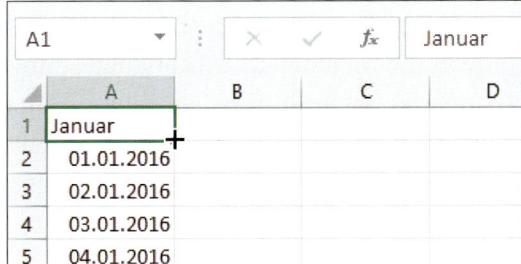

**3.** Die restlichen Zellen sind schnell gefüllt. Gehen Sie hierzu einfach wie oben für die Ergänzung der Kalendertage im Januar gezeigt vor.

---

**ℹ Zahlenreihen automatisch fortsetzen**

Statt automatisch ein Datum oder einen Monatsnamen zu ergänzen, können Sie Excel auch veranlassen, Zahlenreihen für Sie zu vervollständigen. In diesem Fall benötigt das Programm allerdings etwas mehr Informationen. Tragen Sie hierzu die erste Zahl in einer Zelle ein, also etwa die Zahl »1« in Zelle A1. Soll die Zahlenreihe nach unten fortgesetzt werden, geben Sie in Zelle A2 die nächste Zahl, also etwa »2«, ein. Markieren Sie nun beide Zellen, indem Sie in A1 klicken und den Mauszeiger dann mit gedrückter linker Maustaste nach unten zur Zelle A2 ziehen. Lassen Sie die Taste los, und bewegen Sie den Mauszeiger auf das Ausfüllkästchen, das nun in der rechten unteren Ecke des markierten Zellbereichs zu sehen ist. Wenn Sie den Mauszeiger gerade nach unten ziehen, setzt Excel die Zahlenreihe automatisch fort. Wird in der kleinen QuickInfo die gewünschte letzte Zahl der Zahlenreihe angezeigt, lassen Sie die Maustaste los. Excel vervollständigt die Reihe automatisch.

---

In den bisherigen Beispielen haben Sie immer nur ein Arbeitsblatt genutzt. Je mehr Daten Sie mit Excel erfassen, desto unübersichtlicher wird es in der Tabelle aber. Doch Excel wäre nicht ein solch beliebtes Programm, wenn es nicht auch für solche Situationen eine pfiffige Idee parat hätte. Welche dies ist, zeige ich Ihnen im nächsten Abschnitt.

## Weitere Tabellen anlegen, umbenennen und löschen

In einem Arbeitsblatt von Excel 2016 können Sie schier unendlich viele Zeilen und Spalten füllen. Um ganz genau zu sein: 16.384 Spalten und 1.048.576 Zeilen. Je mehr Daten Sie aber in einer Tabelle ergänzen, desto unübersichtlicher wird sie. Damit dies bei Ihren Tabellen gar nicht erst passiert, sollten Sie eine wirklich pfiffige Lösung von Excel nutzen: Teilen Sie die Daten einfach auf mehrere Arbeitsblätter auf. Diese Arbeitsblätter lassen sich in einer einzigen Arbeitsmappe, sprich Datei, speichern.

Wenn Sie eine leere Arbeitsmappe öffnen, besteht diese zunächst aus nur einem Arbeitsblatt. Der Name dieses Arbeitsblatts, **Tabelle1**, wird in einem Registerreiter am linken Rand der Statusleiste angezeigt Sie erinnern sich: Die Statusleiste befindet sich am unteren Rand des Programmfensters. Um nun weitere Arbeitsblätter hinzuzufügen, gehen Sie folgendermaßen vor:

**1.** Klicken Sie in der Statusleiste auf das Plus-Symbol rechts vom Registerreiter **Tabelle1**.

**2.** Excel ergänzt rechts vom Arbeitsblatt **Tabelle1** ein weiteres Arbeitsblatt mit der Bezeichnung **Tabelle2**. Wiederholen Sie Schritt 1 so häufig, bis die gewünschte Anzahl an Arbeitsblättern erreicht ist.

**3.** Haben Sie viele Arbeitsblätter ergänzt, reicht der Platz nicht aus, um alle Registerreiter gleichzeitig anzuzeigen. Per Klick auf die Schaltfläche ... **❶**, die nun entweder links oder auch rechts der Registerreiter eingeblendet wird, gelangen Sie zu den restlichen Arbeitsblättern.

**4.** Um den Inhalt eines Arbeitsblatts im Dokumentbereich anzuzeigen, klicken Sie einfach auf den Registerreiter, also etwa **Tabelle2**.

Die Bezeichnungen der Arbeitsblätter sind wenig aussagekräftig. Zur besseren Orientierung sollten Sie sie deshalb umbenennen.

**1.** Klicken Sie mit der rechten Maustaste auf den Registerreiter, dem Sie einen neuen Namen geben möchten. Im aufklappenden Kontextmenü wählen Sie den Befehl **Umbenennen** ❷.

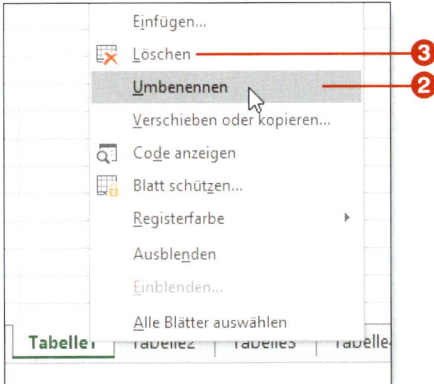

**2.** Überschreiben Sie den nun grau hinterlegten Namen des Arbeits- blatts mit der neuen Bezeichnung. Durch Drücken von ⏎ schließen Sie die Eingabe ab.

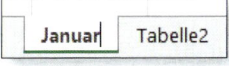

**3.** Sie können jederzeit die Reihenfolge der Arbeitsblätter ändern. Um eine Tabelle zu verschieben, klicken Sie auf den entsprechenden Regis- terreiter.

**4.** Ziehen Sie den Mauszeiger nun mit gedrückter linker Maustaste nach rechts bzw. links. Während des Ziehens wird zwischen den Arbeitsblät- tern immer wieder ein kleines Dreieck eingeblendet. Zeigt dieses Dreieck auf die Position, an der das Arbeitsblatt eingefügt werden soll, lassen Sie die Maustaste los.

Benötigen Sie ein Arbeitsblatt nicht mehr, ist es genauso schnell wieder gelöscht, wie Sie es angelegt haben.

**1.** Klicken Sie mit der rechten Maustaste auf den Registerreiter des zu löschenden Arbeitsblatts.

**2.** Im Kontextmenü wählen Sie den Befehl **Löschen** (❸ auf Seite 251). Das Arbeitsblatt wird sofort aus der Arbeitsmappe entfernt.

Im nächsten Abschnitt zeige ich Ihnen, wie Sie Ihre Excel-Tabellen ausdrucken.

## Tabellen ausdrucken

Manchmal kommt man nicht umhin, eine Tabelle auch auszudrucken. Bevor Sie den Druckvorgang starten, sollten Sie allerdings einen prüfenden Blick auf die Druckvorschau werfen. Denn passen Sie nicht auf, wird eine etwas umfangreichere Tabelle womöglich auf mehreren Blättern verteilt, obwohl dies gar nicht nötig gewesen wäre.

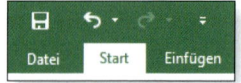

**1.** Wenn Sie eine Tabelle ausdrucken möchten, rufen Sie das Register **Datei** auf.

**2.** Klicken Sie auf der sich daraufhin öffnenden Seite in der linken Spalte auf **Drucken** ❶.

**3.** Excel zeigt Ihnen nun in der rechten Fensterhälfte eine Druckvorschau an. In der linken unteren Ecke der Vorschau erfahren Sie, auf wie vielen Seiten das Programm plant, Ihre Tabelle auszudrucken. Per Klick auf die Pfeiltasten ❷ können Sie von Seite zu Seite blättern.

Wenn Sie bereits in Word ein Dokument zu Papier gebracht haben, wird Ihnen der Inhalt der Spalte **Drucken** bekannt vorkommen.

**4.** Über die Pfeiltasten rechts vom Feld **Exemplare** ❸ stellen Sie ein, wie viele Exemplare des Arbeitsblatts ausgedruckt werden sollen.

**5.** Wenn Sie mehr als einen Drucker an Ihren Computer angeschlossen haben, können Sie den gewünschten nach einem Klick auf den Pfeil rechts vom Feld **Drucker** ❹ auswählen.

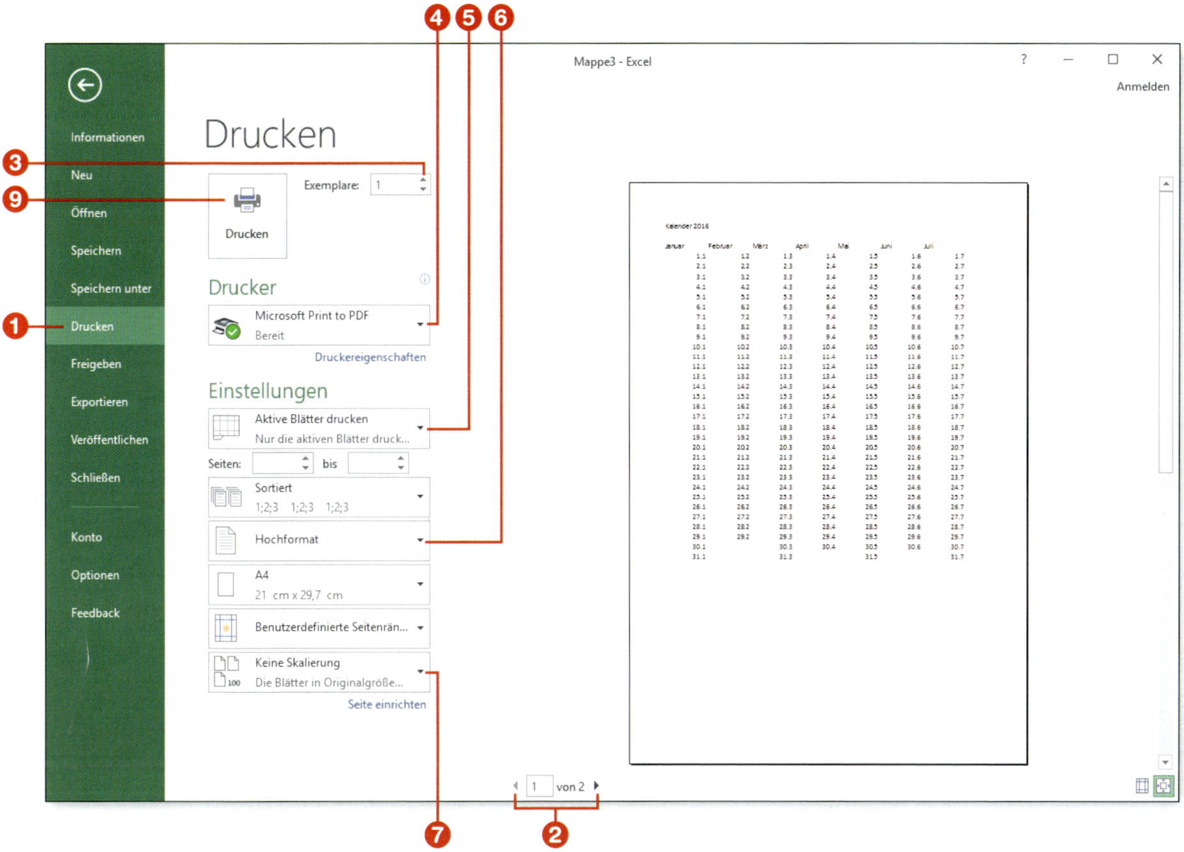

**6.** Besteht Ihre Arbeitsmappe aus mehr als einem Arbeitsblatt, haben Sie im ersten Feld unterhalb von **Einstellungen** die Möglichkeit, die gesamte Arbeitsmappe für den Druck auszuwählen **5**. Möchten Sie nur das Arbeitsblatt ausdrucken, das angezeigt wurde, bevor Sie in das Register **Datei** gewechselt sind, belassen Sie die Voreinstellung **Aktive Blätter drucken**.

**7.** Geben Sie nichts anderes vor, wird Excel die Tabelle im Hochformat ausdrucken. Gerade bei breiteren Tabellen ist dies nicht geschickt. Hier sollten Sie nach einem Klick auf den Pfeil rechts vom Feld **Hochformat** **6** den Eintrag **Querformat** auswählen.

Will Excel Ihre Tabelle partout auf zwei oder auch mehr Seiten ausdrucken, obwohl auf einigen dieser Seiten lediglich eine Spalte oder auch nur eine Zeile vorhanden wären? Das muss nicht sein. Über das letzte Feld unterhalb von **Einstellungen** lässt sich die Seitenanzahl beeinflussen.

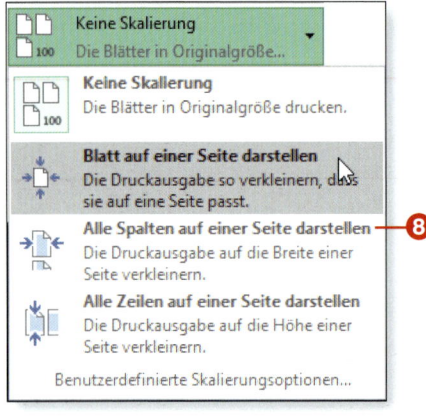

**8.** Klicken Sie auf den Pfeil rechts vom Feld **Keine Ska-lierung** ❼.

**9.** Damit die ganze Tabelle auf einer Seite ausgedruckt wird, wählen Sie die Einstellung **Blatt auf einer Seite dar-stellen**. Bedenken Sie dabei, dass die Schriftgröße der Tabelle entsprechend verkleinert wird. Ist die Tabelle relativ lang, aber nicht allzu breit, bietet sich eventuell eher die Einstellung **Alle Spalten auf einer Seite darstellen** ❽ an. In diesem Fall passt Excel zwar die Breite der Ta-belle so an, dass alle Spalten zu sehen sind, die Tabelle wird der Länge nach aber auf mehreren Seiten verteilt.

**10.** In der Druckvorschau können Sie sofort überprüfen, wie sich die neue Einstellung auf Ihre Tabelle auswirkt. Sind Sie mit dem Ergebnis zufrieden, starten Sie den Druckvorgang per Klick auf **Drucken** (❾ in der Abbildung auf Seite 253).

Die Gitternetzlinien, die auf dem Bildschirm zu sehen sind, erscheinen im Druck übrigens nicht. Wie Sie dafür sorgen, dass Excel auch die Ta-bellenrahmen ausdruckt, erfahren Sie im folgenden Kasten »Eine Tabelle mit Rahmenlinien versehen«.

> ### ➕ Eine Tabelle mit Rahmenlinien versehen
>
> Damit Sie sich in einem Arbeitsblatt besser orientieren können, trennt Excel die Zeilen und Spalten durch Gitternetzlinien optisch voneinan-der. Diese Linien sind aber nur auf dem Bildschirm zu sehen, ausge-druckt werden sie nicht. Möchten Sie auch bei der ausgedruckten Tabel-le nicht auf die übersichtlichen Rahmen verzichten, markieren Sie die Tabelle zunächst. Klicken Sie hierzu zunächst in Zelle A1. Ziehen Sie den Mauszeiger dann mit gedrückter linker Maustaste nach rechts unten bis zur letzten gefüllten Zelle. Im Register **Start** klicken Sie in der Gruppe **Schriftart** auf den Pfeil rechts vom Feld **Rahmenlinie** ⊞ ⋅ . Wählen Sie in der aufklappenden Liste den Befehl **Alle Rahmenlinien**. Alle zuvor mar-kierten Zellen werden nun umrahmt. Dieser Rahmen bleibt auch beim Ausdruck bestehen.

# Kapitel 9

# Unterhaltung und Information

Im Verlauf des Buchs haben Sie bereits erfahren, wie Sie im Internet surfen, eigene E-Mails verschicken, Ihre Fotos auf dem Computer bearbeiten, mit Word Briefe schreiben oder auch mit Excel Berechnungen durchführen. Der Computer bietet aber noch so einiges mehr zu Ihrer Unterhaltung und Information. In diesem Kapitel zeige ich Ihnen, wie Sie Ihre eigene Musik am PC hören können und mithilfe der *Nachrichten*-App immer auf dem neuesten Stand des Weltgeschehens sind. Außerdem lernen Sie das berühmte Programm *Skype* kennen, mit dem Sie kostenlos über das Internet telefonieren und Ihren Gesprächspartner dabei sogar sehen können. Wem dies alles noch nicht reicht, findet im *Windows Store* viele weitere interessante Apps. Wie Sie diese auf Ihrem Computer installieren, zeige ich Ihnen selbstverständlich auch.

## Musik hören mit dem Windows Media Player

Egal, ob Sie die Steuererklärung am Computer vorbereiten oder Ihre Fotosammlung sortieren und bearbeiten: Es gibt Aufgaben, die nicht nur zeitaufwendig, sondern auch eher trocken und langweilig sind. Mit einer fröhlichen Musikuntermalung gehen diese Arbeiten meist viel schneller von der Hand. Selbstverständlich sind in Ihrem Computer auch Programme integriert, mit denen Sie Musik hören können. Eines davon ist der *Windows Media Player*. Mit ihm können Sie nicht nur die auf Ihrem Computer gespeicherten Musiktitel abspielen, sondern auch den Inhalt von Musik-CDs, die Sie bereits daheim haben, auf den PC übertragen.

∧ *Den Windows Media Player ❶ finden Sie im Startmenü in der Gruppe »Windows-Zubehör«.*

Um den Windows Media Player zu starten, klicken oder tippen Sie nacheinander auf **Start ▸ Alle Apps ▸ Windows-Zubehör ▸ Windows Media Player**. Manchmal wird der Windows Media Player auch direkt unter dem Buchstaben **W** aufgeführt. Nach dem ersten Programmstart werden Sie aufgefordert, ein paar Einstellungen vorzunehmen. Aktivieren Sie die Option **Empfohlene Einstellungen** ❷, und bestätigen Sie mit **Fertig**. Erst jetzt wird das eigentliche Programmfenster des Windows Media Players geöffnet.

> *Nach dem ersten Programmstart müssen Sie ein paar Einstellungen vornehmen.*

Der Aufbau des Programms erinnert etwas an den des Explorers, den Sie bereits in Kapitel 3, »Dateien und Ordner – Ihre Ablage auf dem Computer«, kennengelernt haben. Auch im Windows Media Player finden Sie am linken Fensterrand den sogenannten *Navigationsbereich*. Der Aufruf der Kategorien erfolgt hier wie im Explorer per Mausklick oder Antippen. Nach dem Programmstart ist automatisch die Kategorie **Musik** ❸ markiert. In der rechten Fensterhälfte, dem *Inhaltsbereich*, wird der Inhalt des links ausgewählten Elements angezeigt, in diesem Fall also alle im Ordner **Musik** abgelegten Musikalben. Wenn Sie noch keine CDs auf Ihren Computer überspielt haben, ist es rechts wahrscheinlich noch recht leer. Doch das lässt sich schnell ändern, wie ich Ihnen nun zeigen werde. Für die folgenden Schritte gehe ich davon aus, dass Sie den Windows Media Player bereits gestartet haben.

**1.** Legen Sie eine Musik-CD in das CD-/DVD-Laufwerk Ihres Computers ein.

**2.** Der Windows Media Player zeigt den Inhalt der CD nicht nur direkt an, sondern spielt die Musiktitel auch sofort ab. Um die Titel als Nächstes auf den Computer zu kopieren, beenden Sie die Wiedergabe per Klick auf das Symbol ▣ ❹ in der Symbolleiste am unteren Bildschirmrand.

**3.** Bevor Sie mit dem Kopieren beginnen, prüfen Sie noch eine kleine Einstellung: Klicken Sie in der Menüleiste am oberen Bildschirmrand auf **Kopiereinstellungen** ❺, und positionieren Sie den Mauszeiger auf **Format** ❻. Arbeiten Sie mit einem Touchscreen, tippen Sie auf **Format**. In der nun aufklappenden Liste sollte der Eintrag **MP3** mit einem Häkchen versehen sein ❼. *MP3* ist das gängige Dateiformat für Audiodateien, das von vielen Geräten wie etwa Computern oder Smartphones unterstützt wird. Durch Anklicken oder Antippen wählen Sie den Eintrag **MP3** nicht nur aus, es wird zugleich wieder das aufgeklappte Menü ausgeblendet.

**4.** Links von jedem Musiktitel sehen Sie jeweils ein mit einem Häkchen versehenes Kästchen ❽. Wenn Sie eines der Musikstücke nicht auf den Computer überspielen möchten, entfernen Sie das entsprechende Häkchen vor dem Titel per Mausklick oder Antippen.

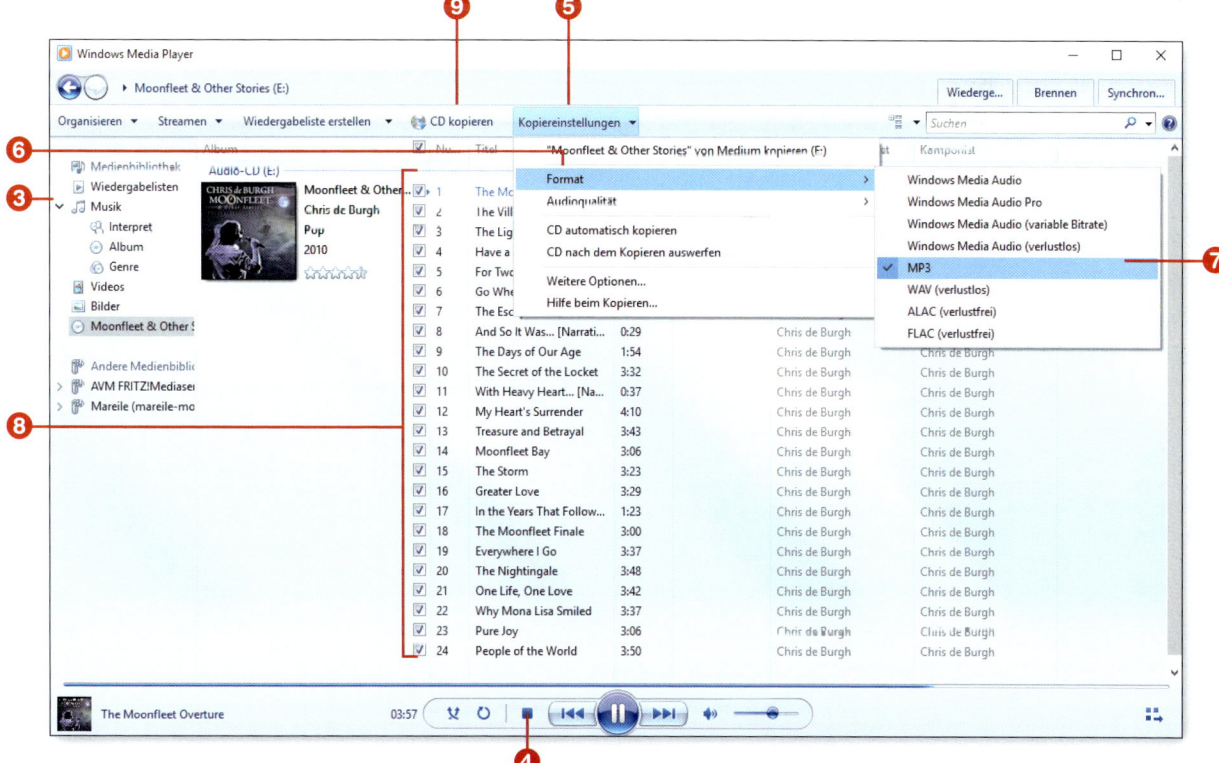

**5.** Klicken oder tippen Sie nun im Menüband auf **CD kopieren** (❾ auf Seite 257). Die Schaltfläche wird sofort in **Kopieren beenden** umbenannt. Sollten Sie den Kopiervorgang doch noch abbrechen wollen, bevor alle Titel auf den Computer überspielt wurden, haben Sie über diese Schaltfläche die Gelegenheit dazu.

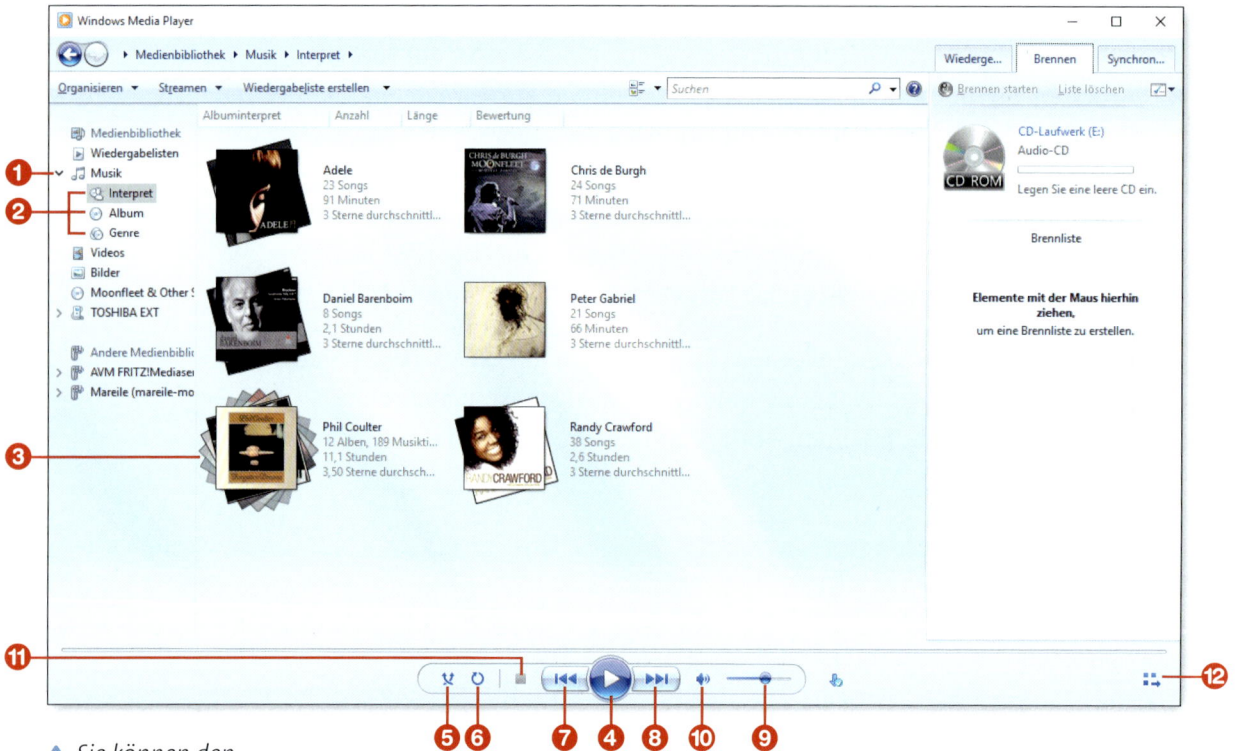

∧ Sie können den Inhalt des Musik-Ordners nach Interpret, Album oder auch Genre sortiert anzeigen.

Der Windows Media Player beginnt sofort mit dem Übertragen der Musiktitel. Den Fortschritt können Sie anhand eines grünen Balkens in der Spalte **Kopierstatus** verfolgen. Wurde die CD erfolgreich kopiert, finden Sie das Album anschließend im Navigationsbereich in der Kategorie **Musik** ❶. Auf die beschriebene Weise können Sie den Inhalt beliebig vieler Musik-CDs auf Ihren Computer übertragen. Über die Bildlaufleiste am rechten Rand des Programmfensters blättern Sie in der **Musik**-Übersicht. Je nach Anzahl Ihrer Musikalben kann diese Darstellung allerdings schnell unübersichtlich werden. Per Klick oder durch einen Fingertipp auf einen der drei Kategorienamen **Interpret**, **Album** oder auch **Genre** ❷, die Sie im Navigationsbereich unterhalb von **Musik** finden, können Sie die Alben entsprechend der ausgewählten Kategorie sortieren. Doppelklicken oder -tippen Sie dann auf das Titelbild eines Albums ❸, wird in der Fenstermitte nur noch der Inhalt dieses Albums eingeblendet.

Die zum Abspielen der Musiktitel nötigen Schaltflächen finden Sie am unteren Bildschirmrand. Sobald Sie ein Album oder einen einzelnen Musiktitel in der Übersicht markiert haben, spielen Sie ihn per Klick oder Tipp auf das **Wiedergabe**-Symbol ab ❹. An gleicher Stelle erscheint nun das Anhalten- bzw. Pause-Symbol ⏸, mit dem Sie eine Wiedergabe unterbrechen können. Sollen die Titel eines Albums in zufälliger Reihenfolge abgespielt werden, klicken Sie auf **Zufällige Wiedergabe einschalten** ❺. Mit einem Klick auf **Wiederholung aktivieren** ❻ werden die ausgewählten Musiktitel immer wieder abgespielt. Über die beiden Schaltflächen **Zurück** ❼ und **Weiter** ❽ gelangen Sie jeweils zum vorherigen bzw. nächsten Musiktitel innerhalb eines Albums. Über den Schieberegler ❾ rechts neben dem Lautsprecher-Symbol passen Sie die Lautstärke an. Wenn Sie direkt auf den Lautsprecher ❿ klicken, wird die Wiedergabe stummgeschaltet. Erst nach einem erneuten Klick oder Tipp auf das Symbol können Sie die Musik wieder hören. Über die Schaltfläche **Stopp** ⓫ beenden Sie die Wiedergabe ganz.

> ℹ **Musik hören mit der Groove-Musik-App**
>
> Alle mithilfe des Windows Media Players auf Ihren Computer kopierten Alben erreichen Sie auch über den Explorer im Ordner *Musik*. Doppelklicken Sie hier auf einen Musiktitel, wird allerdings nicht automatisch der Windows Media Player gestartet, sondern die *Groove-Musik*-App. Die Wiedergabesteuerelemente werden auch hier am unteren Fensterrand eingeblendet. Die Groove-Musik-App, die für das Betriebssystem Windows 10 neu entwickelt wurde, steckt an manchen Stellen allerdings noch etwas in den Kinderschuhen. So funktionieren noch nicht alle Funktionen innerhalb der App reibungslos. Ich empfehle Ihnen daher für die Musikwiedergabe, wie in diesem Abschnitt beschrieben, den Windows Media Player. Wie Sie dieses Programm als Standardprogramm für die Musikwiedergabe auswählen, erfahren Sie im Kasten »Das Standardprogramm für Fotos, Musik und mehr festlegen« auf Seite 260.

In der Abbildung auf Seite 258 sehen Sie den Windows Media Player übrigens in der sogenannten *Bibliotheksansicht*. Das Fenster lässt sich

aber auch per Klick oder Tipp auf das Symbol ⊞ (⓬ auf Seite 258) in der rechten unteren Ecke des Programmfensters verkleinern. Bewegen Sie den Mauszeiger in dieser Ansicht etwas, werden am unteren Rand des Programmfensters die wichtigsten Schaltflächen zur Wiedergabesteuerung eingeblendet. Mit einem Klick oder Tipp auf das Symbol ⊞ ⓭ kehren Sie wieder zur großen Ansicht zurück. Mit einem Klick auf das Symbol ▬ ⓮ in der rechten oberen Ecke blenden Sie das Fenster des Windows Media Players aus. Die Musik wird dabei weiterhin abgespielt. Um das Fenster wieder anzuzeigen, reicht ein Klick auf das Programmsymbol ▶ des Windows Media Players in der Taskleiste. Wenn Sie das Programm inklusive der Musikwiedergabe beenden möchten, klicken Sie oben rechts auf das **Schließen**-Symbol ✕ ⓯.

*▲ Die verkleinerte Ansicht des Windows Media Players*

---

**➕ Das Standardprogramm für Fotos, Musik und mehr festlegen**

Wenn Sie im Explorer doppelt auf einen im Musik-Ordner abgespeicherten Musiktitel klicken oder tippen, wird automatisch die Groove-Musik-App gestartet. Handelt es sich bei der Datei um ein Foto, öffnet sich automatisch die Fotos-App. So sieht das Betriebssystem für jeden Dateityp eine ganz besondere App vor. Nicht immer zählt die App, die Windows auswählt, aber zu den eigenen bevorzugten Programmen. Zum Glück können Sie selbst das Standardprogramm festlegen. Rufen Sie hierzu im Startmenü die **Einstellungen** auf. Markieren Sie die Kategorie **System**, und klicken Sie in der linken Spalte des Dialogs **System** auf **Standard-Apps**. In der rechten Spalte werden nun diverse Anwendungen wie etwa **Musikplayer** oder auch **Bildanzeige** aufgelistet. Wenn Sie das Standardprogramm zum Musikhören festlegen möchten, klicken Sie z. B. auf **Groove-Musik** unterhalb von **Musikplayer**. In der aufklappenden Liste werden alle auf Ihrem Computer installierten Programme aufgeführt, die in der Lage sind, Musik abzuspielen. Markieren Sie das gewünschte Programm, etwa **Windows Media Player**. Dies reicht bereits aus, und zukünftig wird nach einem Doppelklick auf einen Musiktitel der Windows Media Player gestartet.

## Mit dieser App sind Sie gut informiert

Was passiert gerade in der Welt? Hat der Lieblingssportverein sein letztes Spiel gewonnen? Und ist das Wetter am Wochenende schön genug für eine Radltour? Auf Ihrem Windows-Computer befinden sich einige Apps, mit denen Sie blitzschnell Antworten auf diese Fragen erhalten. Eine davon, nämlich die *Nachrichten*-App, haben Sie bereits kurz in Kapitel 2, »Erste Schritte mit dem Computer«, kennengelernt. In diesem Abschnitt werde ich Ihnen diese App noch etwas genauer vorstellen. Andere bereits auf Ihrem Computer installierte Apps wie etwa die *Finanzen*-App sowie die *Sport*-App funktionieren ganz ähnlich, sodass Sie sich mit den hier gewonnenen Informationen auch gut in diesen Apps zurechtfinden.

Sie erinnern sich: Für die Nachrichten-App steht im Startmenü, das Sie über das Windows-Logo einblenden, eine eigene Kachel bereit. Bei dieser Kachel handelt es sich um eine sogenannte *Live-Kachel*, die auf der Kachel angezeigten Schlagzeilen werden also regelmäßig aktualisiert. Ihre Informationen erhält die Nachrichten-App über *Bing*, den Suchdienst von Microsoft. Sie stammen unter anderem aus Quellen wie der *Tagesschau*, *Zeit Online*, *Süddeutsche.de* oder auch *Bunte*.

^ *Die auf der Nachrichten-Kachel angezeigten Informationen wechseln regelmäßig.*

Rufen Sie die Nachrichten-App das erste Mal auf, werden Sie gefragt, ob Sie über wichtige Nachrichten informiert werden möchten. Solche Meldungen sind zwar recht interessant, können auf Dauer aber auch schnell lästig werden. Ich empfehle Ihnen daher, die Benachrichtigungen mit einem Klick auf die gleichnamige Schaltfläche zu deaktivieren. Sie können schließlich jederzeit selbst die Nachrichten-App öffnen und sich über die neuesten Geschehnisse informieren.

Auf der Startseite der Nachrichten-App finden Sie bereits die aktuellsten Schlagzeilen. Um auf der Seite zu blättern, nutzen Sie am besten die Bildlaufleiste am rechten Bildschirmrand (❶ auf Seite 262). Sie wird eingeblendet, sobald Sie die Maus etwas bewegen. Nutzen Sie eine Computermaus mit Scrollrad, drehen Sie das Rad, um bequem auf der Seite zu blättern. Wenn Sie mit einem Touchscreen arbeiten, wischen Sie einfach von unten nach oben oder umgekehrt.

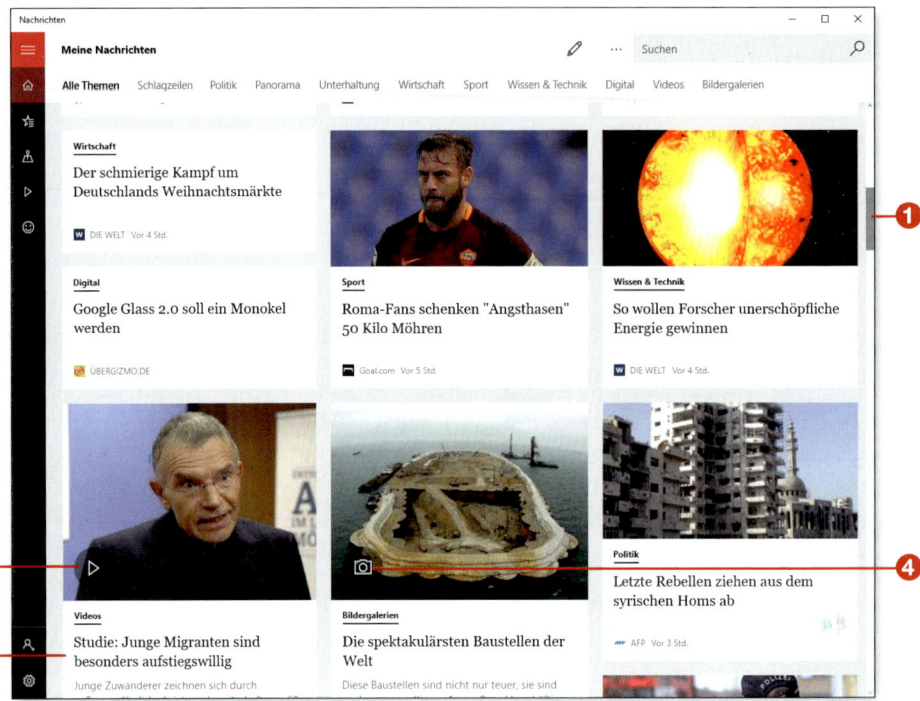

> *Die Startseite der Nachrichten-App bietet eine Übersicht über aktuelle Ereignisse.*

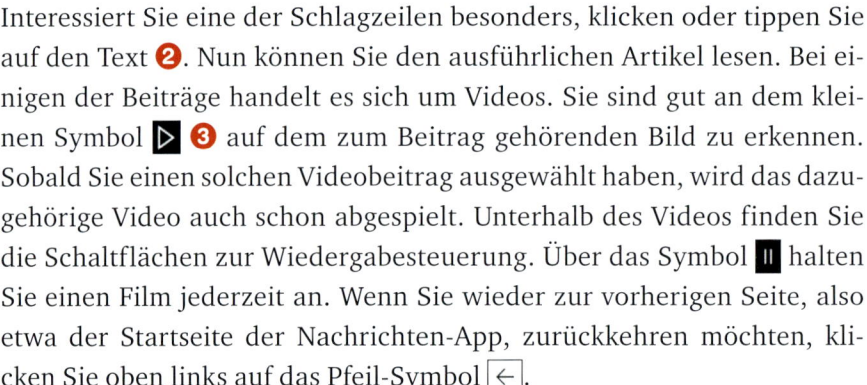

∧ *Die Wiedergabesteuerung eines Videobeitrags*

Interessiert Sie eine der Schlagzeilen besonders, klicken oder tippen Sie auf den Text ❷. Nun können Sie den ausführlichen Artikel lesen. Bei einigen der Beiträge handelt es sich um Videos. Sie sind gut an dem kleinen Symbol ▷ ❸ auf dem zum Beitrag gehörenden Bild zu erkennen. Sobald Sie einen solchen Videobeitrag ausgewählt haben, wird das dazugehörige Video auch schon abgespielt. Unterhalb des Videos finden Sie die Schaltflächen zur Wiedergabesteuerung. Über das Symbol ⏸ halten Sie einen Film jederzeit an. Wenn Sie wieder zur vorherigen Seite, also etwa der Startseite der Nachrichten-App, zurückkehren möchten, klicken Sie oben links auf das Pfeil-Symbol ←.

Neben Videos präsentiert die Nachrichten-App auch sogenannte *Bildergalerien*. Sie sind mit diesem Symbol gekennzeichnet: ▣ ❹. Wenn Sie einen solchen Beitrag per Mausklick oder Antippen auswählen, bekommen Sie auf der nächsten Seite das erste Bild der Galerie sowie eine kurze Erklärung hierzu zu sehen. Bewegen Sie den Mauszeiger etwas über dem Bild, wird an seinem rechten Rand ein kleiner Pfeil eingeblendet. Ein Klick oder Tippen hierauf führt Sie zum nächsten Bild. Nun wird dieser Pfeil zusätzlich auch am linken Bildrand angezeigt. Sie können somit ganz nach Belieben in der Bildergalerie vor- und rückwärts blättern. Über das Pfeil-Symbol ← ❺ oben links gelangen Sie auch hier zur zuvor besuchten Seite zurück. Wenn Sie von einem Beitrag direkt zur Startseite der Nachrichten-App zurückkehren möchten, reicht ein Klick oder Tippen auf das Symbol ⌂ ❻ in der Menüleiste am linken Fensterrand.

< *Über die Pfeil-Symbole blättern Sie in der Bildergalerie.*

In dieser Menüleiste sind zunächst nur Symbole zu sehen. Um zu erfahren, was sich hinter den Schaltflächen verbirgt, klicken Sie auf das Symbol ☰. In der aufklappenden Leiste sehen Sie nun das Symbol inklusive Beschriftung. Ein erneuter Klick auf ☰ minimiert die Menüleiste wieder.

Die Meldungen der Nachrichten-App sind in verschiedene Rubriken aufgeteilt, z. B. **Schlagzeilen**, **Politik**, **Panorama**, **Unterhaltung**, **Wirtschaft** oder auch **Sport**. Klicken oder tippen Sie auf der Startseite der Nachrichten-App auf einen Rubriktitel, gelangen Sie zu einer Übersicht über alle Beiträge innerhalb des gewählten Ressorts. Auch hier finden Sie wieder zahlreiche Artikel, Videos oder auch Bildergalerien, die Sie wie zuvor beschrieben aufrufen. Ein Klick oder Tipp auf den Pfeil ← oben links führt Sie zur Startseite der Rubrik zurück.

Wenn Sie keine weiteren Nachrichten mehr lesen und die App schließen möchten, klicken Sie oben rechts auf das Symbol ✕ ❼. Arbeiten Sie mit einem Touchscreen, positionieren Sie den Finger am oberen Bildschirm-rand und ziehen ihn nach unten bis zum unteren Bildschirmrand. Ist die App nur noch zur Hälfte sichtbar, nehmen Sie den Finger vom Bild-schirm. Die App ist damit beendet.

## Mit Skype über Video telefonieren

In der heutigen Zeit ist es eher selten, dass alle Familienmitglieder und Freunde in der Nähe wohnen und sich somit regelmäßig besuchen kön-nen. Es wundert daher nicht, dass eine der beliebtesten Apps, die Ihr Windows-10-Computer bereits mit an Bord hat, die *Skype-Video*-App ist. Denn mit ihr können Sie kostenlos über das Internet telefonieren. Wenn an Ihrem Computer sowie dem des Gesprächspartners eine *Webcam*, also eine kleine Kamera, angeschlossen ist, können Sie sich sogar gegenseitig sehen. Zusätzlich benötigen Sie einen Lautsprecher sowie ein Mikrofon. In Notebooks und Tablets sind normalerweise alle drei Geräte bereits integriert. Nutzen Sie einen Desktop-PC, lassen sie sich schnell und kos-tengünstig nachrüsten.

> **i  Kostenlose Auslandstelefonate führen**
>
> Nutzen sowohl Sie als auch Ihr Gesprächspartner Skype, sind die Ge-spräche kostenlos. Das ist vor allem dann interessant, wenn sich einer von Ihnen im Ausland aufhält, da solche Gespräche meist schnell sehr teuer werden können. Rufen Sie mit Skype eine Telefonnummer im Fest- oder Mobilfunknetz an, fallen dagegen Gebühren an. Wie hoch diese sind, erfahren Sie auf der entsprechenden Website *www.skype.de* im Menü **Preise**.

Bevor Sie die Skype-Video-App für Ihre Telefonate nutzen können, müs-sen Sie ein paar Vorarbeiten leisten. Diese sind aber recht schnell erle-digt, wie Sie gleich sehen werden. Sind Sie an Ihrem lokalen Benutzer-konto angemeldet (siehe auch den Abschnitt »Den Computer das erste Mal starten« ab Seite 30), erhalten Sie nach dem ersten Start der Skype-Video-App die Aufforderung, Ihr Microsoft-Konto hinzuzufügen. Dieses besteht aus einer E-Mail-Adresse sowie einem Kennwort. Wie Sie ein solches Microsoft-Konto einrichten, haben Sie im Abschnitt »Eine kostenlose E-Mail-Adresse anlegen« ab Seite 115 erfahren.

**1.** Rufen Sie die Skype-Video-App über **Start** ⊞ ▸ **Alle Apps** ▸ **Skype-Video** auf.

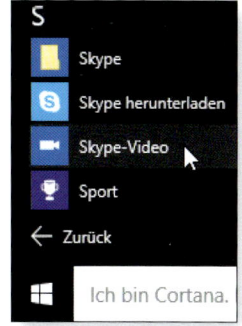

**2.** Sind Sie mit einem lokalen Benutzerkonto am Computer angemeldet, erscheint bei Ihnen nun der Dialog **Ihr Microsoft-Konto hinzufügen**. Geben Sie in das Feld **E-Mail oder Telefon** ❶ die E-Mail-Adresse des Kontos ein und in das Feld **Kennwort** ❷ entsprechend Ihr Kennwort. Klicken oder tippen Sie dann auf **Anmelden** ❸. Sind Sie dagegen mit einem Microsoft-Konto am Computer angemeldet, entfallen die Schritte 2 und 3 für Sie, und Sie können direkt bei Schritt 4 fortfahren.

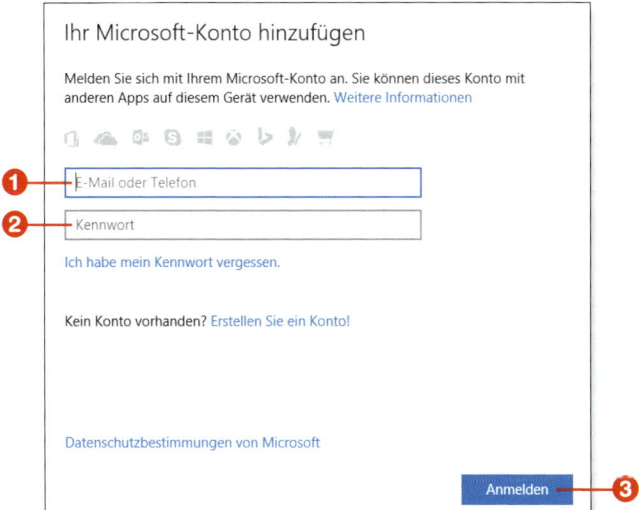

**3.** Im folgenden Dialog **Möchten Sie sich mit Ihrem Microsoft-Konto bei diesem Gerät anmelden?** blättern Sie mithilfe der Bildlaufleiste am rechten Fensterrand etwas nach unten. Nutzen Sie einen Touchscreen, führen Sie eine entsprechende Wischbewegung aus. Wird die Schaltfläche **Stattdessen nur bei dieser App anmelden** ❹ angezeigt, klicken Sie darauf. Eine vorherige Kennworteingabe im Feld **Ihr Windows-Kennwort** ist nicht nötig!

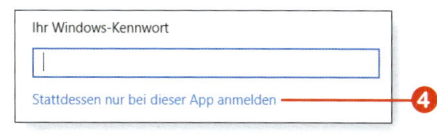

**4.** Die Skype-Video-App wird nun gestartet. Im Willkommen-Dialog klicken oder tippen Sie auf **Weiter**.

**5.** Skype möchte nun gerne Ihr Adressbuch nach Skype-Kontakten durchsuchen. Klicken oder tippen Sie auf **Später** ❺, wenn Sie lieber selbst nach Kontakten suchen möchten.

**6.** Als Nächstes fordert Skype Sie auf, Ihre Telefonnummer anzugeben, damit Kontakte Sie leichter finden können. Diese Eingabe ist für die Nutzung von Skype keineswegs erforderlich und sollte daher von Ihnen ebenfalls mit **Später** ❻ abgelehnt werden.

Nun haben Sie es auch schon fast geschafft. Bevor Sie mit einem Freund oder Familienmitglied über Skype telefonieren können, müssen Sie die Person nur noch in Ihre Kontaktliste aufnehmen.

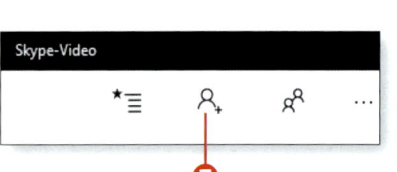

**1.** Um die Person im Skype-Nutzerverzeichnis ausfindig zu machen, klicken Sie auf das Symbol ⟨⟩ ❼. Es wird je nach Bildschirmgröße entweder am oberen oder unteren Rand des Anwendungsfensters angezeigt.

**2.** Auf der folgenden Seite geben Sie im Feld **Suchen** ❽ den Namen, den Skype-Namen oder auch die E-Mail-Adresse der gesuchten Person an. Der Skype-Name wurde in früheren Versionen des Programms vergeben. Da sowohl der Skype-Name als auch die E-Mail-Adresse einmalig sind, sollten Sie möglichst eine dieser beiden Varianten wählen, da Sie somit sicher sein können, die richtige Person zu kontaktieren. Nach einem Klick oder Antippen des Lupen-Symbols am rechten Rand des Feldes ❾ beginnt Skype, sein Nutzerverzeichnis zu durchsuchen.

**3.** Die App listet nun alle Personen auf, auf die Ihr Suchbegriff zutrifft. Wenn Sie die gewünschte Person entdeckt haben, markieren Sie den Eintrag per Mausklick oder Antippen.

**4.** Im Dialog **Kontaktanfrage senden**, der jetzt eingeblendet wird, können Sie den vorgegebenen Text übernehmen oder auch selbst eine Nachricht ergänzen. Mit einem Klick auf **Senden** wird die Kontaktanfrage an den ausgewählten Skype-Kontakt verschickt. Meldet sich die Person das nächste Mal bei Skype an, wird Ihre Kontaktanfrage eingeblendet. Durch einen Klick auf **Annehmen** bestätigt sie die Anfrage.

**5.** Um zur Startseite von Skype zurückzukehren, klicken oder tippen Sie zweimal auf das Symbol ← oben links.

Wenn Sie alle Personen, mit denen Sie sich gerne mittels der Skype-Video-App unterhalten möchten, in der Kontaktliste ergänzt haben, kann es mit den Telefonaten losgehen. Ihr Gesprächspartner muss hierzu natürlich ebenso wie Sie am Computer sitzen und bei Skype angemeldet sein.

**1.** Klicken oder tippen Sie auf der Startseite auf das Symbol 🖧, erhalten Sie eine Übersicht über all Ihre Kontakte. Wählen Sie den gewünschten Kontakt, mit dem Sie nun telefonieren möchten, per Mausklick oder Antippen aus.

**2.** Der nächste Dialog enthält zwei Schaltflächen. Klicken oder tippen Sie auf **Skype-Video Videoanruf** ❶, startet Skype einen Videoanruf, bei dem Sie den Gesprächspartner über die Webcam sehen können und auch Sie selbst gesehen werden. Möchten Sie einen Anruf ohne Kamera tätigen, wählen Sie **Skype-Video Anrufen** ❷.

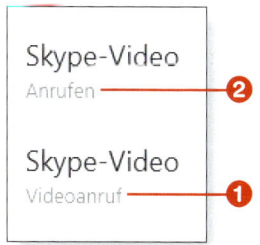

**3.** Bei Ihrem Gesprächspartner ertönt in beiden Fällen ein Klingelton, und die Schaltfläche **Annehmen** bzw. ein grüner Telefonhörer wird eingeblendet. Ein Klick hierauf und Sie können das Gespräch beginnen. Mit einem Klick oder Tippen auf **Auflegen** bzw. den roten Telefonhörer beenden Sie das Gespräch. Sie gelangen automatisch wieder zur Startseite von Skype.

Wenn Sie keine weiteren Telefonate mehr führen und die Skype-App beenden möchten, klicken oder tippen Sie auf das Symbol $\boxed{\cdots}$ und im aufklappenden Menü auf **Einstellungen**. Auf der Seite **Skype-Einstellungen** finden Sie den Befehl **Abmelden** ❸. Den nächsten Hinweis bestätigen Sie ebenfalls mit **Abmelden**. Um nun noch das Anwendungsfenster zu schließen, klicken Sie oben rechts auf das Symbol $\boxed{\times}$.

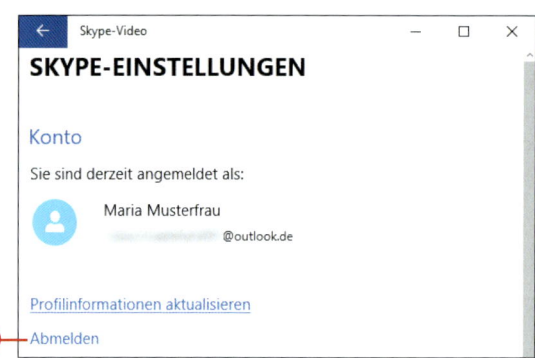

> *Bevor Sie das Skype-Fenster schließen, sollten Sie sich bei der App abmelden.*

Wenn Sie das nächste Mal die Skype-Video-App starten, reicht ein Klick auf **Anmelden**, um sich wieder bei Skype anzumelden. Sollten Sie das Skype-Fenster übrigens schließen, ohne sich vorher abzumelden, bleibt die App im Hintergrund aktiv. Ihre Skype-Kontakte können Sie damit weiterhin anrufen.

## Kostenlose Apps aus dem Windows Store installieren

∧ *Im Store finden Sie unter anderem viele interessante Spiele.*

Ihr Computer bringt bereits einige interessante kostenlose Apps und Programme mit, wie Sie in den vorherigen Abschnitten und Kapiteln bereits sehen konnten. Wenn Sie die eine oder andere Anwendung noch auf Ihrem Computer vermissen, sollten Sie unbedingt einen Blick in den *Windows Store*, auch kurz *Store* (zu Deutsch: Geschäft) genannt, werfen. Das Angebot an Apps, das Sie dort finden, reicht von Spielen über Nachschlagewerke und lustige Wetter-Apps bis hin zu Nachrichten-Apps diverser Zeitschriften und Nachrichtenagenturen. Sogar der Deutsche Bundestag bietet eine eigene App an. Viele dieser Apps sind kostenlos, für manche müssen Sie bezahlen. Mein Tipp: Bevor Sie Geld ausgeben, probieren Sie eine der kostenlosen Apps aus. Im Folgenden zeige ich Ihnen, was Sie bei der Auswahl einer App beachten sollten und wie Sie eine App auf Ihrem Computer installieren.

Wenn Sie mit einem Desktop-PC oder Notebook arbeiten, können Sie den Store direkt über das entsprechende Symbol ❶ in der Taskleiste aufrufen. Aber auch im Startmenü findet sich eine eigene Kachel, was vor allem für Nutzer eines Touchscreens praktisch ist.

‹ *Die App lässt sich über die Taskleiste aufrufen ...*

Nach dem Start werden Sie automatisch auf die Startseite des Stores geführt. Dieser ist in verschiedene Kategorien unterteilt. Ganz oben stellt Microsoft Ihnen zunächst die beliebtesten Apps vor. Blättern Sie mithilfe der Bildlaufleiste am rechten Bildschirmrand oder per Wischgeste weiter nach unten, gelangen Sie zu Kategorien wie **Kostenlose Top-Apps**, **Kostenlose Top-Spiele** oder auch **Neue Filme**. Blättern Sie zurück nach oben, können Sie über den Menüpunkt **Apps – Top Charts und Kategorien** ❷ nach Themen sortierte Kategorien wie **Bildung**, **Fotos & Videos**, **Musik**, **Shopping**, **Reise** und mehr aufrufen.

∧ *... und über eine eigene Kachel im Startmenü.*

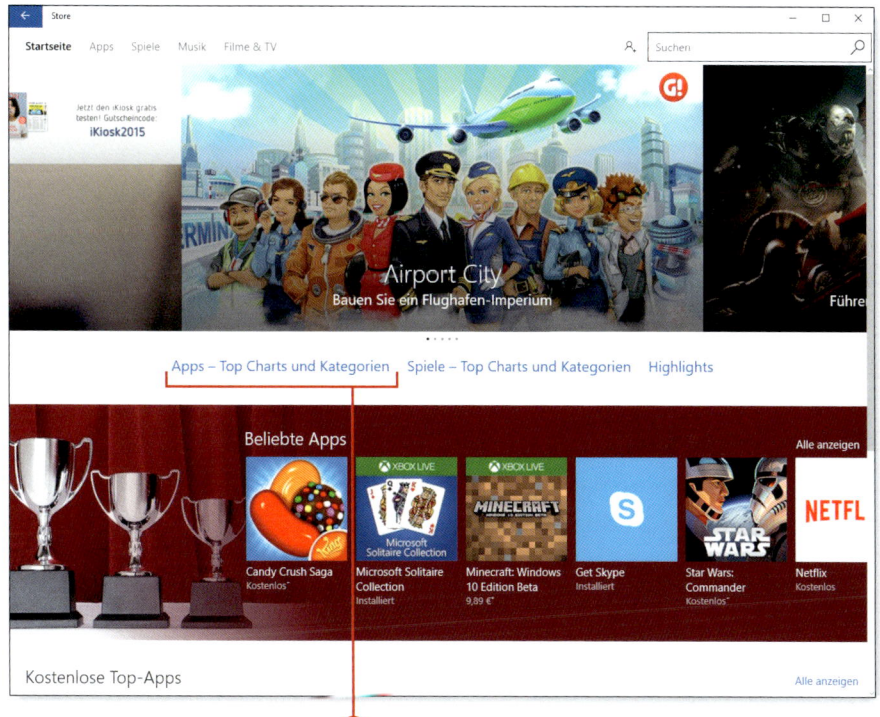

‹ *Die Startseile der Store-App*

Klicken oder tippen Sie auf einen der Kategorienamen, etwa **Bildung** ❸, gelangen Sie zur entsprechenden Kategorieübersicht. Jede der Kategorien ist wiederum unterteilt in Unterkategorien wie **Top kostenlos**, **Beste Kritiken** oder auch **Neuheiten** ❹. Um wieder zur vorherigen Übersicht zurückzukehren, reicht ein Klick oder Tipp auf den Pfeil ← links oben.

∧ *Jede Kategorie enthält weitere Unterkategorien.*

Hat eine App Ihr Interesse geweckt, klicken oder tippen Sie auf die Kachel der App ❺. Sie erhalten nun einige Informationen zur App und können sogar einen Blick auf die App-Oberfläche werfen. Wünschen Sie eine ausführlichere Beschreibung, klicken Sie auf **Mehr** ❻. Blättern Sie etwas nach unten, erhalten Sie Informationen zur Größe der Programmdatei, Altersfreigabe und anderem. Nicht alle Apps sind deutschsprachig. Welche Sprachen eine Anwendung jeweils unterstützt, erfahren Sie ebenfalls am Ende der Seite. Ein ganz wichtiger Punkt bei einer App sind die **Bewertungen und Prüfungen** ❼. Lesen Sie sich genau durch, welche Erfahrungen andere Nutzer mit der aktuell angezeigten App gemacht haben. Die Anzahl der Sterne gibt die Zufriedenheit der Nutzer wieder. Die Bestnote sind 5 Sterne. Eine App, die weniger als drei Sterne erhalten hat, sollten Sie gar nicht erst auf Ihrem Computer installieren.

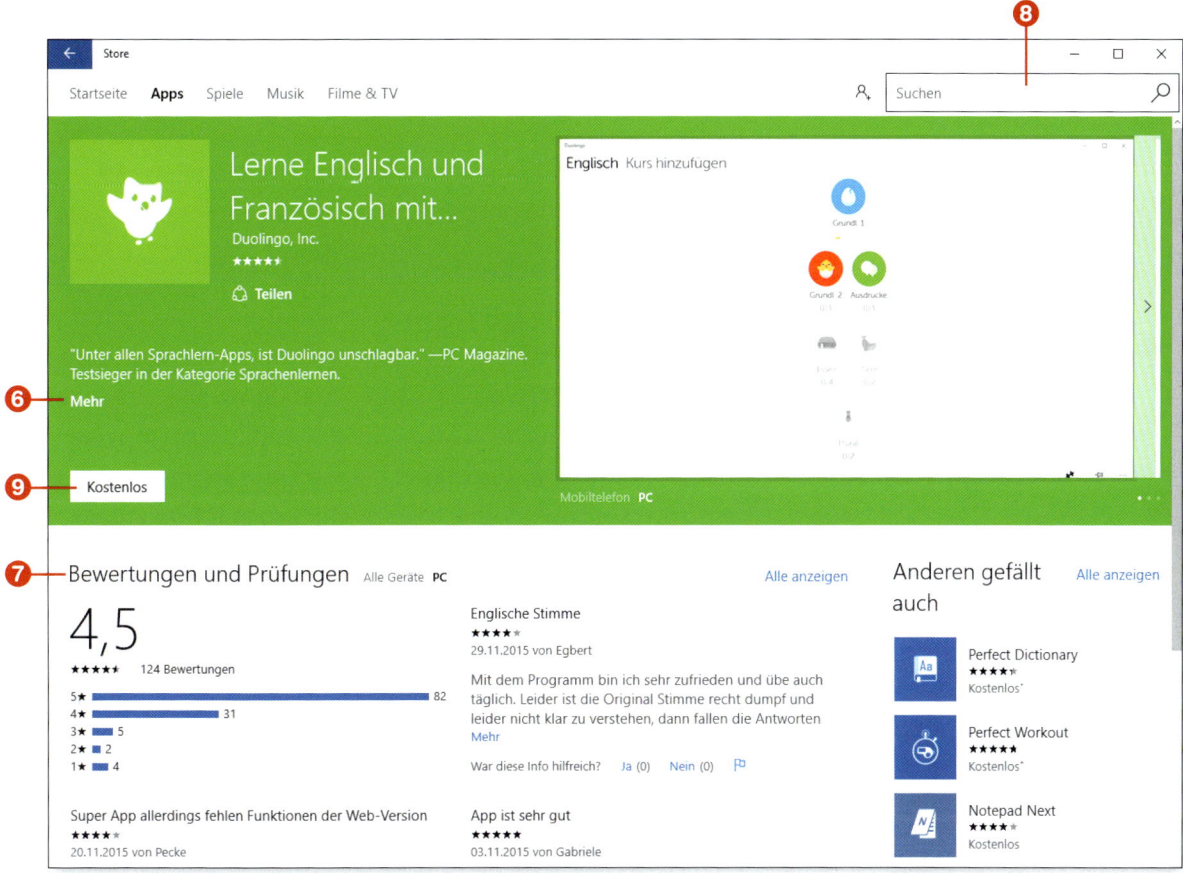

⑧ ⑥ ⑨ ⑦

## Apps gezielt suchen

Sie suchen eine ganz bestimmte App und kennen auch ihren Namen? Dann müssen Sie natürlich nicht erst mühselig die diversen Kategorien durchforsten, um sie zu finden. Geben Sie einfach in das Suchfeld oben rechts ⑧ den Namen der App ein, etwa »Tagesschau« für die beliebte App zur *Tagesschau* der ARD, und starten Sie die Suche durch Drücken der Taste ⏎ . Aus den verschiedenen Ergebnissen, die nun aufgeführt werden, wählen Sie die gewünschte App einfach per Mausklick oder durch Antippen aus.

⌃ *Die Bewertungen einer App zeigen, ob andere Nutzer zufrieden mit der Anwendung sind.*

Wie bereits erwähnt, finden Sie im Store sowohl kostenlose als auch kostenpflichtige Apps. Bei Letzteren wird der Preis direkt unterhalb der Kachel eingeblendet. Meine Empfehlung lautet allerdings, zunächst die kostenlosen Apps auszuprobieren.

Gefällt Ihnen die Beschreibung einer kostenlosen App und möchten Sie diese gerne auf Ihrem Computer installieren, gehen Sie folgendermaßen vor:

**1.** Klicken Sic auf der Beschreibungsseite der App auf **Kostenlos** (❾ auf Seite 271).

**2.** Wenn Sie mit einem lokalen Benutzerkonto am Computer angemeldet sind, erscheint der Hinweis **Konto auswählen**. Auch wenn Ihr Microsoft-Konto ❿ im folgenden Dialog bereits aufgeführt werden sollte, markieren Sie trotzdem den Eintrag **Microsoft-Konto**. Im folgenden Dialog geben Sie sowohl die E-Mail-Adresse als auch das Kennwort Ihres Microsoft-Kontos ein und bestätigen dann mit **Anmelden**.

**3.** Sie werden nun gefragt, ob Sie sich mit Ihrem Microsoft-Konto bei diesem Gerät anmelden möchten. Damit Ihr lokales Benutzerkonto nicht in ein Microsoft-Konto umgewandelt wird, blättern Sie mithilfe der Bildlaufleiste auf der Seite nach unten, bis die Schaltfläche **Stattdessen nur bei dieser App anmelden** ⓫ angezeigt wird. Die Bildlaufleiste wird sichtbar, sobald Sie den Mauszeiger etwas über dem Dialog bewegen. Arbeiten Sie mit einem Touchdisplay, reicht eine Wischbewegung, um nach unten zu blättern. Klicken Sie dann auf die Schaltfläche.

Die ausgewählte App wird nun auf Ihrem Computer installiert. Im Windows Store ist statt der Schaltfläche **Kostenlos** während dieser Phase eine kleine Fortschrittsanzeige der Installation zu sehen. Sobald die Installation erfolgreich beendet ist, erscheint der Hinweis **Dieses Produkt ist installiert** sowie die Schaltfläche **Öffnen**.

Sie können die gerade installierte App nun direkt aus dem Windows Store heraus über die Schaltfläche **Öffnen** starten. Sie erreichen sie aber auch, indem Sie das Startmenü ⊞ aufrufen und dann den Eintrag **Alle Apps** wählen (❶ auf Seite 273). Da die Liste aller auf Ihrem Computer vorhandenen Apps und Programme alphabetisch sortiert ist, ist das Aufspüren der gerade installierten App schnell geschehen. Häufig wird sie sogar in der linken Spalte des Startmenüs unter **Zuletzt hinzugefügt** ❷ aufgeführt.

Nicht alle Apps treffen den eigenen Geschmack. Wenn Sie die App ausprobiert haben und feststellen, dass sie Ihnen nicht gefällt, können Sie sie auch jederzeit wieder vom Computer entfernen. Das Ganze funktioniert sogar noch schneller als die Installation selbst:

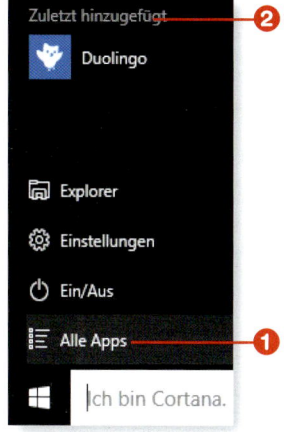

**1.** Öffnen Sie per Klick oder Tipp auf das Windows-Logo ⊞ unten links das Startmenü, und wählen Sie hier den Eintrag **Alle Apps**.

**2.** Blättern Sie in der linken Spalte mithilfe der Bildlaufleiste oder im Falle eines Touchdisplays auch per Wischbewegung nach unten bis zum Eintrag der zu entfernenden App. Klicken Sie den Eintrag mit der rechten Maustaste an. Arbeiten Sie mit einem Touchscreen, halten Sie den Finger etwas länger auf dem Eintrag gedrückt.

**3.** Es wird nun ein Kontextmenü eingeblendet, in dem Sie auf **Deinstallieren** ❸ klicken oder tippen. Den nächsten Hinweis bestätigen Sie ebenfalls mit einem Klick oder Tippen auf **Deinstallieren**.

Auf die beschriebene Weise können Sie problemlos beliebige Apps testen. Wenn Ihnen eine App nicht gefällt, löschen Sie sie einfach wieder.

Als Nächstes zeige ich Ihnen, wie Sie sich Ihren Computer ganz nach Ihren Bedürfnissen einrichten. Frischen Sie die Desktop-Oberfläche z. B. mit eigenen Fotos auf, oder passen Sie die Textgröße in Dialogen und Programmfenstern an, falls Sie die Schrift nur schwer lesen können.

# Kapitel 10

# So passen Sie Ihren Computer individuell an

Ein Computer ist ein wahrer Tausendsassa und unterstützt Sie bei vielen Arbeiten. Schnell vergehen dabei aber auch ein paar Stunden, die man vor dem Bildschirm sitzt. Was liegt da näher, als sich diesen Arbeitsplatz seinen eigenen Wünschen entsprechend anzupassen. Wie wäre es z. B. mit Ihrem Lieblingsfoto als Hintergrundbild für die Desktop-Oberfläche? Oder haben Sie Probleme, die Texte auf dem Bildschirm zu entziffern, und möchten diese deshalb vergrößern? In diesem Kapitel zeige ich Ihnen, wie Sie Ihrem Computer die individuelle Note verleihen.

## Ein neuer Hintergrund für die Desktop-Oberfläche

Das Standardbild, das Sie normalerweise auf der Desktop-Oberfläche eines Windows-10-Computers sehen, ist ein stilisiertes blaues Fenster, durch das Sonnenstrahlen scheinen. Wem dieses Bild nicht gefällt, der kann es ganz einfach durch ein eigenes Foto ersetzen. Wie Sie Ihre Aufnahmen von der Digitalkamera auf den Computer übertragen, haben Sie im Abschnitt »So kommen die Fotos auf den Computer« ab Seite 146 erfahren. Der Austausch des Fotos auf der Desktop-Oberfläche ist dann schnell geschehen:

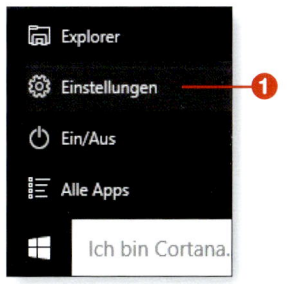

**1.** Öffnen Sie per Klick auf das Windows-Logo ⊞ das Startmenü, und klicken Sie in der linken Spalte auf **Einstellungen** ❶. Arbeiten Sie mit einem Touchscreen, blenden Sie die linke Spalte mit einem Tipp auf das Symbol ☰ oben links ein.

**2.** Im nächsten Dialogfenster wählen Sie per Mausklick oder Antippen die Kategorie **Personalisierung** aus.

**3.** In der linken Spalte sollte nun der Eintrag **Hintergrund** ❷ markiert sein. In diesem Fall sehen Sie rechts als **Vorschau** ❸ das Foto, das aktuell den Hintergrund der Desktop-Oberfläche ziert.

**4.** Stellen Sie sicher, dass im Feld **Hintergrund** der Eintrag **Bild** angezeigt wird. Ist dies bei Ihnen nicht der Fall, klicken Sie auf den Pfeil ❹ rechts vom Feld und in der dann aufklappenden Liste auf **Bild**.

**5.** Unterhalb von **Bild auswählen** finden Sie nun ein paar Bildvorschläge ❺. Gefällt Ihnen eines der Fotos, wählen Sie es per Mausklick oder Antippen aus. Es erscheint sofort sowohl in der Vorschau als auch auf der Desktop-Oberfläche.

**6.** Soll eine Aufnahme aus Ihrer eigenen Fotosammlung die Desktop-Oberfläche zieren, klicken Sie auf **Durchsuchen** ❻.

**7.** Im Dialog **Öffnen**, der jetzt eingeblendet wird, ist bereits der Inhalt des Ordners **Bilder** ❼ zu sehen. Per Doppelklick oder Doppeltipp wechseln Sie in das Verzeichnis, in dem sich das gewünschte Foto befindet.

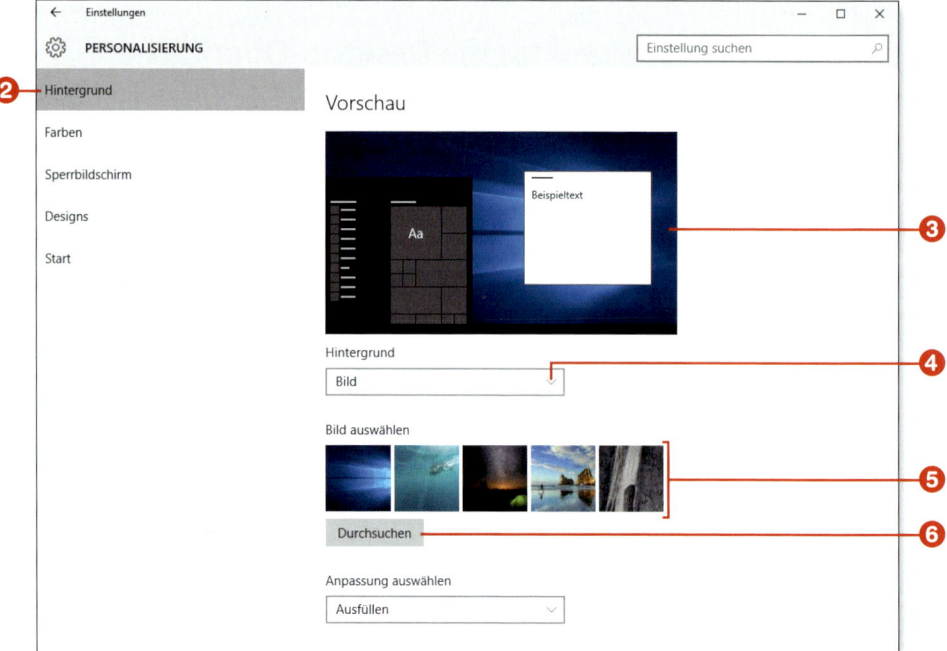

**8.** Markieren Sie das Bild per Mausklick oder Antippen ❽, und bestätigen Sie die Auswahl mit **Bild auswählen** ❾.

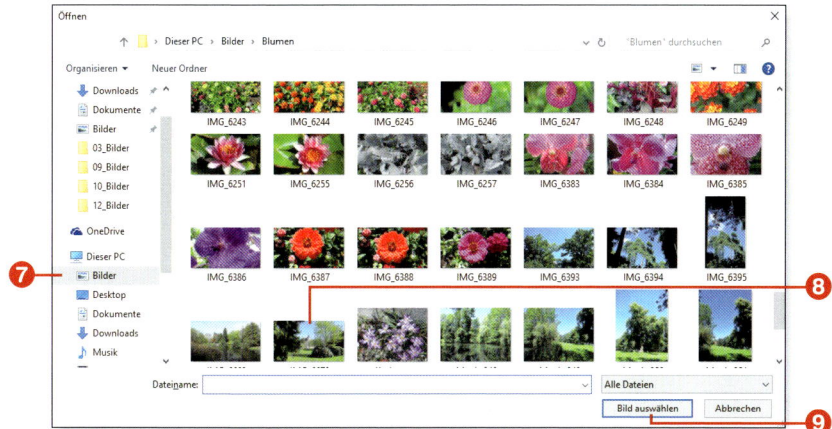

Das Foto erscheint sofort auf der Desktop-Oberfläche sowie im Dialog **Personalisierung** im Bereich **Vorschau**.

> ➕ **Noch mehr Abwechslung auf dem Bildschirm durch Diashows**
>
> Können Sie sich nicht entscheiden, welches Ihrer eigenen Fotos Sie als Hintergrundbild für die Desktop-Oberfläche wählen sollen? Wie wäre es denn mit einer Diashow? In diesem Fall werden Ihre Lieblingsbilder eines nach dem anderen auf dem Bildschirm eingeblendet. Die entsprechende Einstellung nehmen Sie im Dialog **Personalisierung** vor. Ist in der linken Spalte **Hintergrund** markiert, wählen Sie im Feld **Hintergrund** nach einem Klick auf den Pfeil rechts vom Feld **Hintergrund** die **Diashow** aus. Per Standardeinstellung wird der gesamte Ordner **Bilder** für die Diashow ausgewählt. Möchten Sie selbst einen Ordner festlegen, klicken Sie auf **Durchsuchen**, markieren den gewünschten Ordner und bestätigen mit **Diesen Ordner auswählen**. Nach einem Klick auf den Pfeil rechts vom Feld **Bildänderungsintervall** geben Sie an, in welchen Zeitabständen jeweils das nächste Bild eingeblendet werden soll.

Wenn Sie möchten, können Sie nicht nur das Bild der Desktop-Oberfläche austauschen. Auch das Startmenü, die Taskleiste, die Titelleisten von Programmfenstern sowie das Info-Center lassen sich etwas farbenfroher gestalten. Die Einstellungen hierfür nehmen Sie ebenfalls im Dialog **Personalisierung** vor.

**1.** Rufe Sie in der linken Spalte des Dialogs **Personalisierung** den Eintrag **Farben** ❶ auf.

**2.** Soll Windows 10 automatisch einen Farbton aus dem Hintergrundbild des Desktops auswählen, muss sich der Schieberegler unterhalb von **Automatisch eine Akzentfarbe aus meinem Hintergrund auswählen** entsprechend auf **Ein** befinden.

**3.** Wenn Sie selbst die Farbe festlegen möchten, ziehen Sie den Regler nach links auf **Aus** ❷. Es wird nun der Bereich **Akzentfarbe auswählen** eingeblendet. Blättern Sie gegebenenfalls mithilfe der Bildlaufleiste oder durch eine Wischbewegung nach unten, um alle Farbfelder sehen zu können. Per Mausklick oder Fingertipp auf eines der Farbfelder wählen Sie den gewünschten Farbton aus ❸.

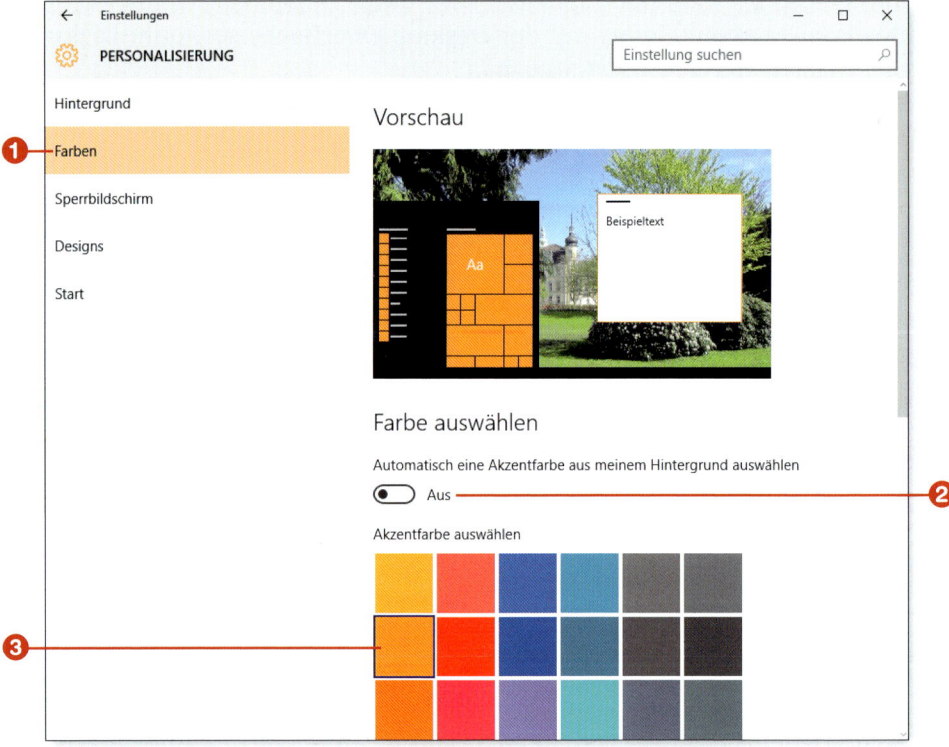

Sowohl bei der automatischen Wahl (Schritt 2) als auch bei der Selbstauswahl (Schritt 3) wird die Farbänderung sofort vorgenommen. Der Dialog **Personalisierung** erscheint bereits im neuen Look.

**4.** Blättern Sie im Dialog **Personalisierung** etwas weiter nach unten. Damit der zuvor ausgewählte Farbton auch für das Startmenü, die Taskleiste, Titelleisten und das Info-Center übernommen wird, ziehen Sie den Schieberegler unterhalb von **Farbe auf Startseite, Taskleiste, Titelleiste und im Info-Center anzeigen** nach rechts auf **Ein** ❹.

**5.** Wenn Sie das Startmenü öffnen, scheint leicht das Hintergrundbild des Desktops oder eventuell geöffneter Programmfenster hindurch. Auch bei der Taskleiste ist der Hintergrund dezent zu erkennen. Wem diese Transparenz nicht gefällt, deaktiviert die Funktion einfach. Schieben Sie hierzu den Schieberegler unterhalb von **Menü „Start", Taskleiste und Info-Center transparent gestalten** nach links auf **Aus** ❺.

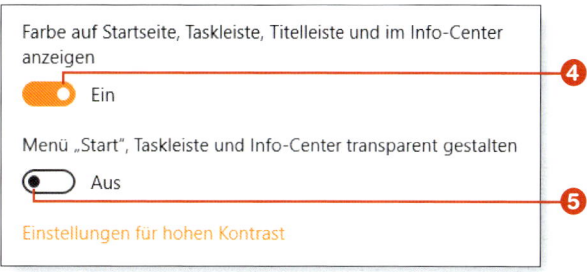

Die vorgenommenen Einstellungen werden wieder sofort übernommen.

Nicht nur für die Desktop-Oberfläche können Sie ein eigenes Foto auswählen, auch der Sperrbildschirm lässt sich entsprechend anpassen. Wie dies funktioniert, zeige ich Ihnen im nächsten Abschnitt. Den Sperrbildschirm haben Sie bereits kurz im Abschnitt »So melden Sie sich am Computer an« ab Seite 36 kennengelernt.

## Sperrbildschirm und Benachrichtigungen anpassen

Den Sperrbildschirm bekommen Sie nach dem Einschalten des Computers zu Gesicht und immer dann, wenn Sie den PC längere Zeit nicht nutzen und er deshalb in den Energiesparmodus wechselt. Wenn Ihnen die Fotos, die hier nacheinander angezeigt werden, nicht gefallen, ersetzen Sie sie einfach durch Ihre eigenen Aufnahmen. Die entsprechenden Einstellungen nehmen Sie – wie auch die im vorherigen Abschnitt beschriebene Auswahl des Desktop-Hintergrunds – im Dialog **Personalisierung** vor. Sollten Sie ihn in der Zwischenzeit geschlossen haben, rufen Sie ihn erneut über **Start ▸ Einstellungen ▸ Personalisierung** auf. Anschließend geht es wie in der folgenden Anleitung beschrieben weiter.

**1.** Klicken Sie in der linken Spalte des Dialogs **Personalisierung** auf **Sperrbildschirm** ❶.

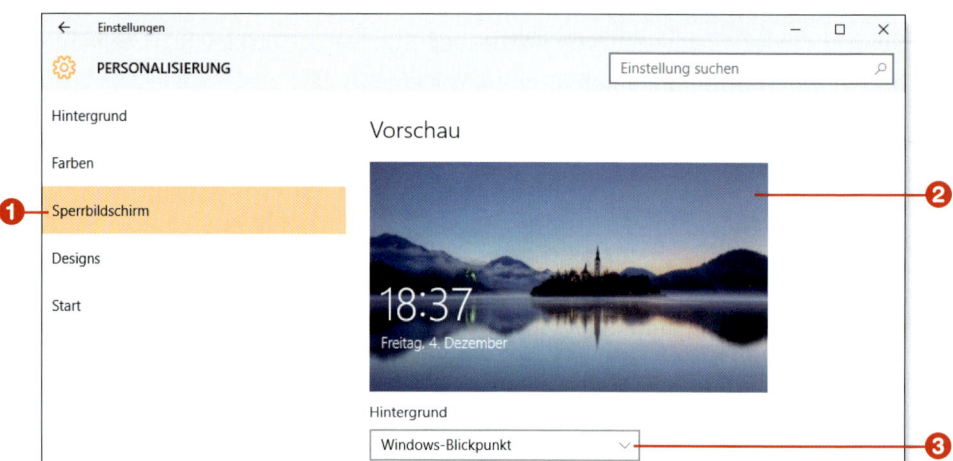

**2.** In der rechten Fensterhälfte sehen Sie unterhalb von **Vorschau** das aktuelle Bild des Sperrbildschirms ❷. Per Standardeinstellung bekommen Sie hier immer wieder neue Fotos präsentiert, die Microsoft auswählt. Die Einstellung im Feld **Hintergrund** lautet entsprechend **Windows-Blickpunkt** ❸. Ab und an schleicht sich hier sogar eine Werbung für ein

Microsoft-Produkt hinein. Wenn Sie es etwas persönlicher vorziehen, können Sie, wie gesagt, selbstverständlich auch ein eigenes Foto für den Sperrbildschirm auswählen. Nach einem Klick oder Tipp auf den Pfeil ❹ rechts vom Feld **Hintergrund** wählen Sie in der aufklappenden Liste **Bild**. Wenn Ihnen bereits eines der nun angezeigten Bilder gefällt, markieren Sie es ❺.

**3.** Möchten Sie ein eigenes Foto auswählen, klicken oder tippen Sie auf **Durchsuchen** ❻. Es wird der Dialog **Öffnen** eingeblendet, in dem bereits der Inhalt des Ordners **Bilder** zu sehen ist.

**4.** Falls Sie mehrere Bilderordner angelegt haben, doppelklicken oder -tippen Sie auf den Ordner, in dem sich das gewünschte Foto befindet. Markieren Sie das Bild, und bestätigen Sie mit **Bild auswählen** ❼.

Diese Schritte reichen bereits aus. Sobald der Computer das nächste Mal in den Ruhemodus wechselt, wird ab jetzt das gerade ausgewählte Foto angezeigt. Wenn Sie es nicht abwarten können, drücken Sie die Tastenkombination ⊞ + L. Hierdurch wird Ihr Computer ebenfalls gesperrt, und Sie können den neuen Sperrbildschirm bewundern. Wie Sie ihn wieder deaktivieren, haben Sie im Abschnitt »So melden Sie sich am Computer an« ab Seite 36 erfahren.

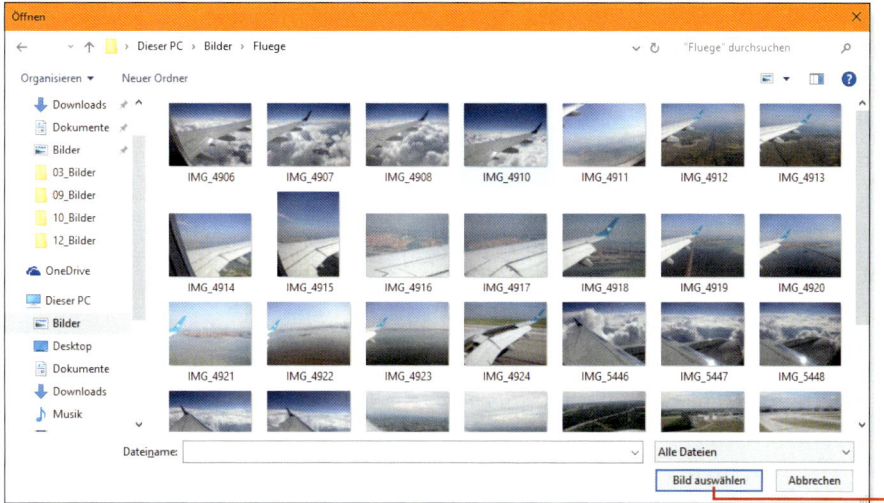

Solange der Sperrbildschirm aktiviert ist, werden alle geöffneten Apps angehalten. Wenn Sie möchten, können Sie sich aber weiterhin beispielsweise über eingehende E-Mails oder auch im Kalender eingetragene Termine erinnern lassen. Welche Apps eine entsprechende Benachrichtigung auf dem Sperrbildschirm anzeigen dürfen, bestimmen Sie selbst.

**1.** Stellen Sie sicher, dass im Dialog **Personalisierung** in der linken Spalte **Sperrbildschirm** (❶ auf Seite 282) markiert ist. Blättern Sie dann mithilfe der Bildlaufleiste ❷ oder einer entsprechenden Wischbewegung etwas weiter nach unten.

**2.** Sind Sie an keinerlei Werbung oder Tipps und Tricks von Microsoft interessiert, schieben Sie den Regler unterhalb von **Unterhaltung, Tipps, Tricks und mehr auf dem Sperrbildschirm anzeigen** nach links auf **Aus** ❸.

**3.** Einer einzigen App ist es erlaubt, Ihnen ausführliche Statusinformationen auf dem Bildschirm anzuzeigen. Welche App dies ist, legen Sie nach einem Klick auf das Plus-Symbol unter **App zum Anzeigen ausführlicher Statusinfos auswählen** fest ❹.

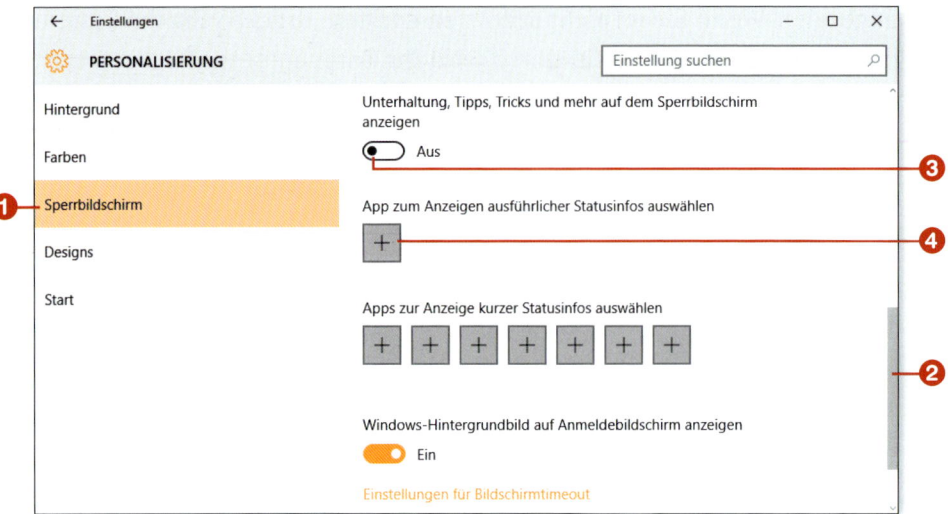

**4.** Wenn Sie z. B. an wichtige Termine inklusive Ortsangaben und mehr erinnert werden möchten, klicken oder tippen Sie in der aufklappenden Liste auf **Kalender** ❺. Sobald Sie die gewünschte App ausgewählt haben, wird das entsprechende App-Symbol im Dialog **Personalisierung** angezeigt ❻.

**5.** Analog bestimmen Sie im Bereich **Apps zur Anzeige kurzer Statusinfos auswählen** die Apps, die eine kurze Information auf dem Sperrbildschirm einblenden dürfen. Um über eingehende E-Mails informiert zu werden, markieren Sie z. B. **Mail** ❼.

**6.** Sind Sie an der automatischen Benachrichtigung einer App nicht mehr interessiert, klicken oder tippen Sie auf das Symbol der jeweiligen App, also etwa auf **Mail** ❼.

**7.** Die bereits bekannte Liste wird eingeblendet, in der Sie auf **Kein** ❽ klicken oder tippen. Nutzen Sie gegebenenfalls die Bildlaufleiste am rechten Rand der Liste, um nach oben zu blättern. Die Auswahl von **Kein**

reicht, um keine weiteren Statusmeldungen der ausgewählten App auf dem Sperrbildschirm angezeigt zu bekommen.

Sowohl die Desktop-Oberfläche als auch der Sperrbildschirm werden nun von neuen Bildern geziert. Im nächsten Abschnitt zeige ich Ihnen, wie Sie die Textgröße in Dialogfenstern sowie die Größe des Mauszeigers verändern können. Hierfür benötigen Sie ebenfalls den Dialog **Einstellungen**, der bei Ihnen noch mit der Kategorie **Personalisierung** geöffnet ist. Wenn Sie die Größen nicht anpassen möchten, schließen Sie das Fenster **Personalisierung**, indem Sie in der Titelleiste rechts auf das Symbol ☒ klicken. Arbeiten Sie mit einem Touchscreen, wischen Sie mit dem Finger vom oberen bis zum unteren Bildschirmrand.

## So passen Sie Textgröße und Mauszeiger an

Die Schriftgröße in manchen Dialogfenstern ist ausgesprochen klein. Wenn Sie sich schwertun, den Text zu entziffern, sollten Sie die Textgröße unbedingt anpassen. Die entsprechenden Einstellungen nehmen Sie, wie am Ende des vorherigen Abschnitts bereits erwähnt, über den Dialog **Einstellungen** vor. Sollte dieser bei Ihnen nicht geöffnet sein, rufen Sie ihn über **Start ▸ Einstellungen** auf. Sie sehen nun die Übersicht über alle in den Einstellungen verfügbaren Kategorien (siehe die Abbildung auf Seite 284 oben). Wenn Sie zuvor – wie in den beiden vorherigen Abschnitten beschrieben – das Hintergrundbild der Desktop-Oberfläche oder auch des Sperrbildschirms angepasst haben, ist bei Ihnen das Dialogfenster **Einstellungen** mit der Kategorie **Personalisierung** noch geöffnet. In diesem Fall gelangen Sie per Klick oder Tippen auf den Pfeil oben links zur Kategorienübersicht.

Wenn Sie ein Tablet mit einem kleineren Bildschirm nutzen, steht Ihnen die in den folgenden Schritten vorgestellte Funktion leider nicht zur Verfügung.

**1.** Wählen Sie im Dialog **Einstellungen** die Kategorie **System** ❶ aus.

**2.** Stellen Sie sicher, dass in der linken Spalte des Dialogfensters **System** der Eintrag **Bildschirm** ❷ markiert ist.

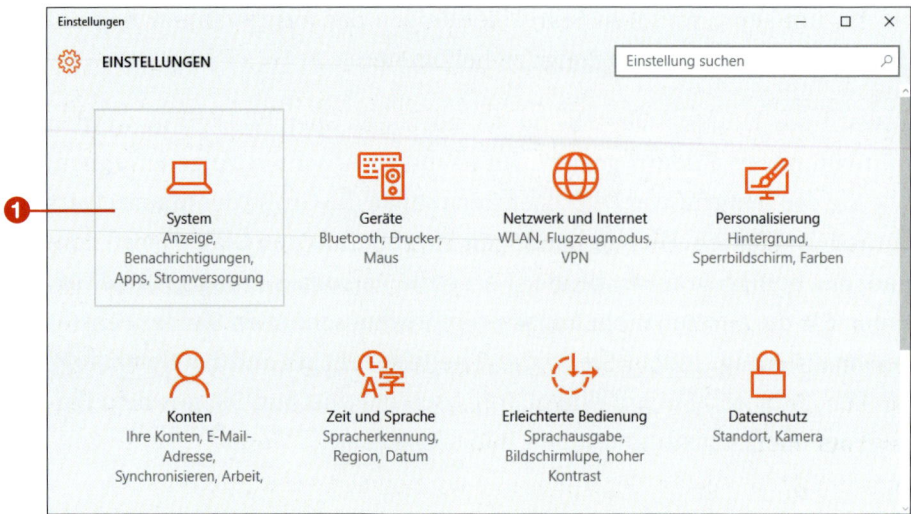

**3.** In der rechten Spalte sehen Sie unterhalb von **Größe von Text, Apps und anderen Elementen ändern** einen Schieberegler ❸. Ziehen Sie den Regler mit gedrückter linker Maustaste oder dem Finger nach rechts.

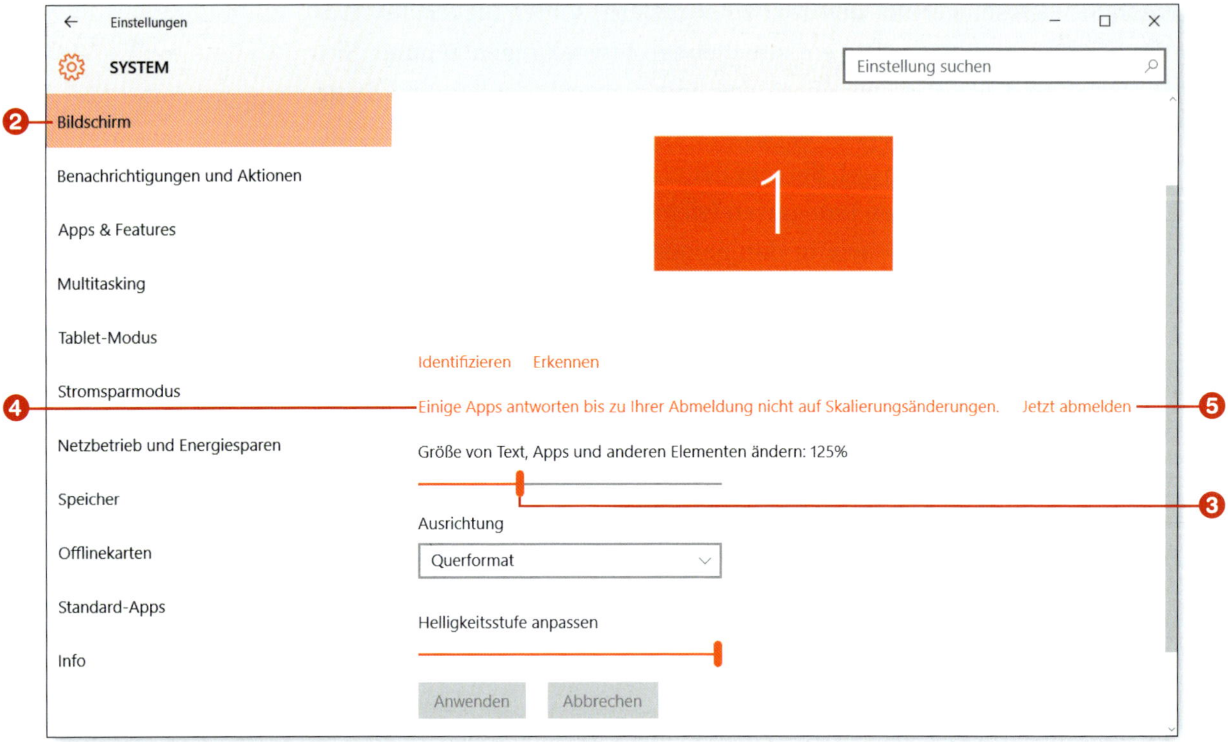

**4.** Die Schriftgröße wird bereits angepasst, während Sie den Regler verschieben. Sollte das Dialogfenster nun zu klein sein, um den vollständigen Text anzuzeigen, blättern Sie mithilfe der rechten und unteren Bildlaufleiste im Fenster (lesen Sie hierzu auch den Kasten »Die Größe von Dialogfenstern anpassen« auf dieser Seite).

**5.** Nicht alle Apps übernehmen sofort Ihre Skalierungsänderungen. Bei einigen geschieht dies erst, nachdem Sie sich einmal am Computer ab- und dann wieder angemeldet haben. Ein entsprechender Hinweis ❹ macht Sie darauf aufmerksam. Damit die Änderungen überall übernommen werden, ist eine Neuanmeldung am Computer nötig. Klicken oder tippen Sie auf **Jetzt abmelden** ❺. Sie werden nun automatisch am Computer abgemeldet. Anschließend melden Sie sich wie gewohnt wieder am Computer an.

> ### ➕ Die Größe von Dialogfenstern anpassen
>
> Zwar nicht bei allen, aber bei vielen Dialogen ist es möglich, die Fenstergröße individuell einzustellen. Bewegen Sie hierzu einfach den Mauszeiger auf einen der vier Fensterränder, also etwa den rechten. Wenn der Zeiger die Form eines Doppelpfeils ⟷ annimmt, ziehen Sie ihn mit gedrückter linker Maustaste in die gewünschte Richtung. Auf diese Weise lässt sich übrigens auch die Größe von Programmfenstern anpassen. Dies funktioniert allerdings nur, wenn das entsprechende Fenster nicht wie bei Tablets die volle Bildschirmgröße einnimmt.

Arbeiten Sie mit einem Desktop-PC oder einen Notebook, spielt der Mauszeiger eine wichtige Rolle. Denn mit ihm markieren Sie z. B. alles, was als Nächstes angeklickt werden soll. Manchmal ist es aber gar nicht so einfach, den Mauszeiger auf dem Bildschirm zu entdecken. Mein Tipp: Erleichtern Sie sich die Arbeit, indem Sie den Mauszeiger etwas vergrößern. Die Einstellungen nehmen Sie in der sogenannten *Systemsteuerung* vor.

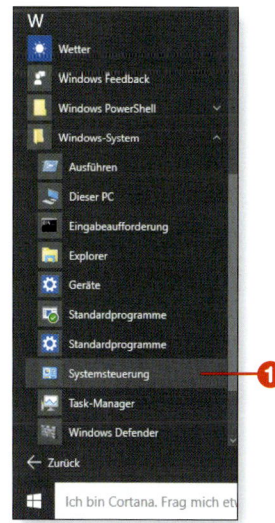

**1.** Rufen Sie mit einem Klick auf das Windows-Logo ⊞ das Startmenü auf, und klicken Sie hier nacheinander auf **Alle Apps ▸ Windows-System ▸ Systemsteuerung** ❶.

**2.** Im folgenden Dialog **Einstellungen des Computers anpassen** wählen Sie per Mausklick die Kategorie **Hardware und Sound** ❷ aus.

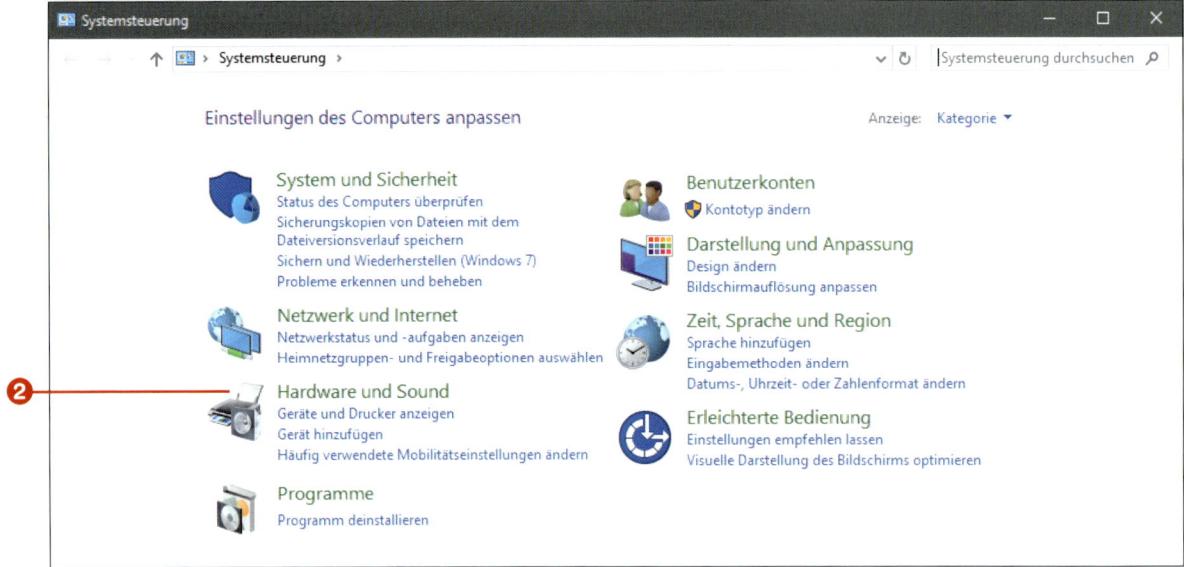

**3.** Am oberen Rand des nächsten Dialogs wird die Kategorie **Geräte und Drucker** eingeblendet. Klicken Sie unterhalb dieser Überschrift auf den Eintrag **Maus** ❸.

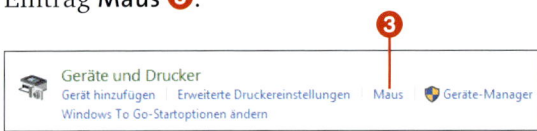

**4.** Das Dialogfenster **Eigenschaften von Maus** wird geöffnet. Holen Sie hier per Mausklick auf den entsprechenden Reiter das Register **Zeiger** ❹ in den Vordergrund.

Bevor ich Ihnen zeige, wie Sie die Mauszeigergröße ändern, ein kleiner Tipp: In der Liste **Anpassen** ❺ erhalten Sie eine schöne Übersicht über alle möglichen Formen, die der Mauszeiger annehmen kann, und über deren Bedeutung. Sie können in der Liste wie gewohnt mithilfe der Bildlaufleiste blättern.

**5.** Um nun die Größe des Mauszeigers anzupassen, klicken Sie auf den Pfeil rechts neben dem Feld **Schema** ❻. Wählen Sie in der aufklappenden Liste eines der Schemen aus. Die Maus-Symbole werden sofort in der Liste **Anpassen** aktualisiert.

**6.** Sind Sie mit der neuen Größe einverstanden, bestätigen Sie die Auswahl mit einem Klick auf die Schaltfläche **Übernehmen** ❼.

Im Verlauf der bisherigen Anleitungen haben Sie immer mal wieder einen *Doppelklick* ausführen müssen, etwa um innerhalb eines Dialogfensters einen Ordner zu öffnen. Haben Sie Mühe mit dem schnellen zweimaligen Drücken der linken Maustaste, passen Sie einfach die Doppelklickgeschwindigkeit an.

**1.** Wechseln Sie im Dialog **Eigenschaften von Maus** in das Register **Tasten** ❽. Verschieben Sie im Bereich **Doppelklickgeschwindigkeit** den Schieberegler (❾ auf Seite 288) mit gedrückter linker Maustaste etwas nach links in Richtung **Langsam**.

**2.** Probieren Sie die neue Einstellung aus, indem Sie auf das Ordnersymbol ❿ doppelklicken. Öffnet sich der Ordner und schließt sich nach einem erneuten Doppelklick, haben Sie die perfekte Geschwindigkeit für sich eingestellt. Falls sich noch nichts tut, verändern Sie die Geschwindigkeit einfach noch etwas.

**3.** Bestätigen Sie die Einstellung mit einem Klick auf **Übernehmen** ⓫.

**4.** Schließen Sie den Dialog **Eigenschaften von Maus** mit **OK**. Das ebenfalls noch geöffnete Fenster der **Systemsteuerung** beenden Sie mit einem Klick auf das Symbol ✖ oben rechts.

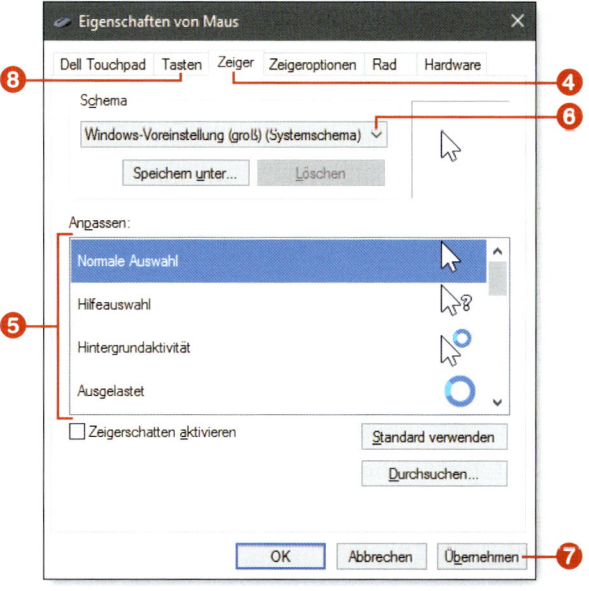

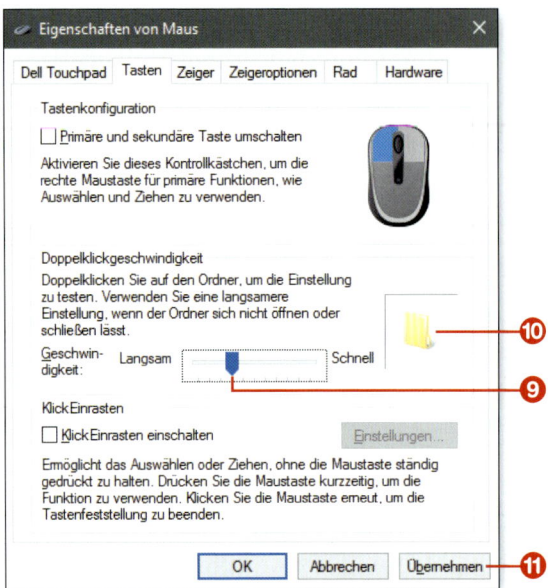

Mit den Funktionen, die Sie in diesem Kapitel kennengelernt haben, haben Sie Ihrem Computer eine persönliche Note gegeben. Im nächsten Kapitel zeige ich Ihnen, was Sie im Zusammenhang mit der Sicherheit beachten sollten und welche Einstellungen hier unbedingt empfehlenswert sind.

# Kapitel 11

# So ist Ihr Computer gut geschützt

Im Laufe dieses Buchs konnten Sie bereits ein paar Schnuppertouren in die Welt des Internets unternehmen. So faszinierend diese Welt ist, muss man sich leider auch der Gefahren bewusst sein, die hier lauern. Manchmal reicht es schon aus, in einer E-Mail auf einen Link, also eine Verknüpfung zu einer Webseite, zu klicken, und schon hat man sich einen Schädling eingefangen, der womöglich den gesamten PC lahmlegt. Auf Ihrem Windows-10-Computer sind bereits einige Sicherheitsfunktionen vorhanden, die Ihnen einen gewissen Schutz vor diesen Gefahren bieten. Ein paar werde ich Ihnen im Verlauf dieses Kapitels vorstellen.

Doch zuvor werde ich Ihnen noch zeigen, wie Sie auf Ihrem Computer weitere Benutzerkonten einrichten und wichtige Datenschutzeinstellungen vornehmen.

## Ein weiteres Benutzerkonto anlegen

Wie Sie bereits im Abschnitt »Den Computer das erste Mal starten« ab Seite 30 gesehen haben: Ohne ein Benutzerkonto lässt sich Ihr Computer nicht nutzen. Mindestens ein Konto müssen Sie anlegen. Dieses erste Konto haben Sie (oder eine freundliche Person, die Ihnen geholfen hat) gleich beim ersten Start des Computers eingerichtet. Wenn Sie nicht der Einzige sind, der mit dem PC arbeitet, sollten Sie für jeden weiteren Nutzer ein eigenes Benutzerkonto anlegen. Denn so gibt es keinen Streit über eventuell gelöschte Dateien oder eine Missachtung der Privatsphäre, weil jemand heimlich die E-Mails des anderen gelesen hat. Auch kann jeder seine eigenen Lieblingsprogramme einrichten oder auch die Desktop-Oberfläche gestalten, wie er möchte.

In diesem Abschnitt zeige ich Ihnen, wie schnell und einfach das Anlegen von Benutzerkonten ist. Wie bereits beim allerersten Benutzerkonto haben Sie auch hier wieder die Qual der Wahl zwischen einem mit einem Microsoft-Konto verknüpften Benutzerkonto und einem lokalen Benutzerkonto. Wie bereits im Kasten »Die zwei Kontenarten von Windows 10« auf Seite 33 beschrieben: Für die meisten Arbeiten am Computer reicht das lokale Konto vollkommen aus. Sollten Sie doch einmal eine App wie den *Windows Store* oder *Skype* nutzen wollen, die beide eine Anmeldung mit dem Microsoft-Konto erfordern, können Sie dies direkt in der App vornehmen. Wie Sie hierzu vorgehen, haben Sie bereits in den Abschnitten »Kostenlose Apps aus dem Windows Store installieren« ab Seite 268 sowie »Mit Skype über Video telefonieren« ab Seite 264 erfahren.

Als Erstes möchte ich Ihnen zeigen, wie Sie für ein Familienmitglied ein lokales Benutzerkonto einrichten.

Konten
Ihre Konten, E-Mail-
Adresse,
Synchronisieren, Arbeit,

**1.** Rufen Sie mit einem Klick oder Tipp auf das Windows-Logo ⊞ das Startmenü auf, und klicken oder tippen Sie hier links auf den Eintrag **Einstellungen**.

**2.** Wählen Sie dort per Mausklick die Kategorie **Konten** aus. Der Dialog **Konten** wird geöffnet.

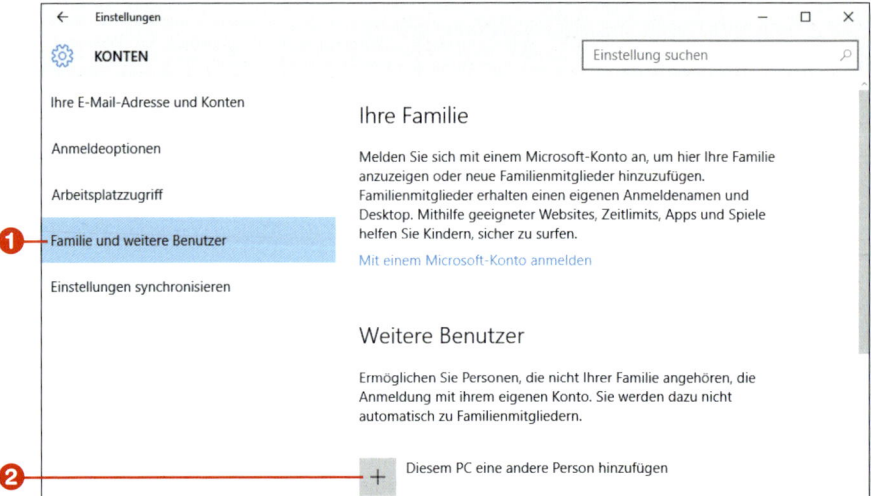

**3.** Markieren Sie hier links den Eintrag **Familie und weitere Benutzer** ❶.

**4.** Blättern Sie in der rechten Fensterhälfte des Dialogs gegebenenfalls etwas nach unten, bis die Schaltfläche **Diesem PC eine andere Person hinzufügen** sichtbar wird. Klicken oder tippen Sie auf die Schaltfläche ❷.

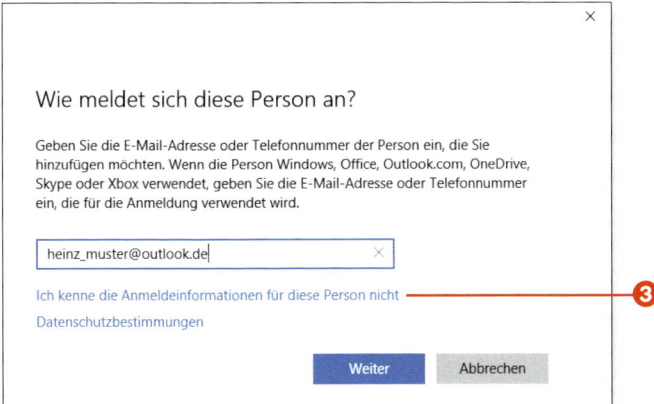

**5.** In unserem ersten Beispiel soll ein lokales Benutzerkonto eingerichtet werden. Klicken oder tippen Sie im Dialog **Wie meldet sich diese Person an?** deshalb auf **Ich kenne die Anmeldeinformationen für diese Person nicht** ❸. Der Dialog **Erstellen Sie Ihr Konto** erscheint.

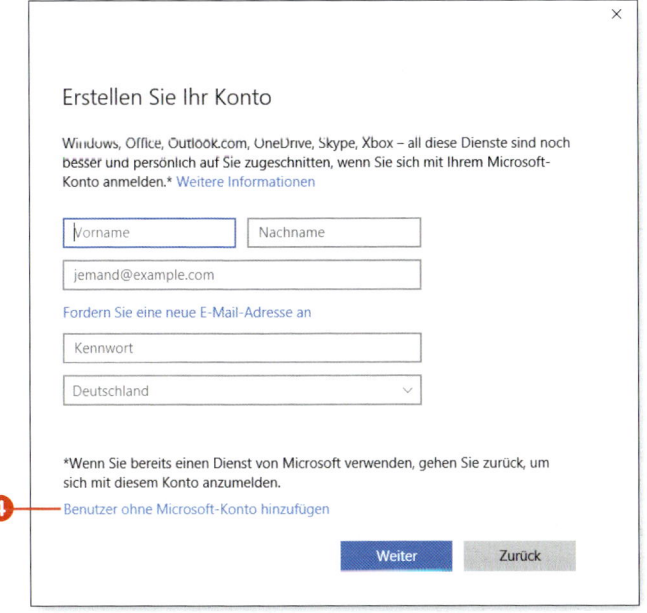

**6.** Hier klicken Sie unterhalb der Felder auf die Schaltfläche **Benutzer ohne Microsoft-Konto hinzufügen** (❹ auf Seite 291).

**7.** Im Dialog **Konto für diesen PC erstellen** klicken oder tippen Sie in das Feld **Von wem wird dieser PC genutzt?** ❺. Geben Sie den Namen des Familienmitglieds ein, für das Sie das Benutzerkonto erstellen.

**8.** Als Nächstes tragen Sie in das Feld **Kennwort eingeben** ❻ ein Passwort für das Benutzerkonto ein, das Sie im Feld **Kennwort erneut eingeben** ❼ wiederholen. Im Feld **Kennworthinweis** ❽ können Sie eine kleine Eselsbrücke ergänzen, bevor Sie Ihre Angaben mit **Weiter** bestätigen.

Das Benutzerkonto wird nun eingerichtet und im Dialog **Konten** unterhalb der Schaltfläche **Diesem PC eine andere Person hinzufügen** aufgeführt ❾. Darf die Person alles am Computer machen, also z. B. auch Programme installieren, müssen Sie nun noch eine kleine Einstellung ändern (lesen Sie hierzu auch den Kasten »Administrator versus Standardbenutzer« auf Seite 293):

**1.** Klicken Sie auf den gerade hinzugefügten Kontonamen. Unterhalb des Kontos werden zwei Schaltflächen sichtbar. Über **Entfernen** können Sie das Konto gleich wieder löschen, was Sie, nachdem Sie das Konto gerade erst eingerichtet haben, sicherlich nicht machen möchten. Klicken Sie stattdessen auf **Kontotyp ändern** ❿.

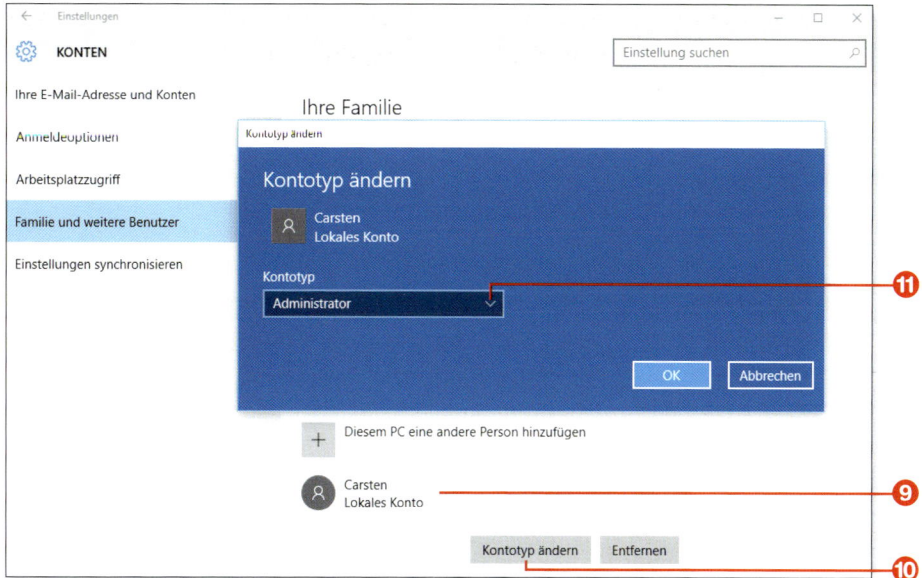

**2.** Es klappt der Dialog **Kontotyp ändern** auf. Klicken Sie auf den Pfeil rechts vom Feld **Kontotyp** ⑪, und markieren Sie in der aufklappenden Liste **Administrator**. Schließen Sie den Dialog mit einem Klick auf **OK**.

> ### ℹ Administrator versus Standardbenutzer
>
> Bei den Benutzerkonten wird nicht nur zwischen einem lokalen Konto und einem mit einem Microsoft-Konto verknüpften Benutzerkonto unterschieden. Die Konten lassen sich jeweils auch noch in ein *Administratorkonto* und in ein *Standardkonto* unterteilen. Den Administrator könnte man als den Herrscher über den Computer bezeichnen. Er darf alles. Ein Standardbenutzer dagegen kann zwar alle Programme verwenden, sicherheitsrelevante Änderungen darf er aber nicht vornehmen. Sollte er dies probieren, meldet sich die sogenannte *Benutzerkontensteuerung* zu Wort. Erst wenn der Standardnutzer im entsprechend angezeigten Dialog den Benutzernamen sowie das Kennwort des Administrators eingeben würde, könnte er diese Änderungen durchführen. Sind ihm die Daten nicht bekannt, muss er den Dialog der Benutzerkontensteuerung unverrichteter Dinge abbrechen. Bei dem allerersten Benutzerkonto, das auf einem PC eingerichtet wird, handelt es sich immer um ein Administratorkonto. Alle weiteren Konten werden zunächst als Standardkonten angelegt. Diese Einstellung können Sie aber, wie oben beschrieben, ändern.

Nun erfahren Sie, wie Sie ein mit einem Microsoft-Konto verknüpftes Benutzerkonto anlegen. Das Microsoft-Konto selbst muss hierfür bereits bestehen. Wie Sie ein solches anlegen, habe ich Ihnen im Abschnitt »Eine kostenlose E-Mail-Adresse anlegen« ab Seite 115 gezeigt. Anschließend geht es so weiter:

**1.** Rufen Sie, wie in der Anleitung ab Seite 290 für das lokale Benutzerkonto gezeigt, über das Startmenü die **Einstellungen** auf, wählen Sie die Kategorie **Konten**, und markieren Sie links den Eintrag **Familie und weitere Benutzer**. Klicken Sie dann rechts auf **Diesem PC eine andere Person hinzufügen**.

**2.** Im Dialog **Wie meldet sich diese Person an?** geben Sie in das Feld **E-Mail oder Telefon** die E-Mail-Adresse des Microsoft-Kontos der Person ein. Bestätigen Sie dann mit **Weiter**.

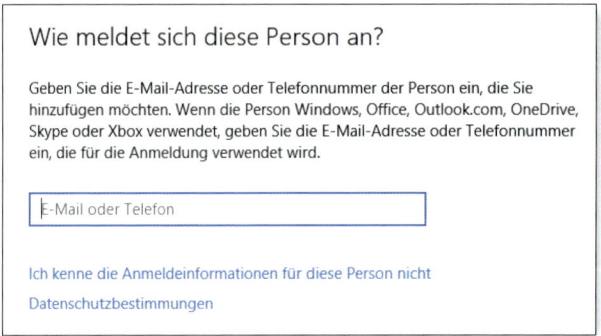

**3.** Nun noch ein Klick oder Fingertipp auf **Weiter** und anschließend auf **Fertig stellen** und es wird auch dieses neue Benutzerkonto eingerichtet. Wenn Sie möchten, ändern Sie auch hier den Kontotyp des Kontos wie zuvor beschrieben. Anschließend blenden Sie den Dialog **Konten** mit einem Klick oder Tipp auf das **Schließen**-Symbol ⊠ in der rechten oberen Fensterecke aus.

Wenn die Konten eingerichtet sind, können sich Ihre Familienmitglieder auch schon am Computer anmelden. Bevor sich allerdings eine andere Person am PC anmeldet, sollte sich die Person, die den Computer gerade nutzt, zuvor abmelden. Ein solcher Benutzerwechsel ist schnell erledigt. Stellen Sie zuvor sicher, dass alle noch geöffneten Programme geschlossen werden.

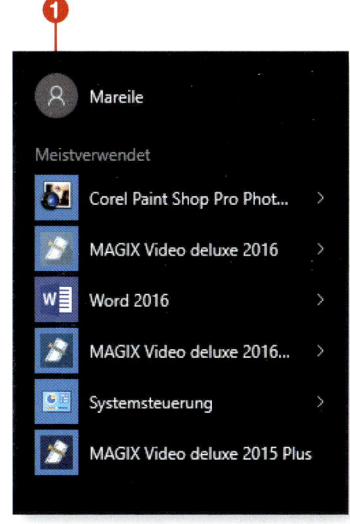

**1.** Rufen Sie mit einem Klick auf das Windows-Logo das Startmenü auf. Wenn Sie ein Tablet nutzen, tippen Sie im Startmenü links oben auf das Symbol ▤. Damit wird die linke Spalte des Startmenüs eingeblendet.

**2.** Am oberen Rand der linken Spalte des Startmenüs wird der Name des gerade angemeldeten Benutzers angezeigt ❶. Klicken oder tippen Sie hierauf.

**3.** Auch wenn im nun aufklappenden Menü bereits die Namen aller anderen Benutzer aufgeführt werden, sollten Sie sich zunächst am PC abmelden. Klicken oder tippen Sie hierzu auf **Abmelden** ❷.

**4.** Sobald Sie erfolgreich vom Computer abgemeldet wurden, wird der Sperrbildschirm eingeblendet. Sie haben ihn bereits im Abschnitt »So melden Sie sich am Computer an« ab Seite 36 kennengelernt. Nun kann sich der nächste Nutzer wie gewohnt am Computer anmelden. Die erste Anmeldung kann übrigens etwas länger dauern, da Windows zunächst einige wichtige Einstellungen vornimmt.

Um wichtige Einstellungen geht es auch im nächsten Abschnitt. Denn dort beschäftigen wir uns mit dem Thema Datenschutz.

## Wichtige Datenschutzeinstellungen vornehmen

Microsoft möchte viel über seine Kunden erfahren. Damit ist das Unternehmen in guter Gesellschaft, denn das gilt auch für viele andere Firmen wie etwa Google oder Apple. Als Grund geben die Unternehmen an, ihre Produkte anhand dieser Daten noch besser an den Bedürfnissen der Anwender ausrichten zu können. Welche Daten in die Hände der Unternehmen gelangen und welche nicht, bestimmen Sie als Anwender. Zwar lässt sich nicht alles beeinflussen, aber doch mehr, als die meisten Nutzer ahnen. Basis dieses Buchs ist bekanntermaßen das Betriebssystem Windows 10. Im Folgenden zeige ich Ihnen, wie Sie hier wichtige Datenschutzeinstellungen vornehmen. Alle Details kann ich Ihnen leider nicht erklären, aber anhand von ein paar Beispielen beschreibe ich Ihnen zumindest den groben Weg. Der Weg zu den Datenschutzeinstellungen führt wie üblich über das Startmenü.

**1.** Klicken Sie auf das Windows-Logo ▦ in der linken unteren Ecke der Taskleiste. Bei einem Tablet tippen Sie im Startmenü oben links auf das Symbol ▤. Klicken oder tippen Sie in der linken Spalte des Startmenüs auf **Einstellungen**.

**2.** Im folgenden Dialog wählen Sie die Kategorie **Datenschutz** aus. Stellen Sie sicher, dass im gleichnamigen Dialog, der nun geöffnet wird, links der Eintrag **Allgemein** ❶ markiert ist.

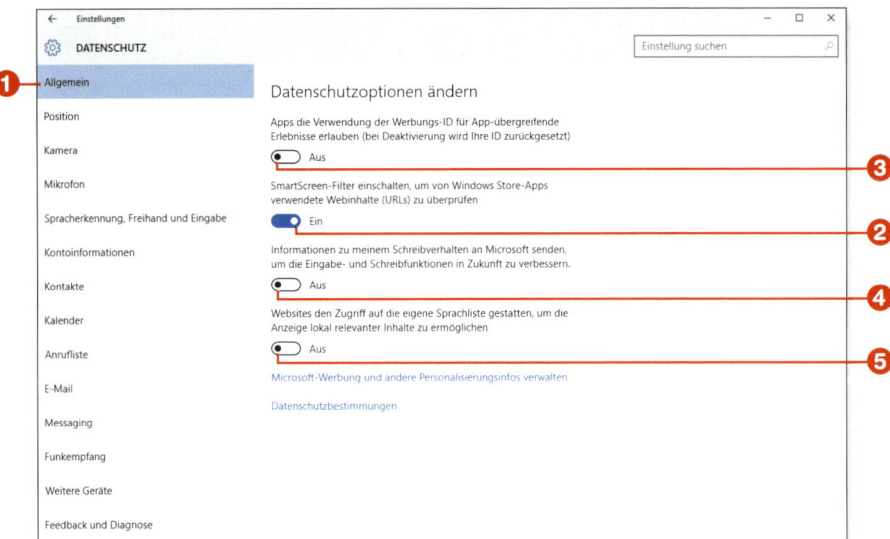

In der rechten Spalte sollten Sie nun die Datenschutzoptionen ändern. Lediglich eine der vier Optionen, die hier aufgeführt werden, ist wichtig:

**3.** Nur der Regler unterhalb von **SmartScreen-Filter einschalten, um von Windows Store-Apps verwendete Webinhalte (URLs) zu überprüfen** sollte auf **Ein** ❷ stehen, also aktiviert sein. Der SmartScreen-Filter überprüft Programme und warnt Sie gegebenenfalls vor schädlicher Software.

**4.** Damit Ihnen Microsoft keine personalisierte Werbung unterschieben kann, sollte der erste Regler deaktiviert sein. Hierzu ziehen Sie den Regler mit gedrückter linker Maustaste oder per Finger nach links auf **Aus** ❸.

**5.** Sicherlich möchten Sie nicht, dass Ihre Texteingaben verfolgt und an Microsoft weitergereicht werden. Auch der dritte Regler sollte deshalb auf der Position **Aus** ❹ stehen.

**6.** Auf die lokal relevanten Informationen sollten Sie zugunsten Ihrer Privatsphäre auch besser verzichten. Stellen Sie den letzten Regler deshalb ebenfalls auf **Aus** ❺.

Als Nächstes geben Sie vor, auf welche Ihrer Daten die Programme, genauer gesagt die Apps, zugreifen dürfen. Die erste wichtige Einstellung betrifft Ihren aktuellen Standort. Dieser ist z. B. interessant, wenn Sie mit Ihrem Notebook oder Tablet unterwegs sind und in der Karten-App Ihre aktuelle Position anzeigen lassen möchten (die Karten-App ist vergleichbar mit *Google Maps*, siehe dazu auch den Abschnitt »Mit Google und Bing das Internet durchsuchen« ab Seite 98).

**1.** Markieren Sie im Dialog **Datenschutz** in der linken Spalte den Eintrag **Position** ❶.

**2.** Möchten Sie nicht, dass Ihr Computer Ihren aktuellen Standort erfasst, ziehen Sie den Regler unterhalb von **Position** nach links auf **Aus** ❷.

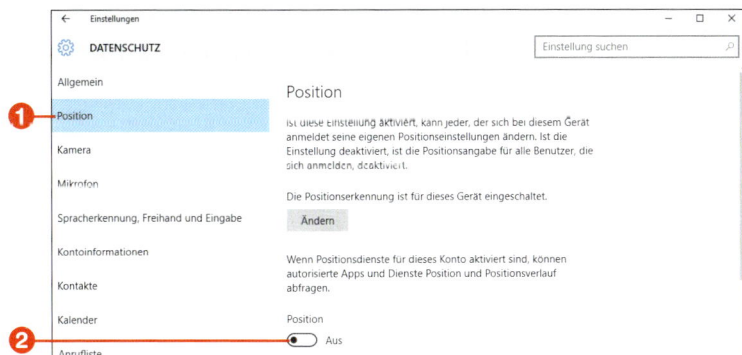

Bis zur Änderung dieser Einstellung hat der PC bereits fleißig Ihre Position erfasst. Die gespeicherten Daten sollten Sie als Nächstes löschen.

**3.** Blättern Sie gegebenenfalls mithilfe der Bildlaufleiste oder auch per Finger nach unten bis zum Bereich **Positionsverlauf**. Nach einem Klick oder Tipp auf die Schaltfläche **Löschen** ❸ werden die gespeicherten Positionsdaten von Ihrem PC gelöscht.

---

Positionsverlauf

Wenn die Positionserkennung aktiviert ist, werden die für Ihre Apps
und Dienste abgerufenen Positionsdaten für eine begrenzte Zeit
auf dem Gerät gespeichert. Apps, die Zugriff auf diese
gespeicherten Positionsdaten haben, sind nachfolgend aufgeführt.

Verlauf auf diesem Gerät löschen

❸ ——— Löschen

---

In Notebooks und Tablets ist meist bereits eine Webcam installiert, mit
der Sie beispielsweise Videogespräche führen können. Wie Sie das machen, haben Sie bereits im Abschnitt »Mit Skype über Video telefonieren«
ab Seite 264 erfahren. Damit das Ganze funktioniert, muss die Skype-
Video-App natürlich auf die Webcam Ihres Geräts zugreifen können. Für
andere Apps, wie etwa die Karten-App, gilt dies aber nicht. Legen Sie
als Nächstes also fest, welche App die Webcam nutzen darf und welche
nicht.

**1.** Rufen Sie im Dialog **Datenschutz** in der linken Spalte den Eintrag **Kamera** ❶ auf.

**2.** In der rechten Spalte legen Sie nun fest, welche App Zugriff auf Ihre
Kamera erhalten darf und welche nicht. Um einer App, etwa **Karten** oder
auch **Microsoft Edge**, den Zugriff zu entziehen, schieben Sie jeweils den
Regler rechts vom App-Namen nach links auf **Aus** ❷. Nur bei den Apps,
die die Webcam nutzen dürfen, belassen Sie die Voreinstellung auf **Ein**
❸. Nutzen Sie gegebenenfalls die Bildlaufleiste, um auch zu den weiter
unten aufgeführten Apps zu gelangen.

**3.** Sollten Sie allen aufgeführten Apps den Zugriff auf die Webcam ver-
weigern wollen, dann können Sie sich die Arbeit erleichtern: Ziehen Sie
ganz zu Beginn der Spalte den Regler **Apps die Verwendung meiner Kamera erlauben** ❹ nach links auf **Aus**.

Analog gehen Sie nun die weiteren Einträge in der linken Spalte wie **Mikrofon**, **Kontoinformationen**, **Kontakte**, **E-Mail** und mehr durch und passen
die Einstellungen wie gerade für die Kamera beschrieben an. Nur einen
Punkt greife ich noch gesondert heraus: Feedback und Diagnose.

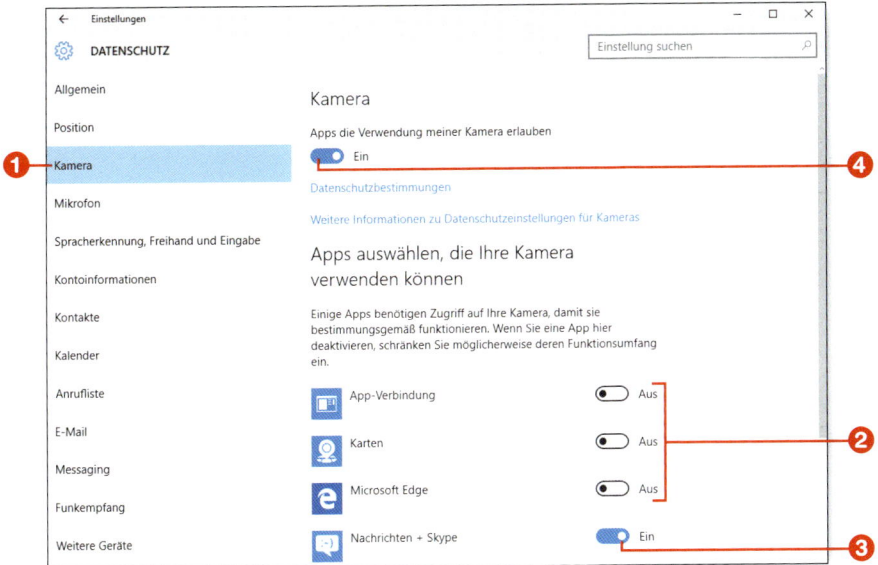

**1.** Wählen Sie in der linken Spalte des Dialogs **Datenschutz** den Eintrag **Feedback und Diagnose** (❶ auf Seite 300) aus. Wird er bei Ihnen nicht eingeblendet, positionieren Sie den Mauszeiger in der linken Spalte. An ihrem rechten Rand wird nun eine Bildlaufleiste ❷ eingeblendet, mit der Sie nach unten blättern können. Nutzen Sie einen Touchscreen, wischen Sie zum Blättern einfach über die linke Spalte.

**2.** Möchten Sie Microsoft kein Feedback zu seinen Produkten wie Windows senden? Dann klicken oder tippen Sie auf den Pfeil ❸ rechts vom Feld **Mein Feedback soll von Windows angefordert werden**. Es klappt eine Liste auf, in der Sie den Eintrag **Nie** markieren.

Immer dann, wenn ein Programm abstürzt, also den Dienst quittiert, wird ein entsprechender Bericht an Microsoft geschickt. Auch Informationen zur Nutzungshäufigkeit von Programmen reicht Ihr Computer fleißig weiter. Ist Ihnen dies nicht recht, sollten Sie etwas dagegen unternehmen.

**3.** Klicken oder tippen Sie auf den Pfeil rechts vom Feld **Sendet Ihre Gerätedaten an Microsoft** ❹. In der aufklappenden Liste wählen Sie den Eintrag **Einfach** aus. Informationen zur Nutzungshäufigkeit und zum Abstürzen von Apps werden nun nicht mehr weitergereicht. Über die installierten Programme sowie die Hardware Ihres Computers wird Microsoft weiterhin informiert. Dies lässt sich nicht ändern.

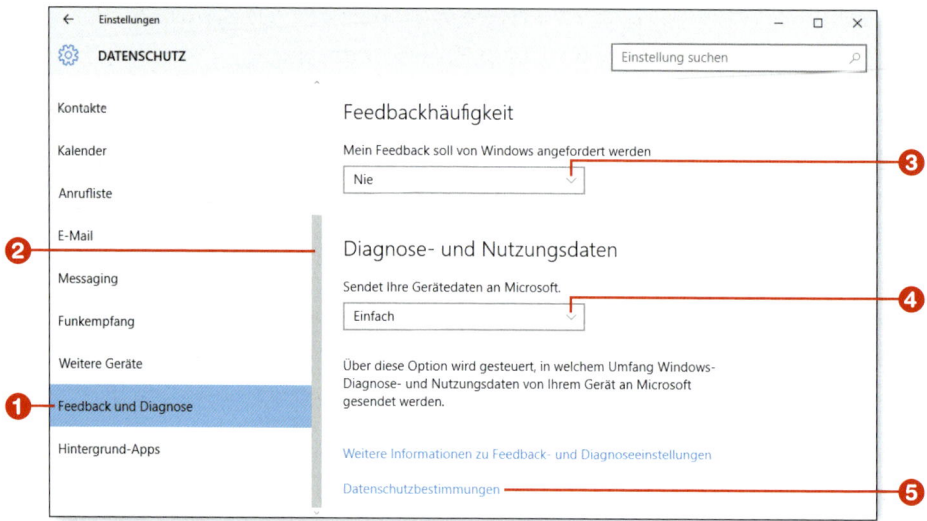

Datenschutz ist ein brisantes Thema. Wenn Sie an weiteren Informationen im Zusammenhang mit Windows 10 interessiert sind, sollten Sie sich die Datenschutzbestimmungen von Microsoft in Ruhe durchlesen. Nach einem Klick oder Tipp auf den Link **Datenschutzbestimmungen** ❺ wird automatisch der Browser Edge geöffnet. Auf der angezeigten Webseite erhalten Sie nun ausführliche Informationen zum Thema.

## Das Info-Center hat die Sicherheit im Blick

Der Computer bietet viele Möglichkeiten zur Unterhaltung, aber auch zur Arbeitserleichterung. Dies gilt erst recht, wenn er mit dem Internet verbunden ist. Egal, ob Sie sich einfach nur mithilfe des Internets über etwas informieren, Einkäufe tätigen oder gar Ihre nächste Urlaubsreise buchen möchten: Fast alles ist möglich. Doch wie bereits im Verlauf dieses Buchs immer wieder erwähnt: Das Internet birgt auch zahlreiche Gefahren. Diese lauern auf Webseiten, beim Download von Programmen oder auch in E-Mails. Passt man nicht auf, hat sich schnell ein Virus auf dem PC eingenistet. Im schlimmsten Fall legt dieser Ihren gesamten Computer lahm und zerstört Ihre Festplatte. Richtig gemein wird es, wenn der Virus zuvor noch die im Adressbuch gespeicherten Adressen ausliest und sich so blitzschnell von Computer zu Computer verbreitet. Aber auch

Sicherheitslücken im Betriebssystem Windows oder in Browsern öffnen schädlichen Programmen die Tür zu Ihrem Computer.

Ganz ungeschützt sind Sie vor solchen Angriffen allerdings nicht. Denn in Ihrem Windows-10-Computer sind bereits drei wichtige Sicherheitsmechanismen integriert: Das *Windows Update* sorgt dafür, dass die Sicherheitslücken im Betriebssystem und Browser sofort geschlossen werden. Der *Windows Defender* wehrt

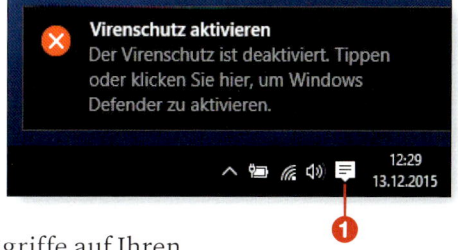

Viren und Co. ab, und die *Windows-Firewall* verhindert Angriffe auf Ihren PC. Alle drei werde ich Ihnen noch innerhalb dieses Kapitels vorstellen.

∧ *Der Hinweis wird bereits nach einem kurzen Moment wieder ausgeblendet.*

Die drei Funktionen arbeiten ganz still und leise im Hintergrund, ohne dass Sie etwas davon mitbekommen. Genau beobachtet werden sie allerdings vom Center *Sicherheit und Wartung*. Stellt dieses Center ein Problem fest, schlägt es Alarm. Dabei kann es sich um eine echte Gefahr handeln, wie etwa ein deaktiviertes Antivirenprogramm, oder auch nur um den Hinweis, dass ein Update für das Betriebssystem Windows vorliegt. In der rechten unteren Bildschirmecke erscheint für einen kurzen Moment ein kleiner Hinweis. Dieser Dialog verschwindet nur leider sehr schnell wieder. Dass Sie eine neue Benachrichtigung erhalten haben, sehen Sie aber sofort am Benachrichtigung-Symbol im Infobereich der Taskleiste. Es ändert sein Aussehen von 🗩 (keine Nachrichten) zu 🗩 (Nachrichten vorhanden) ❶. Um genauere Hinweise zur Benachrichtigung zu erhalten und gegebenenfalls auch sofort das Problem zu lösen, gehen Sie folgendermaßen vor:

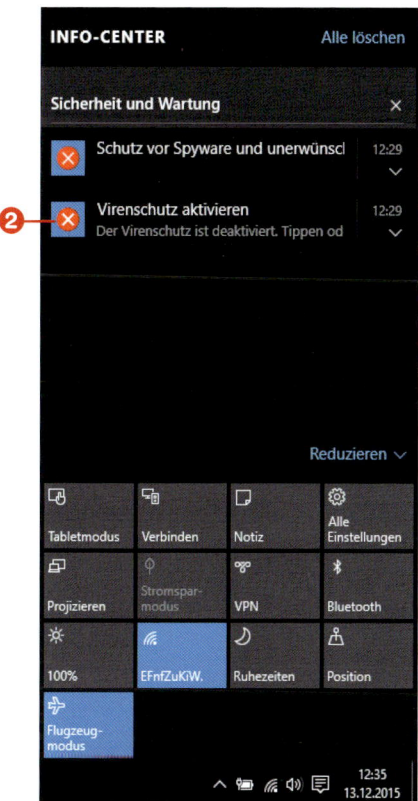

**1.** Klicken oder tippen Sie auf das Benachrichtigung-Symbol 🗩 im Infobereich der Taskleiste. Am rechten Seitenrand klappt nun ein Dialog auf, das sogenannte *Info-Center*.

**2.** Am oberen Rand des Info-Centers können Sie die Warnung, die zuvor unten rechts eingeblendet wurde, nochmals nachlesen. Im Fall des deaktivierten Virenschutzes reicht es, auf die Meldung zu klicken bzw. zu tippen (❷ auf Seite 301), und schon wird der Windows Defender wieder eingeschaltet.

Viele Sicherheitswarnungen lassen sich auf diesem Weg sehr einfach lösen. In wenigen Fällen führt Sie der Klick oder Tipp auf die Meldung zum Dialog **Einstellungen**, in dem Sie selbst die gewünschten Einstellungen vornehmen. Diesen Dialog haben Sie unter anderem im vorherigen Abschnitt im Zusammenhang mit den Datenschutzeinstellungen kennengelernt. Manchmal handelt es sich bei einem Hinweis auch nur um eine einfache Benachrichtigung, die keinerlei Aktion von Ihnen erfordert. Dies ist z. B. der Fall, wenn das Betriebssystem Windows oder auch eine der vielen Apps, die auf Ihrem Computer bereits installiert sind, aktualisiert wurde. Man spricht in diesem Fall auch von *Update*. Was sich hinter *Windows Update* verbirgt, zeige ich Ihnen kurz im nächsten Abschnitt.

## Mit dem Windows Update auf dem neuesten Stand bleiben

Windows ist zwar nicht unbedingt das beliebteste, aber doch das am häufigsten eingesetzte Betriebssystem. Entsprechend oft ist es damit leider auch das Ziel von Hackerangriffen. Bei solchen Angriffen kommen Sicherheitslücken im Betriebssystem zutage, die von Microsoft aber sofort geschlossen werden. Die Funktion, die nun dafür sorgt, dass Ihr Computer immer auf dem neuesten Stand und damit gut geschützt ist, ist das *Windows Update*. Es ist per Standardeinstellung immer aktiviert und lässt sich auch nicht ausschalten. Windows prüft regelmäßig, ob Aktualisierungen vorliegen. Ist dies der Fall, werden sie automatisch auf Ihren Computer heruntergeladen und installiert. Meist erfahren Sie hiervon nur durch einen kleinen Hinweis im Info-Center, das Sie im vorherigen Abschnitt kennengelernt haben. Nur wenn das Update umfangreichere Aktualisierungen enthält, ist das Prozedere etwas anders. Denn wenn Sie in einem solchen Fall den PC über den Befehl **Ein/Aus** im Startmenü ausschalten möchten (siehe auch den Abschnitt »Den Computer ausschalten« ab Seite 57), erscheint statt der Schaltfläche **Herunterfahren** die Schaltfläche **Aktualisieren und Herunterfahren**. Der Vorgang des Herunterfahrens, aber auch das Hochfahren des Computers beim nächsten Einschalten dauert nun etwas länger als sonst. Auf dem Bildschirm erscheint ein entsprechender Hinweis **Schalten Sie den Computer nicht aus …**. Dieses Ausschalten übernimmt Windows für Sie automatisch, Sie müssen also nicht neben dem PC sitzen bleiben und warten.

Wie erwähnt, lässt sich das Windows Update nicht deaktivieren. Wenn Sie möchten, können Sie aber prüfen, welche Updates auf Ihrem Computer installiert wurden. Sie erreichen die Funktion über den Dialog **Einstellungen**. Wie Sie den Dialog über das Startmenü und dann **Einstellungen** aufrufen, wissen Sie bereits. An dieser Stelle zeige ich Ihnen eine weitere Möglichkeit, wie Sie zu den **Einstellungen** gelangen.

**1.** Klicken oder tippen Sie im Infobereich der Taskleiste auf das Benachrichtigung-Symbol ❶.

**2.** Mit einem Klick oder Tipp auf **Alle Einstellungen** ❷ wird der Dialog **Einstellungen** geöffnet.

**3.** Wählen Sie hier die Kategorie **Update und Sicherheit** aus.

Update und Sicherheit
Windows Update,
Wiederherstellung,
Sicherung

Im nächsten Dialog ist in der linken Spalte bereits der Eintrag **Windows Update** ❸ markiert. Rechts erfahren Sie, ob der Computer auf dem neuesten Stand ist ❹. Windows prüft zwar automatisch, ob Aktualisierungen vorliegen, und installiert diese auch. Es kann aber nie schaden, die Überprüfung zwischendurch einmal selbst zu starten.

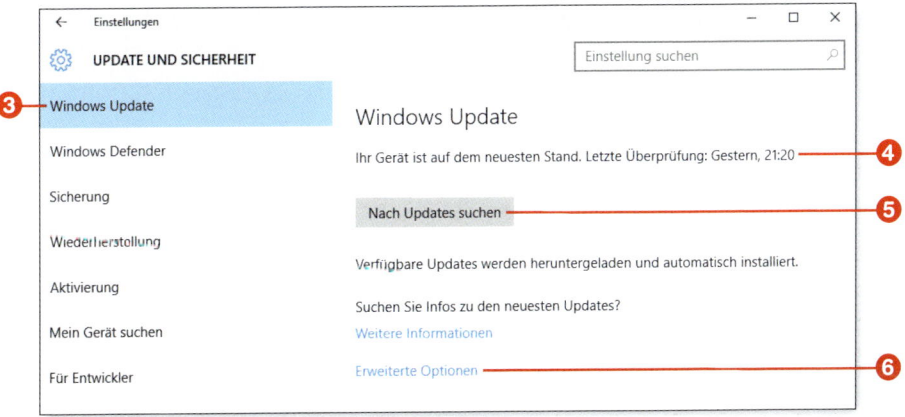

**4.** Klicken oder tippen Sie dazu auf die Schaltfläche **Nach Updates suchen** (**5** auf Seite 303) Sind tatsächlich neue Updates vorhanden, werden diese sofort geladen und auch installiert.

Bei den Updates, die bei der manuellen Prüfung gefunden werden, handelt es sich meistens um Aktualisierungen für den Windows Defender, den ich Ihnen im nächsten Abschnitt vorstelle. Den Dialog **Update und Sicherheit** können Sie hierfür gleich geöffnet lassen.

> **ℹ Fehlgeschlagene Updates deinstallieren**
>
> Mithilfe von Updates werden nicht nur wichtige Sicherheitslücken im Betriebssystem oder anderen Programmen geschlossen. Auch neue Programmversionen oder Treiber werden hierdurch aktualisiert. In seltenen Fällen kann ein Update auch zu Problemen führen. Arbeitet eine Software nach der Aktualisierung nicht mehr zuverlässig, können Sie ein Update auch wieder entfernen. Klicken oder tippen Sie hierzu im Dialog **Update und Sicherheit** auf **Erweiterte Optionen** (**6** auf Seite 303) und im folgenden Dialog auf **Updateverlauf anzeigen**. Im gleichnamigen Dialog, der nun angezeigt wird, erfahren Sie, welche Updates in letzter Zeit durchgeführt wurden. Klicken oder tippen Sie hier zu Beginn der Liste auf **Updates deinstallieren**. Markieren Sie das gewünschte Update in der Liste, und klicken Sie dann am oberen Rand auf **Deinstallieren**. Folgen Sie den weiteren Anweisungen, um das Update zu entfernen. In manchen Fällen ist anschließend ein Neustart des Computers nötig.

## Der Windows Defender

So faszinierend das Internet ist, leider lauern hier auch viele Gefahren für Ihren Computer, wie etwa *Trojaner*, *Viren* oder andere schädliche Programme. Hinter Trojanern verstecken sich Programme, die vorgeben, eine sinnvolle Funktion zu haben, in Wirklichkeit aber das Gegenteil bewirken. Manche Trojaner löschen z. B. alle auf der Festplatte gespeicherten Daten wie Bilder, Briefe und mehr. Andere wiederum stehlen Ihre Kontodaten für das Online-Banking oder Bezahlsysteme wie *PayPal*. Die Aufgabe des *Windows Defenders* ist es, Sie vor diesen schädlichen

Programmen (ganz allgemein auch *Malware* genannt) zu schützen. Das Programm ist nicht nur bereits auf Ihrem Computer installiert, sondern auch von der ersten Sekunde an aktiviert. Damit überprüft es z. B. alle eingehenden E-Mails auf Viren und andere Malware. Wird der Windows Defender fündig, erhalten Sie einen entsprechenden Hinweis. Aber nicht nur E-Mails stehen auf dem Prüfstand, auch der gesamte Computer wird in regelmäßigen Abständen untersucht. Damit der Windows Defender auch die neuesten Viren und sämtliche Malware zuverlässig aufspürt, muss er regelmäßig aktualisiert, sprich mit den neuesten *Viren- und Spywaredefinitionen* versorgt werden. Diese Aufgabe übernimmt das Windows Update, das Sie bereits im vorherigen Abschnitt kennengelernt haben. Microsoft stellt solche Definitionen zwar mehrmals täglich zur Verfügung, auf Ihrem Computer landen sie allerdings erst mit dem nächsten Update. Es ist daher durchaus sinnvoll, die Aktualisierung selbst ein- bis zweimal täglich durchzuführen. Keine Sorge, das ist schnell erledigt. Der Windows Defender lässt sich z. B. über das Windows Update aktualisieren. Wie dies funktioniert, haben Sie bereits im vorherigen Abschnitt erfahren. Sie können die Aktualisierung aber auch direkt im Windows Defender durchführen, wie ich Ihnen nun zeigen werde.

**1.** Sollten Sie den Dialog **Update und Sicherheit** in der Zwischenzeit geschlossen haben, öffnen Sie ihn wieder z. B. über **Start ▸ Einstellungen ▸ Update und Sicherheit**.

**2.** Markieren Sie in der linken Spalte des Dialogs den Eintrag **Windows Defender** (❶ auf Seite 306) Blättern Sie mithilfe der Bildlaufleiste in der rechten Fensterhälfte ganz nach unten. Arbeiten Sie mit einem Tablet, führen Sie einfach eine entsprechende Wischbewegung durch. Am unteren Fensterrand klicken oder tippen Sie auf **Windows Defender öffnen** ❷.

Anhand des grünen Häkchens auf der Startseite des Programmfensters sehen Sie sofort, dass der Echtzeitschutz des Windows Defenders aktiviert ist (siehe die Abbildung auf Seite 307). Ihr Computer wird also permanent überwacht.

**3.** Holen Sie per Klick oder Tipp auf den Registerreiter **Update** ❸ das gleichnamige Register in den Vordergrund.

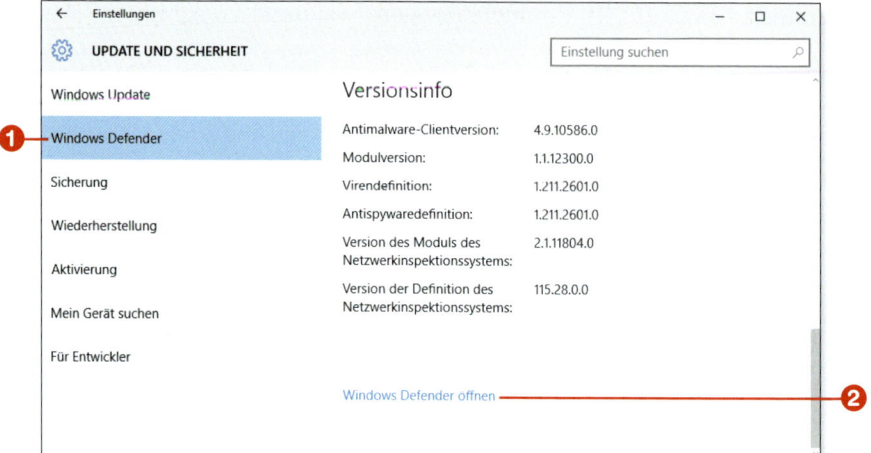

**4.** Klicken oder tippen Sie auf die Schaltfläche **Aktualisieren** bzw. **Updatedefinitionen** ❹, um die Aktualisierung des Windows Defenders manuell zu starten.

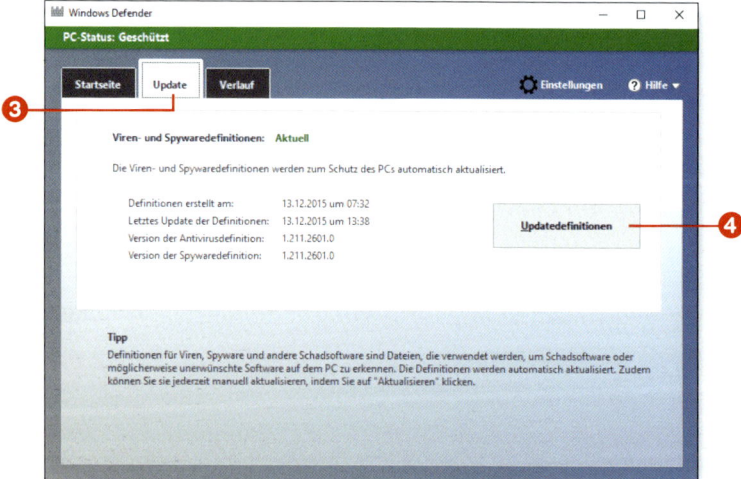

Wie bereits erwähnt, überwacht der Windows Defender Ihren Computer permanent und durchsucht ihn zudem regelmäßig auf Malware. Bei dieser Untersuchung handelt es sich allerdings um eine Schnellsuche, die nicht in die Tiefe des Betriebssystems reicht. Ab und an sollten Sie deshalb eine sehr ausführliche Überprüfung des gesamten Computers durchführen. Diese vollständige Untersuchung nimmt zwar etwas Zeit in Anspruch, aber dafür dient sie dem Schutz Ihres Computers und damit all Ihrer wertvollen Daten.

**1.** Wechseln Sie in das Register **Startseite** ❶.

**2.** Aktivieren Sie per Mausklick oder durch Antippen rechts die Überprüfungsoption **Vollständig** ❷.

**3.** Nach einem Klick oder Tipp auf **Jetzt überprüfen** ❸ wird der gesamte Computer durchsucht.

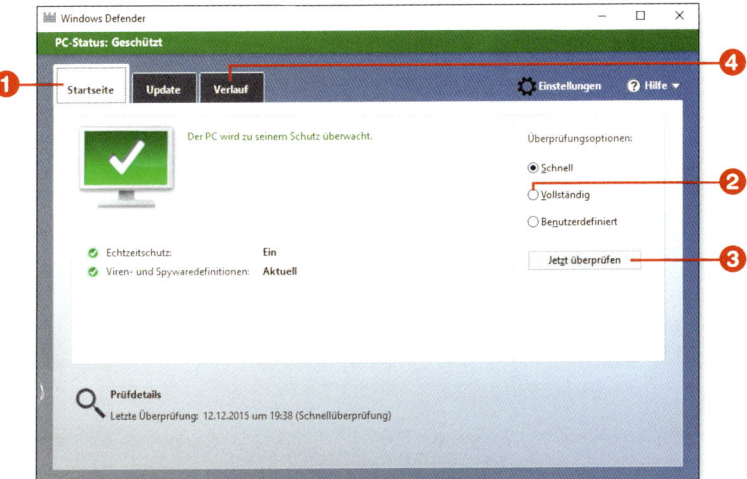

Während Ihr Computer nun quasi auf Herz und Nieren überprüft wird, können Sie problemlos weiterarbeiten. Sollte der Windows Defender auf einen Virus oder andere Malware stoßen, erhalten Sie nur eine kleine Warnung. Die Dateien, die das Programm als infiziert einstuft, werden in einem speziellen *Quarantäneordner* abgelegt. Sie können nun selbst entscheiden, was mit diesen Dateien passieren soll.

**1.** Wechseln Sie im Programmfenster des Windows Defenders in das Register **Verlauf** ❹.

**2.** Stellen Sie sicher, dass die Option **Unter Quarantäne gestellte Elemente** (❺ auf Seite 308) aktiviert ist.

**3.** Damit alle als verdächtig angezeigten Elemente eingeblendet werden, klicken oder tippen Sie unten auf **Details einblenden**. Eventuell müssen Sie zuvor noch den Hinweis der Benutzerkontensteuerung mit einem Klick auf **Ja** bestätigen. Die Schaltfläche **Details einblenden** verschwindet, dafür wird die Liste mit den erkannten Elementen ❻ angezeigt. Bei der Überprüfung meines Computers wurden zum Glück keine infizierten Elemente entdeckt, sodass die Liste unten leer ist.

**4.** Wenn Sie sich nicht sicher sind, ob eine Datei infiziert ist oder nicht, sollten Sie sie aus Sicherheitsgründen markieren – sprich mit einem Häkchen versehen – und sie anschließend mit **Entfernen** ❼ löschen.

**5.** Dem Windows Defender unterläuft bei der Beurteilung einer Datei ab und an auch einmal ein Fehler. Sind Sie sich sicher, dass eine Datei unbedenklich ist, versehen Sie sie mit einem Häkchen, und klicken oder tippen Sie anschließend auf die Option **Wiederherstellen** ❽.

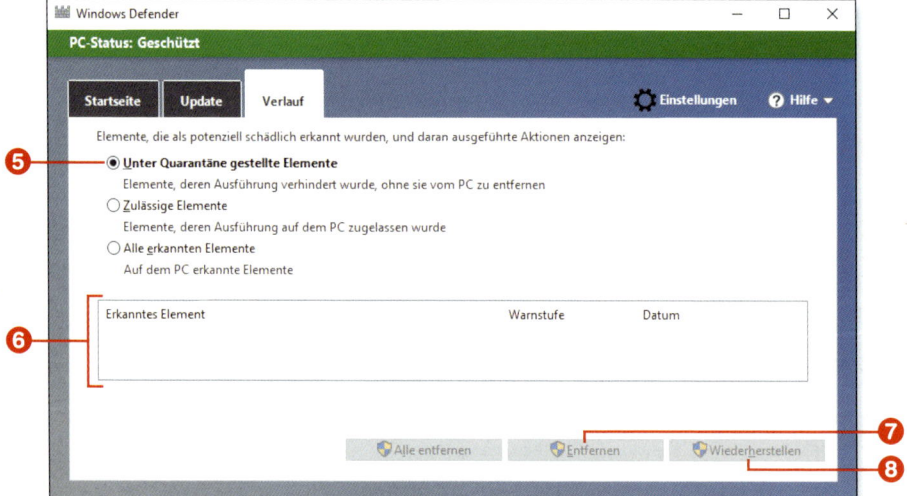

Damit haben Sie einen der wichtigsten Verteidigungsmechanismen Ihres Computers kennengelernt. Um das Programmfenster des Windows Defenders zu schließen, klicken Sie oben rechts einfach auf das Symbol ☒. Als Nächstes stelle ich Ihnen noch kurz die Windows-Firewall vor.

## Die Windows-Firewall

Der Begriff *Firewall* bedeutet ins Deutsche übersetzt »Brandschutzmauer«. Damit ist bereits gut umschrieben, was die Windows-Firewall leistet. Denn sie überprüft den gesamten ein- und ausgehenden Datenverkehr zwischen Ihrem Computer und dem Internet. Gefährlich wird es z. B., wenn Sie Programme aus dem Internet auf Ihren PC laden. Denn häufig nisten sich dabei heimlich Programme auf Ihrem Computer ein. Diese unerwünschten Programme spionieren dann z. B. hochsensible Daten wie Kreditkarteninformationen oder Zugangsdaten zum Online-Banking aus und reichen diese an eine bestimmte Webadresse weiter. Die Gefahr lauert aber nicht nur beim Download von Dateien – auch das einfache Surfen im Internet kann Ihnen einen solchen Spion bescheren. Stellt die Firewall einen Angriff auf Ihren PC fest, unterbindet sie ihn. Wie das Windows Update sowie der Windows Defender ist auch die Windows-Firewall vom ersten Start Ihres Computers an aktiviert. Wenn Sie die Einstellungen der Windows-Firewall überprüfen möchten, gehen Sie folgendermaßen vor:

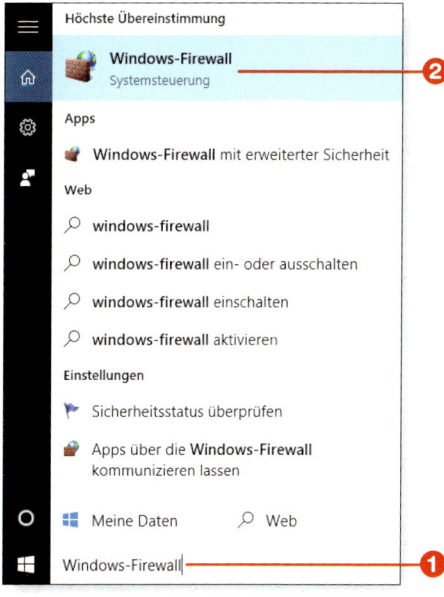

**1.** Klicken oder tippen Sie in das Suchfeld in der Taskleiste. Bei einem Tablet müssen Sie zuvor auf das Symbol ⊙ tippen, damit es eingeblendet wird.

**2.** Blinkt die Einfügemarke im Suchfeld, geben Sie den Suchbegriff »Windows-Firewall« ein ❶. Mit einem Klick oder Tipp auf das Suchergebnis **Windows-Firewall Systemsteuerung** ❷ rufen Sie den gleichnamigen Dialog auf.

Im Dialog **Windows-Firewall** wird zunächst eine Übersicht über den aktuellen Status der Windows-Firewall angezeigt. Diese Übersicht ist aufgeteilt in die Bereiche **Private Netzwerke** (❸ auf Seite 310) und **Gast oder öffentliche Netzwerke** ❹. Sind Sie mit Ihrem Notebook oder Tablet häufiger auf Reisen und nutzen dort z. B. auf Flughäfen oder Hotels öffentliche Hotspots oder WLANs, spielt speziell der zweite Bereich eine wichtige Rolle.

**3.** Um die Einstellungen der Windows-Firewall zu überprüfen, klicken oder tippen Sie links auf **Windows-Firewall ein- oder ausschalten** ❺. Eventuell müssen Sie den Hinweis der Benutzerkontensteuerung bestätigen.

**4.** Die Firewall kann für jeden Standort individuell eingestellt werden. Bei beiden Netzwerkvarianten (privat und öffentlich) sollte unbedingt das Kästchen **Benachrichtigen, wenn eine neue App von der Windows-**

**Firewall blockiert wird** ❻ mit einem Häkchen versehen sein. In diesem Fall erhalten Sie sofort einen Hinweis, wenn die Firewall aktiv wird.

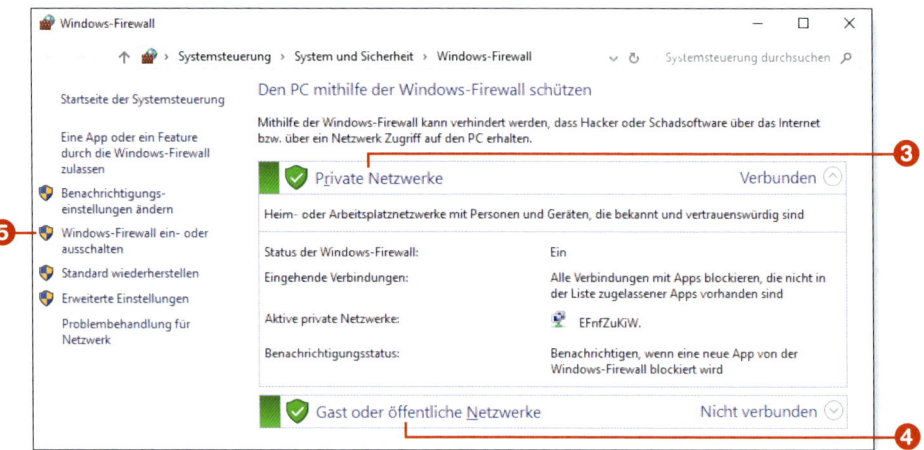

**5.** Sind Sie mit einem öffentlichen Netzwerk verbunden, sollten Sie zusätzlich **Alle eingehenden Verbindungen blockieren, einschließlich der in der Liste der zugelassenen Apps** ❼ aktivieren.

**6.** Nachdem Sie alle Einstellungen vorgenommen haben, schließen Sie den Dialog mit **OK**.

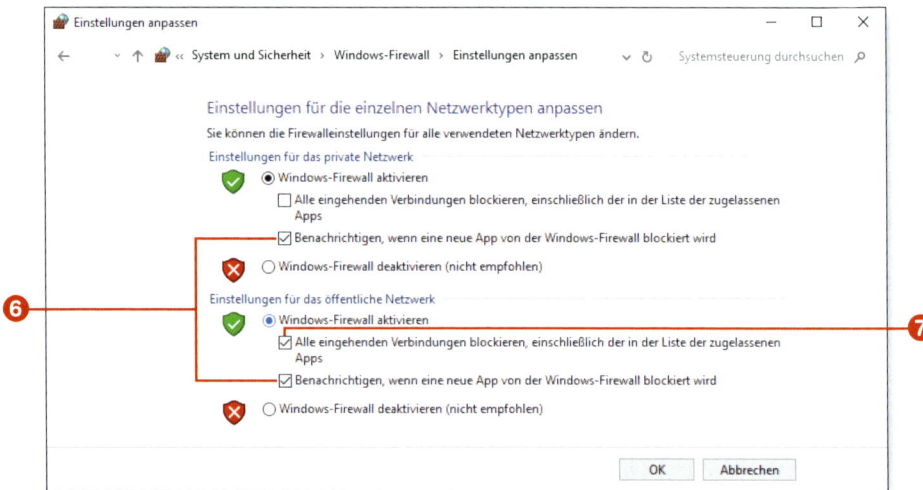

Damit haben Sie die wichtigsten Sicherheitsmechanismen kennengelernt, die Ihr Windows-10-Computer bereits mit an Bord hat. Diese Funktionen stehen Ihnen kostenlos zur Verfügung. Gerade beim Windows Defender spielt es eine große Rolle, dass er immer auf dem neuesten Stand gehalten wird. Ist dies nicht der Fall, kann das Programm Ihren Computer nicht vor der neuesten Malware schützen. Etwas mehr Schutz bieten hier die kostenpflichtigen Antivirenprogramme. Warum sich eine Investition eventuell rentieren könnte, erfahren Sie im nächsten Abschnitt.

## Kostenpflichtige Sicherheitsprogramme

Mit dem Windows Defender bringt Windows 10 bereits ein kostenloses Antivirenprogramm mit. Es ist allerdings nur in der Lage, bereits bekannte Viren, Trojaner und andere schädliche Programme zu erkennen. Hierfür benötigt es immer die neuesten *Signaturen* der Schädlinge. Man spricht in diesem Zusammenhang auch von einer *reaktiven Erkennung*. Damit ist auf Ihrem Computer zumindest für einen gewissen Basisschutz gesorgt. Die meisten anderen kostenlosen Antivirenprogramme arbeiten nach dem gleichen Schema.

Kostenpflichtige Sicherheitslösungen setzen dagegen zusätzlich zur reaktiven Erkennung auf die *proaktive Erkennung*. Hierbei werden die potenziellen Schadprogramme anhand ihres Verhaltens beurteilt. Weicht die ursprüngliche Absicht des Programms von dem ab, was es dann tatsächlich auf Ihrem Computer macht, schlägt das Antivirenprogramm Alarm. Außerdem haben kostenpflichtige Sicherheitslösungen meist noch weitere Funktionen an Bord, die z. B. einen Identitätsdiebstahl verhindern oder auch zusätzlichen Schutz beim Online-Banking und Online-Shopping bieten. Auch eine Firewall ist bei den meisten dieser Programme integriert.

In Tests von kostenpflichtigen Antivirenprogrammen schneiden Programme wie *Bitdefender Internet Security*, *Kaspersky Internet Security*, *Norton Security Deluxe*, *G Data Internet Security* oder auch *Trend Micro Internet Security* regelmäßig gut ab. Mal liegt der eine in einem Test etwas weiter vorne, mal der andere. Entscheiden Sie sich für eines dieser kostenpflichtigen Programme, achten Sie darauf, dass es auch für Ihre Betriebssystem-Version (also Windows 10) freigegeben ist. Kostenpflichtige Programme haben außerdem eine eingeschränkte Laufzeit. Haben Sie z. B. eine Lizenz für ein Jahr erworben, wird nach Ablauf dieser Zeit keine Aktualisierung der Virensignaturen durchgeführt. Achten Sie also unbedingt darauf, rechtzeitig eine neue Lizenz zu erwerben oder die bestehende zu verlängern.

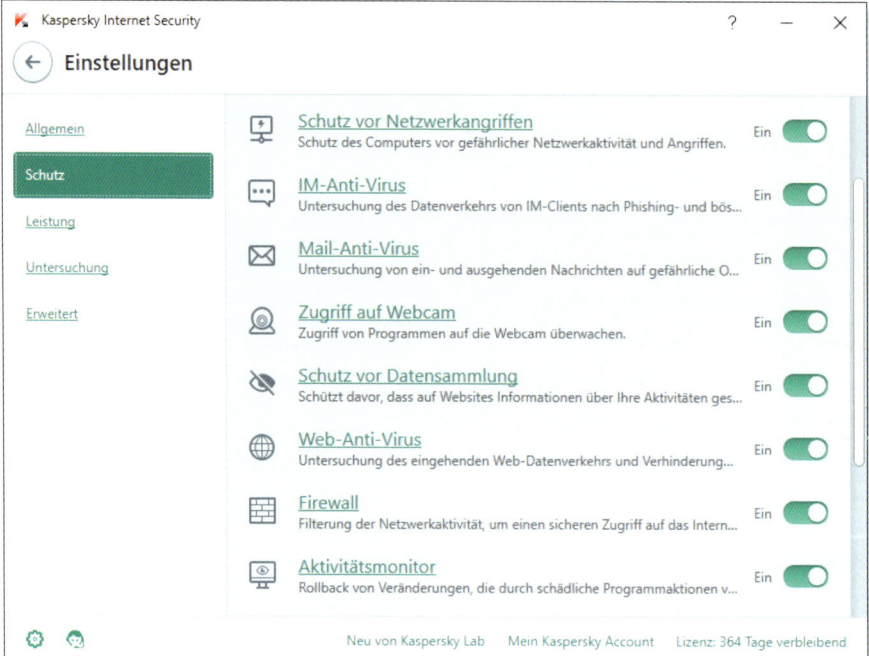

> Sicherheitslösungen wie hier Kaspersky Internet Security bringen eine Vielzahl an Schutzfunktionen mit.

Im Zusammenhang mit Sicherheitslösungen – egal ob Antivirenprogramm oder Firewall – gilt übrigens nicht der Spruch »Doppelt hält besser«. Installieren Sie also auf gar keinen Fall mehrere Antivirenprogramme oder Firewalls auf Ihrem Computer in der Hoffnung, dann noch besser geschützt zu sein. Die Programme greifen sehr tief in das Betriebssystem ein. Im schlimmsten Fall behindern sich die Programme nicht nur gegenseitig, sondern deaktivieren sich auch, sodass Ihr Computer gar nicht mehr geschützt ist. Wählen Sie eines der oben genannten Sicherheitsprogramme, werden während der Installation des Programms die Windows-Firewall und der Windows Defender automatisch deaktiviert.

# Kapitel 12

# Hilfe bei Problemen

Der Computer funktionierte lange Zeit wunderbar. Doch von der einen Sekunde zur anderen spielt er verrückt. Die Probleme, die plötzlich auftauchen können, sind vielseitig: Mal streikt die Computermaus, mal lässt sich eine Software nicht mehr bedienen, oder die Internetverbindung funktioniert nicht mehr. Auch diverse Fehlermeldungen, die plötzlich auf dem Bildschirm erscheinen, können einem die Freude am Computer schnell kaputt machen. In vielen Fällen lassen sich die Probleme ganz einfach lösen. Im Folgenden gebe ich Ihnen ein paar Tipps, wie Sie sich selbst auf Spurensuche begeben und viele Probleme beheben können.

## Probleme aufspüren und beheben

Der Schreck ist groß, wenn der Computer plötzlich nicht mehr so arbeitet, wie man es von ihm gewohnt ist. Häufig genug ist die Ursache des Problems aber ganz simpel. Allerdings fallen einem, wie so oft im Leben, die einfachsten Lösungen nicht so schnell ein. Quittiert die Computermaus z. B. plötzlich den Dienst, denken viele von uns an eine Virusinfektion des Computers. Der wahre Grund ist aber meist nur ein wackelndes Kabel oder im Falle einer Funkmaus eine leere Batterie. Die erste Regel, wenn eines der angeschlossenen Geräte (z. B. Computermaus, Tastatur oder auch der Drucker) nicht mehr funktioniert, lautet daher auch: Prüfen Sie zunächst alle Anschlüsse! Stecken wirklich alle Kabel fest, oder ist eines locker? So etwas passiert schnell einmal beim Staubsaugen oder wenn es sich der Hund mal wieder unter dem Tisch bequem macht.

Auch versehentlich gedrückte Tasten auf der Tastatur können schnell für Verwirrung sorgen. Wenn auf dem Bildschirm plötzlich nur noch

Großbuchstaben erscheinen, haben Sie z. B. die Taste ⇧ aktiviert. Ein erneutes Drücken der Taste löst das Problem. Wenn Sie über den Nummernblock, der auf vielen Tastaturen rechts von den Buchstabentasten zu finden ist, keine Ziffern mehr eingeben können, wurde der Nummernblock ausgeschaltet. Hier reicht ein Drücken der Taste Num , und schon klappt es auch wieder mit der Zifferneingabe.

### ➕ Hilfe, wenn die Verbindung ins Internet scheitert

Tritt das Internet bei Ihnen in den Streik, hilft es häufig, das Stromkabel des Routers aus der Steckdose zu ziehen. Alle Lampen am Router sollten nun erlöschen. Warten Sie anschließend ca. eine Minute, bevor Sie den Stecker wieder einstecken. Nun dauert es einen Moment, bis der Router wieder die Verbindung zum Internet herstellt. Sollten Sie für die Internetverbindung das WLAN nutzen, stellen Sie außerdem sicher, dass die WLAN-Funktion sowohl am Router als auch an Ihrem Notebook oder Tablet eingeschaltet ist (siehe auch den Abschnitt »Die Internetverbindung via Kabel oder drahtlos einrichten« ab Seite 86). Wenn diese Maßnahme nicht zum gewünschten Erfolg führt, sollten Sie durchaus Ihren Internetdienstanbieter anrufen. Denn dieser hat die Möglichkeit, das Signal bis zu Ihrem Router zu prüfen. Eventuell wurde das Gerät z. B. durch einen Blitzschlag beschädigt. Manchmal liegt das Problem auch gar nicht am Router oder Ihrem Computer. Vielleicht finden beim Internetdienstanbieter gerade Wartungsarbeiten statt oder wurden die Zuleitungen zu Ihrem Haus durch Bauarbeiten beschädigt.

Die oben geschilderten Schwierigkeiten sind schnell gelöst. Zum Glück erkennt das Windows-Betriebssystem einige Probleme von selbst und bietet Ihnen eine entsprechende Hilfestellung an. Die Funktion, die sich dahinter verbirgt, ist die sogenannte *Problembehandlung*. Am besten lässt sich die Funktion an einem konkreten Beispiel vorstellen. Ich habe hierfür eine deaktivierte Lautstärkefunktion gewählt. Wenn Sie die nächsten Schritte selbst nachvollziehen möchten: Klicken oder tippen Sie im Infobereich der Taskleiste auf das Lautsprecher-Symbol und im oberhalb aufklappenden Fenster ebenfalls auf das Lautsprecher-Symbol links. Damit ist die Lautstärke-Funktion des Computers ausgeschaltet. Mit einem Klick auf eine freie Stelle auf der Taskleiste wird das Fenster wieder aus-

⌃ *Ein alltägliches Beispiel: Am Computer ist der Lautsprecher ausgeschaltet.*

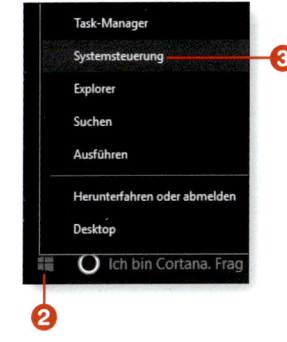

geblendet. Das Lautsprecher-Symbol selbst weist nun ein kleines Kreuz auf ❶. Der Computer soll jetzt für uns herausfinden, warum beim Abspielen der Musik im *Windows Media Player* (siehe den Abschnitt »Musik hören mit dem Windows Media Player« ab Seite 255) kein Ton mehr erklingt.

**1.** Klicken Sie mit der rechten Maustaste auf das Windows-Logo ⊞ ❷ am linken Rand der Taskleiste. In der aufklappenden Liste markieren Sie den Eintrag **Systemsteuerung** ❸. Der gleichnamige Dialog wird geöffnet.

**2.** Klicken oder tippen Sie im Bereich **System und Sicherheit** auf **Probleme erkennen und beheben** ❹.

Im Dialog **Computerprobleme behandeln** werden nun vier Kategorien aufgeführt: **Programme**, **Hardware und Sound**, **Netzwerk und Internet** sowie **System und Sicherheit**. Unterhalb der Kategorientitel finden Sie ein paar Beispiele. Trifft einer dieser Einträge bereits auf Ihr Problem zu, können Sie ihn direkt anklicken. Andernfalls klicken oder tippen Sie direkt auf den Kategorientitel. In unserem Beispiel gibt es ein Problem mit der Wiedergabe von Musiktiteln. Daher bieten sich diese weiteren Schritte an:

**3.** Klicken oder tippen Sie auf den grünen Titel **Hardware und Sound** ❺.

**4.** Auf der folgenden Seite wählen Sie das Problem aus, das Ihrer Situation am ehesten entspricht. In unserem Beispiel ist dies gleich der erste Eintrag **Wiedergeben von Audiodateien** (❻ auf Seite 316).

**5.** Bestätigen Sie den folgenden Hinweis **Wiedergeben von Audiodateien** mit **Weiter**. Die Problembehandlungsfunktion prüft nun den Computer. Sie stellt absolut korrekt fest, dass das Audiogerät stummgeschaltet war, und behebt das Problem automatisch, wie Sie dem folgenden Hinweis entnehmen können ❼. Sie können nun alle noch geöffneten Dialogfenster über die Schaltfläche **Schließen** ❽ sowie über das Symbol ✕ ❾ oben rechts beenden.

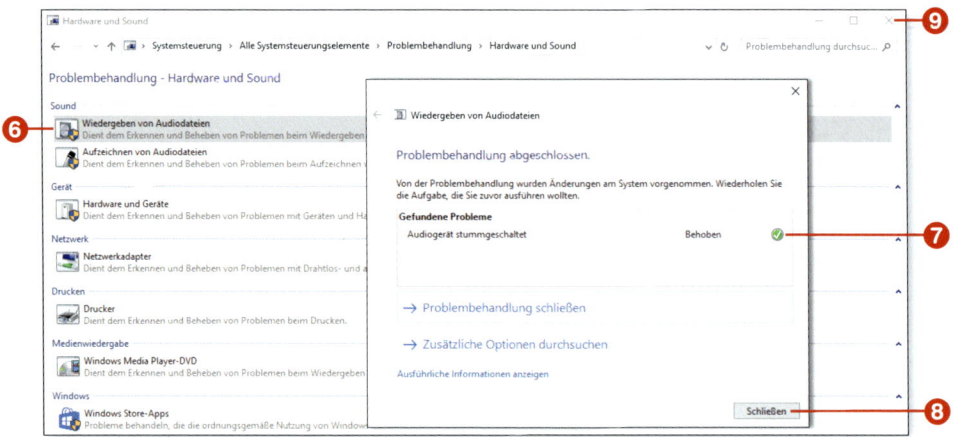

An diesem kleinen, einfachen Beispiel konnten Sie die Funktionsweise der Problembehandlung kennenlernen. Das Vorgehen bei anderen Problemen erfolgt ähnlich. Nicht in allen Situationen ist die Problembehandlung allerdings so erfolgreich. In einem solchen Fall führt Sie der nächste Schritt ins Internet, wie ich Ihnen im nächsten Abschnitt zeigen werde.

> **✚ Abgestürzte Programme beenden**
>
> Ein Programm oder eine App reagiert auf keine Ihrer Eingaben mehr? In der Titelleiste erscheint sogar der Hinweis **Keine Rückmeldung**? In einer solchen Situation spricht man auch von einem »abgestürzten Programm«. Hier hilft nur eines: Beenden Sie das Programm mithilfe des *Task-Managers*. Zum Aufruf des Task-Managers drücken Sie die Tastenkombination ⌨Strg + ⌨Alt + ⌨Entf. Wählen Sie im nächsten Dialog den Befehl **Task-Manager**. Klicken oder tippen Sie im Programmfenster des Task-Managers gegebenenfalls auf **Mehr Details**, um anschließend im Register **Prozesse** eine ausführliche Übersicht über alle laufenden Programme und Apps zu erhalten. Markieren Sie das Programm, das Probleme bereitet, und klicken oder tippen Sie auf **Task beenden**.

## So bekommen Sie Hilfe über das Internet

Auf dem Bildschirm taucht eine kuriose Fehlermeldung auf, mit der Sie so gar nichts anfangen können? Oder suchen Sie eine bestimmte Funktion und können sie nicht finden? In solchen Fällen rentiert sich eine Suchanfrage über die Suchmaschine *Google*. Denn bei allem Ärger, den der Computer bereiten kann, gibt es zumindest einen kleinen Trost: Meist ist man nicht allein mit seinem Problem. Und so findet man häufig in sogenannten *Communitys* Antworten auf seine Fragen. Community ist die englische Bezeichnung für »Gemeinschaft« und beschreibt eine Gruppe Gleichgesinnter, die sich im Internet über ein gemeinsames Thema unterhält und sich gegenseitig hilft.

Wie Sie eine Suchanfrage über die Suchmaschine Google starten, haben Sie bereits ausführlich im Abschnitt »Mit Google und Bing das Internet durchsuchen« ab Seite 98 erfahren. Möchten Sie einer Fehlermeldung auf den Grund gehen, geben Sie am besten den exakten Wortlaut der Meldung als Suchbegriff ein. Ergänzen Sie außerdem das Programm, bei dem die Fehlermeldung auftauchte, also etwa »Word Fehlercode 0xC004C060«, falls dieser Fehlercode in Microsoft Word eingeblendet wird.

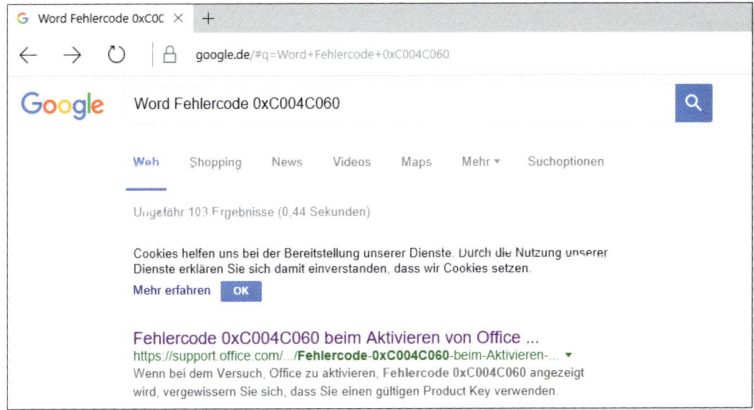

*Geben Sie die Fehlermeldung in Google so genau wie möglich ein.*

Viele Software-Hersteller bieten ihren Kunden einen sogenannten *Support*, also Unterstützung zu ihren Produkten, an. Meist findet sich ein gleichnamiger Link auf der Website des Herstellers. Nach einem Klick darauf erhalten Sie z. B. Antworten auf häufig gestellte Fragen (auch FAQ genannt, die Abkürzung für *Frequently Asked Questions*) oder können auch selbst den Support kontaktieren. Auch Microsoft bietet natürlich einen solchen Support für seine Produkte an. Rufen Sie die Internetseite *www.microsoft.de* auf, wird der entsprechende Link gleich am oberen Seitenrand eingeblendet. Klicken Sie hier auf **Support** (❶ auf Seite 318), klappt eine Liste mit verschiedenen Kategorien auf, aus der Sie die gewünschte auswählen, also etwa **Windows** ❷, falls Sie Fragen zum Betriebssystem haben.

> *Über den Link »Support« finden Sie weitere Hilfe.*

Mit diesem kleinen Abstecher in die auch in dieser Hinsicht hilfreiche Welt des Internets beenden wir die Schnuppertour durch den Computer. Ich wünsche Ihnen viel Spaß und Freude bei Ihren weiteren Entdeckungstouren.

---

➕ **Die wunderbare Taste »F1«**

Viele Programme wie etwa Microsoft Word oder auch Microsoft Excel bieten eine schier unüberschaubare Anzahl an Funktionen. Hier die gewünschte Funktion auf Anhieb zu finden ist gar nicht so einfach. Doch zum Glück bieten die meisten Hersteller für ihre Software Hilfe an. Die entsprechende Funktion lässt sich meist ganz einfach über die Taste `F1` aufrufen. Nicht selten wird im Dialogfenster, das anschließend geöffnet wird, eine Art Handbuch angezeigt, in dem Sie sich ausführlich über

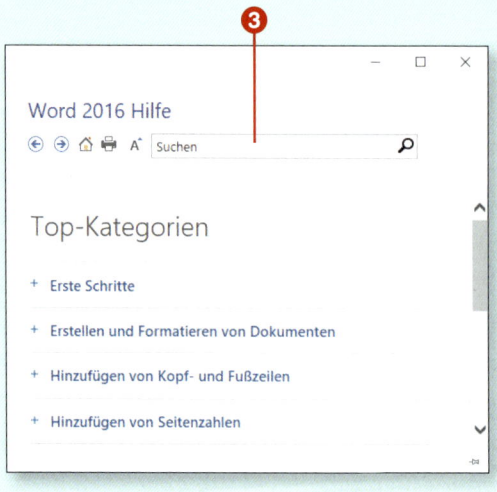

die Software informieren können. In einem guten Programm sollte im Hilfe-Dialogfenster außerdem eine Suchfunktion ❸ zur Verfügung stehen, in der Sie den gewünschten Suchbegriff eingebenkönnen. Um die Hilfefunktion zu beenden, klicken Sie auf das **Schließen**-Symbol ✕ in der rechten oberen Ecke.

∧ *Die Hilfefunktion von Word 2016*

# Glossar

**Account**
Zu Deutsch: Nutzerkonto. Meist muss sich der Nutzer über einen individuellen Nutzernamen und ein Passwort identifizieren, um etwa in einem Online-Shop einkaufen zu können.

**Acrobat Reader**
Programm zum Anzeigen von PDF-Dateien, die mit dem Programm gelesen, aber nicht verändert werden können.

**Administrator**
Benutzer, der über erweiterte Nutzungsrechte verfügt und so im Gegensatz zu einem Standardbenutzer z. B. Inhalte zur Programmverwaltung ändern und löschen kann.

**Aktivierung**
Freischaltung eines Programms durch Eingabe eines Aktivierungscodes, um das Programm nutzen zu können. Teilweise bieten Programme ohne Aktivierung eine nur eingeschränkte Nutzung.

**Antivirenprogramm**
Software zum Schutz vor Computerviren und anderer Schadsoftware.

**App**
Abkürzung für *Application*, zu Deutsch: Anwendung; eine neue Form von Programmen, die es schon seit Windows 8 gibt.

**Arbeitsspeicher**
Speicherbereich innerhalb eines Computers, der Daten nur zeitlich befristet während der Betriebszeit des Computers speichert. Beim Herunterfahren geht der Speicherinhalt verloren.

**Attachment**
Englische Bezeichnung für Anlagen, z. B. Dateien, die an eine E-Mail angehängt werden.

**Back-up**
Englische Bezeichnung für eine Datensicherung. Die Daten werden meistens auf externen Speichermedien wie Festplatten oder USB-Sticks gesichert.

**Benutzerkontensteuerung**
Teil des Betriebssystems von Windows Vista, Windows 7, Windows 8/8.1 und Windows 10, der mithilfe unterschiedlicher Zugriffsrechte steuert, welcher Nutzer welche Veränderungen am System vornehmen darf.

**Beta-Version**
Vorabversion einer Software, die Kunden zum Testen zur Verfügung gestellt wird.

**Betriebssystem**
Software zur Steuerung der Computeraktivitäten.

**Bibliothek**
Ablagestruktur seit Windows 7, in der Dateien geordnet nach Bildern, Dokumenten, Musik und Videos gespeichert werden.

**Bing**
Internetsuchmaschine von Microsoft.

**Bit**
Bezeichnung der Darstellung der Werte 0 oder 1 als kleinste mögliche Informationseinheit in der EDV.

**Blog**
Im Internet geführtes und damit meist öffentlich einsehbares »Tagebuch« bzw. Beiträge einer Person, häufig auch als *Weblog* bezeichnet.

**Bluetooth**
Kabellose Verbindung zwischen Computer und externen Geräten (z. B. Tastatur oder Maus) mittels Funktechnik.

**Blu-ray**
Digitales optisches Speichermedium, Nachfolger der DVD mit höherer Speicherkapazität.

**Bookmark**
Lesezeichen im Internet. Durch Hinterlegen eines Bookmarks im Browser können die jeweiligen Seiten ohne Eingabe der *URL*-Adresse schneller aufgerufen werden.

**Brenner**
Im Computer integriertes oder externes Gerät zum Brennen von Daten auf CD, DVD oder Blu-ray.

**Browser**
Computerprogramm zur Darstellung von Internetseiten.

**Bug**
Englische Bezeichnung für einen Fehler in Programmen.

**Button**
Englische Bezeichnung für Schaltflächen, die Sie per Mausklick oder durch Antippen per Finger bedienen.

**Byte**
Maßeinheit in der Informationsverarbeitung. 8 Bits bilden 1 Byte.

**CAPTCHA**
Abkürzung für *Completely Automated Public Turing test to tell Computers and Humans Apart*, zu Deutsch: Vollautomatischer öffentlicher Turing-Test zur Unterscheidung von Computern und Menschen. Captchas stellen eine Zeichenfolge dar, die durch einen verschwommenen Hintergrund oder auch das Verzerren der Zeichen nur schwer entzifferbar sind. Diese Zeichen müssen vom Nutzer in einem Internetformular wiedergegeben werden, um so sicherzustellen, dass es sich beim Gegenüber um einen Menschen handelt und nicht um ein Computerprogramm.

**Chat**
Englische Bezeichnung für »Plaudern«, bezeichnet umgangssprachlich die Kommunikation in Echtzeit im Internet.

**Chrome**
Von Google entwickelter Browser für den Internetzugriff.

**Client**
Zu Deutsch: Kunde. Bezeichnung für einen Computer, der die Dienste in Anspruch

nimmt, die von einem anderen Computer, dem sogenannten *Server*, zur Verfügung gestellt werden.

### Cloud

Englische Bezeichnung für »Wolke«. Hier werden Programme und Daten abgelegt, die nicht mehr auf dem eigenen Rechner, sondern auf Servern des jeweiligen Anbieters gespeichert werden und über das Internet aufgerufen werden können.

### Community

Englische Bezeichnung für »Gemeinschaft«, beschreibt umgangssprachlich eine Gruppe Gleichgesinnter, die innerhalb eines Programmes miteinander kommuniziert.

### Cookie

Kleine Datei, die beim Surfen auf Internetseiten auf Ihrem Computer gespeichert wird und eine Nachverfolgung des Surfverhaltens ermöglicht. Cookies sind deshalb aufgrund möglicher Datenschutzverletzungen kritisch zu sehen, häufig aber auch nicht zu umgehen, etwa beim Einkauf im Internet.

### Copy & Paste

Englischer Ausdruck für »Kopieren und Einfügen«. Bezeichnet den Vorgang, Daten durch Ziehen mit gedrückter Maustaste oder mit dem Finger zu kopieren, zu verschieben und an anderer Stelle wieder einzufügen.

### CPU

Abkürzung für *Central Processing Unit*. Die Zentraleinheit eines Computers steuert den Ablauf der einzelnen Verarbeitungsschritte, führt Rechenoperationen aus und speichert die notwendigen Daten.

### Cursor

Englische Bezeichnung für »Einfügemarke«. Diese zeigt durch einen blinkenden Strich oder einen Pfeil die Position der Maus auf der grafischen Oberfläche an.

### Dateiformat

Software wird in unterschiedlichen Formen angeboten. Die in den jeweiligen Programmen enthaltenen Daten müssen auf unterschiedliche Weise gelesen und interpretiert werden. Das Dateiformat dient dabei als Zuordnungskriterium (z. B. *.docx* für Textdateien in Word, *.xlsx* für Tabellen in Excel).

### Datenschutz

Sammelbegriff für Gesetze und Maßnahmen zum Schutz von gespeicherten Daten vor missbräuchlicher Nutzung und zum Schutz der Privatsphäre.

### De-Mail

E-Mail, bei der sowohl der Empfänger als auch der Sender eindeutig identifiziert werden kann. Die Datenübertragung erfolgt verschlüsselt. De-Mail wird auch von Behörden akzeptiert. Zum Versenden von De-Mails ist eine spezielle De-Mail-Adresse erforderlich.

### Desktop

Englische Bezeichnung für a) die grafische Benutzeroberfläche eines Computers und b) einen im Gegensatz zu Note- oder Netbooks nicht mobilen Computer, der aus Computergehäuse, Bildschirm, Tastatur und Maus besteht.

### Dialogfenster

Kurz auch Dialog genannt. Ein Fenster, das nach der Auswahl eines Befehls auf dem Bildschirm eingeblendet wird und in dem der Nutzer detaillierte Einstellungen vornimmt, bevor der Befehl ausgeführt wird.

### Dockingstation

Mobile Computer können mithilfe einer Dockingstation einfach mit zusätzlichen externen Geräten wie Bildschirm, Tastatur, Maus und Drucker verbunden werden.

### Domain

Bezeichnung für einen im Internet eindeutig über einen Namen gekennzeichneten Bereich, der die *Website*, also den Internetauftritt einer Person oder Organisation, darstellt.

### Dotcom

Englische Bezeichnung *dot* für Punkt, in Verbindung mit *com* als Abkürzung für die Endung von E-Mail- und Internetadressen genutzt, bezeichnet auch Unternehmen, die primär über das Internet Dienstleistungen anbieten.

### Download

Herunterladen von Daten und Programmen aus dem Internet oder von anderen Medien.

### Drag & Drop

Technik, um Objekte mit gedrückter linker Maustaste oder per Wischgeste in Windows zu verschieben oder an anderer Stelle abzulegen.

### DSL

Abkürzung für *Digital Subscriber Line*, ein Übertragungsstandard in der Telekommunikation, der mit bis zu 1.000 MBit/s deutlich leistungsstärker als analoge oder ISDN-Verbindungen ist.

### DVD

Abkürzung für *Digital Video Disc*. Digitales optisches Speichermedium mit hoher Speicherkapazität.

### Edge

Programm von Microsoft zur Darstellung von Internetseiten.

### Editor

Ein im Leistungsumfang beschränktes Programm zur Bearbeitung einfacher Textdateien.

### E-Mail

Elektronische Nachricht, die über entsprechende Programme am Computer gelesen, beantwortet und weitergeleitet werden kann.

### Excel

Tabellenkalkulationsprogramm zur Verarbeitung größerer Datenmengen und Ausführung von Rechenoperationen. Teil von Microsoft Office.

### EXE

Dateiformat für unter Windows ausführbare Programme.

### Explorer

Unter Windows 7 und älteren Versionen noch Windows-Explorer genannt. Ein Programm innerhalb von Windows, das die Verwaltung von Dateien ermöglicht. Diese können in unterschiedlichen Verzeichnissen unter anderem geordnet, verschoben und umbenannt werden.

### Facebook
Eines der größten sozialen Netzwerke mit über einer Milliarde Mitgliedern.

### FAQ
Abkürzung für *Frequently Asked Questions*, zu Deutsch: häufig gestellte Fragen, eine im Internet zur Verfügung gestellte Sammlung von Nutzerfragen mit den entsprechenden Antworten z. B. zur Bedienung von Computern oder Programmen.

### Favoriten
Interessante und häufig besuchte Webseiten können in Edge und anderen Browsern als Favoriten abgespeichert und dann ohne Eingabe der *URL* schneller aufgerufen werden.

### Festplatte
Medium zur Speicherung von Programmen und anderen Daten in einem Computer (auch als externes Gerät erhältlich).

### Firewall
Programm, das Computer oder Computernetze durch das Blockieren gefährlicher Daten schützt. In Kombination mit einem Virenschutzprogramm Basis für eine sichere Computernutzung.

### Flash Player
Programm, um in Internetseiten integrierte Effekte, Kurzfilme oder Ähnliches auf dem Computer abzuspielen.

### Flatrate
Englische Bezeichnung für einen Pauschaltarif im Bereich der Telekommunikationsdienstleistung, z. B. die unbeschränkte Internetnutzung für einen monatlichen Festpreis.

### Forum
Umgangssprachliche Bezeichnung für einen Bereich im Internet zum Austausch von Meinungen, Gedanken etc., auch als Internetforum bezeichnet.

### Freeware
Software, die kostenlos zur Nutzung angeboten wird.

### FTP
Abkürzung für *File Transfer Protocol*, ein *Protokoll* (siehe dort) für die Datenübertragung im Internet, etwa um Dateien vom eigenen PC auf einen *Server* hoch- oder von einem Server auf den eigenen PC herunterzuladen.

### GByte
Kurzform von Gigabyte, Maßeinheit in der Informationsverarbeitung. 1.024 MBytes bilden 1 GByte.

### Google
Internetsuchmaschine. Aufgrund des hohen Marktanteils hat sich *googeln* praktisch zum Synonym für den Ausdruck »im Internet suchen« entwickelt.

### GPRS
Abkürzung für *General Packet Radio Service*, ein Dienst für die Datenübertragung in Funknetzen.

**Grafikkarte**

Hardwarekomponente des Computers, die die Bildschirmanzeige steuert.

**Grafikprozessor**

Elektronisches Bauteil; dient zur Berechnung der Bildschirmausgabe, meistens Teil der Grafikkarte.

**Hacker**

Bezeichnung für Personen, die durch Ausnutzen von Sicherheitslücken unerlaubt in fremde Computer oder Computernetzwerke eindringen.

**Hardware**

Sammelbegriff für alle »harten« Teile eines Computers, also Gehäuse, Prozessor, Grafikkarte, Tastatur, Bildschirm etc.

**Hashtag**

Zeichenkette mit vorangestelltem #, dient als Suchbegriff bzw. markiert einzelne Themen, z. B. im Kurznachrichtendienst *Twitter*.

**Hauptspeicher**

Komponente der *CPU* (siehe dort), auch als Arbeitsspeicher bezeichnet.

**Headset**

Englische Bezeichnung für eine Kombination aus Kopfhörer und Mikrofon; wird über Kabel mit dem Computer verbunden.

**Heimnetzgruppe**

Gruppe von Computern und externen Geräten, z. B. Drucker, die über ein Netzwerk miteinander verbunden und durch ein Kennwort vor Zugriff von außen geschützt sind.

**Herunterfahren**

Prozess, der den Computer durch die Beendigung aller laufenden Programme ausschaltet oder in den Ruhemodus versetzt.

**Homepage**

Englische Bezeichnung für eine Internetseite, die als Startseite eines kompletten Internetauftritts mit diversen Folgeseiten fungiert.

**Hotline**

Englische Bezeichnung für Service-Telefonnummern von Dienstleistern und Anbietern, an die sich Nutzer mit Rückfragen oder Fehlermeldungen wenden können.

**Hotspot**

Englische Bezeichnung für öffentlich zugängliche *WLAN*-Zugriffspunkte (siehe dort). Über Hotspots kann man seinen PC mit dem Internet verbinden.

**HTTP/HTTPS**

Abkürzung für *Hypertext Transfer Protocol* bzw. *Hypertext Transfer Protocol Secure*; beides sind Protokolle (siehe dort) zur Datenübertragung im Internet, wobei beim Protokoll HTTPS die Daten zur sicheren Übertragung verschlüsselt werden.

**Hub (USB-Hub)**

Englische Bezeichnung für ein Gerät, das Anschlussmöglichkeiten vervielfacht. Ein USB-Hub wird per Kabel an die *USB*-Schnittstelle (siehe dort) des Computers angeschlossen und bietet seinerseits dann mehrere USB-Anschlüsse, sodass mehrere Geräte gleichzeitig angeschlossen werden können.

**Hyperlink**

Auch kurz *Link* genannt. Englische Bezeichnung für einen Verweis auf einer Internetseite. Durch einen Mausklick oder durch Antippen mit dem Finger wird eine andere Internetseite aufgerufen, oder die Ansicht springt zu einer anderen Stelle innerhalb der Internetseite.

**Icon**

Englische Bezeichnung für die grafischen Symbole auf der Desktop-Oberfläche und in Programmen.

**Image**

Abbild eines Speichers, z. B. einer Festplatte oder einer CD, in einer Datei.

**IMAP**

Abkürzung für *Internet Message Access Protocol*, *Protokoll* (siehe dort) für den Zugriff auf und die Organisation von E-Mails.

**Importieren**

Bezeichnet das Einspielen von Daten aus externen Quellen, z. B. CD, DVD, USB-Stick oder Internet, auf den Computer.

**Installation**

Einrichten eines Softwareprogramms auf dem Computer, heute meist über Hilfsprogramme realisiert, die den Nutzer durch den Installationsvorgang führen.

**Internet**

Weltweites Netzwerk, über das Daten ausgetauscht werden.

**Internetadresse**

Eindeutiger Name, über den eine Internetseite gefunden und aufgerufen werden kann (siehe auch *Domain*).

**Internet Explorer**

Microsoft-eigenes Programm zur Darstellung von Internetseiten.

**IP-Adresse**

Adresse in einem Computernetz, über die ein Computer eindeutig identifiziert werden kann.

**ISDN**

Abkürzung für *Integrated Services Digital Network*, ein Standard für digitale Kommunikationsnetze.

**JPEG/JPG**

Häufig genutztes Format für die Speicherung von Bildern und Grafiken.

**Junk-E-Mail**

Englische Bezeichnung für unerwünschte E-Mails, auch als *Spam* bezeichnet.

**Kachel**

Symbole im Startmenü von Windows 10 zum Aufrufen von Apps und Windows-Anwendungen.

**KByte**

Kurzform von Kilobyte; Maßeinheit in der Informationsverarbeitung. 1.024 Bytes bilden 1 KByte.

**Klammeraffe, @**

Das At-Zeichen @, umgangssprachlich als »Klammeraffe« bezeichnet, ist ein grundsätzlicher Bestandteil in E-Mail-Adressen und trennt den Nutzernamen vom Domain-Namen.

## Kontextmenü

Ein Menü, das nach einem Rechtsklick auf ein Element aufklappt und weitere Befehle im Zusammenhang (Kontext) mit dem ausgewählten Element anbietet.

## LAN

Abkürzung für *Local Area Network*, ein lokales Rechnernetzwerk, das in seiner Ausdehnung begrenzt ist.

## Laptop/Notebook

Bezeichnung für einen mobilen Computer, mittlerweile in der Leistung stationären Tischrechnern (siehe *Desktop*) durchaus ebenbürtig. Deutlich leistungsstärker als die kleineren Netbooks oder Tablet-Computer.

## Laufwerk

Allgemeine Bezeichnung für in den Computer integrierte oder externe Geräte zum Lesen und Schreiben von Daten, z. B. Festplatte, CD- oder DVD-Laufwerk, USB-Stick.

## Link

Siehe *Hyperlink*.

## Login

Bezeichnet das Anmelden an einem Computer oder einem Internetdienst wie etwa einem Online-Shop, meist mittels eines persönlichen Nutzernamens und eines Passwortes.

## Logout

Bezeichnet das Abmelden von einem Computer oder einem Internetdienst.

## MByte

Kurzform von Megabyte. Maßeinheit in der Informationsverarbeitung. 1.024 KBytes bilden 1 MByte.

## Media Player

Programm zum Abspielen von Audio- und Videodateien. Das in Windows integrierte Programm trägt den Namen *Windows Media Player*.

## Microsoft Edge

siehe *Edge*.

## Microsoft-Konto

Spezielle Benutzerkontenart, die zur Nutzung einiger Apps sowie für den Erwerb zusätzlicher Apps über den Windows Store benötigt wird.

## Mozilla Firefox

Programm zur Darstellung von Internetseiten; eine Alternative zu Edge von Microsoft.

## MP3

Format für die Speicherung von Audiodateien, das eine Verringerung des benötigten Speicherplatzes ohne signifikante Verluste der Audioqualität ermöglicht.

## Netbook

Mobiler Computer, bei dem die Leistungsfähigkeit von Prozessor und Grafikkarte zugunsten längerer Akkulaufzeiten beschränkt ist.

## Netzwerk

Sammelbegriff für den Zusammenschluss eigenständiger elektronischer Systeme zu einem Verbund, in dem die einzelnen Systeme miteinander kommunizieren können (siehe *LAN*, *WLAN*).

**Newsletter**

Englische Bezeichnung für neue und wichtige Informationen zu speziellen Themen wie etwa Programmaktualisierungen oder Produktneuheiten, die per E-Mail versendet werden.

**OEM-Software**

Abkürzung für *Original Equipment Manufacturer*; bezeichnet in diesem Kontext die Software eines Herstellers (z. B. Microsoft), der diese dem Handel kostengünstiger zur Verfügung stellt. Die Software darf nur in Kombination mit einem neuen PC verkauft werden.

**Offline**

Der eigene Computer ist nicht mit dem Internet verbunden und kann damit auch keine Daten empfangen oder senden.

**OneDrive**

Ein von Microsoft kostenlos zur Verfügung gestellter Speicherplatz im Internet.

**Online**

Der eigene Computer ist mit dem Internet verbunden und kann damit Daten empfangen oder senden.

**Online-Banking/Homebanking**

Sammelbegriff für die elektronische Abwicklung von Bankgeschäften mittels eines Computers oder anderer Geräte per Internet oder Telefon.

**Online-Shop**

Sammelbegriff für den Verkauf von Produkten über das Internet; das bekannteste Beispiel ist wohl Amazon.

**Ordner**

Verzeichnis, in dem thematisch zusammengehörende Dateien gespeichert werden.

**Partition**

Datenträger wie z. B. Festplatten können mittels entsprechender Software in unterschiedliche Bereiche unterteilt werden, die auch einzeln nutzbar sind.

**PDF**

Format für die Speicherung von Bildern, Grafiken und Texten.

**Phishing-Mail**

E-Mails mit gefälschten Absenderangaben und Inhalten mit dem Ziel, den Empfänger zur Angabe von persönlichen Daten (z. B. Bankdaten) zu veranlassen, um damit schädliche oder betrügerische Aktionen zu begehen.

**PIN/TAN**

System zur sicheren Authentifizierung bzw. Genehmigung von über das Internet abgewickelten Transaktionen, z. B. Online-Banking. Neben einer *persönlichen Identifikationsnummer* (PIN) wird zusätzlich eine sogenannte *Transaktionsnummer* (TAN) benötigt, die nur für einen Vorgang genutzt werden kann und heute meist elektronisch erzeugt wird.

## Pixel

Englische Bezeichnung für »Bildpunkt«. Die Darstellung auf dem Bildschirm eines Computers erfolgt über eine unterschiedlich hohe Anzahl von Bildpunkten, z. B. 1.920 × 1.080. Je höher die Anzahl der Bildpunkte ist, desto schärfer ist auch die Darstellung.

## Plug & Play

Sammelbegriff für die Installation neuer Geräte (z. B. Drucker) am Computer, ohne manuell einen *Treiber* (siehe dort) installieren zu müssen. Der Computer erkennt das neue Gerät und installiert die notwendigen Treiber selbstständig.

## Plug-ins

Ergänzende Programme, die über Schnittstellen in ein Programm, z. B. einen Internetbrowser, integriert werden können.

## Podcast

Über das Internet abrufbare Mediendaten, z. B. Radio- oder Fernsehbeiträge.

## POP3

Abkürzung für *Post Office Protocol 3*; *Protokoll* (siehe dort) für den Zugriff auf E-Mails.

## Pop-up

Sammelbegriff für zusätzliche Fenster, die durch Tippen auf oder Anklicken eines Symbols oder Textes mit der Maus eingeblendet werden. Auf Internetseiten enthalten sie z. B. häufig unerwünschte Werbung.

## Product Key

Englische Bezeichnung für »Produktschlüssel«. Meist eine längere Ziffern- und Buchstabenfolge, die zur Aktivierung von Programmen benötigt wird.

## Protokoll

Ein Protokoll gibt vor, wie die Daten z. B. zwischen Computern übermittelt werden sollen.

## Provider

Englischer Begriff für Anbieter von Dienstleistungen wie Internet, Mobilfunk oder Telefon im Telekommunikationsbereich.

## QuickTime

Von Apple entwickelte Architektur für Multimedia, die die Wiedergabe von Audio- und Videodateien ermöglicht.

## RAM

Abkürzung für *Random-Access Memory*, ein Speicher, der gelesen und beschrieben werden kann; der Begriff wird häufig gleichbedeutend mit *Arbeitsspeicher* verwendet.

## Registrierung

Anmeldung als Nutzer einer Software oder eines Geräts, um Programmaktualisierungen und andere Informationen zu erhalten.

## Registry

Grundsätzlich eine Datenbank zur Sammlung von Registrierungsdaten; die *Windows Registry* enthält eine Datensammlung zu allen auf dem Computer installierten Programmen.

## ROM

Abkürzung für *Read-Only Memory*, ein Speicher, der nur gelesen, aber nicht beschrieben werden kann und seine Daten immer behält.

**Router**

Hardware, die innerhalb von Netzwerken für die Weiterleitung von Daten genutzt wird.

**Safari**

Von Apple entwickelter Internetbrowser.

**Scanner**

Hardware zum Einlesen von Texten, Grafiken und Bildern, um diese dann im Computer weiterverarbeiten zu können.

**Screenshot**

Englische Bezeichnung für einen Schnappschuss des Computerbildschirms (auch Bildschirmbild genannt), der anschließend als Bilddatei auf dem Computer gespeichert wird.

**Scrollen**

Englische Bezeichnung für die Durchsicht von längeren Texten, Tabellen oder anderen Bildschirminhalten durch Bewegen des Mauszeigers auf der Bildlaufleiste nach oben oder unten bzw. die Nutzung des bei den meisten Computermäusen verfügbaren Scrollrades.

**Server**

Sammelbegriff für die Computer in Netzwerken, die den angeschlossenen anderen Computern Dienste und Speicherplatz zur Verfügung stellen.

**Set-up**

Englischer Begriff für die Installation von Programmen.

**Signatur**

Bezeichnung für einen elektronischen Identitätsnachweis, quasi eine elektronische Unterschrift; in E-Mails enthält sie beispielsweise die Adressdaten des Absenders.

**Smartphone**

Mobiltelefon mit erweiterten Nutzungsmöglichkeiten über das reine Telefonieren hinaus, z. B. Zugriff auf das Internet, GPS-Navigation, Abspielen von Audio- und Videodateien. Hat meist einen berührungsempfindlichen Bildschirm, auch Touchscreen genannt.

**Smiley**

Mithilfe von Zeichen wie Doppelpunkt, Strich, Klammern etc. dargestellte stilisierte Gesichter, die unterschiedliche Emotionen ausdrücken.

**SMTP**

Abkürzung für *Simple Mail Transfer Protocol*, ein *Protokoll* (siehe dort) für den Versand von E-Mails.

**Software**

Sammelbegriff für alle Programme auf einem Computer.

**Soundkarte**

Hardware innerhalb eines Computers für die Verarbeitung von Audiosignalen.

**Soziales Netzwerk**

Bezeichnung für eine Gruppe von Nutzern, die sich auf einer gemeinsamen Plattform im Internet austauschen. Das größte soziale Netzwerk ist Facebook.

### Spam-Mail
Englische Bezeichnung für unerwünschte E-Mails, auch als *Junk-E-Mail* bezeichnet.

### Speicherkarte
Hardware zur Speicherung von Daten. Speicherkarten gibt es in unterschiedlichen Größen (CF, SD, MicroSD) und mit unterschiedlich hohem Speicherplatz.

### Spyware
Schadsoftware, die sich – vom Nutzer ungewollt – auf dem Computer installiert und persönliche Daten wie Passwörter ausspioniert oder das Surfverhalten dokumentiert und weitermeldet.

### SSL
Abkürzung für *Secure Socket Layer*, ein Netzwerkprotokoll für die sichere verschlüsselte Übertragung von Daten.

### Startmenü
Menü, das per Klick oder Tippen auf das Windows-Logo in der linken unteren Ecke des Bildschirms aufklappt. Über das Startmenü erreichen Sie alle Windows-Anwendungen, Einstellungen und Apps.

### Startseite
Internetseite, die als Erstes beim Verbinden des eigenen Computers mit dem Internet aufgerufen wird. Kann vom Nutzer individuell eingestellt werden. Bezeichnet auch die Homepage eines Unternehmens.

### Streaming
Bezeichnet das Anhören von Audiodateien bzw. das Ansehen von Videodateien am eigenen Computer, ohne dass die Dateien auf dem Gerät gespeichert werden. Die Daten werden dabei kontinuierlich aus dem Internet übertragen und sofort beim Empfang wiedergegeben.

### Suchmaschine
Software zur Suche nach Inhalten oder Internetseiten. Nach Eingabe des Suchbegriffs listet die Suchmaschine Internetseiten auf, die den gesuchten Begriff enthalten. Die bekannteste Suchmaschine ist Google.

### Surfen
Umgangssprachliche Bezeichnung für das Aufrufen von Internetseiten.

### Systemsteuerung
Software innerhalb von Windows, um den Computer den persönlichen Vorlieben anzupassen, Programme und Hardware zu administrieren und Sicherheitseinstellungen vorzunehmen.

### Tablet
Relativ neue Klasse von leichten, tragbaren Computern ohne Tastatur, die mittels eines *Touchscreens*, eines berührungsempfindlichen Bildschirms, gesteuert werden.

### Taskleiste
Leiste am unteren Bildschirmrand der Desktop-Oberfläche, die Symbole für den Zugriff auf verschiedene Programme enthält.

### TFT-Display
Englische Bezeichnung für Flachbildschirm.

### Touchpad
Berührungsempfindliche Fläche, die bei Notebooks als Ersatz für die Maus genutzt wird.

**Touchscreen**
Berührungsempfindlicher Bildschirm, über den Smartphones oder Tablets gesteuert werden können.

**Treiber**
Software, um Hardwarekomponenten oder externe Geräte (z. B. Drucker) zu installieren und zu nutzen.

**Tweet**
Textbeitrag mit einer Länge von maximal 140 Zeichen im Kurznachrichtendienst Twitter.

**Twitter**
Kurznachrichtendienst, der die Kommunikation mittels Textnachrichten von maximal 140 Zeichen ermöglicht. Themen werden durch ein vorangestelltes # (Hashtag) gekennzeichnet.

**Update**
Bezeichnet die Aktualisierung von Softwareprogrammen. Updates dienen zur Fehlerbehebung und Leistungserweiterung von Programmen.

**Upgrade**
Im Gegensatz zum Update wird bei einem Upgrade ein Programm durch ein komplett neues Programm ersetzt, z. B. Windows 7 und Windows 8/8.1 durch Windows 10. Upgrades sind für den Endkunden meist günstiger als eine »frische« neue Programmversion.

**Upload**
Englische Bezeichnung für »Hochladen«, das Laden von Daten vom eigenen Rechner auf einen anderen Rechner, z. B. das Hochladen von Fotos auf den Server eines Fotoportals.

**URL**
Abkürzung für *Uniform Resource Locator*, wird hauptsächlich als Synonym für eine Internetadresse benutzt.

**USB**
Abkürzung für *Universal Serial Bus*, eine Schnittstelle zur Verbindung von Computern und externen Geräten wie Festplatten, DVD-Laufwerken und Druckern.

**USB-Stick**
Kompaktes Gerät, das über eine USB-Schnittstelle mit dem Computer verbunden wird. USB-Sticks werden hauptsächlich als Speichersticks genutzt und bilden damit eine Alternative zur Speicherkarte, sind aber auch als Authentifizierungstools oder Adapter für die Verbindung des Computers mit Funknetzen im Einsatz.

**User**
Englische Bezeichnung für »Benutzer«, also die Person, die den Computer nutzt.

**Verknüpfung**
Verweis auf eine andere Datei oder einen anderen Teil innerhalb der gleichen Datei (siehe *Hyperlink*). Zudem können Programmverknüpfungen auf dem Desktop angelegt werden, durch welche sich das jeweilige Programm direkt aufrufen lässt.

**Virus**
Schadsoftware, die sich in andere Computerprogramme einschleust und die Sicherheit des Computers bedroht.

### Voice-over-IP

Englische Bezeichnung für »Internettelefonie«. Für die Übertragung der Sprache werden Computernetzwerke genutzt.

### Webcam

Kamera innerhalb eines Computers oder als externes Gerät, um Videobilder aufzunehmen und zu senden.

### Webseite

Einzelne Seite eines Internetauftritts.

### Website

Bezeichnet den aus meist mehreren Internetseiten (auch *Webseiten* genannt) bestehenden Internetauftritt einer Person oder einer Organisation.

### WLAN

Abkürzung für *Wireless Local Area Network*, ein drahtloses lokales Netzwerk, das zur Verbindung und Datenübermittlung Funk nutzt.

### WWW

Abkürzung für *World Wide Web*, also einen zentralen Dienst des Internets.

### ZIP

Dateiformat zum komprimierten Speichern von Daten, um Speicherplatz zu sparen. Es können einzelne Dateien oder ganze Dateiverzeichnisse speicherplatzsparend gesichert werden. Vor erneuter Nutzung der Dateien müssen diese erst wieder dekomprimiert werden.

### Zoom

Möglichkeit, die Bildschirmdarstellung (auf Touchscreens etwa durch bestimmte Fingerbewegungen) größer oder kleiner erscheinen zu lassen.

### Zwischenablage

Dient dem einfachen Datenaustausch bei *Copy & Paste*. Die Daten werden beim Kopieren (Copy) temporär in der Zwischenablage gespeichert und beim Einfügen (Paste) aus der Zwischenablage in eine andere Datei oder ein anderes Programm eingefügt.

# Stichwortverzeichnis

## A

| | |
|---|---|
| Abgestürztes Programm | 316 |
| Abmelden am Computer | 294 |
| Absatzmarke einblenden | 204 |
| Account | 319 |
| Acrobat Reader | 319 |
| Adapter | 19 |
| Administrator | 292, 293, 319 |
| Adressbuch | 136 |
| Adressliste anlegen mit Excel | 233 |
| Aktivierung | 319 |
| AltGr-Taste | 27 |
| Amazon | 95, 97 |
| Anmelden am Computer | 30, 36 |
| Antivirenprogramm | 311, 319 |
| *Bitdefender Internet Security* | 311 |
| *G Data Internet Security* | 311 |
| *Kaspersky Internet Security* | 311 |
| *kostenlos* | 311 |
| *kostenpflichtig* | 311 |
| *Norton Security Deluxe* | 311 |
| *Trend Micro Internet Security* | 311 |
| *Windows Defender* | 304, 311 |
| Anwendung installieren | 52 |
| Anwendungsprogramme | 15 |
| Anwendungssoftware | 41 |
| Anzeige vergrößern | 283 |
| App | 42, 319 |
| *beenden* | 50 |
| *Benachrichtigungen* | 281 |
| *deinstallieren* | 273 |
| *entfernen* | 273 |
| *Filme & TV* | 153 |
| *Finanzen* | 261 |
| *Fotos* | 150 |
| *Groove-Musik* | 259 |
| *im Startmenü öffnen* | 272 |
| *im Store suchen* | 271 |
| *installieren* | 272 |
| *Kalender* | 141 |
| *Kontakte* | 136 |
| *Mail* | 119 |
| *Nachrichten* | 261 |
| *öffnen* | 42 |
| *Skype-Video* | 264 |
| *Sport* | 261 |
| *Store* | 268 |
| *Symbole auf der Taskleiste anzeigen* | 44 |
| *Zuletzt hinzugefügt* | 273 |
| Arbeitsspeicher | 13, 16, 319, 324, 328 |
| Attachment | 319 |
| Audio-CD | |
| *auf dem Computer wiedergeben* | 256 |
| *auf den Computer überspielen* | 257 |
| Aufzählungen | 210 |
| *Aufzählungszeichen auswählen* | 210 |
| *mit mehreren Ebenen* | 213 |
| *wieder aufheben* | 213 |
| Ausschalten (Herunterfahren) | 57 |
| Automatische Wiedergabe | |
| *einer CD/DVD* | 54 |

## B

| | |
|---|---|
| Backspace-Taste | 26 |
| Back-up | 319 |
| Bandbreite für die Internetverbindung | 85 |
| Basisinformationen | 16 |
| Benachrichtigung | 301 |
| Benutzer abmelden | 294 |
| Benutzerkontensteuerung | 53, 319 |
| Benutzerkonto | 33 |
| *anlegen* | 289 |
| *einrichten* | 32, 34 |
| *lokales Konto* | 290 |
| *Microsoft-Konto* | 290 |
| Beta-Version | 319 |

Betriebssystem ....................................... 15, 319
Bezahlsystem im Internet ........................ 106
Bibliothek ....................................... 81, 319
Bilder in Word einfügen ........................... 214
Bildlaufleiste .............................. 23, 45, 190
Bildpunkt (Pixel) ................................. 328
Bildschirm .......................................... 14
   *anschließen* ....................................... 18
   *Schrift vergrößern* ........................... 283
Bildschirmbild (Screenshot) .................. 329
Bildschirmtastatur ................................ 27
   *Zahlen eingeben* ............................. 27
Bing .................................. 92, 98, 320
Bit ............................................... 13, 320
Bitdefender Internet Security ................. 311
Blättern ............................................. 23
Blog ................................................. 320
Bluetooth ......................................... 320
Blu-ray ............................................. 320
   *Disc brennen* ................................. 175
Bookmark .......................................... 320
Brennen einer ISO-Datei ...................... 179
Brenner ....................................... 14, 320
Brief mit Word erstellen ......................... 202
Browser ....................................... 88, 320
   *Adressfeld* ....................................... 92
   *Microsoft Edge* ................................. 89
Bug ................................................. 320
Button .............................................. 320
Byte ........................................... 13, 320

**C**

Capslock-Taste ................................... 27
Captcha ........................ 118, 125, 320
CD
   *auf dem Computer wiedergeben* .......... 256
   *auf den Computer überspielen* ............. 257
   *brennen* ........................................ 175
CD/DVD/Blu-ray-Laufwerk ...................... 14
Central Processing Unit (CPU) → Prozessor
Chat ................................................ 320
Chrome ............................................ 320

Client ............................................... 320
Cloud ............................................... 321
   *OneDrive* ....................................... 180
Community .................................. 317, 321
Computer
   *einschalten* ..................................... 29
   *herunterfahren* ................................. 57
   *neu starten* ..................................... 57
   *sperren* ......................................... 281
   *zum ersten Mal starten* ...................... 30
Computermaus ................................... 21
   *anschließen* ..................................... 18
   *funktioniert nicht* ............................. 313
Control-Taste ...................................... 26
Cookie .............................................. 321
Copy & Paste ...................................... 321
Cortana (Sprachassistentin) ................... 55
CPU ................................................. 321
Cursor .............................................. 321

**D**

Datei
   *Detailansicht* ................................. 171
   *Konflikte beim Kopieren/Verschieben* ..... 77
   *löschen* ......................................... 78
   *mehrere sortieren* ............................ 171
   *suchen* ........................................... 54
   *umbenennen* .................................... 68
   *verschieben* ..................................... 72
   *wiederherstellen* ............................... 79
Dateiablage auf dem Computer → Explorer
Dateiendung ...................................... 62
Dateiformat ....................................... 321
Dateinamen ....................................... 198
Datenschutz .............................. 295, 321
Datensicherung ................................... 74
Datenübertragung, verschlüsselt ............. 90
Datum .............................................. 39
Deinstallieren
   *App* ............................................. 273
   *Programm* ....................................... 55
De-Mail ............................................ 321

Desktop ... .................................................... 321
   *Diashow anzeigen* .......................... 277
   *Hintergrundbild ändern* ........................ 275
Desktop-Apps ............................................. 42
Desktop-Oberfläche .................................... 38
Desktop-PC ................................................. 17
Desktop-Symbol ......................................... 39
Dialogfenster ................................... 30, 322
   *Größe anpassen* .............................. 285
Diashow auf dem Bildschirm anzeigen 277
Digitalkamera anschließen ..................... 146
Dockingstation ........................................ 322
Dokument
   *öffnen* .................................... 195, 200
   *richtige Benennung* ......................... 198
   *schließen* ................................ 194, 200
   *speichern* ....................................... 193
   *speichern unter einem neuen*
     *Namen* ...................................... 195
Domain ..................................................... 322
   *Name* ............................................... 90
Doppelklick ..................................... 22, 287
   *Geschwindigkeit einstellen* ............. 287
Dotcom ..................................................... 322
Download ........................... 85, 106, 322
Drag & Drop ............................................. 322
Drucken in Word ..................................... 225
DSL ........................................................... 322
   *Anschluss* ........................................ 83
   *Modem* ........................................... 84
   *Router* ............................................ 84
DVD .......................................................... 322
   *brennen* .......................................... 175
DVI-Buchse .............................................. 18

**E**

Edge .......................................................... 322
Editor ........................................................ 322
Einfügemarke ................................. 192, 321
   *richtig positionieren* ....................... 192
Eingabe-Taste .......................................... 26
Einschalten des Computers .................... 29

Einstellungen
   *aufrufen* ......................................... 283
   *beim ersten Computerslurt* .............. 30
   *Kategorienübersicht* ...................... 283
E-Mail ...................................................... 322
   *an mehrere Empfänger schicken* ......... 126
   *Bcc* ................................................. 126
   *beantworten* ............................ 132, 133
   *Benachrichtigung erhalten* .............. 132
   *Bilder in Werbemails ausblenden* ......... 132
   *Cc* ................................................. 126
   *Dateianhang speichern* ................... 130
   *Dateianhang versenden* .................. 127
   *im Internet nutzen* ......................... 125
   *löschen* .......................................... 134
   *Signatur* ......................................... 132
   *versenden* ....................................... 124
   *Vorsicht vor Phishing-Mails* ............. 135
   *weiterleiten* .............................. 132, 133
E-Mail-Adresse
   *Aufbau* ........................................... 115
   *in Excel korrigieren* ......................... 237
   *kostenlos anlegen* ........................... 116
E-Mail-Konto ........................................... 115
   *einrichten* ....................................... 116
Emoticon .................................................. 28
Energie sparen ......................................... 57
Entfernen einer App .............................. 273
Escape-Taste ............................................ 27
Ethernet-Karte ......................................... 83
Excel ............................... 185, 229, 322
   *Adressliste anlegen* ........................ 233
   *Arbeitsblatt* ................................... 232
   *Arbeitsblatt hinzufügen* .................. 250
   *Arbeitsblatt löschen* ....................... 251
   *Arbeitsblatt umbenennen und*
     *umsortieren* .............................. 251
   *AutoSumme berechnen* .................. 244
   *Datei speichern* .............................. 239
   *Datumsformat* ................................ 240
   *E-Mail-Adressen* ............................ 237
   *Filter setzen* ................................... 238
   *Geldbeträge formatieren* ................. 242

Grundrechenaufgaben .............................. 244
Kalender erstellen .................................. 247
Leere Arbeitsmappe öffnen ..................... 230
Postleitzahlen eingeben ........................... 242
Programmfenster ..................................... 231
Rahmenlinien drucken ............................ 254
Spaltenbreite anpassen ........................... 236
Startbildschirm ....................................... 230
starten .................................................. 229
Tabelle .................................................. 232
Tabelle drucken ..................................... 252
Tabelle formatieren ................................ 234
Tabelle sortieren .................................... 238
Zahlenformat ......................................... 242
Zeichen für die Grundrechen-
    operationen ...................................... 247
Zellbezüge korrigieren ............................ 245
Zellen .................................................... 232
Zellen automatisch ausfüllen ................. 247
Zellen formatieren .................................. 240
Zellen löschen ....................................... 239
Zellinhalt korrigieren ............................. 236
Zellzeiger .............................................. 232
EXE ....................................................... 322
Explorer ...................................... 42, 59, 322
Adressfeld .............................................. 69
Alle Ordner anzeigen .............................. 81
Ansicht anpassen ................................... 69
Bibliotheken .......................................... 81
Dateien/Ordner öffnen ........................... 62
Dateien sortieren ................................... 167
Datei löschen ........................................ 78
Datei umbenennen ................................ 68
Datei verschieben .................................. 72
Daten auf externe Festplatte kopieren ... 75
Daten auf USB-Stick kopieren ................ 75
Datensicherung ..................................... 75
Dieser PC .............................................. 62
einen neuen Ordner anlegen .................. 66
Fenstergröße anpassen ........................... 61
Fotos drucken ....................................... 173
Fotos sortieren ...................................... 167
Gruppe .................................................. 66

Inhaltsbereich ........................................ 62
Kontextmenü einblenden ........................ 68
Laufwerksübersicht ................................ 62
Menüband .............................................. 63
Navigationsbereich ................................. 62
öffnen ............................................. 48, 60
Ordner löschen ...................................... 78
Ordner umbenennen ............................... 68
Ordner verschieben ................................ 72
Papierkorb einblenden ............................ 81
Pfadangabe ............................................ 71
Registerreiter ......................................... 63
Schnellzugriff ......................................... 62
Schritte rückgängig machen ................... 73
Spalten in der Ansicht einblenden ........ 171
Standardordner ...................................... 65
Suchfunktion ......................................... 173
Symbole ................................................ 66
Symbolleiste für den Schnellzugriff ........ 73
Systemsteuerung einblenden .................. 81
Titelleiste .............................................. 61
Unterordner anlegen .............................. 69
Unterordner im Navigationsbereich
    einblenden ....................................... 69

## F

Facebook ............................................. 323
FAQ ............................................. 317, 323
Favoriten ............................................. 323
Feld (zur Texteingabe) ........................... 30
Fenster, zwischen Programmfenstern
    wechseln ......................................... 48
Festplatte ..................................... 14, 323
vom PC entfernen ................................. 78
zur Datensicherung ............................... 74
Feststell-Taste ...................................... 27
Filme-&-TV-App .................................. 153
Finanzen-App ...................................... 261
Fingergesten ........................................ 24
Firewall ............................................... 323
Flash Player ........................................ 323
Flatrate ............................................... 323

Formatieren (Text in Word) ....................... 205
Formatvorlagen in Word nutzen ............ 209
Forum ................................................. 323
Fotos
   *auf CD/DVD/Blu-ray-Disc brennen* ...... 175
   *auf den Computer übertragen* ..... 146, 147
   *drucken* ..................................... 173
   *eigene bewerten* ............................ 170
   *in OneDrive veröffentlichen* .................. 180
   *mit Schlagwörtern versehen* ................ 168
   *sortieren* ............................ 167, 171
Fotos-App .......................................... 43
   *Bilder löschen* ............................. 154
   *Bildqualität optimieren* ..................... 154
   *Diashow* ................................... 154
   *Effekte* .................................... 163
   *Farbverstärkung* ........................... 166
   *Fotos ausrichten* ........................... 161
   *Fotos betrachten* ........................... 150
   *Fotos importieren* .......................... 147
   *Foto zuschneiden* .......................... 159
   *Rote-Augen-Effekt korrigieren* .............. 161
   *Selektiver Fokus* ........................... 164
   *Videos ansehen* ........................... 150
   *Videos importieren* ... ................... 147
   *Vignette* .................................. 164
Freemail-Provider .................................. 116
Freeware ............................................ 323
FRITZ!Box .......................................... 84
FTP ................................................. 323

**G**

GByte .............................................. 323
G Data Internet Security ......................... 311
Gerätetreibersoftware ............................ 20
Gigabyte ....................................... 13, 323
Google ...................... 100, 101, 317, 323
Google Doodles ................................. 101
Google Maps ..................................... 102
   *Routenplaner* .............................. 103
GPRS ............................................... 323
Grafiken in Word einfügen ...................... 214

Grafikkarte ................................... 14, 324
   *Grafikprozessor und -speicher* ................ 15
Groove-Musik-App ........................... 259
Größe von Fenstern anpassen ................ 285
Grußkarte
   *drucken* ................................... 227
   *mit Word erstellen* ........................ 219

**H**

Hacker ............................................. 324
Hardware ...................................... 12, 324
Hashtag ........................................... 324
Hauptspeicher .................................... 324
HDMI .............................................. 21
Headset ........................................... 324
Heimnetzgruppe .................................. 324
Herunterfahren ................................... 324
Herunterladen .................................... 322
Hilfe .............................................. 318
Hintergrundbild aus den eigenen Fotos
   auswählen .................................. 158
Hochfahren (Einschalten/Starten) ........... 29
Holidaycheck ............................... 95, 97
Homepage ................................... 92, 324
Hotline ........................................... 324
Hotspot ........................................... 324
HTTP .............................................. 90
HTTPS ....................................... 90, 324
Hub ............................................... 324
Hyperlink .................................... 93, 325

**I**

Icon .............................................. 325
IMAP ............................................. 325
Importieren ....................................... 325
Infobereich .................................. 39, 301
Info-Center ....................................... 300
Installieren ....................................... 325
   *App aus dem Store* ....................... 272
   *Installationsdatei* ......................... 54
   *Programm* ................................. 52

Internet ......................................................... 325
  *Aufbau einer Internetadresse* ................... 90
  *auf einer Webscite navigieren* .............. 92
  *bei Computerproblemen zurate*
    *ziehen* ............................................... 316
  *eine Webseite über einen Link aufrufen* 93
  *Favoriten festlegen* ................................. 104
  *Informationen suchen* ............................ 98
  *Lesezeichen für Webseiten setzen* ......... 104
  *Programm herunterladen* ...................... 105
  *sicher einkaufen und bezahlen* ............ 106
  *Startseite* ................................................ 89
  *Suchmaschine* ........................................ 92
Internetadresse ......................................... 325
Internetauftritt .......................................... 89
Internetdienstanbieter ............................. 85
Internet Explorer ............................. 88, 325
Internetpräsenz ......................................... 89
Internetseite .............................................. 88
Internet Service Provider (ISP) .................. 85
Internettelefonie (Skype-Video-App) ..... 264
Internetverbindung
  *DSL-Modem* ........................................... 84
  *einrichten* .............................................. 86
  *funktioniert nicht* .................................. 314
  *mit Surfstick* .......................................... 84
  *über das TV-Kabelnetz* ........................... 84
  *über die Telefonleitung* ........................... 83
  *via Mobilfunk* ........................................ 84
  *Voraussetzungen* .................................. 83
IP-Adresse ......................................... 90, 325
ISDN .......................................................... 325
ISO-Datei brennen ................................... 179

**J**

JPEG ........................................................... 325
Junk-E-Mail ............................................... 325

**K**

Kabel Deutschland ..................................... 84
Kacheln ............................................... 40, 325
  *aus dem Startmenü entfernen* ................ 47
  *im Startmenü hinzufügen* ...................... 47
  *Live-Kacheln* .......................................... 43
Kalender-App ........................................... 141
  *Ansicht ändern* ..................................... 141
  *Termin eintragen* .................................. 141
  *Terminerinnerung* ................................. 142
  *Termin löschen* ..................................... 143
Kartenlesegerät zur Übertragung
  von Fotos ............................................... 146
Kaspersky Internet Security ..................... 311
KByte ........................................................ 325
Kennwort einblenden ................................ 35
Klammeraffe ............................................. 325
Klick ............................................................ 22
Kontakte-App ........................................... 136
  *Kontakt als Kachel im Startmenü*
    *ergänzen* ........................................... 140
  *Kontaktdaten korrigieren* ...................... 140
  *Kontakt hinzufügen* .............................. 137
  *Kontakt nach Nachname sortieren* ...... 139
Kontextmenü ............................... 22, 68, 326
Konto, lokales ...................................... 33, 34
Kontotyp
  *Administrator* ....................................... 292
  *ändern* .................................................. 292
  *Standardbenutzer* ................................. 292
Kopieren und Einfügen ............................. 321
Kopieren/Verschieben
  *Datei im Ziel ersetzen* ............................ 77
  *Diese Datei überspringen* ....................... 77
  *Info für beide Dateien vergleichen* .......... 77
Kopieren von Daten .................................... 74

**L**

Ladezustand eines Notebooks ................... 39
LAN .......................................................... 326
Laptop ...................................................... 326
Laufwerke ......................................... 62, 326
Laufwerksbuchstabe für Speicher-
  medien .................................................... 75
Lautsprecher .............................................. 15
  *anschließen* ........................................... 19

Lautstärke
  *ausschalten* ............................................. 314
  *einstellen* ................................................. 39
Lesezeichen im Internet ........................... 104
Link .................................................... 325, 326
  *eine Webseite über einen Link*
  *aufrufen* ................................................. 93
Live-Kacheln .......................................... 43, 261
Login .......................................................... 326
Logout ........................................................ 326
Lokales Benutzerkonto anlegen ............. 290
Lokales Konto ........................................ 33, 34
Löschen von Daten ................................... 78

## M

Mail-App ................................................... 119
  *Aufbau des Programms* ........................... 122
  *Dateianhang speichern* ........................... 130
  *Dateianhang versenden* .......................... 127
  *E-Mail beantworten* ................................ 133
  *E-Mail-Konto hinzufügen* ....................... 119
  *E-Mail lesen* ........................................ 130
  *E-Mail löschen* ..................................... 134
  *E-Mail-Signatur* ..................................... 132
  *E-Mail versenden* ................................... 124
  *E-Mail weiterleiten* ................................ 133
  *Kontoeinstellungen* ............................... 122
Malware ..................................................... 305
Markieren .................................................. 207
  *Text in Word* .................................. 195, 205
Maus ..................................................... 21, 22
  *Klickgeschwindigkeit einstellen* ............ 287
  *verschieben* ........................................... 23
  *ziehen* .................................................. 23
Mausklick .................................................... 22
  *doppelter* ............................................... 22
  *rechte Maustaste* ................................... 22
Mauszeiger ................................................. 21
  *vergrößern* ........................................... 285
Maximieren eines Programm-
  fensters ................................................. 188
MByte ........................................................ 326
Media Player .............................................. 326

Menüband ................................................. 188
  *aus- und einblenden* ............................... 64
  *Registerkarten einblenden* ...................... 63
Microsoft Edge ........................................... 89
  *öffnen* ................................................... 89
  *Startseite einrichten* ............................. 105
Microsoft Excel .......................................... 229
Microsoft-Konto .......................... 33, 116, 326
  *anlegen* .......................................... 290, 294
  *einrichten* ........................................... 116
Microsoft Office 2016 ................................ 185
  *Download* ............................................. 106
  *kostenlose Testversion installieren* ........ 108
Microsoft Word .......................................... 185
Mikrofon anschließen .................................. 19
Minimieren eines Programmfensters ... 188
Mozilla Firefox ...................................... 88, 326
MP3 ........................................................... 326
Musik
  *auf dem Computer wiedergeben* .......... 255
  *Standardprogramm auswählen* ........... 260
  *Titel sortieren* ..................................... 258

## N

Nachrichten-App ................................... 42, 261
  *Benachrichtigungen ein- oder*
  *ausschalten* ........................................... 261
  *Nachrichten lesen* ................................ 262
  *öffnen* ................................................... 42
Netbook ..................................................... 326
Netzwerk .................................................... 326
Netzwerkanschluss ...................................... 21
Netzwerkkarte ...................................... 15, 83
Netzwerkstandort (WLAN-Verbindung) ... 88
Neustart ..................................................... 57
Newsletter ................................................. 327
Nicht druckbare Zeichen einblenden .... 204
Norton Security Deluxe ............................. 311
Notebook ............................................. 17, 326
Nummerierung ................................... 210, 212
  *mit mehreren Ebenen* ........................... 213
  *wieder aufheben* ................................... 213

## O

OEM-Software .......................................... 327
Office-Testabonnement kündigen ......... 113
Offline ..................................................... 327
OneDrive ....................................... 180, 327
Online ..................................................... 327
Online-Banking ...................................... 327
Online-Shop ........................................... 327
  *Amazon* ...................................... 95, 97
Ordner .................................................... 327
  *Bilder* ............................................. 65
  *Dokumente* ..................................... 65
  *Downloads* ..................................... 65
  *löschen* .......................................... 78
  *Musik* ............................................. 65
  *neu anlegen* .............................. 66, 197
  *richtige Benennung* ...................... 198
  *suchen* ........................................... 54
  *umbenennen* .................................. 68
  *Unterordner anlegen* ..................... 69
  *verschieben* ................................... 72
  *Videos* ............................................ 65
  *wiederherstellen* ............................ 79
Outlook.com ........................................... 125

## P

Papierkorb ....................................... 39, 79
  *im Explorer einblenden* ................... 81
  *leeren* ............................................ 80
Partition ................................................. 327
Passwort einblenden .............................. 35
PayPal .................................................... 106
PDF ........................................................ 327
Pfadangaben ........................................... 71
Phishing .................................................. 327
Phishing-Mail ......................................... 135
PIN-Code ................................................ 327
Pixel ...................................................... 328
Plug-ins .................................................. 328
Plug & Play ............................................ 328
Podcast .................................................. 328
POP3 ...................................................... 328

Pop-up ................................................... 328
PowerPoint ............................................. 185
Präsentationssoftware ........................... 185
Problembehandlung ................................ 314
Product Key ............................................ 328
Produktschlüssel .................................... 328
Programm ................................................ 15
  *abgestürztes* ................................ 316
  *aus dem Internet herunterladen* .......... 105
  *beenden* ......................................... 50
  *deinstallieren* ................................ 55
  *installieren* .................................... 52
  *öffnen* ............................................ 42
  *suchen* ........................................... 54
Programmsymbol ..................................... 39
Protokoll ................................................ 328
Provider ............................... 85, 115, 328
Prozessor ........................................ 13, 16
PS/2-Anschluss ....................................... 18

## Q

QuickInfo ......................... 49, 61, 205
QuickTime .............................................. 328

## R

RAM-Speicher ......................................... 328
Random-Access Memory (RAM)
  → Arbeitsspeicher
Rechnen in Excel .................................... 244
Rechtschreibkorrektur in Word .............. 223
Rechtsklick .............................................. 22
Recyceln von Daten ................................. 79
Registerkarten ....................................... 188
Registrierung ......................................... 328
Registry ................................................. 328
Reisevergleichsportal Holidaycheck ... 95, 97
Return-Taste ........................................... 26
ROM-Speicher ........................................ 328
Routenplaner ......................................... 103
Router ................................... 21, 84, 329
Rückgängig machen ............................... 208
Rück-Taste .............................................. 26

## S

Safari .................................................. 329
Scanner ............................................. 329
Schaltfläche ........................................ 30
Schnittstelle ....................................... 18
Schrift vergrößern ............................ 283
Screenshot ........................................ 329
Scrollen ....................................... 23, 329
   *Scrollrad* ................................... 23
Server ................................................ 329
Set-up-Datei ................................. 54, 329
Shift-Taste ................................... 25, 26
Sicherheitsprogramm ......................... 311
Sicherheit und Wartung .................... 301
Signatur ....................................... 132, 329
Skype-Video-App .............................. 264
   *Kontakte hinzufügen* .................. 266
   *Microsoft-Konto hinzufügen* ..... 264
   *Telefonat führen* ........................ 267
Smartphone ...................................... 329
SmartScreen-Filter ........................... 296
Smiley ........................................... 28, 329
SMTP ................................................. 329
Software .................................. 12, 15, 329
Sonderzeichen .................................... 27
Soundkarte ................................. 15, 329
Soziales Netzwerk ............................ 329
Spam ............................................ 325, 330
Speicherkarte .................................... 330
Speichermedien .................................. 75
Speichern auf CD/DVD/Blu-ray ........... 14
Sperrbildschirm .................................. 36
   *aktivieren* ................................. 281
   *eigenes Foto anzeigen* .............. 279
   *Foto auswählen* ........................ 158
Splitter ............................................... 84
Sport-App ......................................... 261
Sprachassistentin Cortana .................. 55
Spyware ............................................ 330
SSL .................................................... 330
Standard-App festlegen ..................... 260
Standardbenutzer ............................. 293

Standardordner .................................. 65
Standardprogramm festlegen .............. 260
Startmenü ..................................... 40, 330
   *Farbe anpassen* ........................ 277
   *Kachel entfernen* ....................... 47
   *Kachel hinzufügen* ..................... 47
   *Kachel verschieben* .................... 47
Start-Schaltfläche ............................... 39
Startseite .......................................... 330
   *eines Internetauftritts* ................ 92
   *im Browser* ................................ 89
Store ................................................ 268
   *App installieren* ........................ 272
   *App suchen* ............................... 271
   *starten* ...................................... 269
Streaming ......................................... 330
Strg-Taste ........................................... 26
Suchen (App) ..................................... 271
Suchfunktion in Windows 10 ............... 54
Suchmaschine ............................... 98, 330
   *Bing* .......................................... 92
   *Google* ............................... 100, 101
Support ............................................. 317
Surfen ......................................... 88, 330
Surfstick ............................................. 84
Symbolleiste für den Schnellzugriff 73, 193
Systemprogramme ............................. 15
Systemsteuerung ............................... 330

## T

Tabellenkalkulationsprogramm .... 185, 229
Tablet ......................................... 17, 330
   *Bildschirmtastatur* ...................... 27
Tabulator-Taste .................................. 27
TAE-Dose ........................................... 84
TAN .................................................. 327
Taskansicht ........................................ 49
Taskleiste ..................................... 39, 330
   *App-Symbole einblenden* ............ 44
   *Benachrichtigung* ...................... 301
   *Farben anpassen* ...................... 277
   *Infobereich* ............................... 301

*Internetsuche starten* ..................................... 98
*Programmsymbol* ........................................ 44
Task-Manager ................................................ 316
Tastatur ......................................................... 25
*anschließen* ................................................ 18
*virtuell* ...................................................... 27
Taste F1 ........................................................ 318
Terabyte ....................................................... 13
Text
*formatieren in Word* .................................. 205
*markieren in Word* ................ 195, 205, 207
Textverarbeitungsprogramm .................. 185
*Word starten* ............................................. 186
TFT-Display .................................................. 330
Titelleiste, Farbe anpassen ...................... 277
Top-Level-Domain ...................................... 90
Touchdisplay ........................................ 17, 24
Touchpad ............................ 17, 21, 192, 330
*Bedienung* ................................................ 22
Touchscreen .......................................... 17, 331
Tower ............................................................ 17
Treiber .................................................. 20, 331
Trend Micro Internet Security ................. 311
Trojaner ........................................................ 304
Tweet ............................................................ 331
Twitter .......................................................... 331

**U**

Uhrzeit .......................................................... 39
Umschalt-Taste ............................................ 26
Update .................................................. 302, 331
*deinstallieren* ........................................... 304
Updateverlauf anzeigen .......................... 304
Upgrade ....................................................... 331
Upload ................................................... 85, 331
URL ........................................................ 90, 331
USB ............................................................... 331
USB-Anschluss ............................................ 18
*Drucker anschließen* ............................... 20
*Geräte anschließen* ................................. 18
USB-Hub ...................................................... 324

USB-Stick ............................................... 74, 331
*vom PC entfernen* .................................... 78
User ............................................................... 331

**V**

Verbindung ins Internet
*herstellen* .................................................. 86
*vorbereiten* ............................................... 83
Verkleinern eines Programmfensters .... 188
Verknüpfung ............................................... 331
Verschieben mit der Maus .......................... 23
VGA-Buchse ................................................. 18
Videos auf den Computer
*übertragen* ................................................ 147
Virus ............................................ 300, 304, 331
Voice-over-IP .............................................. 332

**W**

Webcam ............................................... 264, 332
Webseite ............................................ 88, 89, 332
*aufrufen* ..................................................... 91
*über einen Link aufrufen* ......................... 93
Website .............................................. 89, 322, 332
Wechseldatenträger ..................................... 75
Windows-Anwendung ................................ 42
*installieren* ................................................ 52
Windows Defender ............................ 301, 304
*aktualisieren* ............................................. 305
*Computer überprüfen* .............................. 306
*Quarantäneordner* ................................... 307
Windows-Explorer ....................................... 59
Windows-Firewall .............................. 301, 308
Windows-Logo (Start-Schaltfläche) ......... 39
Windows Media Player ..................... 255, 326
*Ansicht* ...................................................... 259
*CD kopieren* .............................................. 256
Windows Registry ...................................... 328
Windows Store ............................................ 268
*App installieren* ....................................... 272
*App suchen* ............................................... 271
Windows-Taste ............................................ 26

Windows Update ............................ 301, 302
Windows, Version herausfinden ............... 16
Wischen ........................................ 25
WLAN ...................................... 87, 332
WLAN-Adapter ................................ 83
WLAN-Router ................................ 84
Word ........................................ 185
  als Teil von Office 2016 ............................ 185
  Aufzählungen einfügen ........................ 210
  beenden ............................ 187, 194
  Bild einfügen ........................ 214
  den Dokumentbereich vergrößern ........ 190
  Dokument öffnen ............................ 194, 200
  Dokument schließen ............................ 200
  Dokument speichern ............................ 193
  Dokument unter neuem Namen
    speichern ........................ 195
  drucken ........................................ 225
  eine Grußkarte erstellen ........................ 218
  Einfügemarke ........................ 192
  Formatvorlagen ........................ 209
  Grafik einfügen ........................ 214
  leeres Dokument öffnen ................ 187, 191

Menüband ........................ 189
Menüband mit QuickInfo ........................ 205
Nummerierungen ergänzen ................. 210
Programmfenster ........................ 186
Rechtschreibkorrektur ........................ 223
Register Start ........................ 188
Seite einrichten ........................ 218
Startbildschirm ........................ 186
starten ........................ 186
Text eingeben ........................ 202
Text formatieren ........................ 205
WordPad ........................................ 42
  öffnen ........................................ 45
World Wide Web ........................ 90
WWW ........................................ 332

**Z**

Ziehen mit der Maus ........................ 23
ZIP-Datei ........................................ 332
Zoomen ........................ 25, 190, 332
Zwischenablage ........................ 332

420 Seiten, brosch., in Farbe, 19,90 Euro
ISBN 978-3-8421-0205-7
www.vierfarben.de/4059

Mareile Heiting

# Windows 10
## Der verständliche Einstieg

Finden Sie sich auf Anhieb im neuen Windows zurecht, und machen Sie gleich alles richtig! Ob Sie nun im Internet surfen, E-Mails schreiben, Fotos bearbeiten oder Daten sichern – dank dieser anschaulichen und leicht verständlichen Erklärungen finden Sie sich schnell zurecht.

200 Seiten, brosch., in Farbe, 12,90 Euro
ISBN 978-3-8421-0169-2
erscheint Mai 2016
www.vierfarben.de/3870

Frank Treichler

# Digitalfotos – ganz einfach!
## Die Anleitung in Bildern

Diese einfache Anleitung zeigt Ihnen Schritt für Schritt, wie Sie Ihre Bilder mit Windows 10 verschönern können. Übertragen Sie Ihre Fotos auf den Computer, beseitigen Sie Bildfehler, verbessern Sie die Farben und Kontraste, wenden Sie tolle Effekte an uvm.